汽车驾考+驾驶手册

王淑君 编著

化学工业出版社

·北京·

内容简介

《汽车驾考+驾驶手册》分为上下两册分别介绍。上册为汽车驾考手册，主要介绍机动车驾驶员学车考驾照相关知识点，涉及科目一、科目二、科目三（科目四）中的驾驶训练、考试攻略、应考技巧等，并配套全国通用理论考试题库。下册为汽车驾驶手册，主要针对即将走出驾校的准驾驶员以及刚刚走出驾校不久的驾驶新手们，介绍汽车驾驶基本技术和驾驶技巧，帮助他们快速提高驾驶技能。

全书均以精美的彩色图片和简洁的语言文字进行介绍，较复杂、难于掌握的驾驶操作内容配套3D MP4动画演示视频讲解，轻松阅读、直观易懂。此外，本书还利用新颖的纸电同步技术，超值赠送全套电子书，纸书和电子书相结合，互相取长补短，学习效率事半功倍。

图书在版编目（CIP）数据

汽车驾考+驾驶手册/王淑君编著. —北京：化学工业出版社，2022.2（2022.7重印）
ISBN 978-7-122-40188-5

Ⅰ.①汽… Ⅱ.①王… Ⅲ.①汽车驾驶-手册
Ⅳ.①U471.1-62

中国版本图书馆CIP数据核字（2021）第219589号

责任编辑：黄 滢 张燕文　　装帧设计：刘丽华
责任校对：宋 夏

出版发行：化学工业出版社（北京市东城区青年湖南街13号 邮政编码100011）
印　　装：北京瑞禾彩色印刷有限公司
787mm×1092mm 1/16 印张25 字数690千字 2022年7月北京第1版第3次印刷

购书咨询：010-64518888　　售后服务：010-64518899
网　　址：http://www.cip.com.cn
凡购买本书，如有缺损质量问题，本社销售中心负责调换。

定　　价：99.00元

前言

随着国民经济的快速发展，私家车进入百姓家庭的步伐不断加快，学习汽车驾驶技术的人也越来越多。为了帮助学习汽车驾驶的朋友更快、更好地学习和掌握汽车驾驶基本知识和技术要领，在化学工业出版社的组织下，特编写了《汽车驾考＋驾驶手册》一书。

本书分为上下两册分别介绍。

上册为汽车驾考手册，主要介绍机动车驾驶员学车考驾照相关知识点，涉及科目一（道路交通安全法律、法规和相关知识）、科目二（基础驾驶技能＋场地驾驶技能）、科目三或科目四（道路驾驶技能和安全文明驾驶常识）考试的驾驶训练、考试攻略、应考技巧等。内容涵盖最新考试规定各科目考试内容，申请驾驶员考试的程序和合格标准，道路交通安全法律、法规和规章，交通信号；驾驶基础知识和基本操作，倒车入库、坡道定点停车和起步、侧方停车、曲线行驶、直角转弯的考核目的、考场布局及评判标准、操作要求及相应的考试攻略；上车准备，起步，直线行驶，加减挡位操作，变更车道，靠边停车，直行通过路口、路口左转弯、路口右转弯，通过人行横道、学校区域和公共汽车站，会车，超车，掉头，夜间行驶的考核目的、评判标准及相应的考试攻略；安全文明驾驶应注意的一般问题，安全文明驾驶基本礼仪，恶劣气象条件下的安全驾驶，复杂道路（连续急弯山区道路、隧道、环岛、铁道路口、立交桥、高速公路）条件下的安全驾驶，紧急情况下的临危处置方法以及发生交通事故后的处置方法。全书依据2022年4月1日起实施的道路交通安全法律法规及新驾考相关规定编写而成，并配套全国通用理论考试题库。

下册为汽车驾驶手册，主要针对即将走出驾校的准驾驶员以及刚刚走出驾校不久的驾驶新手们，介绍汽车驾驶基本技术和驾驶技巧，帮助他们快速提高驾驶技能。书中以培养新手实际道路安全驾驶技能为出发点，结合笔者多年驾校教学和培训经历以及自身驾驶经验，对新手上路行车过程中可能遇到的种种情况加以归纳、研究、总结，提炼出一系列行之有效的方法、技巧和要领，并按照驾车前的必要准备—驾驶时的心态调整—行驶时的视觉观察与判断—汽车驾驶基本技术—一般道路驾驶—高速公路驾驶—复杂道路驾驶—恶劣天气驾驶—不同场地安全停车的顺序编排，涵盖驾驶员日常行驶如何快速汇入车流、控制车速、紧急制动、跟车、会车、超车、让车、变道、转弯、倒车、掉头、交叉路口通行、坡道行驶、窄路行驶、环岛通行、立交桥通行、高速公路驾驶、铁道路口通行、隧道通行、夜间驾驶、山区道路驾驶、涉水驾驶、恶劣天气驾驶、不同场地安全停车等方方面面。内容翔实、通俗易懂。

本书在编写过程中，贯彻少而精、理论联系实际的原则，尽可能“用图说话”，全书均以精美的彩色图片和简洁的语言文字进行介绍，较复杂、难于掌握的驾驶操作内容配套3D MP4动画演示视频讲解，扫描书内相应章节的二维码即可观看，轻松阅读、直观易懂。此外，本书还利用新颖的“纸电同步”技术，超值赠送全套电子书，纸书和电子书有机结合，仿佛身临其境一般，学习效率事半功倍。

学习驾驶并不难，难的是在任何时候、任何场合都能严格地自觉遵守交通法规，以规范的驾驶行为保护自己和同车的乘客，不存一丝侥幸心理。希望通过本书的学习，朋友们不仅能掌握正确的驾驶技术，顺利通关，还能养成良好的驾驶习惯，使汽车成为你手中得心应手的交通工具和好朋友。

由于笔者水平所限，书中疏漏之处在所难免，恳请广大读者批评指正。

编著者

目录

CONTENTS

第4章 CHAPTER 科目三（道路驾驶技能）考试攻略

科目三（安全文明驾驶常识）考试攻略

第5章 CHAPTER

科目一理论考试题库（试题+答案+解析）

第6章 CHAPTER

科目三（科目四）理论考试题库（试题+答案+解析）

第7章 CHAPTER

扫码领取

☆配套动画视频
☆图解驾考要点
☆全国通用题库
☆在线模拟试题

《汽车驾考手册》
配套动画演示视频

序号	动画视频内容	页码
1	七类交通标志（PDF）	025
2	倒车入库注意事项	039
3	倒车入库	040
4	坡道定点停车和起步	045
5	侧方停车	048
6	曲线行驶	051
7	直角转弯——左转过弯	054
8	直角转弯——右转过弯	056
9	变更车道	062
10	会车	068
11	超车与让超车	070
12	掉头	073
13	环岛通行	081
14	铁道路口通行	082
15	立交桥通行	082
16	高速公路驾驶	082

第1章

科目一（道路交通安全法律、法规和相关知识）考试攻略

1.1 最新考试规定各科目考试内容

1.1.1 科目一考试内容

科目一考试内容包括：道路通行、交通信号、交通安全违法行为和交通事故处理、机动车驾驶证申领和使用、机动车登记等规定以及其他道路交通安全法律、法规和规章。

1.1.2 科目二考试内容

报考小型汽车（C1）、小型自动挡汽车（C2）、低速载货汽车（C3）和残疾人专用小型自动挡载客汽车（C5）准驾车型的，科目二考试内容包括：倒车入库、坡道定点停车和起步（2022年4月1日起对C2和C5取消此项内容）、侧方停车、曲线行驶、直角转弯。

1.1.3 科目三考试内容

报考小型汽车（C1）、小型自动挡汽车（C2）、低速载货汽车（C3）和残疾人专用小型自动挡载客汽车（C5）准驾车型的，科目三考试内容如下。

❶ 科目三道路驾驶技能考试内容包括：上车准备、起步、直线行驶、加减挡位操作、变更车道、靠边停车、直行通过路口、路口左转弯、路口右转弯、通过人行横道线、通过学校区域、通过公共汽车站、会车、超车、掉头、夜间行驶。

考试里程不少于3公里，并抽取不少于20%进行夜间考试；不进行夜间考试的，应当进行模拟夜间灯光使用考试。

❷ 科目三安全文明驾驶常识考试内容包括：安全文明驾驶操作要求、恶劣气象和复杂道路条件下的安全驾驶知识、爆胎等紧急情况下的临危处置方法、防范次生事故处置知识、伤员急救知识等。

1.2 申请各科目考试的程序与合格标准

1.2.1 申请各科目考试的程序

❶ 车辆管理所对符合机动车驾驶证申请条件的，应当受理，并应按照预约的考场和时间安排考试。申请人科目一考试合格后，可以预约科目二或者科目三道路驾驶技能考试。有条件的地方，申

请人可以同时预约科目二、科目三道路驾驶技能考试，预约成功后可以连续进行考试。科目二、科目三道路驾驶技能考试均合格后，申请人可以当日参加科目三安全文明驾驶常识考试。

申请人预约科目二、科目三道路驾驶技能考试，车辆管理所在六十日内不能安排考试的，可以选择省（自治区、直辖市）内其他考场预约考试。

车辆管理所应当使用全国统一的考试预约系统，采用互联网、电话、服务窗口等方式供申请人预约考试。

❷ 初次申请机动车驾驶证或者申请增加准驾车型的，科目一考试合格后，车辆管理所应当在一日内核发学习驾驶证明。

属于自学直考的，车辆管理所还应当按规定发放学车专用标识。

申请人在场地和道路上学习驾驶，应当按规定取得学习驾驶证明。学习驾驶证明的有效期为三年，申请人应当在有效期内完成科目二和科目三考试。未在有效期内完成考试的，已考试合格的科目成绩作废。

学习驾驶证明可以采用纸质或者电子形式，纸质学习驾驶证明和电子学习驾驶证明具有同等效力。申请人可以通过互联网交通安全综合服务管理平台打印或者下载学习驾驶证明。

申请人在道路上学习驾驶，应当随身携带学习驾驶证明，使用教练车或者学车专用标识签注的自学用车，在教练员或者学车专用标识签注的指导人员随车指导下，按照公安机关交通管理部门指定的路线、时间进行。

申请人为自学直考人员的，在道路上学习驾驶时，应当在自学用车上按规定放置、粘贴学车专用标识，自学用车不得搭载随车指导人员以外的其他人员。

❸ 初次申请机动车驾驶证或者申请增加准驾车型的，申请人预约科目二考试应当符合下列规定：报考小型汽车、小型自动挡汽车、低速载货汽车、残疾人专用小型自动挡载客汽车准驾车型的，在取得驾驶技能准考证明满十日后预约考试。

❹ 初次申请机动车驾驶证或者申请增加准驾车型的，申请人预约科目三考试应当符合下列规定：报考小型汽车、小型自动挡汽车、残疾人专用小型自动挡载客汽车准驾车型的，在取得驾驶技能准考证明满三十日后预约考试；报考低速载货汽车准驾车型的，在取得驾驶技能准考证明满二十日后预约考试。

❺ 持军队、武装警察部队或者境外机动车驾驶证申请机动车驾驶证的，应当自车辆管理所受理之日起三年内完成科目考试。

❻ 申请人因故不能按照预约时间参加考试的，应当提前一日申请取消预约。对申请人未按照预约考试时间参加考试的，判定该次考试不合格。

❼ 每个科目考试一次，考试不合格的，可以补考一次。不参加补考或者补考仍不合格的，本次考试终止，申请人应当重新预约考试，但科目二、科目三考试应当在十日后预约。科目三安全文明驾驶常识考试不合格的，已通过的道路驾驶技能考试成绩有效。在驾驶技能准考证明有效期内，科目二和科目三道路驾驶技能考试预约考试的次数不得超过五次。第五次预约考试仍不合格的，已考试合格的其他科目成绩作废。

❽ 车辆管理所组织考试前应当使用全国统一的计算机系统当日随机选配考试员，随机安排考生分组，随机选取考试路线。

❾ 考试后应当当场公布考试成绩，讲评考试不合格原因。

每个科目的考试成绩单应当有申请人和考试员的签名。未签名的不得核发机动车驾驶证。

1.2.2 各科目考试的合格标准

报考小型汽车（C1）、小型自动挡汽车（C2）、低速载货汽车（C3）和残疾人专用小型自动挡载客汽车（C5）准驾车型的，各科目考试合格标准如下。

❶ 科目一考试满分为100分，成绩达到90分的为合格。

❷ 科目二考试满分为100分，成绩达到80分的为合格。

❸ 科目三道路驾驶技能和安全文明驾驶常识考试满分分别为100分，成绩分别达到90分的为合格。

所有上车考试项目容易扣分的地方如下。

❶ 未系安全带，扣100分。

❷ 未关好车门，扣100分。

❸ 未使用转向灯或使用少于3秒（起步、转向、变更车道、超车、停车前），扣10分。

❹ 熄火一次，扣10分。

1.3 道路交通安全法律、法规和规章

1.3.1 机动车驾驶证申领和使用

机动车驾驶证由正证和副证组成，装于证件夹中，记载和签注以下内容。

❶ 机动车驾驶人信息：姓名、性别、出生日期、国籍、住址、身份证明号码（机动车驾驶证号码）、照片。

❷ 车辆管理所签注内容：初次领证日期、准驾车型代号、有效期起始日期、有效期限、核发机关印章、档案编号。

机动车驾驶证有效期分为六年、十年和长期。

驾驶证的准驾车型及代号如表1-1所示。

表 1-1 准驾车型及代号

准驾车型	代号	准驾的车辆	准予驾驶的其他准驾车型
大型客车	A1	大型载客汽车	A3、B1、B2、C1、C2、C3、C4、M
重型牵引挂车	A2	总质量大于或等于 4500 千克的汽车列车	B1、B2、C1、C2、C3、C4、C6、M
城市公交车	A3	核载 10 人以上的城市公共汽车	C1、C2、C3、C4
中型客车	B1	中型载客汽车（含核载 10 人以上、19 人以下的城市公共汽车）	C1、C2、C3、C4、M
大型货车	B2	重型、中型载货汽车；大、重、中型专项作业车	

续表

准驾车型	代号	准驾的车辆	准予驾驶的其他准驾车型
小型汽车	C1	小型、微型载客汽车以及轻型、微型载货汽车；轻、小、微型专项作业车	C2、C3、C4
小型自动挡汽车	C2	小型、微型自动挡载客汽车以及轻型、微型自动挡载货汽车	
低速载货汽车	C3	低速载货汽车（原四轮农用运输车）	C4
三轮汽车	C4	三轮汽车（原三轮农用运输车）	
残疾人专用小型自动挡载客汽车	C5	残疾人专用小型、微型自动挡载客汽车（只允许右下肢或者双下肢残疾人驾驶）	
轻型牵引挂车	C6	总质量小于 4500 千克的汽车列车	
普通三轮摩托车	D	发动机排量大于 50 毫升或者最大设计车速大于 50 千米 / 小时的三轮摩托车	E、F
普通二轮摩托车	E	发动机排量大于 50 毫升或者最大设计车速大于 50 千米 / 小时的二轮摩托车	F
轻便摩托车	F	发动机排量小于等于 50 毫升，最大设计车速小于等于 50 千米 / 小时的摩托车	
轮式专用机械车	M	轮式专用机械车	
无轨电车	N	无轨电车	
有轨电车	P	有轨电车	

驾驶证的申领条件如下。

（1）年龄条件

❶ 申请小型汽车（C1）、小型自动挡汽车（C2）、残疾人专用小型自动挡载客汽车（C5）准驾车型的，在18周岁以上。

❷ 申请低速载货汽车（C3）准驾车型的，在18周岁以上，60周岁以下。

（2）身体条件

❶ 视力：申请小型汽车、小型自动挡汽车、低速载货汽车、残疾人专用小型自动挡载客汽车准驾车型的，两眼裸视力或者矫正视力达到对数视力表4.9以上；或单眼视力障碍，优眼裸视力或者矫正视力达到对数视力表5.0以上，且水平视野达到150度。

❷ 辨色力：无红绿色盲。

❸ 听力：两耳分别距音叉50厘米能辨别声源方向。有听力障碍但佩戴助听设备能够达到以上条件的，可以申请小型汽车、小型自动挡汽车准驾车型的机动车驾驶证。

❹ 上肢：双手拇指健全，每只手其他手指必须有三指健全，肢体和手指运动功能正常，但手指末节残缺或者左手有三指健全，且双手手掌完整的，可以申请小型汽车、小型自动挡汽车、低速载货

汽车准驾车型的机动车驾驶证。

❺ 下肢：双下肢健全且运动功能正常，不等长度不得大于5厘米，但左下肢缺失或者丧失运动功能的，可以申请小型自动挡汽车准驾车型的机动车驾驶证。右下肢、双下肢缺失或者丧失运动功能但能够自主坐立的，可以申请残疾人专用小型自动挡载客汽车准驾车型的机动车驾驶证。

❻ 躯干、颈部：无运动功能障碍。

有下列情形之一的，不得申请机动车驾驶证：

第一，有器质性心脏病、癫痫病、美尼尔氏症、眩晕症、癔病（癔症）、震颤麻痹（帕金森病）、精神病、痴呆以及影响肢体活动的神经系统疾病等妨碍安全驾驶疾病的；

第二，三年内有吸食、注射毒品行为，或者解除强制隔离戒毒措施未满三年，或者长期服用依赖性精神药品成瘾尚未戒除的；

第三，造成交通事故后逃逸构成犯罪的；

第四，饮酒后或者醉酒驾驶机动车发生重大交通事故构成犯罪的；

第五，醉酒驾驶机动车或者饮酒后驾驶营运机动车依法被吊销机动车驾驶证未满五年的；

第六，醉酒驾驶营运机动车依法被吊销机动车驾驶证未满十年的；

第七，因其他情形依法被吊销机动车驾驶证未满二年的；

第八，驾驶许可依法被撤销未满三年的；

第九，法律、行政法规规定的其他情形。

未取得机动车驾驶证驾驶机动车，有前述第五项至第七项行为之一的，在规定期限内不得申请机动车驾驶证。

（3）初次可以领取的驾驶证

初次申领机动车驾驶证的，可以申请准驾车型为城市公交车、大型货车、小型汽车、小型自动挡汽车、低速载货汽车、三轮汽车、残疾人专用小型自动挡载客汽车、普通三轮摩托车、普通二轮摩托车、轻便摩托车、轮式专用机械车、无轨电车、有轨电车的机动车驾驶证。

在户籍所在地以外居住的，可以在居住地提出申请。

（4）申领程序

❶ 提供符合健康体检资质的二级以上医院、乡镇卫生院、社区卫生服务中心、健康体检中心等医疗机构出具的有关身体条件的证明。属于申请残疾人专用小型自动挡载客汽车的，应当提交经省级卫生主管部门指定的专门医疗机构出具的有关身体条件的证明。填写《机动车驾驶证申请表》。

❷ 交验身份证、暂住证、1寸免冠彩色登记照片及相关证件。

❸ 学习科目一（交通法规和驾驶常识）、科目二（场内道路练习）、科目三（实际道路练习）。

❹ 申请人科目一、科目二、科目三考试合格，应接受不少于半小时的交通安全文明常识和交通事故案例警示教育（俗称“科目四”），并参加领证宣誓仪式。

以上所有项目完成，当日核发机动车驾驶证。

1.3.2 道路通行一般规则

我国道路交通实行右侧通行规则和按交通信号通行规则。如图1-1所示。

（a）

（b）

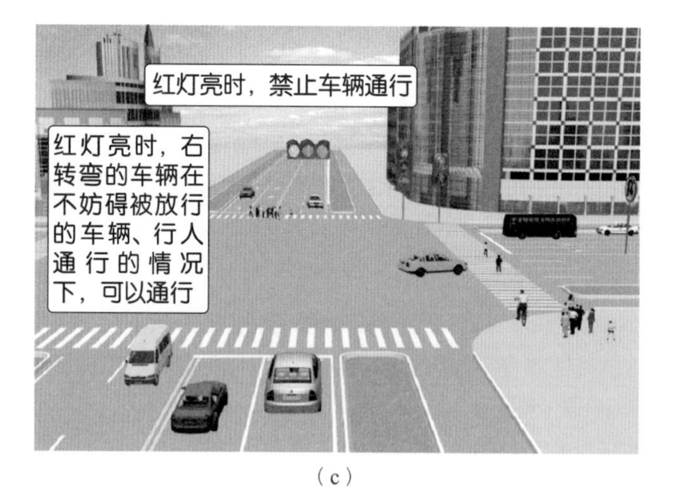

（c）

图 1-1　按交通信号和右侧通行规则

（1）人行横道信号灯规则

人行横道信号灯表示及相关规则如图 1-2 所示。

（2）车道信号灯规则

车道信号灯表示及相关规则如图 1-3 所示。

图 1-2　人行横道信号灯规则

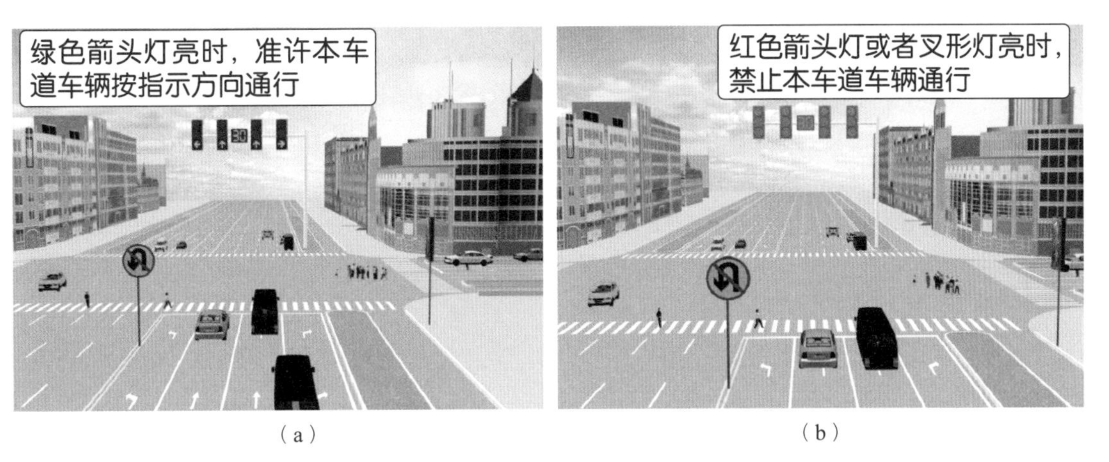

图 1-3　车道信号灯规则

（3）方向指示信号灯规则

方向指示信号灯表示及相关规则如图 1-4 所示。

（4）闪光警告信号灯规则

闪光警告信号灯表示及相关规则如图 1-5 所示。

图 1-4　方向指示信号灯规则

图 1-5　闪光警告信号灯规则

(5) 铁道路口信号灯规则

铁道路口信号灯规则：绿灯通行，红灯停止。如图1-6所示。

(a) (b)

图1-6 铁道路口信号灯规则

1.3.3 机动车通行规定

(1) 车道行驶规定

车道行驶相关规定如图1-7所示。

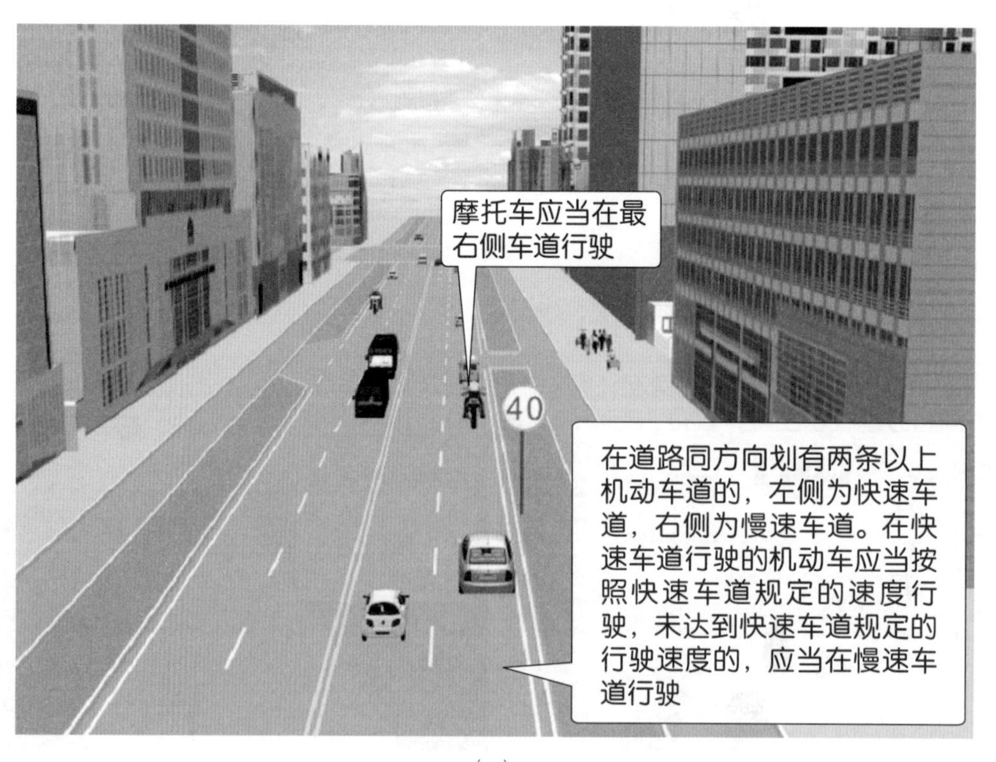

(a)

（b）（c）

图 1-7 车道行驶规定

（2）限速规定

机动车在道路上行驶不得超过限速标志、标线标明的速度。在没有限速标志、标线的道路上，机动车不得超过最高行驶速度。如图 1-8 所示。

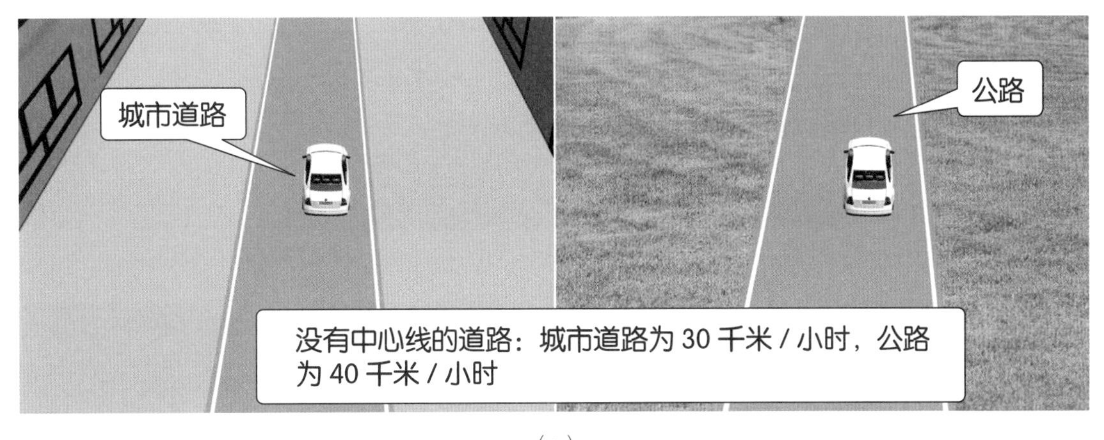

（a）

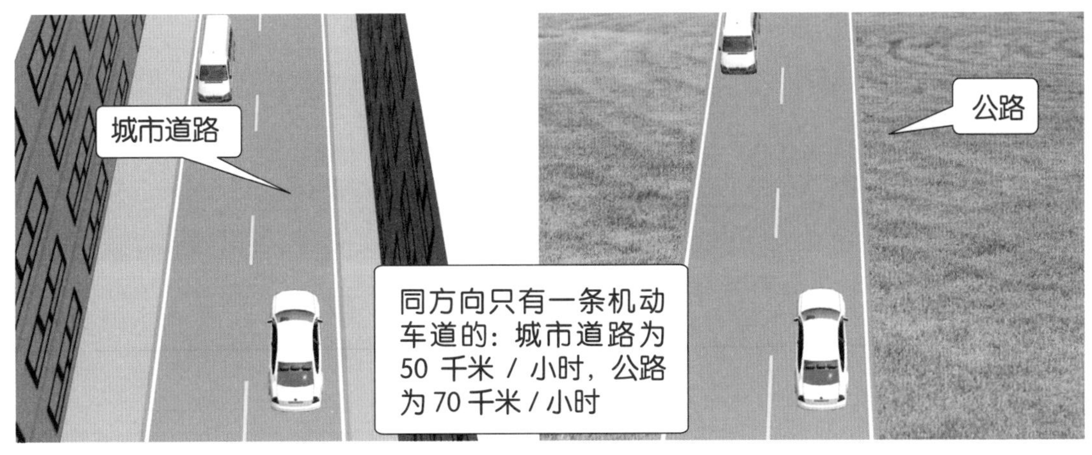

（b）

图 1-8 限速规定

机动车在行驶中遇有下列情形之一的，最高行驶速度不得超过30千米/小时：

❶ 进出非机动车道，通过铁道路口、急弯路、窄路、窄桥时；
❷ 掉头、转弯、下陡坡时；
❸ 遇雾、雨、雪、沙尘、冰雹，能见度在50米以内时；
❹ 在冰雪、泥泞的道路上行驶时；
❺ 牵引发生故障的机动车时。

（3）超车规定

超车相关规定如图1-9所示。

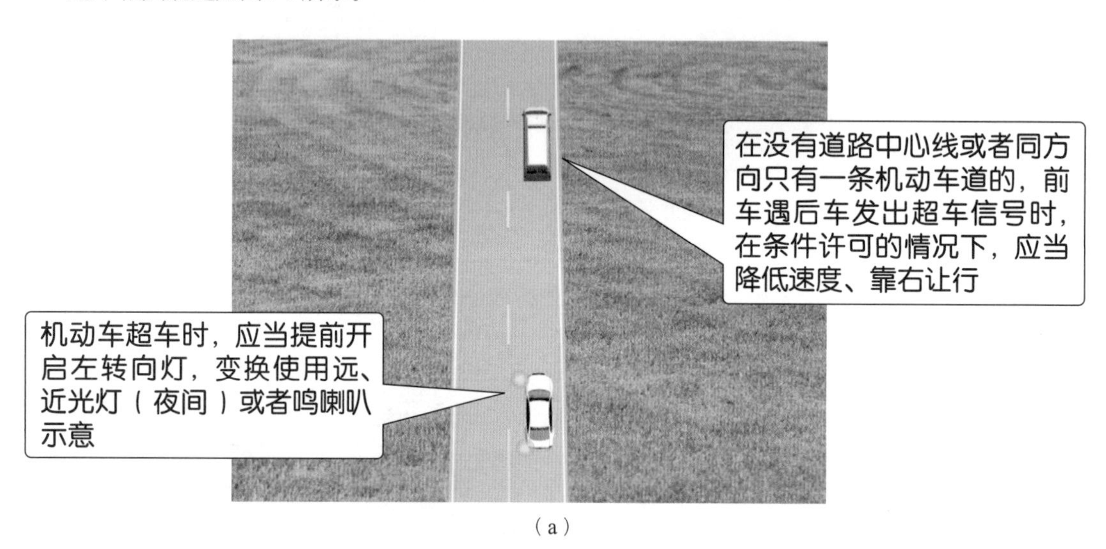

（a）

（b）　（c）

图1-9　超车规定

（4）会车规定

在没有中心隔离设施或者没有中心线的道路上，机动车遇相对方向来车时应当遵守如图1-10所示的相关规定。

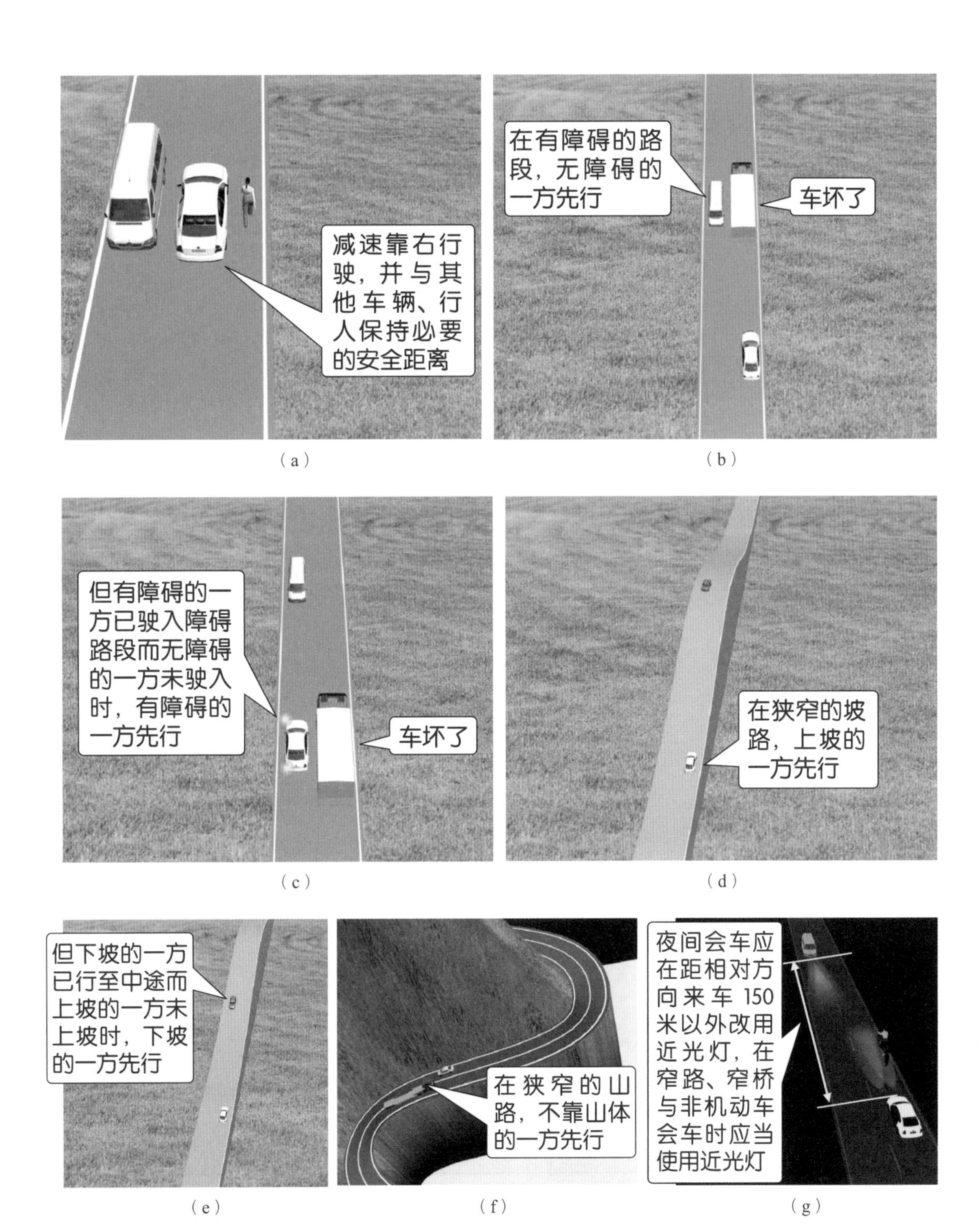

（a）（b）（c）（d）（e）（f）（g）

图 1-10　会车规定

（a）

（b）

图 1-11　掉头规定

（5）掉头规定

掉头相关规定如图1-11所示。

（6）倒车规定

倒车相关规定如图1-12所示。

（7）通过有交通信号灯控制的交叉路口

机动车通过有交通信号灯控制的交叉路口，应当按照图1-13所示的规定通行。

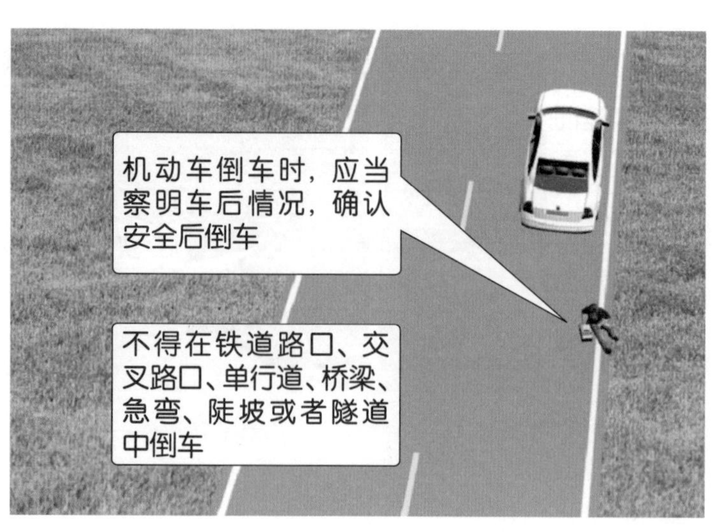

图 1-12　倒车规定

（a）

准备进入环形路口的让已在路口内的机动车先行

（b）

（c）

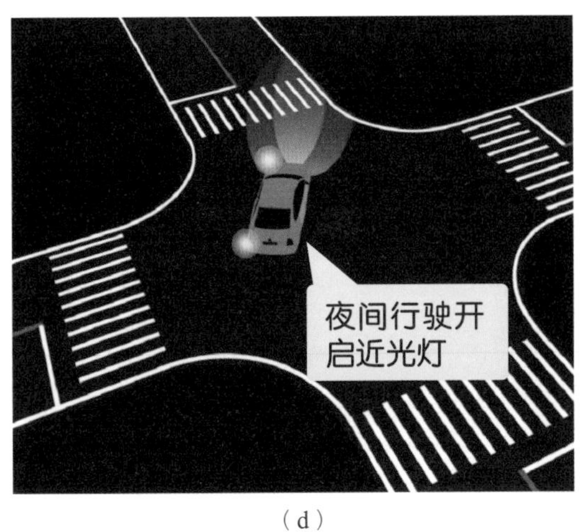

（d）

（e）

图 1-13

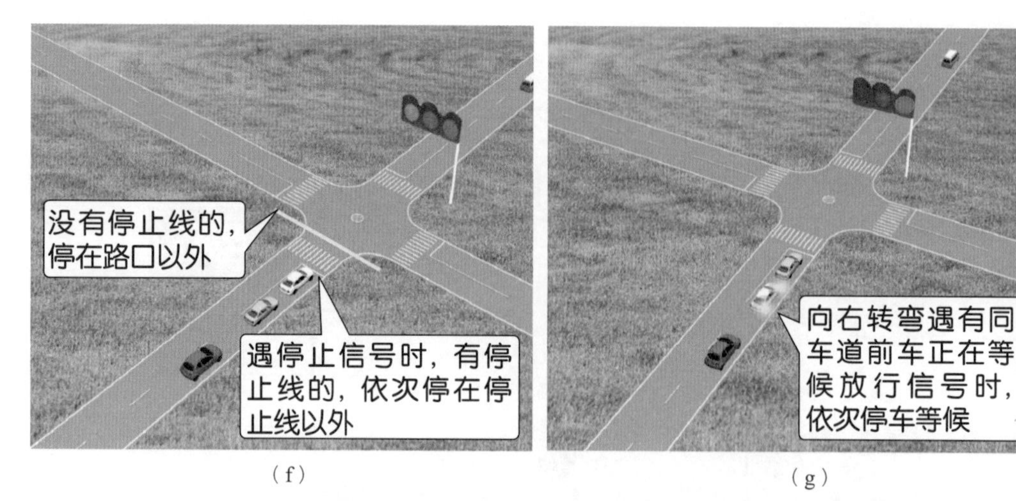

（f）　　　　（g）

（h）

（i）

图 1-13　通过有交通信号灯控制的交叉路口

（8）通过无交通信号灯控制也没有交通警察指挥的交叉路口

机动车通过没有交通信号灯控制也没有交通警察指挥的交叉路口，应当遵守图1-14所示的相关规定。

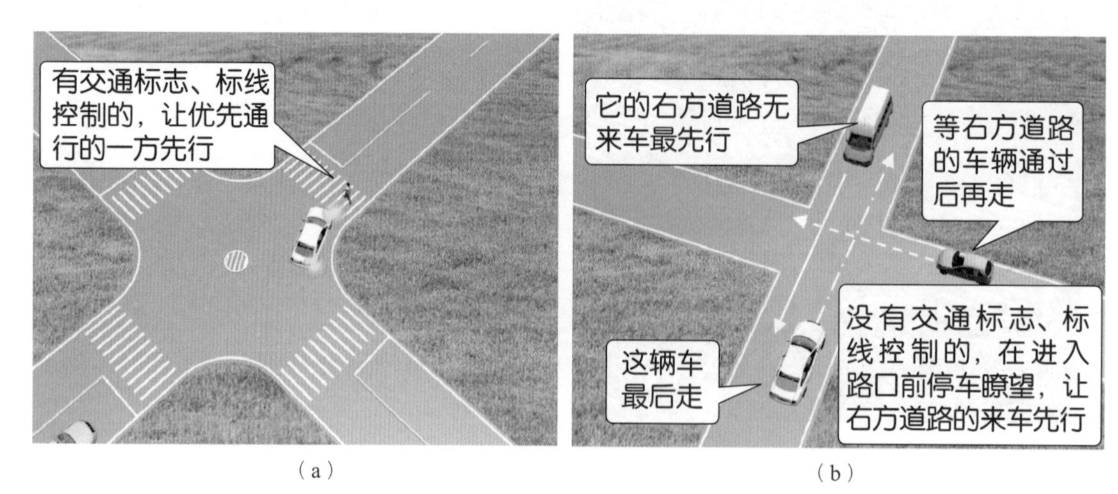

（a）　　　　（b）

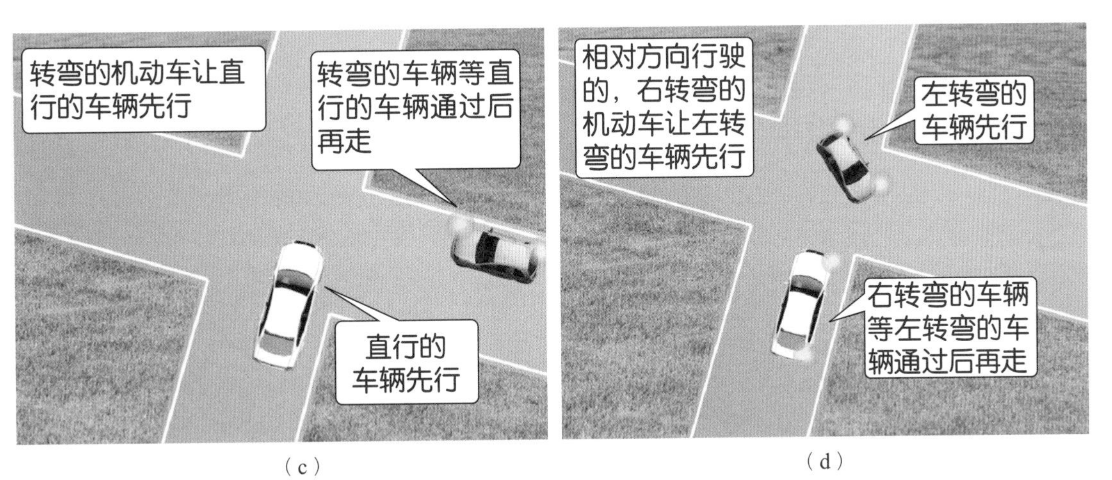

（c）　　（d）

图 1-14　通过无交通信号灯控制也没有交通警察指挥的交叉路口

（9）堵车时的规定

堵车时的相关规定如图 1-15 所示。

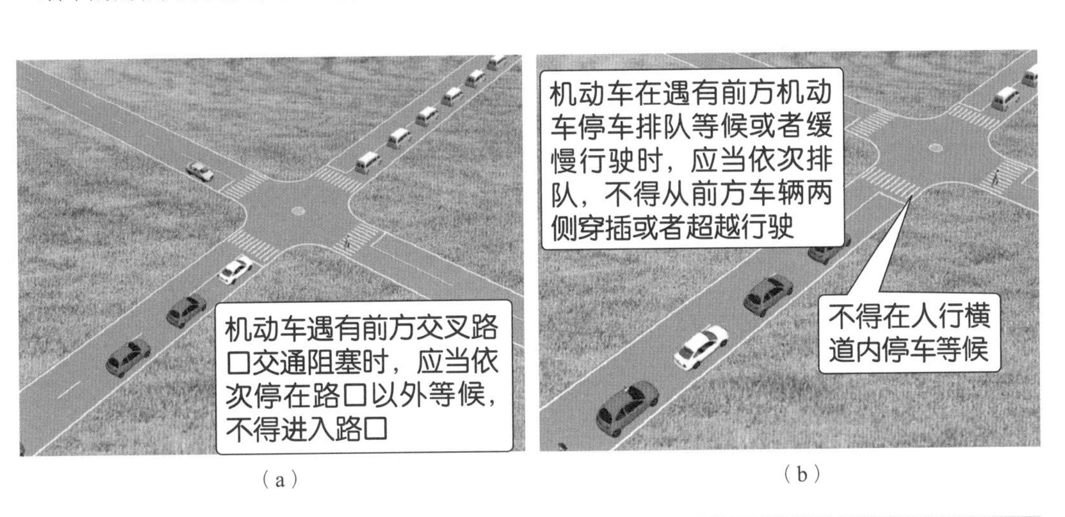

（a）　　（b）

（c）　　（d）

图 1-15　堵车时的规定

(10)牵引挂车规定

小型载客汽车牵引挂车规定如图1-16所示。

图1-16 牵引挂车规定

(11)灯光使用规定

机动车应当按照图1-17所示的相关规定使用转向灯。

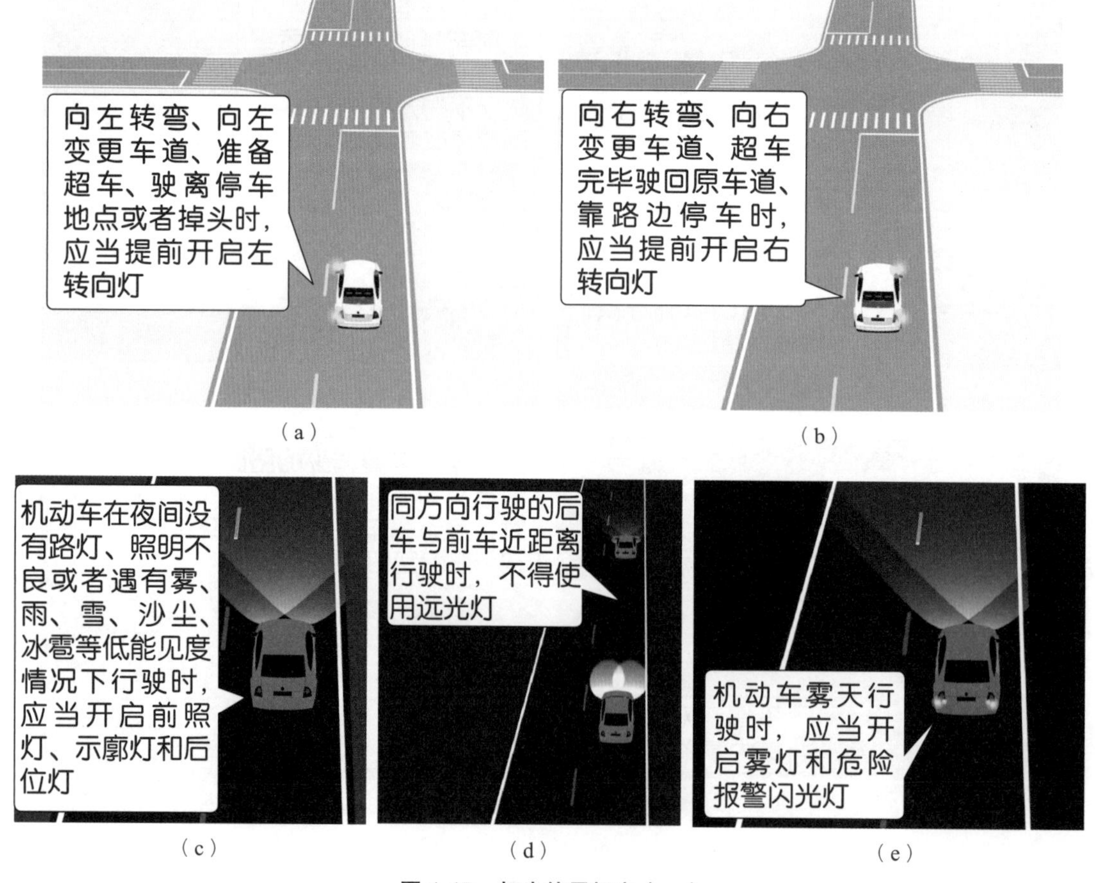

图1-17 灯光使用规定(一)

机动车在夜间通过急弯、坡路、拱桥、人行横道或者没有交通信号灯控制的路口时，应当交替使用远近光灯示意。如图1-18所示。

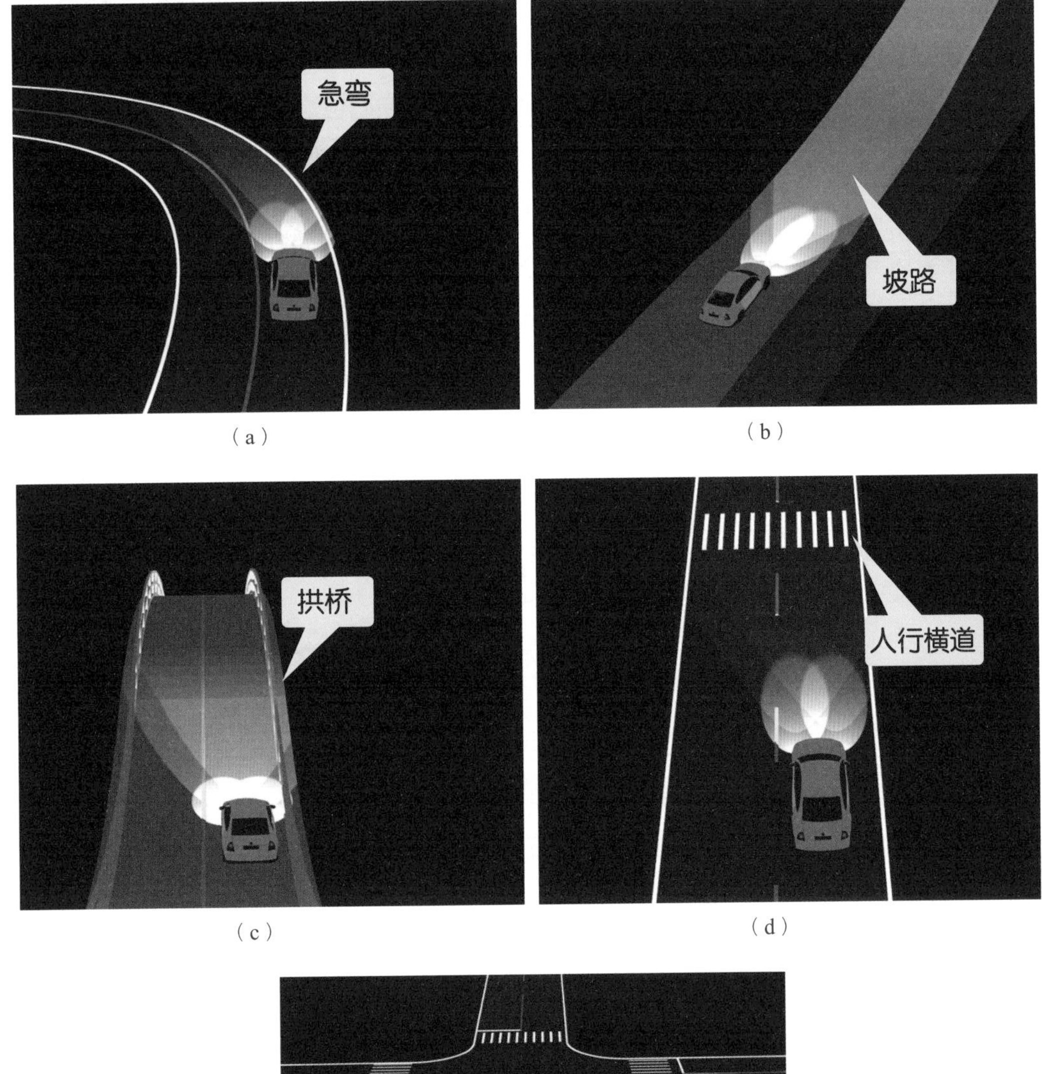

（a）（b）（c）（d）

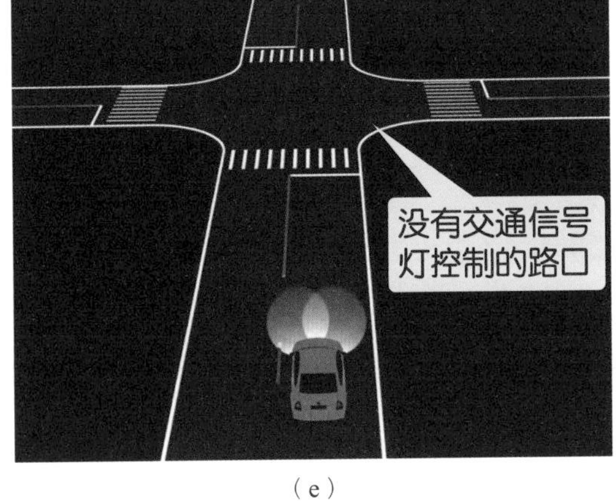

（e）

图1-18 灯光使用规定（二）

（12）在道路上发生故障或交通事故时的规定

在道路上发生故障或交通事故时的规定如图1-19所示。

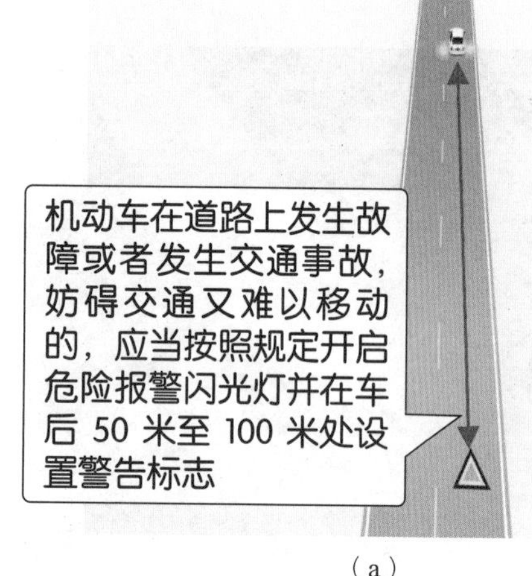

（a）

（b）

图 1-19　在道路上发生故障或交通事故时的规定

（13）机动车安全驾驶行为规定

驾驶机动车不得有以下行为：

❶ 拨打接听手持电话、观看电视等妨碍安全驾驶的行为；

❷ 下陡坡时熄火或者空挡滑行；

❸ 连续驾驶机动车超过4小时未停车休息或者停车休息时间少于20分钟；

❹ 在禁止鸣喇叭的区域或者路段鸣喇叭。

除以上4种行为外，图1-20所示的各种行为也是禁止或者危险的。

（a）

（b）

（c）

图 1-20　禁止或危险的行为

（14）临时停车规定

机动车在道路上临时停车，应当遵守图1-21所示的相关规定。

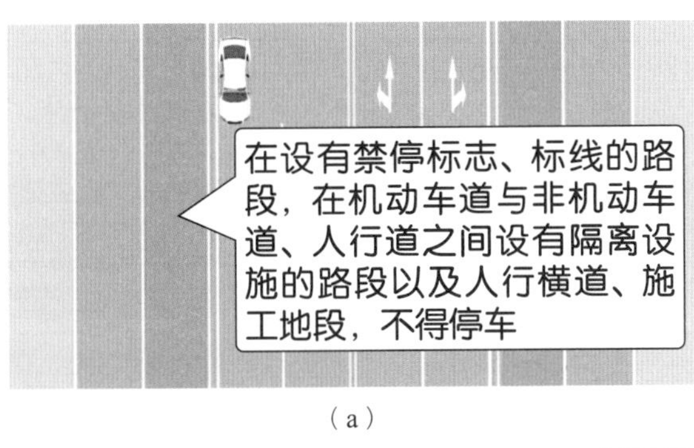

（a）

交叉路口、铁道路口、急弯路、宽度不足 4 米的窄路、桥梁、陡坡、隧道以及距离上述地点 50 米以内的路段，不得停车

（b）

公共汽车站、急救站、加油站、消防栓或者消防队（站）门前以及距离上述地点 30 米以内的路段，除使用上述设施的以外，不得停车

（c）

车辆停稳前不得开车门和上下人员，开关车门不得妨碍其他车辆和行人通行

（d）

路边停车应当紧靠道路右侧，机动车驾驶人不得离车，上下人员或者装卸物品后，应立即驶离

（e）

图 1-21　临时停车规定

（15）高速公路特别规定

❶ 高速公路上的行驶速度规定如图 1-22 所示。

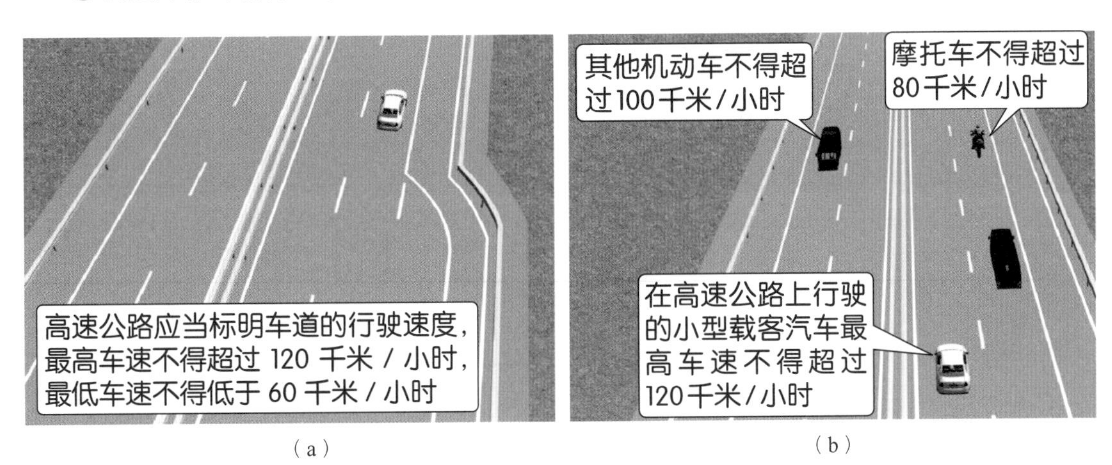

（a）　　（b）

图 1-22

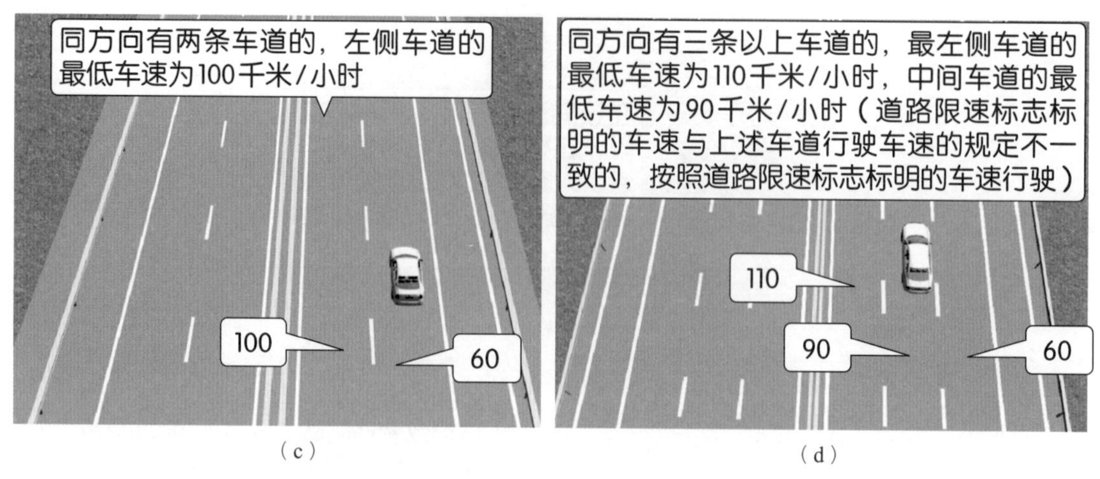

（c）　　　（d）

图 1-22　高速公路行驶速度规定

❷ 驶入和驶离高速公路的相关规定如图 1-23 所示。

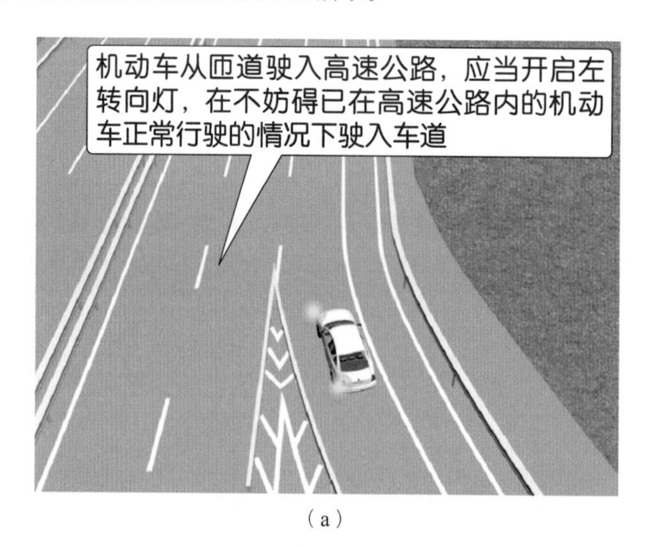

（a）

（b）　　　（c）

图 1-23　驶入和驶离高速公路的规定

❸ 在高速公路上行驶时的车距规定如图 1-24 所示。

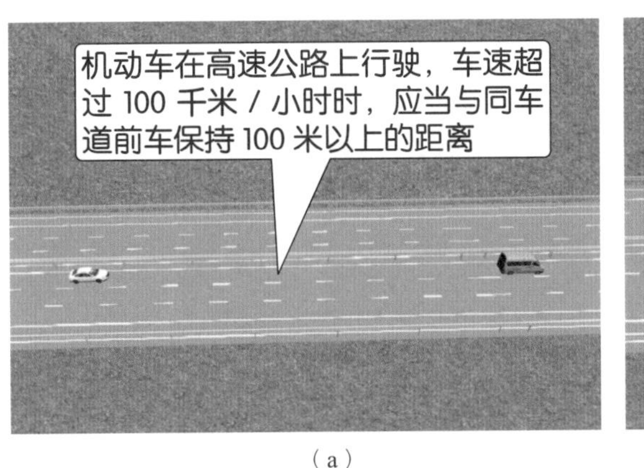

（a）

（b）

图 1-24　高速公路行驶车距规定

❹ 机动车在高速公路上行驶，遇有雾、雨、雪、沙尘、冰雹等低能见度气象条件时，应当遵守如图 1-25 所示的相关规定。

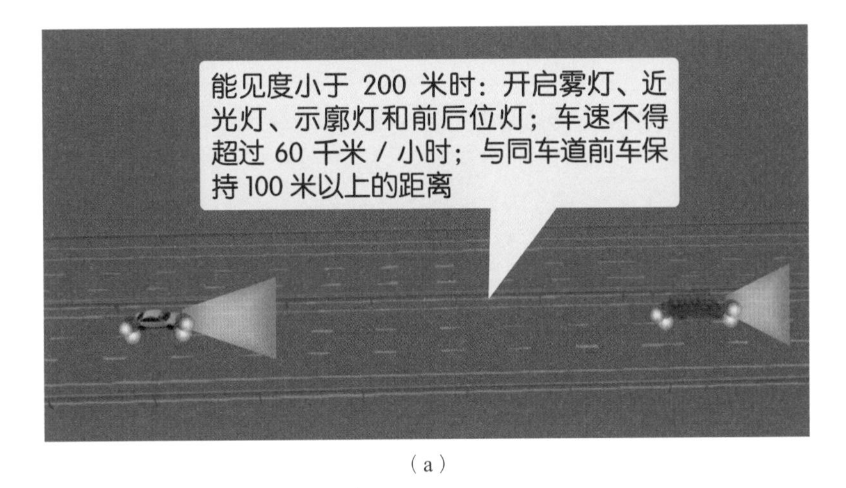

（a）

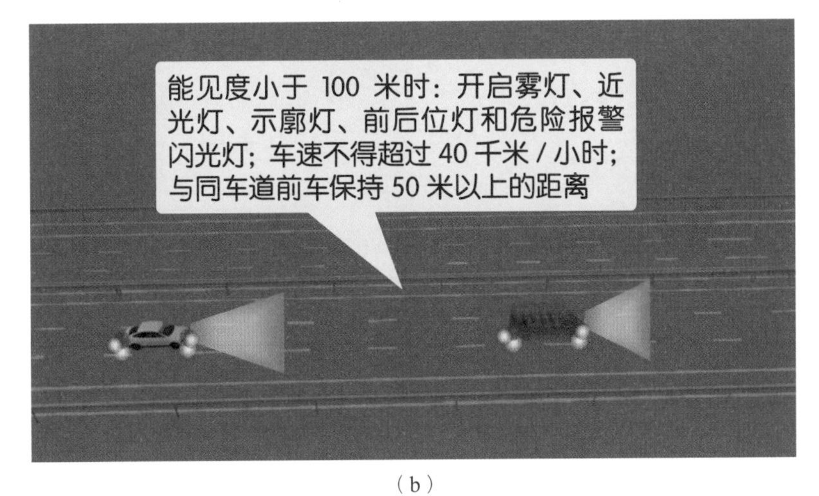

（b）

图 1-25

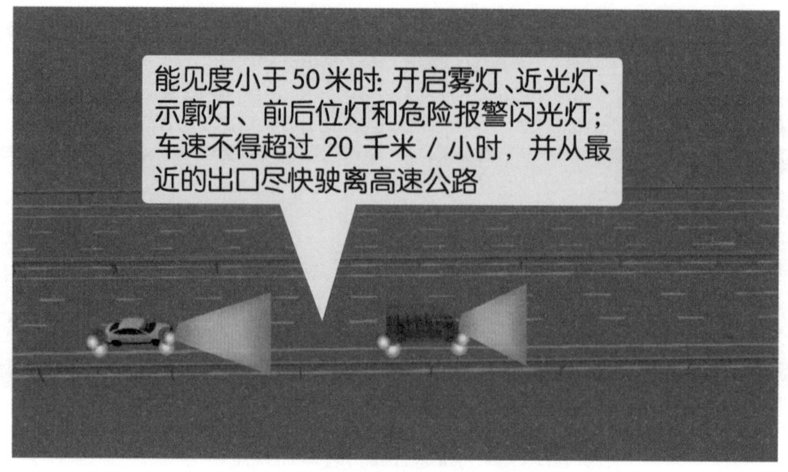

（c）

图 1-25　高速公路上恶劣条件行驶规定

❺ 机动车在高速公路上行驶时，禁止的行为如下。

a. 倒车、逆行、穿越中央分隔带掉头或者在车道内停车，如图 1-26 所示。

图 1-26　高速公路禁止行为（一）

b. 在匝道、加速车道或者减速车道上超车，如图1-27所示。

（a）

（b）

（c）

图1-27　高速公路禁止行为（二）

c. 禁止在高速公路上试车或者学习驾驶机动车。

d. 其他禁止行为，如图1-28所示。

（a）

图1-28

（b）　　（c）

图 1-28　高速公路禁止行为（三）

（16）施工路段行驶规定

施工路段行驶规定如图1-29所示。

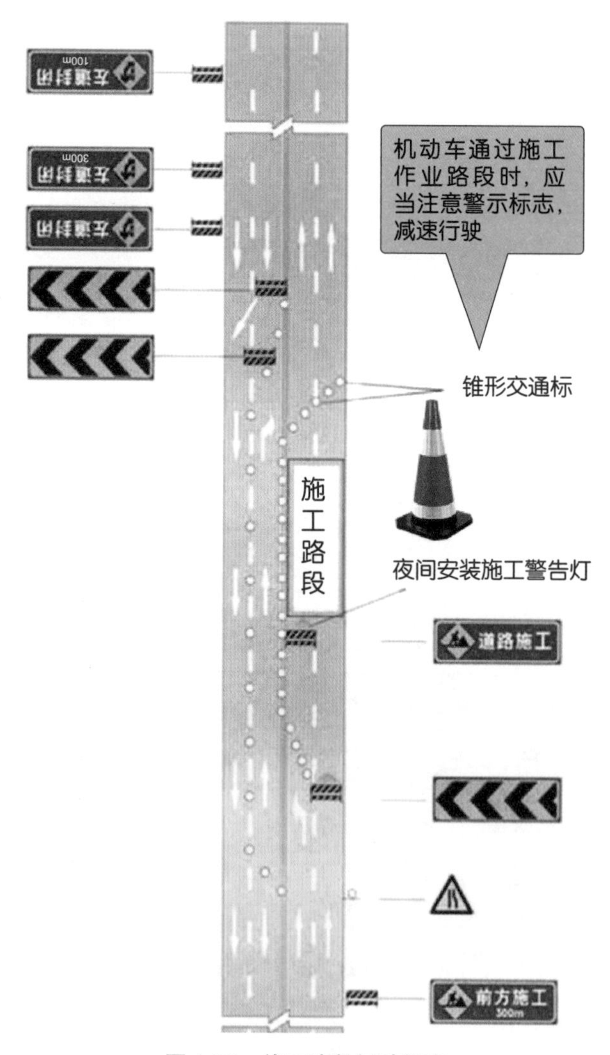

图 1-29　施工路段行驶规定

1.4 交通信号

1.4.1 交通标志

交通标志按功能可分为指示标志、警告标志、禁令标志、指路标志、旅游区标志、道路施工安全标志、辅助标志七类。

（1）指示标志

指示车辆、行人行进的标志。

（2）警告标志

警告车辆和行人注意危险地点的标志。

（3）禁令标志

禁止或限制车辆、行人交通行为的标志。

（4）指路标志

传递道路方向、地点、距离的标志。

（5）旅游区标志

提供旅游景点方向、距离的标志。

（6）道路施工安全标志

告知道路施工区通行的标志。

（7）辅助标志

附设于主标志下起辅助说明使用的标志。

1.4.2 交通标线

交通标线按功能可分为指示标线、警告标线和禁止标线三类。

（1）指示标线

指示标线包括可跨越对向车行道分界线、可跨越同向车行道分界线、潮汐车道线、车行道边缘线、左弯待转区线、路口导向线、导向车道线、人行横道线、车距确认标线、道路出入口标线、停车位标线、停靠站标线、减速丘标线、导向箭头、路面文字标记、路面图形标记16种。如图1-30～图1-32所示。

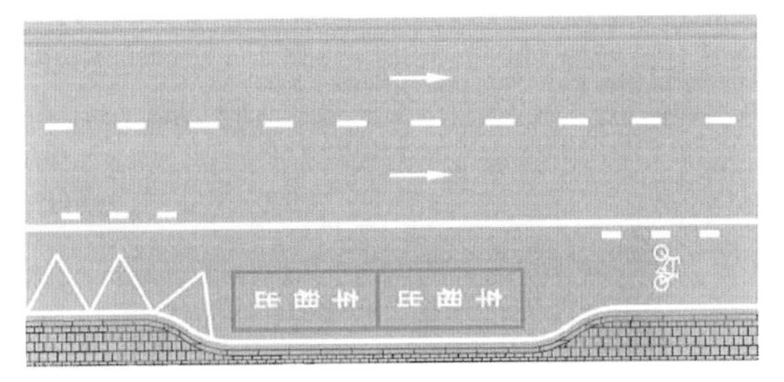

图 1-30 出租车专用待客停车位标线

图 1-31 指示前方可左转或掉头

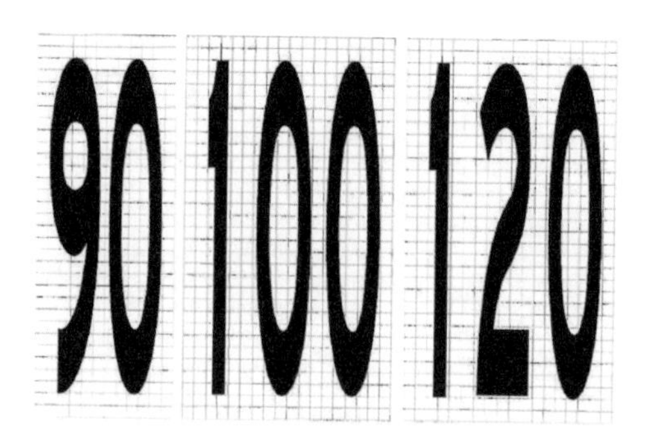

图 1-32 路面限速标记字符

（2）警告标线

警告标线包括路面（车行道）宽度渐变段标线、接近障碍物标线、铁路平交道口标线、减速标线、立面标记5种。如图1-33所示。

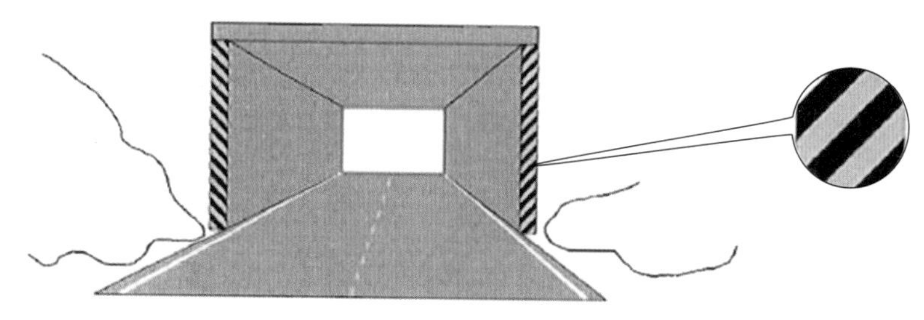

图 1-33 立面标记

（3）禁止标线

禁止标线包括禁止跨越对向车行道分界线、禁止跨越同向车行道分界线、禁止停车线、停止线、让行线、非机动车禁驶区标线、导流线、中心圈、网状线、车种专用车道线、禁止掉头（转弯）标记11种。如图1-34和图1-35所示为禁止跨越对向车行道分界线。

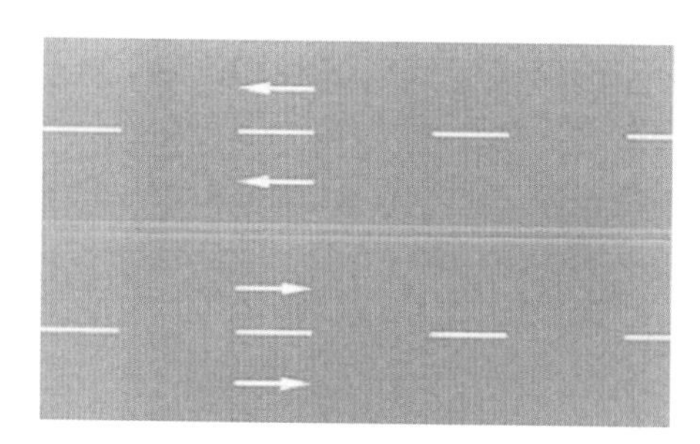

图 1-34 双黄实线

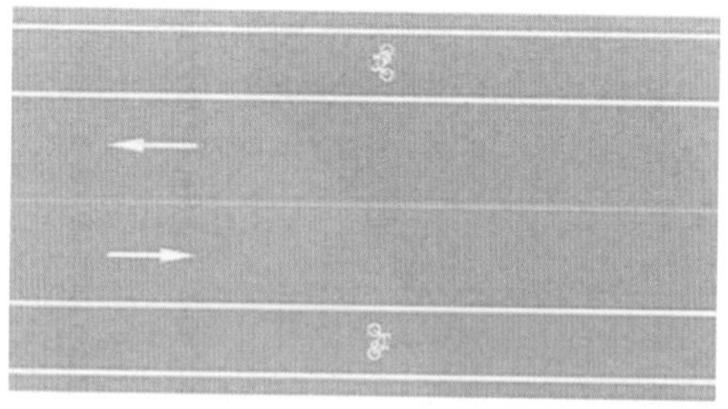

图 1-35 单黄实线

1.4.3 交通警察指挥手势

交通警察指挥手势信号，分为：停止信号、直行信号、左转弯信号、左转弯待转信号、右转弯信号、变道信号、减速慢行信号、示意车辆靠边停车信号。以下图中各箭头代表手臂的运动方向。

（1）停止信号

左臂向前上方直伸，掌心向前，不准前方车辆通行。如图1-36所示。

（a）

（b）

图 1-36 停止信号

（2）直行信号

左臂向左平伸，掌心向前；右臂向右平伸，掌心向前，向左摆动，准许右方直行的车辆通行。

（3）左转弯信号

右臂向前平伸，掌心向前；左臂与手掌平直向右前方摆动，掌心向右，准许车辆左转弯，在不妨碍被放行车辆通行的情况下可以掉头。如图1-37所示。

（a）

（b）

（c）

（d）

图 1-37 左转弯信号

（4）左转弯待转信号

左臂向左下方平伸，掌心向下；左臂与手掌平直向下方摆动，准许左方左转弯的车辆进入路口，沿左转弯行驶方向靠近路口中心，等候左转弯信号。如图1-38所示。

（5）右转弯信号

左臂向前平伸，掌心向前；右臂与手掌平直向左前方摆动，手掌向左，准许右方的车辆右转弯。

（6）变道信号

右臂向前平伸，掌心向左；右臂向左水平摆动，车辆应当腾空指定的车道，减速慢行。

（7）减速慢行信号

右臂向右前方平伸，掌心向下；右臂与手掌平直向下方摆动，车辆应当减速慢行。

(a)

(b)

(c)

(d)

图 1-38 左转弯待转信号

（8）示意车辆靠边停车信号

左臂向前上方平伸，掌心向前；右臂向前下方平伸，掌心向左；右臂向左水平摆动，车辆应当靠边停车。如图1-39所示。

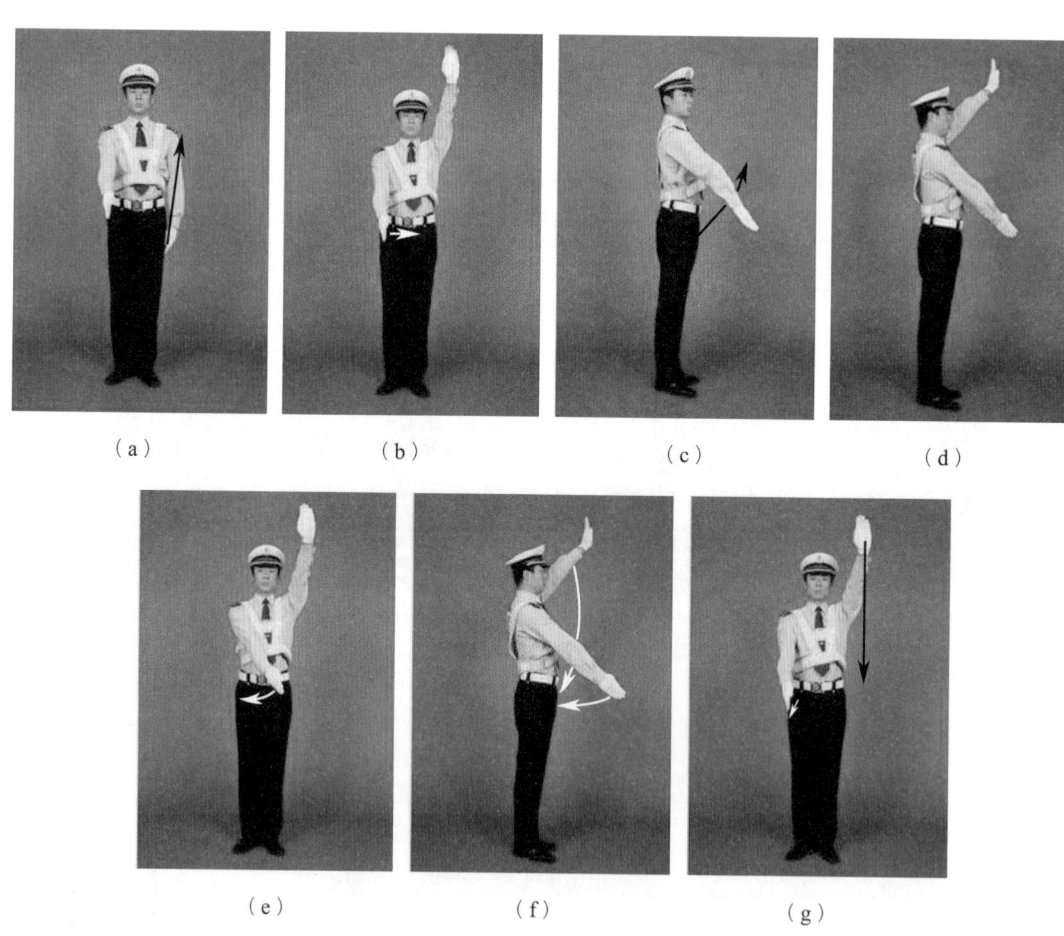
(a) (b) (c) (d)

(e) (f) (g)

图 1-39 示意车辆靠边停车信号

交通警察在夜间没有路灯、照明不良或者遇有雨、雪、雾、沙尘、冰雹等低能见度天气条件下执勤时，可以用右手持指挥棒，按照上述手势信号指挥。

第2章 科目二（基础驾驶技能）考试攻略

2.1 转向盘操作

转向盘的操作方法如图2-1所示。行驶方向即将转到预定方向前，就应往回转动转向盘。原因是：如果转到预定方向时再回方向，会转过头，这是由于回方向时车轮回正需要时间，在这段时间里车头仍在沿预定的方向转向。

（a）

（b）

图 2-1　转向盘的操作方法

下面介绍一种双手交替快速操作转向盘的方法。以右转弯为例，首先降速至适合转弯的速度，然后先向右打方向，再向左回正。

❶ 向右打方向的方法如图2-2所示。

（a）

（b）

图 2-2

(c)

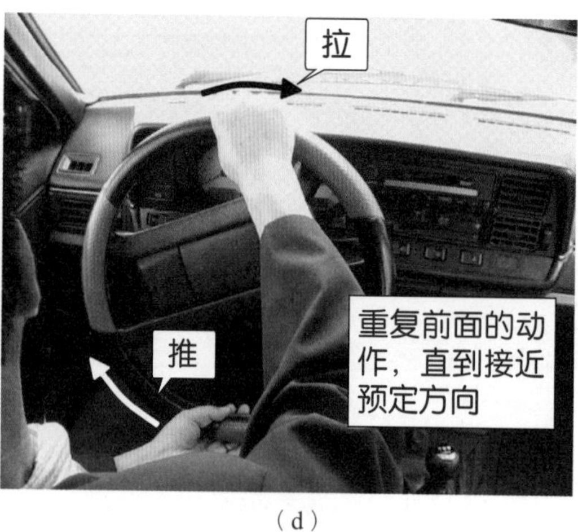

(d)

图 2-2 向右打方向的方法

❷ 向左回方向的动作相反。熟练后也可以利用转向盘的自动回位功能回位，手松握，但不要离开。如图2-3所示。

(a)

(b)

(c)

(d)

图 2-3 向左回方向的方法

2.2 仪表、开关的识别和使用

不同车辆的仪表、开关操作方法差别较大，要看说明书操作。这里以一种车辆的仪表板为例，如图2-4所示。

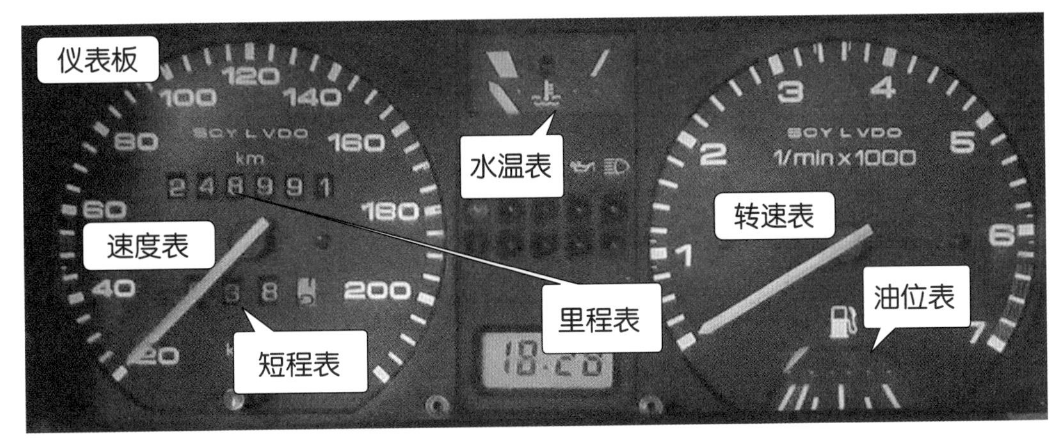

图 2-4 车辆仪表板

仪表板上有各种指示灯，常见的如表2-1所示。

表 2-1 仪表板上的常见指示灯

车内各类仪表指示灯		
 该指示灯用来显示ABS工作状况。当打开钥匙门，车辆自检时，ABS灯会点亮数秒，随后熄灭。如果未闪亮或者启动后仍不熄灭，表明ABS出现故障	 打开钥匙门，车辆开始自检时，EPC灯会点亮数秒，随后熄灭。如车辆启动后仍不熄灭，说明车辆机械与电子系统出现故障	 该指示灯是用来显示车辆空调系统的工作状态，平时为熄灭状态。当点亮内循环按钮，车辆关闭外循环，空调系统进入内循环状态时，该指示灯自动点亮。内循环关闭时熄灭
 该指示灯用来显示安全带是否处于锁止状态，当该灯点亮时，说明安全带没有及时扣紧。有些车型会有相应的提示音，当安全带被及时扣紧后，该指示灯自动熄灭	 该指示灯用来显示电瓶使用状态。打开钥匙门，车辆开始自检时，该指示灯点亮。启动后自动熄灭。如果启动后电瓶指示灯常亮，说明该电瓶出现了使用问题，需要更换	 该指示灯用来显示发动机内机油的压力状况。打开钥匙门，车辆开始自检时，指示灯点亮，启动后熄灭。该指示灯常亮，说明该车发动机机油压力低于规定标准，需要维修

续表

车内各类仪表指示灯		
 该指示灯用来显示车辆内储油量的多少，当钥匙门打开，车辆进行自检时，该油量指示灯会短时间点亮，随后熄灭。如启动后该指示灯点亮，则说明车内油量已不足	 该指示灯用来显示车辆各车门状况，任意车门未关上，或者未关好，该指示灯都会点亮相应的车门指示灯，提示车主车门未关好，当车门关闭或关好时，相应车门指示灯熄灭	 该指示灯用来显示安全气囊的工作状态，当打开钥匙门，车辆开始自检时，该指示灯自动点亮数秒后熄灭，如果常亮，则安全气囊出现故障
 该指示灯是用来显示车辆刹车盘磨损的状况。一般来说，该指示灯为熄灭状态，当刹车盘出现故障或磨损过度时，该灯点亮，修复后熄灭	 该指示灯用来显示车辆手刹的状态，平时为熄灭状态。当手刹被拉起后，该指示灯自动点亮。手刹被放下时，该指示灯自动熄灭。有的车型在行驶中未放下手刹会伴随有警告音	 该指示灯用来显示发动机内冷却液的温度，钥匙门打开，车辆自检时，会点亮数秒，后熄灭。水温指示灯常亮，说明冷却液温度超过规定值，需立刻暂停行驶。水温正常后熄灭
 该指示灯用来显示车辆发动机的工作状况，当打开钥匙门时，车辆自检时，该指示灯点亮后自动熄灭，如常亮则说明车辆的发动机出现了机械故障，需要维修	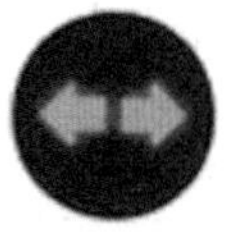 该指示灯是用来显示车辆转向灯所在的位置。通常为熄灭状态。当车主点亮转向灯时，该指示灯会同时点亮相应方向的转向指示灯，转向灯熄灭后，该指示灯自动熄灭	 该指示灯是用来显示车辆远光灯的状态。通常的情况下该指示灯为熄灭状态。当车主点亮远光灯时，该指示灯会同时点亮，以提示车主车辆的远光灯处于开启状态
 该指示灯是用来显示车辆所装玻璃清洁液的多少，平时为熄灭状态，该指示灯点亮时，说明车辆所装载玻璃清洁液已不足，需添加玻璃清洁液。添加玻璃清洁液后，指示灯熄灭	 该指示灯是用来显示前后雾灯的工作状况，当前后雾灯点亮时，该指示灯相应的标志就会点亮。关闭雾灯后，相应的指示灯熄灭	 该指示灯是用来显示车辆示宽灯的工作状态，平时为熄灭状态。当示宽灯打开时，该指示灯随即点亮；当示宽灯关闭或者关闭示宽灯打开大灯时，该指示灯自动熄灭

2.3 发动机启动、升温与熄火

启动前要确认冷却液、机油、燃油的数量正常，变速杆置于空挡，确认手刹处于拉紧状态。启动发动机时，一定要注意发动机的特点，以及当时气温与发动机的温度等情况。

（1）发动机启动

如图2-5所示，一般车辆点火开关有三个位置：位置1点火开关断开，钥匙拔出后，向右转动转向盘可以锁住转向盘；位置2点火开关接通；位置3防止重复启动。如果钥匙不能转动应来回轻转转向盘。

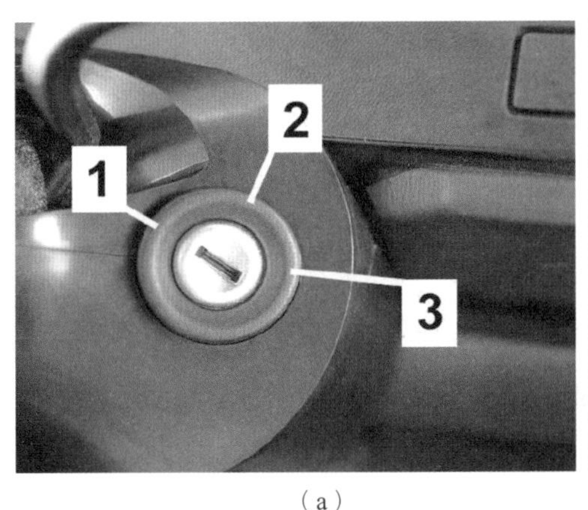

（a）

（b）

图2-5 点火开关的三个位置

确认变速器在空挡位置，将钥匙插入锁芯，先由位置1顺时针转动到位置2，接通点火开关，再由位置2顺时针转动到位置3即可启动发动机。发动机启动后应立即松开点火开关。如图2-6所示。

图2-6 发动机启动方法

启动发动机时，每次不要超过5秒；如一次无法启动，连续两次启动应间隔15秒以上。

❶ 电喷汽油发动机启动时不要踩加速踏板，踩下离合器踏板，转动点火开关，直接启动即可。

❷ 柴油发动机启动时要稍微踩下加速踏板。启动前，无需踩一脚或几脚空油门。但柴油机低温启动时，一般应用发动机上的预热装置预热后再启动。

（2）发动机升温

启动后应观察仪表读数，最佳水温应在80 ~ 90℃，如图2-7所示。有机油压力表的还要注意看机油压力数值是否在0.2 ~ 0.4兆帕或200 ~ 400千帕。有电流表的还要注意看电流值是否正常。只要不是冰冻季节，发动机启动后无需升温即可起步。冰冻季节等水温表开始动的时候就可以起步了，

图 2-7　发动机最佳水温

但达到正常温度前不可全速或超速运行，要低挡小油门慢行，等温度在50℃左右时，曲轴箱、变速箱等机械机构中的润滑油都能正常润滑时就可以正常快速行驶了。具体要求可查看车辆使用手册。

（3）发动机熄火

汽油发动机熄火只需逆时针旋转关闭点火开关即可。

柴油发动机熄火应拉出熄火拉钮，待发动机完全停熄后再推回熄火拉钮（有的车辆可自动回位）。

2.4　加速踏板、行车制动器、驻车制动器的操纵

加速踏板（俗称“油门踏板”）的操纵方法如图2-8所示。行车制动器的操纵方法如图2-9所示。驻车制动器（俗称“手刹”）的操纵方法如图2-10所示。

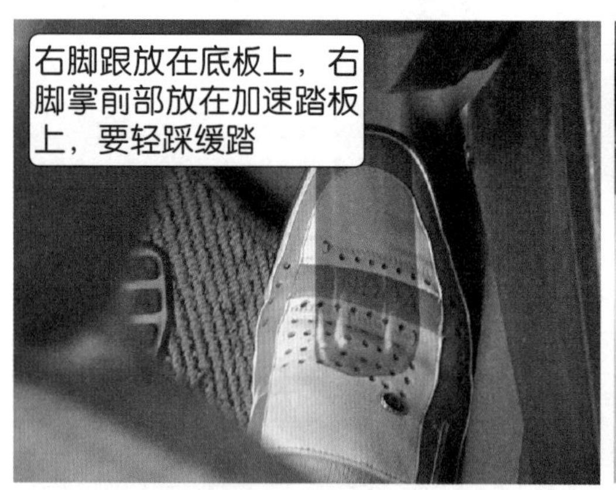

图 2-8　加速踏板的操纵方法

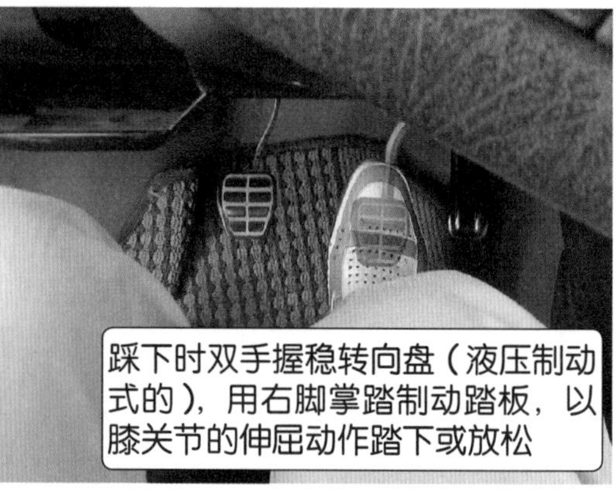

图 2-9　行车制动器的操纵方法

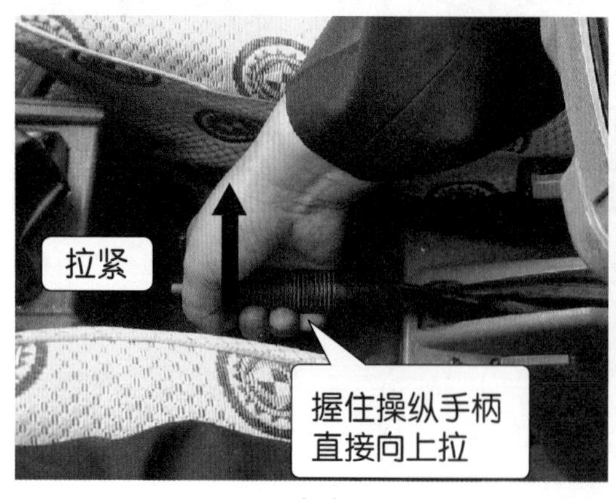

（a）

（b）

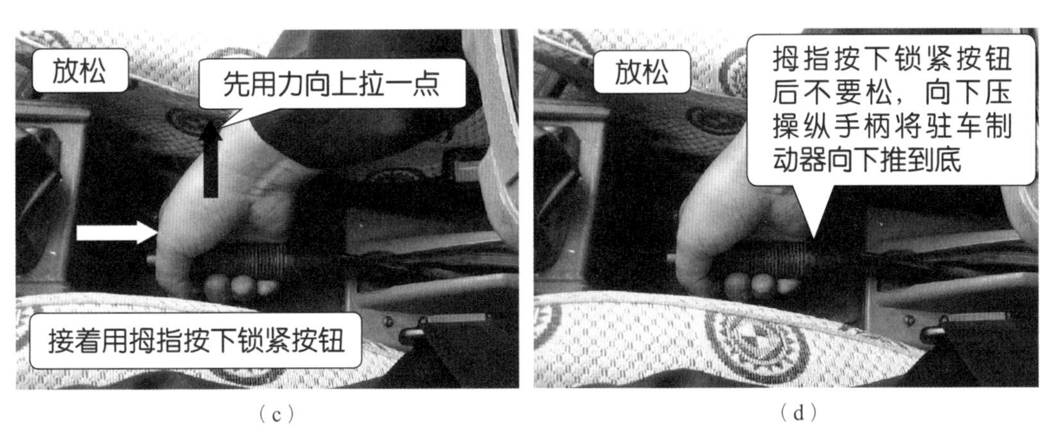

图 2-10　驻车制动器的操纵方法

2.5　汽车基础驾驶操作

2.5.1　手动挡汽车基础驾驶操作

（1）变速杆的握法

手动变速器的挡位如图 2-11 所示，变速杆的握法如图 2-12 所示。

图 2-11　挡位图

图 2-12　变速杆的握法

（2）离合器踏板的操纵方法

离合器踏板的操纵方法如图 2-13 所示。

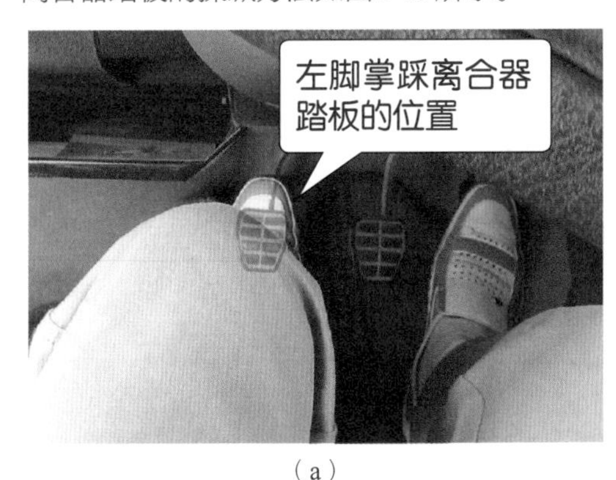

（a）

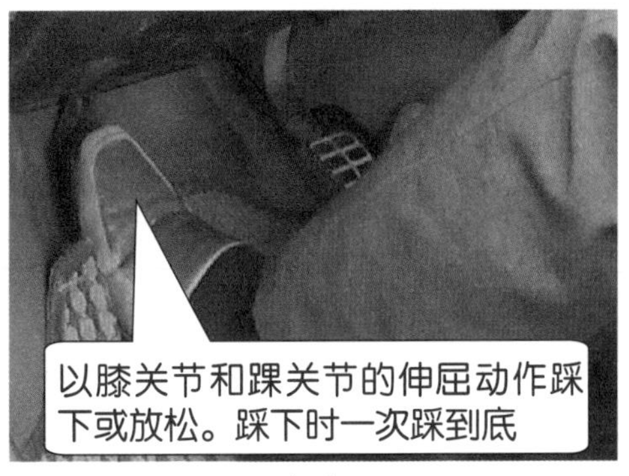

（b）

图 2-13　离合器踏板的操纵方法

松抬离合器踏板包括三个阶段：❶自由行程阶段，快抬，不传递发动机的动力；❷半联动阶段，稍停顿，传递一部分动力；❸接合阶段，快抬，传递全部动力。如图2-14所示。

半联动的特征：发动机转速下降声音变低沉，车身抖动。

离合器接合后左脚要移到离合器踏板下方的底板上。

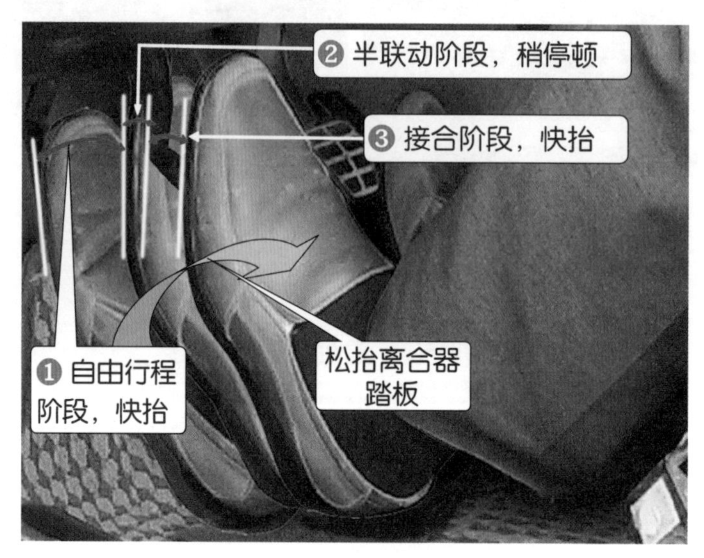

图2-14　松抬离合器踏板的三个阶段

（3）体会半联动操作

开左转向灯，挂一挡，松手刹，不要踩加速踏板，慢慢松离合器踏板，发动机转速刚一下降，声音变低沉时，说明离合器开始接合进入半联动状态，稳住，车可能不动，再松一点车即可蠕动，再多松一点速度就加快一点，向下踩一点速度就降低一些，这就是半联动范围不加油控制车速的方法。还可以在半联动的某一点稳住离合器踏板，通过改变踩下加速踏板的程度来控制车速。

（4）平路起步

按上车要求上车后，保持正确的驾驶姿势，两眼注视前方道路和交通情况，不要低头向下看。确认仪表指示正常。然后按图2-15所示的步骤起步。

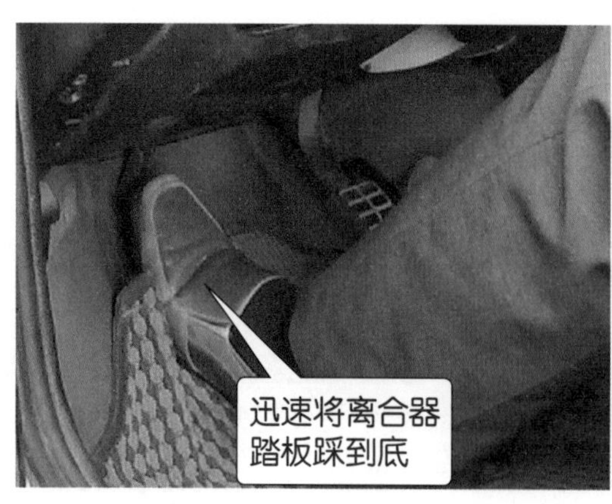

（a）

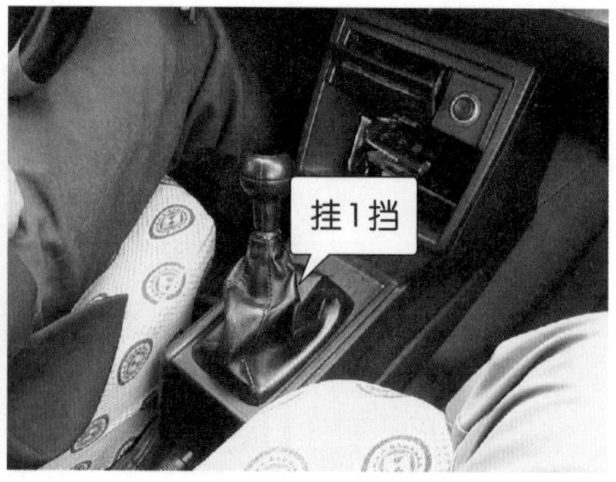

（b）

（c）

（d）

（e）

（f）

（g）

（h）

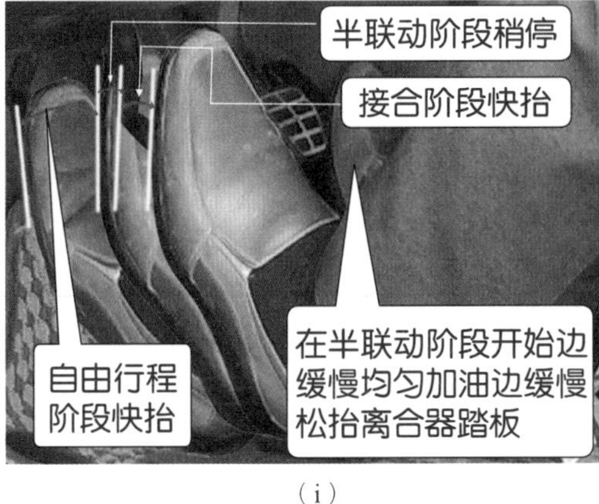

（i）

（j）

图 2-15　平路起步操作方法

2.5.2 自动挡汽车基础驾驶操作

自动挡汽车挡位大同小异，可参看说明书。常见的挡位排列如图2-16所示。

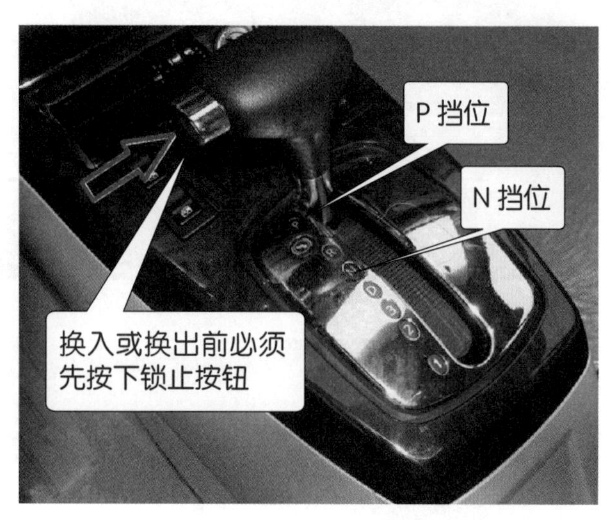

图2-16 自动挡汽车的挡位

（1）各挡位的作用与操作方法

P—驻车锁止挡。只有在汽车静止时才可以换入。若发动机已启动，换出前还要踩下制动踏板。

N—空挡。发动机动力被切断。车速低于5km/h或汽车静止且发动机已启动时，必须按下锁止按钮并踩下制动踏板才能从N挡换出。

D—行车挡。一般道路上使用这个挡位。在这个挡位下变速器会根据油门和车速自动在1～4四个前进挡之间进行高挡或低挡的切换。

3、2、1各挡位指强制把变速器限制在某一挡以下。比如3挡就是把变速器强制限制在4挡以下。

3挡—用于丘陵起伏的路段。此时4挡被锁止，汽车只能在1、2、3挡之间自动升挡或降挡。松开加速踏板时可以提高发动机的制动作用。

2挡—用于长山路行驶。此时3、4挡被锁止，汽车只能在1、2挡之间自动升挡或降挡。松开加速踏板时可以提高发动机的制动作用。

1挡—用于陡峭山路行驶。此时2、3、4挡被锁止，只能1挡行使。这时可以发挥发动机的最大制动作用。要想换入这个挡位，有的变速器必须按下变速杆上的锁止 按钮。

手动可以换入3、2、1挡。

R—倒挡。只有在汽车静止且发动机怠速运转时才能换入。必须按下锁止按钮并踩下制动踏板才能从P或N位置换入倒挡R。

（2）自动挡汽车的启动

拧车钥匙到仪表盘有指示，确认变速杆在P或N挡位，然后转动点火开关启动发动机。一些自动变速器在任何挡位都能启动发动机，但是在非N挡必须踩制动踏板才能启动发动机。

（3）起步

等发动机怠速下降并稳定，水温表指示正常以后，踩下制动踏板，选择挡位R、D、3、2、1之一，松手刹，松制动踏板，车辆蠕动起步，适当踩加速踏板可较快起步，但不要猛踩，以免发生顿挫现象。

（4）行驶

行驶中踩加速踏板加速，松加速踏板减速，踩制动踏板减速。行驶中可根据道路状况选择D、3、2、1之一。

（5）停车

停车要求与手动挡一样，只是操作有差别。踩下制动踏板，停车后拉紧手刹，短时间停车置于N挡，长时间停车置于P挡。松制动踏板。

若是临时停车，如遇红灯时，不必将变速杆换入N挡（空挡），只需踩住制动踏板即可。

第3章

科目二（场地驾驶技能）考试攻略

3.1 倒车入库

3.1.1 考场布局及评判标准

考场布局如图3-1所示，图中虚线代表倒车路线，实线代表前进路线。

考试评判标准如下：

❶ 不按规定路线顺序行驶，不合格；

❷ 车身出线，不合格；

❸ 没有完全倒入库内，不合格；

❹ 中途停车，不合格。

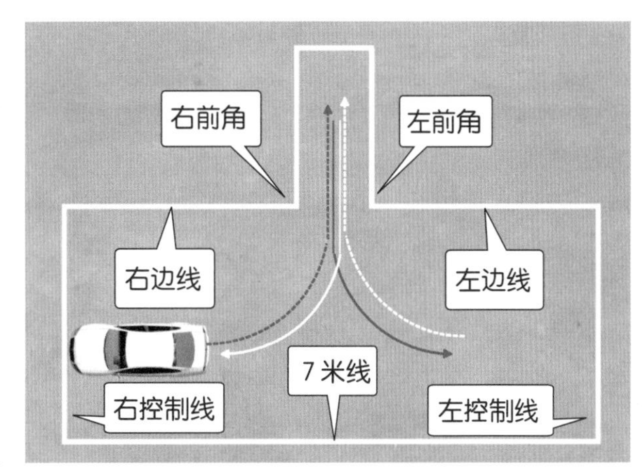

图3-1 倒车入库考场布局

3.1.2 操作要求

首先从右起点右转倒入车位停正，前进出位开到左起点，如图3-1中红色轨迹所示；再左转倒入车位停正，前进出位开到右起点，如图3-1中白色轨迹所示。整个过程车身不得出线。

扫一扫
看动画
演示视频

说明

培养判断车辆四角空间位置的能力是防止实际驾驶中发生四角碰擦事故的重要途径。驾驶员朋友可以用在矿泉水瓶中装土或沙石、插树枝制作简易桩杆，摆在车位四角的方法，进行训练。

3.1.3 考试攻略

注意

后视镜中参照点的选取也不唯一。这里介绍利用后视镜看车位线倒车入位的方法（在起点，还可以结合向后转身回头看车库线和车右后窗或左后窗下边框相交的位置来判断车身的位置，从而确定打方向的时机）。

在后视镜中看参照点更要注意，因为镜中的影像和地面对称于镜面，地面上离车越近的部分在后视镜中的影像越往下，看起来越大；离车越远的部分在后视镜中的影像越往上，看起来越小。不要搞反了。

由于后视镜有盲区，初学者首先应当向下调整后视镜，以便能够看到后轮附近。有些车辆后视镜视野狭窄，可以结合移动头部位置的方法来解决。多数车辆的后视镜视野都很宽阔，不需要调整后视镜。

车辆在同一位置时，在同样的后视镜位置，不同的人或同一人采用不同姿势，后视镜中的参照点的位置也有差别。不同的后视镜也有些差别。如果驾驶姿势变化过大，头部转动、前后左右移动范围过大时，后视镜中参照点的位置也会发生很大变化，这就是看到的参照点的位置一样，有时候成功了，有时候却又失败了的原因。所以驾驶中要注意保持和选参照点时差不多的姿势驾驶。

下面各图中的参照点位置用于示范驾驶方法，实际驾驶中基本也是这些位置。

倒车入位原理如图3-2所示。在整个操作过程中，前进时挂1挡，后退时挂倒挡。可利用半联动把车速控制在缓行状态。

对一般的小轿车来说，车身左边距离7米线约1.5米就是合适的横向距离；从起始点后退1米多，就是合适的纵向距离。

第一步：从右起点倒车入库。

首先向下调整左右后视镜，调整到容易观察地面标线和车尾的位置。在起点，通过后视镜看清库位线的位置，倒车中，以看右后视镜为主，并不时看左后视镜，防止车身驶出左侧边线。实际驾驶中还要不时看车内后视镜，防止撞上后方障碍物。倒车时必须缓行。

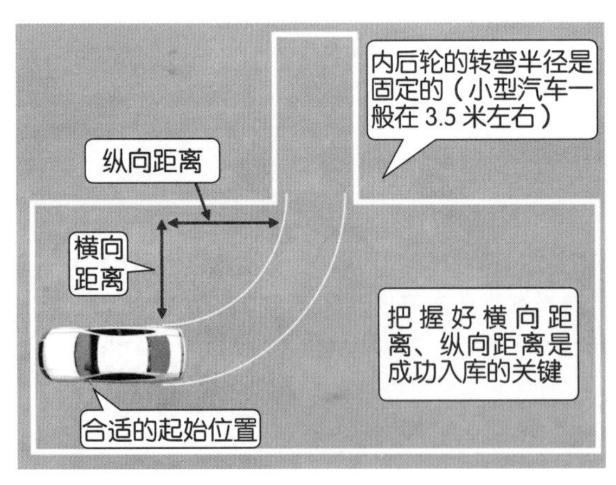

（a）

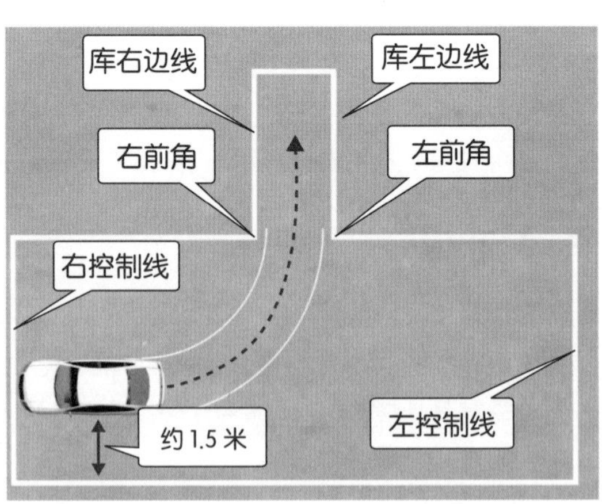

（b）

图3-2 倒车入位原理

❶ 挂倒挡，后退1米多，立即向右打满方向。

后退1米多可通过看库的右前角的位置来决定，如图3-3（a）所示；也可通过看右控制线的位置来决定，如图3-3（b）所示。

（a）

（b）

图 3-3 后退 1 米多时后视镜中的影像

提示

由于车后的物体离车越近，影像在后视镜中就越往下，所以，倒车时上方的影像，也就是远处物体的影像，将向后视镜下框移动，进入后视镜盲区后，影像消失。倒车时，库位线在后视镜中的移动也是这样。

当库右前角快到图3–3（a）中的位置时，后轮距库的右边线4米左右，比后轮的转弯半径稍大一点，这时候打满方向，然后看着右后视镜略微调整车尾的位置，就可以顺利倒入库中。

❷ 接下来的操作如图3-4所示。

（a）

（b）

（c）

图 3-4

（d）

图 3-4　继续后倒至车身在库中平行居中

第二步：出库开到左起点。

❶ 挂1挡，前进到后轮与边线平行时，车内看就是车头遮住7米线附近，立即向左打满方向。参见图3-5（a）。

❷ 车身将与左边线平行时，立即向右回正方向。如图3-5（b）所示。

❸ 前进到车轮压左控制线时停车。如图3-5（c）所示。

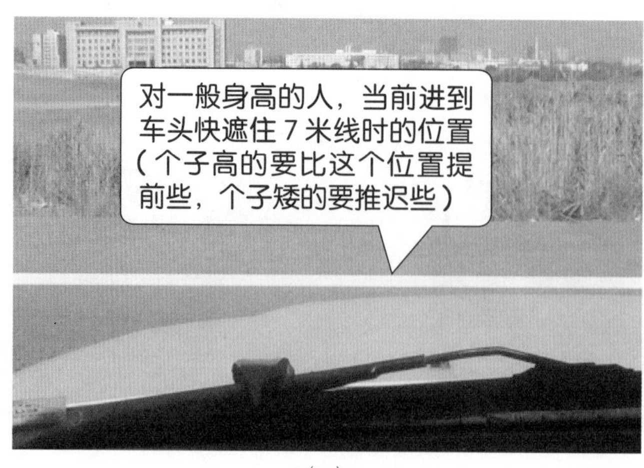

（a）

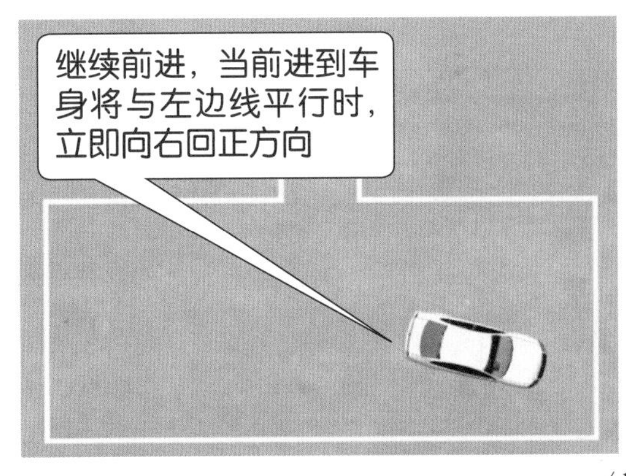

（b）

（c）

图 3-5 出库开到左起点

第三步：从左起点倒车入库。

左倒入位看车位左前角的位置，也就是选它为参照点。方法与右倒入库一样，只是以看左后视镜为主，并不时看右后视镜，防止车身出右侧边线。

❶ 挂倒挡，后退1米多，看车位线的位置向左打满方向。如图3-6（a）所示。

❷ 继续后倒，当车身与库位即将平行时，向右回正方向，如图3-6（b）所示。如有偏斜，略微调整即可。

❸ 回正后继续后倒，参见图3-6（c）。距库底20厘米左右停车。

（a）

（b）

图 3-6

（c）

图 3-6 从左起点倒车入库

第四步：出库开到右起点。

❶ 挂1挡，前进到后轮与边线平行时，车内看就是车头遮住7米线附近，立即向右打满方向。参见图3-7（a）。

❷ 车身将与7米线平行时，参见图3-7（b），立即向左回正方向。

❸ 开到起点时停车。

（a）

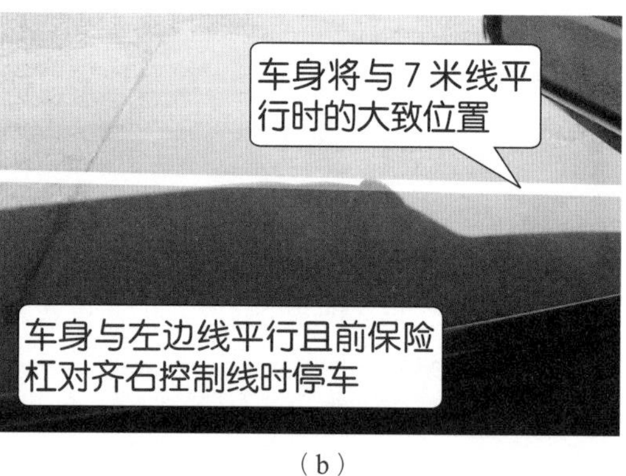

（b）

图 3-7 出库开到右起点

3.2 坡道定点停车和起步

3.2.1 考核目的

考核机动车驾驶人在坡道上驾驶车辆的技能，准确判断车辆的位置，正确使用制动踏板、变速杆和离合器踏板，以适应在上坡路段停车与起步的需要。

3.2.2 考场布局及评判标准

考场布局如图3-8所示。考试评判标准如下：

❶没有定点停车，不合格；❷车辆停止后，汽车前保险杠未到控制线，不合格；❸停车后后

溜大于30厘米，不合格；❹车辆行驶中压道路边缘实线，不合格；❺起步时间超过30秒，不合格；❻停车后后溜小于30厘米，扣10分；❼起步未开左转向灯，扣10分；❽车辆停止后，前保险杠未到停车线，扣10分；❾停车时右前轮距边缘线30厘米以上，扣10分。

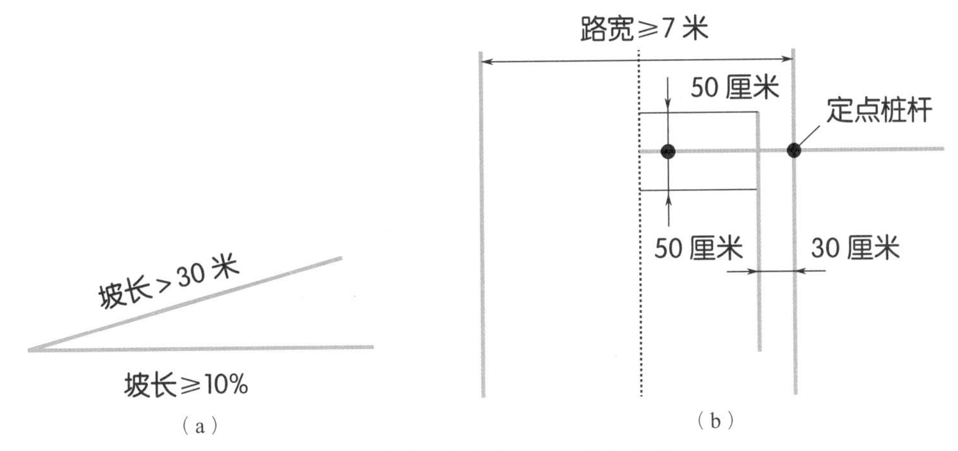

图3-8　坡道定点停车和起步考场布局

3.2.3　操作要求

机动车驾驶人应通过视觉和感觉及时判断坡道的坡度大小、长短及路宽等道路情况，采取正确的操作方法，控制车辆平稳停车和起步。做到转向正确，换挡迅速，操纵加速踏板、驻车制动器和离合器踏板的动作准确协调。

3.2.4　考试攻略

（1）坡道定点停车

停车要求如图3-9所示。可以采用“三把方向”停车法（用于短距离靠右边停车），熟练后可以做到紧贴边线停车。

所谓“三把方向”，即先向右打一把方向；靠近右边线时向左回一把，多回一点；车身快与右边线平行时再向右回多向左回的那一点。回正后车身刚好与边线平行，且距右边线30厘米以内。如图3-10所示。

上坡前，按考试规定（不同地方考试要求有所差别），加到相应的挡位，视坡度加速冲车。上坡后开始减挡。

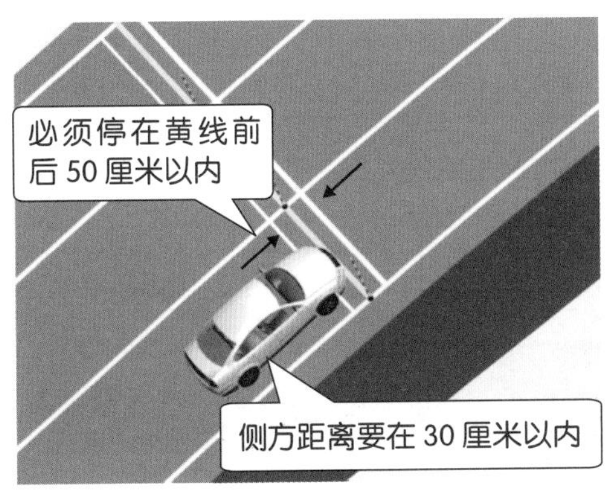

图3-9　停车要求

（a）

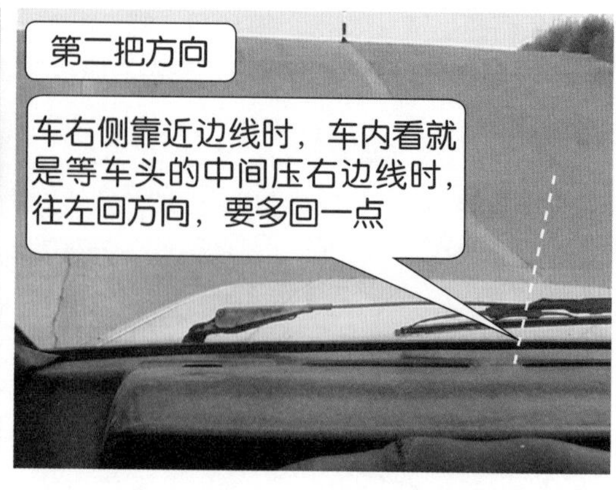

（b）

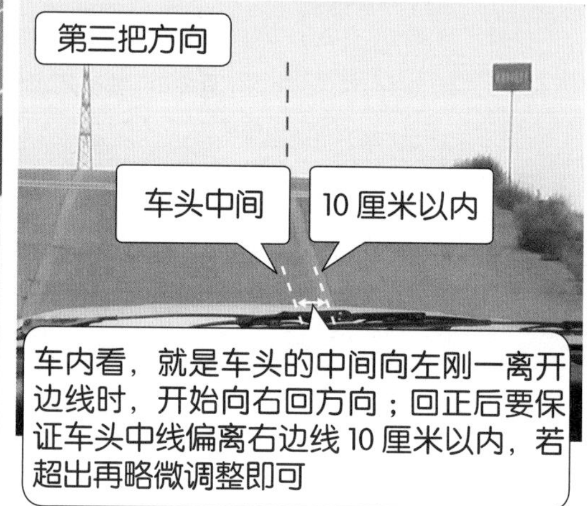

（c）

图 3-10 “三把方向”停车法

接下来的操作如图 3-11 所示。

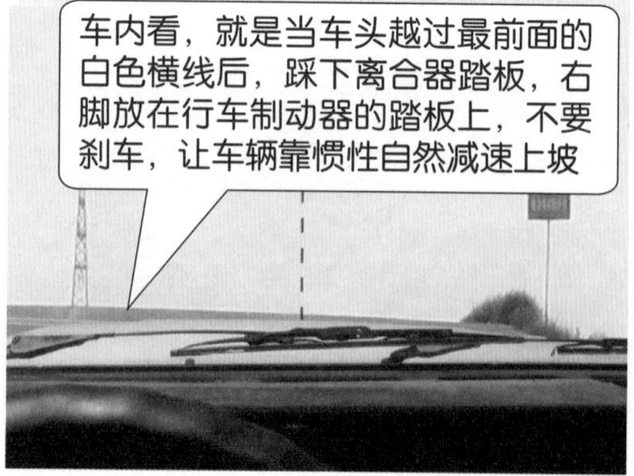

（a）

（b）

（c）

（d）

图3-11 坡道定点停车

（2）坡道起步

操作方法：踩下离合器踏板，挂1挡，开左转向灯，按喇叭（扫视右、内后视镜），看前方、看左后视镜，右手向后拉紧手刹，拇指按下手刹锁紧按钮，不加油（不熟练时可以先加点油）慢松离合器踏板至半联动，稳住（此时发动机声音下降，转速表指示下降，对于一般的坡，控制得好时，不松手刹也不会熄火，即使不加油松开手刹车辆也不会后溜）；松手刹后，根据坡度大小，适当踩下加速踏板（也可以在边平稳加油的同时边松手刹，不熟练时可在半联动时先加点油稳定发动机，再松手刹），车动后继续边慢松离合器踏板边加油，即可平稳起步。如果熄火或后溜，可立即踩制动踏板，重新拉紧手刹，重做上述操作。

说明

按上面的方法可以做到不熄火不后溜且非常平稳地起步。离合器踏板、手刹、加速踏板的配合方法可任选其一，以平稳起步为原则。

松手刹要领：半联动松手刹时，左腿一定要稳住（右手松手刹下降时容易无意中抬起左腿，导致离合器完全接合而造成熄火现象）。也不要往下放左腿，否则也容易后溜。

油门过小、松离合器踏板过猛、松手刹过迟或没有松彻底，都可能导致熄火。松离合器踏板还没有到半联动状态时就开始松手刹，将导致车辆后溜。

猛加油猛松离合器踏板可导致冲车，对机件不好。

3.3 侧方停车

3.3.1 考核目的

考核机动车驾驶人将车辆正确停入道路右侧车位（库）的技能。

3.3.2 考场布局及评判标准

考场布局如图3-12所示。考试评判标准如下：

❶ 车辆在入库停止后，车身出线，不合格；

❷ 未停车于库内，不合格；

❸ 中途停车，不合格；

❹ 行驶中轮胎触轧车道边线，扣10分；

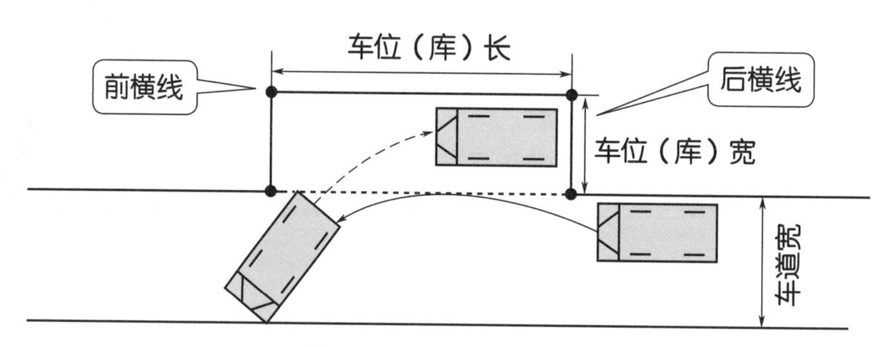

图3-12 侧方停车考场布局

❺ 起步未开左转向灯，扣10分；

❻ 倒车未开右转向灯，扣10分。

3.3.3 操作要求

机动车驾驶人驾驶车辆在车轮不轧碰车道边线、库位边线的情况下，通过一进一退的方式，将车辆停入右侧车位（库）中。车辆在入库停止后，车身不得出线，倒车中车头不得出车位前横线，行驶中轮胎不得触轧车道边线。

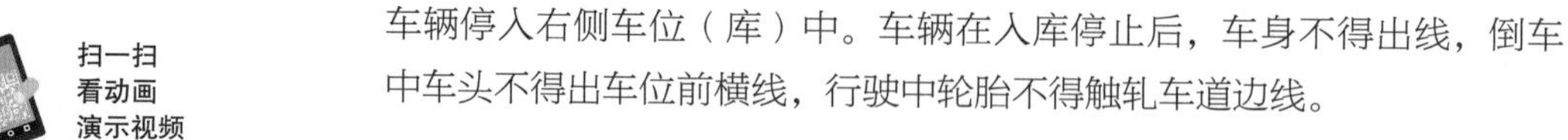

扫一扫
看动画
演示视频

3.3.4 考试攻略

（1）与右侧路边线相距约30厘米前行

操作方法如图3-13所示。

此时，前门把手调整到了右后视镜的中线上，后视镜的下边线刚好大致对应后轮轴的位置。不同车型略有差别，可以通过试验调整到合适的位置。

左后视镜情况类似。

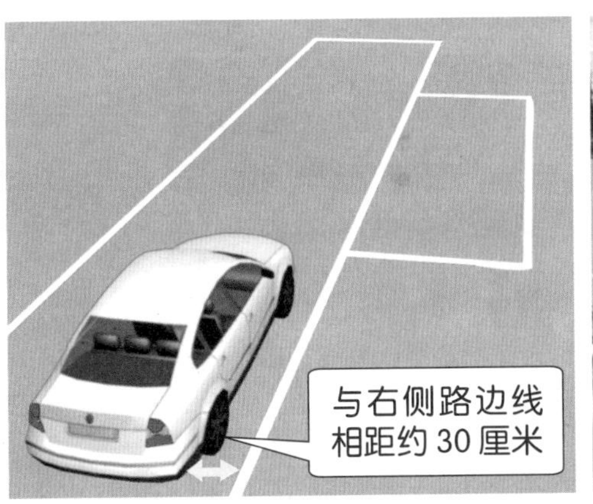

（a）

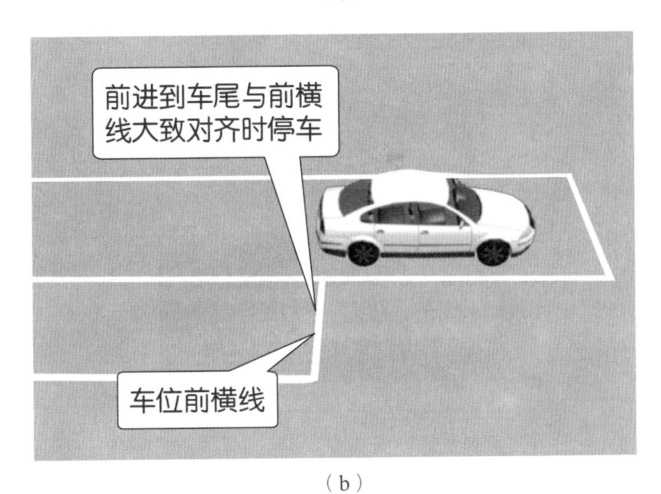

（b）

图3-13　侧方停车操作步骤（一）

（2）后退入位

手动挡车挂倒挡，半联动（自动挡车直接挂倒挡），不加油，缓行即可。操作方法如图3-14所示。

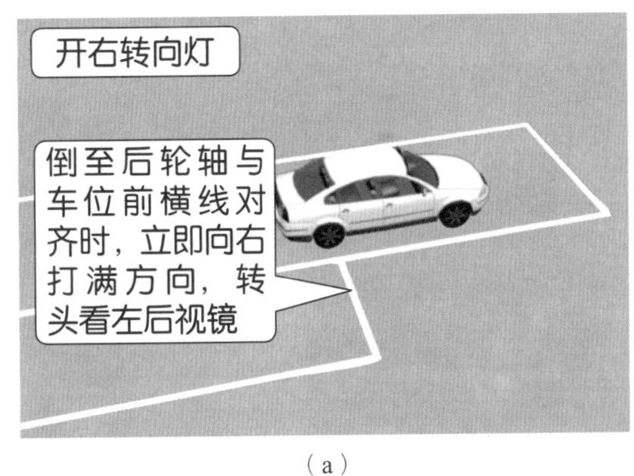

（a）

（b）

图3-14

（c）

（d）

（e）

图 3-14　侧方停车操作步骤（二）

（3）驶出车位

开左转向灯。手动挡车挂1挡，半联动（自动挡车挂D挡），稍加油即可。向左打满方向前进。车头左三分之一遮住路左边线时，向右回方向，调整车身与路边线平行，开到指定位置即可。如图3-15所示。

图 3-15　侧方停车操作步骤（三）

3.4 曲线行驶

3.4.1 考核目的

考核机动车驾驶人操纵转向、控制车辆曲线行驶的能力。

3.4.2 考场布局及评判标准

考场布局如图3-16所示。考试评判标准如下。

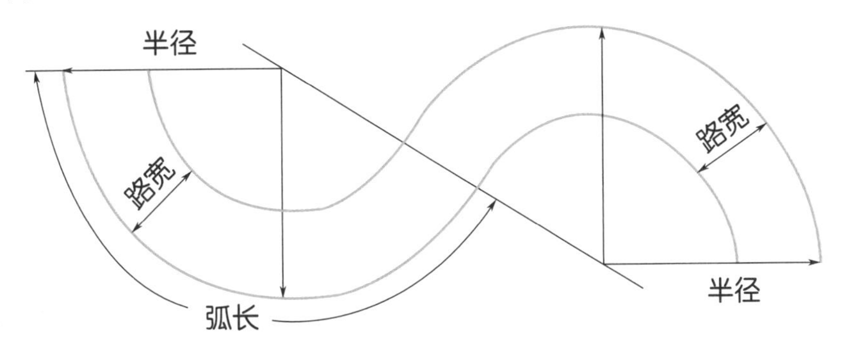

图 3-16 曲线行驶考场布局

❶ 车轮压道路边缘线，不合格；

❷ 中途停车，不合格。

3.4.3 操作要求

机动车驾驶人驾驶车辆从弯道的一端前进驶入，减速换挡，以低挡低速从另一端驶出。行驶中不得轧弯道边缘线，转向自如。

3.4.4 考试攻略

（1）转左弯

入口进入盲区前，对准入口。操作方法如图3-17所示。

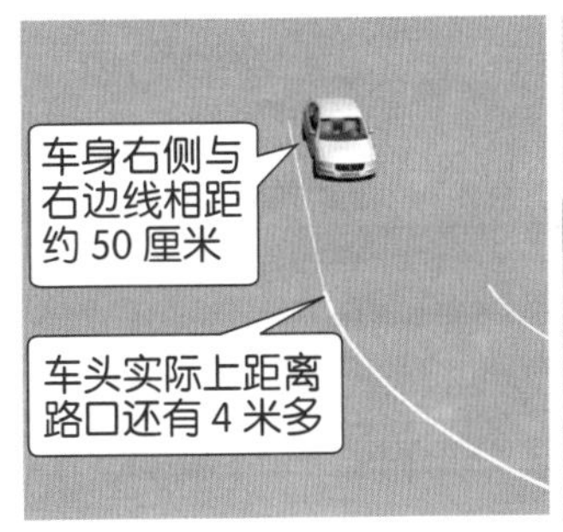

（a）

图 3-17

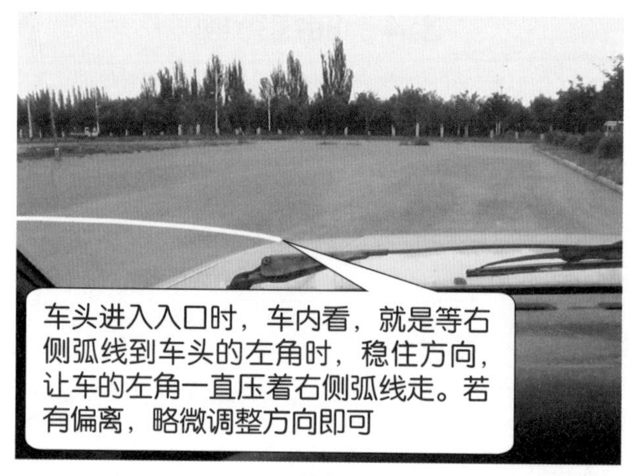

（b）

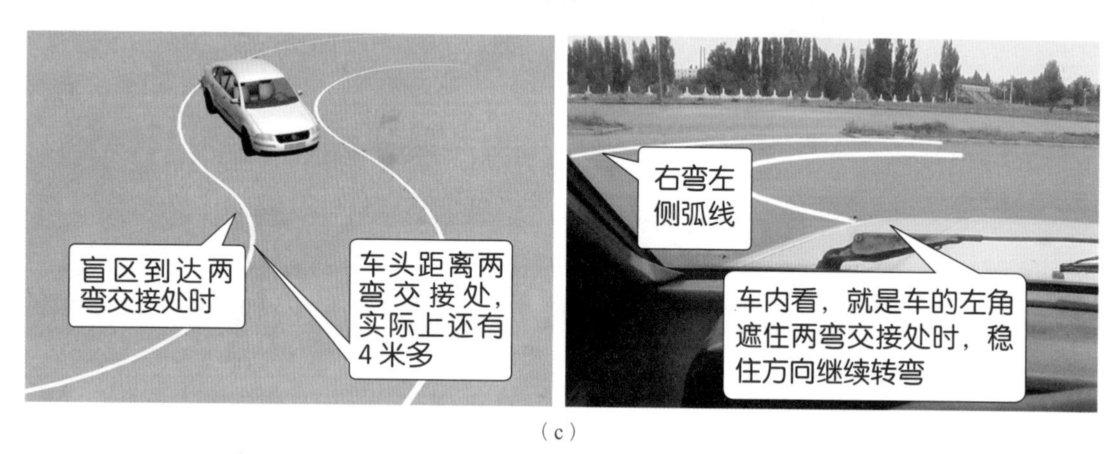

（c）

图 3-17　曲线行驶操作步骤（一）

（2）变换方向

车头接近两弯交接处时，向右打方向，如图3-18所示。

（a）

（b）

图 3-18　曲线行驶操作步骤（二）

（3）转右弯

进入右弯时，稳住方向继续前进，操作方法如图3-19所示。

（a）

（b）

图3-19 曲线行驶操作步骤（三）

（4）驶出

车身即将驶出时，注意向左转头，看一眼左侧出口弧线，即将到达末端时，操作方法如图3-20所示。

（a）

（b）

图3-20 曲线行驶操作步骤（四）

3.5 直角转弯

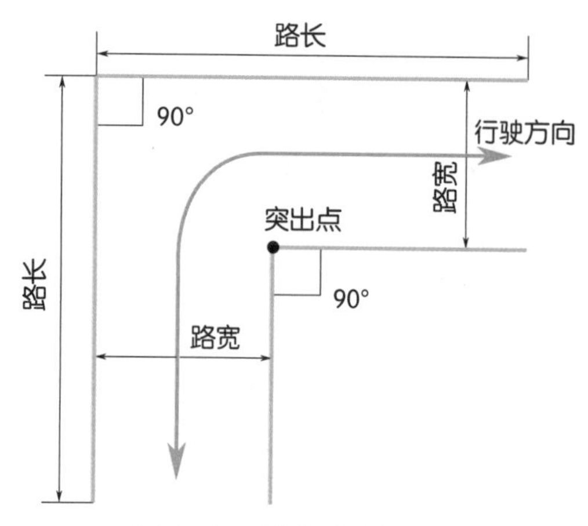

图 3-21 直角转弯考场布局

扫一扫
看动画
演示视频

3.5.1 考核目的

考核机动车驾驶人在急弯路段驾驶车辆时，正确操纵转向、准确判断车辆内、外轮差的能力。

3.5.2 考场布局及评判标准

考场布局如图3-21所示。考试评判标准如下。

❶ 车轮压道路边缘线，不合格；

❷ 中途停车，不合格。

3.5.3 操作要求

机动车驾驶人驾驶车辆按规定的线路低速行驶，由左向右或者由右向左直角转弯，一次通过，中途不得停车。

3.5.4 考试攻略

（1）左转过弯

第一步：紧贴右边线对准入口。

操作方法如图3-22所示。

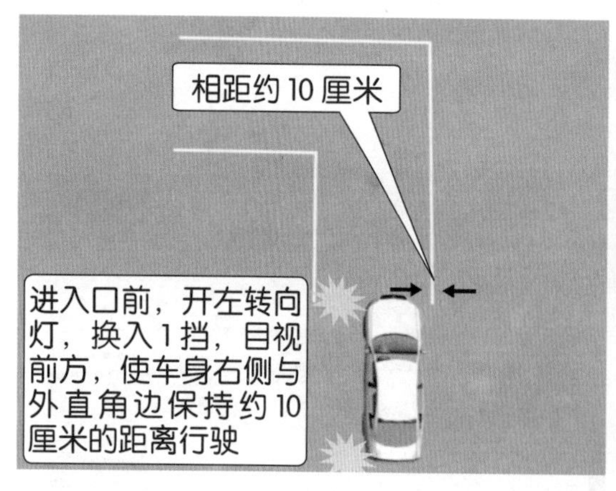

（a）

（b）

图 3-22 左转过弯操作步骤（一）

第二步：向左打满方向。

操作方法如图3-23所示。

（a）

（b）

图3-23 左转过弯操作步骤（二）

第三步：向右回方向。

操作方法如图3-24所示。

（a）

（b）

图3-24 左转过弯操作步骤（三）

第四步：向右回方向。

操作方法如图3-25所示。

图 3-25 左转过弯操作步骤（四）

（2）右转过弯

第一步：紧贴右边线对准入口。

进入口前，开右转向灯，换入1挡，操作方法如图3-26所示。

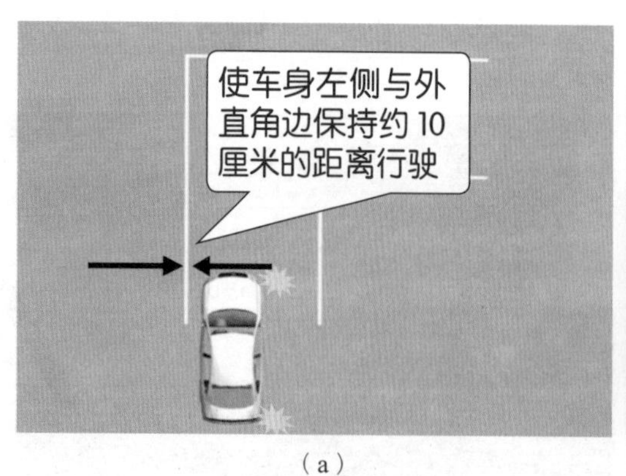

（a）

（b）

图 3-26 右转过弯操作步骤（一）

第二步：向右打满方向。

操作方法如图3-27所示。

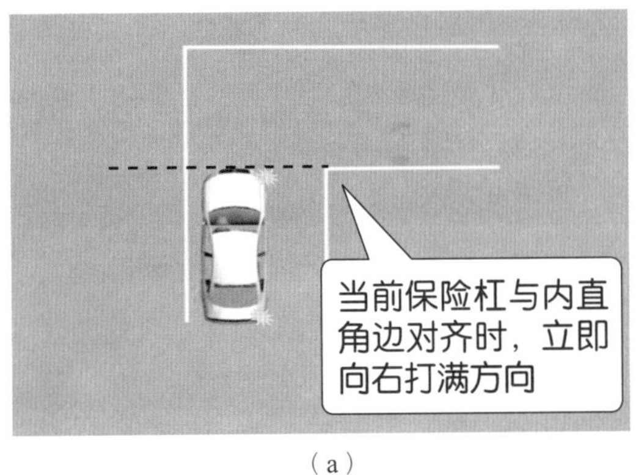

（a）

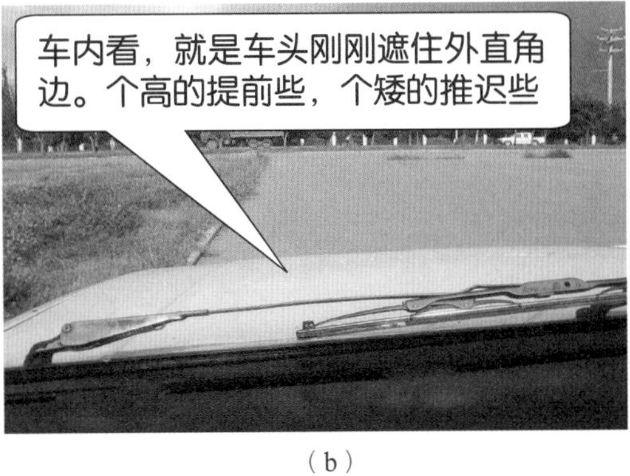

（b）

图3-27 右转过弯操作步骤（二）

第三步：向左回方向。

操作方法如图3-28所示。

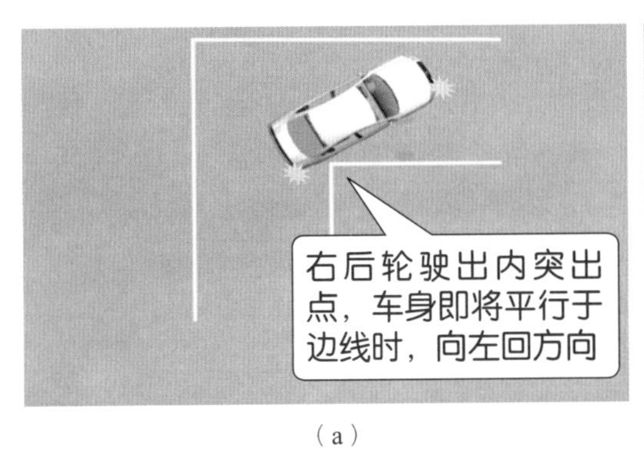

（a）

（b）

图3-28 右转过弯操作步骤（三）

第四步：回正方向驶出。

操作方法如图3-29所示。

图3-29 右转过弯操作步骤（四）

第4章

科目三（道路驾驶技能）考试攻略

4.1 上车准备

4.1.1 考核目的及评判标准

考核上车前检查、观察车辆外观和周围环境的要领。

评判标准如下：

❶ 不绕车一周检查车辆外观及安全状况，不合格；

❷ 打开车门前不观察后方交通情况，不合格。

4.1.2 考试攻略

❶ 从起点出发围车绕行一周，观察车辆外观有无损毁、周围环境是否安全；检查有无障碍物、轮胎花纹间有无异物、轮胎气压是否正常等。如图4-1所示。

❷ 到达车辆左侧后，再次观察前后方道路情况，如图4-2所示。绕行结束后大声喊“报告”。

图4-1 围车绕行观察

图4-2 到达车辆左侧后再次观察

4.2 起步

4.2.1 考核目的

考核起步前的检查、调整、观察要领和安全平稳起步的驾驶方法。

4.2.2 评判标准及考试攻略

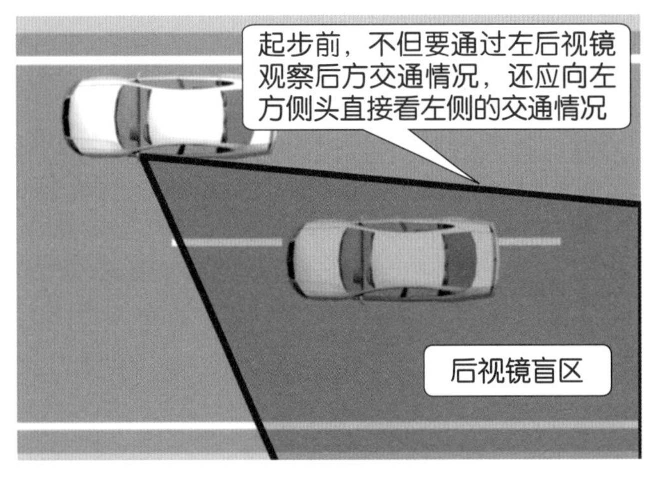

图 4-3 起步前的观察

❶ 车门未关闭起步，不合格。

攻略：上车后记住第一件事就是关好车门。

❷ 起步前，未通过后视镜并向左方侧头，观察左、后方交通情况，不合格。

攻略：后视镜有盲区，起步前的观察要领如图4-3所示。

❸ 启动发动机前，不调整驾驶座椅、后视镜、检查仪表，扣5分。

攻略：观察后视镜位置是否合适，如不合适则调整驾驶座椅、后视镜到合适的位置。看各仪表，轰一脚油，看仪表工作是否正常。

❹ 启动发动机时，变速器操纵杆未置于空挡（或P挡），扣10分。

攻略：启动发动机前用手左右晃动变速器操纵杆，检查是否在空挡（或者P挡）位置，不要用眼看。

❺ 发动机启动后，不及时松开启动开关，扣10分。

攻略：发动机启动后立即松开启动开关。

❻ 不松驻车制动器起步，扣10分。

攻略：起步前要松开驻车制动器。如有缓坡要按坡道起步操作方法起步，即使平路也可按坡道起步操作方法起步。

❼ 道路交通情况复杂时起步不能合理使用喇叭，扣10分。

攻略：如遇行人等其他交通参与者不避让等情况，起步前应适当鸣喇叭（禁鸣区除外），等他们避让开后再起步。

❽ 起步时车辆发生闯动，扣10分。

攻略：平路起步时，松离合器踏板到半联动前不要加油，松离合器踏板到半联动时，稍停顿，稳住，等车动后边缓加油边松离合器踏板，直到完全松开，即可平稳起步；坡道起步时，松离合器踏板到发动机声音下降，车身抖动快被憋熄火前稍停顿并稳住离合器踏板，再松手刹，根据坡度大小，适当踩下加速踏板（也可以在边平稳加油的同时边松手刹，不熟练时可在半联动时先加点油稳定发动机，再松手刹），等车动后边缓加油边松离合器踏板，直到完全松开，即可平稳起步。

❾ 起步时，加速踏板控制不当，致使发动机转速过高，扣5分。

攻略：半联动前不加油或稍加油，进入半联动再根据道路阻力情况（根据发动机声音判断）适当加油。

4.3 直线行驶

4.3.1 考核目的

掌握根据道路情况合理控制车速、保持直线行驶，跟车距离适当，行驶过程中适时观察车内、

外后视镜的驾驶方法。

4.3.2 评判标准及考试攻略

❶ 方向控制不稳，不能保持车辆直线运动状态，不合格。

攻略：眼看道路前方150米之外，跑偏时要少打少回，速度越快打、回越少，稍微来回搓动一点即可。

❷ 遇前车制动时不采取减速措施，不合格。

攻略：根据前车的制动情况，采取收油减速或制动或减挡等措施。

❸ 超过20秒不通过后视镜观察后方交通情况，扣10分。

攻略：通过三块后视镜观察后方交通情况的时间间隔要控制在20秒以内。

❹ 不了解车辆行驶速度，扣10分。

攻略：注意观察速度表。

❺ 未及时发现路面障碍物，未及时采取减速措施，扣10分。

攻略：视线不要离开行驶路线，一旦发现障碍要及时采取收油或制动或减挡等减速措施。

直线行驶考试攻略如图4-4所示。

图4-4 直线行驶考试攻略

4.4 加减挡位操作

4.4.1 考核目的

掌握根据道路交通状况和车速，合理加减挡，及时、平顺换挡的驾驶方法。

4.4.2 评判标准

❶ 不按道路交通状况和车速加减挡位的，不合格；

❷ 低头看挡，扣10分；

❸ 越级换挡，扣10分。

4.4.3 考试攻略

（1）加挡操作

以手动挡车、1挡—2挡—3挡为例，操作方法如下。

❶ 用1挡起步后，在道路和交通情况允许的条件下，平稳地踩下加速踏板；

❷ 提高车速（冲车），当车速适合时，将变速杆移入空挡，随即向左、向后用力，换入2挡；

❸ 接着边松离合器踏板，边匀速踩下加速踏板，待加速至适合3挡的车速时，换入3挡（更高一级挡位）。

提示

❶ 加挡只能逐级加。加挡的关键在加挡前提高车速。

❷ 操作加速踏板要“匀速缓加、快抬”。换入的挡位越高，抬离合器踏板的速度就要越快。

❸ 在中速挡（3挡）以下加挡的过程中，换入高一级挡位后，离合器踏板松抬至半联动位置时，稍停顿再抬起，可使发动机动力平稳传递，避免车辆发生“冲”“闯”“抖动”现象。

（2）减挡操作

以手动挡车、5挡—4挡为例，操作方法如下。

❶ 抬起加速踏板的同时，迅速踩下离合器踏板；

❷ 将变速杆由5挡移到空挡，再换入4挡（低一级挡位）；

❸ 然后，边放松离合器踏板，边踩下加速踏板，使汽车继续平稳行驶。

减挡过程主要依靠惯性前进。

（3）换挡时机

❶ 加挡时机。汽车行驶时，只要道路情况允许，应迅速由低速挡逐级换入高速挡，加挡操作必须将车速提高到一定程度后进行。初学者可通过观察车速表来掌握换挡时机。有经验者，不必看车速表，可以凭发动机的声音（转速的变化）和车辆动力的大小来判断换挡时机。判断方法如下：

a.如踩下加速踏板，发动机声音变大，而车速提高不大，说明动力充足，可换入高一级挡位；依次加挡，直到最高挡为止。

b.如果换入新的挡位后，踩下加速踏板，发动机转速不高，车速仍然加快，且无抖动现象，说明换挡时机合适；如果换入高一级挡位后，踩下加速踏板时，发动机转速下降，说明加挡时机过早。

❷ 减挡时机。汽车在行驶中，当遇到阻力较大的路段或上坡时，如果发动机声音变低（转速下降），车速逐渐下降，说明动力不足，应迅速减挡。减一级挡位后，如果能保持稳速行驶或加速行驶，则说明换挡时机合适。

4.5 变更车道

4.5.1 考核目的

掌握变更车道时观察、判断车辆安全距离，控制行驶速度、使用灯光信号的安全驾驶方法。

扫一扫
看动画
演示视频

4.5.2 评判标准及考试攻略

❶ 变更车道前，不通过内、外后视镜观察后方道路交通情况，不合格。

攻略：后视镜有盲区，变更车道前，不但要通过左（或右）后视镜和内后视镜观察后方交通情况，还应向左或右方侧头直接看左或右侧的交通情况。

❷ 变更车道时，判断车辆安全距离不合理，妨碍其他车辆正常行驶，不合格。

攻略：变更车道时和前方、后方的车辆要保持20米以上的安全距离，横向距离要在1米以上。

❸ 连续变更两条以上车道，不合格。

攻略：变更完一个车道后直行一会儿，再变更到下一个车道。

变更车道时的观察要领如图4-5所示，图中以向左变更车道为例。

图 4-5 变更车道考试攻略

4.6 靠边停车

4.6.1 考核目的

掌握靠路边顺位停车、倒入平行式停车位、倒入垂直式停车位的操作方法。

4.6.2 评判标准

❶ 停车前，不通过内、外后视镜观察后方和右侧交通情况，不合格。
❷ 停车后，车身超过道路右侧边缘线或者人行道边缘，不合格。
❸ 停车后，在车内开门前不侧头观察侧后方和左侧交通情况，不合格。
❹ 停车后，车身距离道路右侧边缘线或者人行道边缘大于30厘米，扣20分。

❺ 停车后，未拉紧驻车制动器，扣20分。
❻ 拉紧驻车制动器前放松行车制动踏板，扣10分。
❼ 下车后不关车门，扣10分。
❽ 下车前不将发动机熄火，扣5分。
❾ 夜间在路边临时停车不关闭前照灯或不开启警示灯，扣5分。

4.6.3 考试攻略

（1）直线行驶与停车（手动挡车）

直线行驶时的停车操作如图4-6所示。

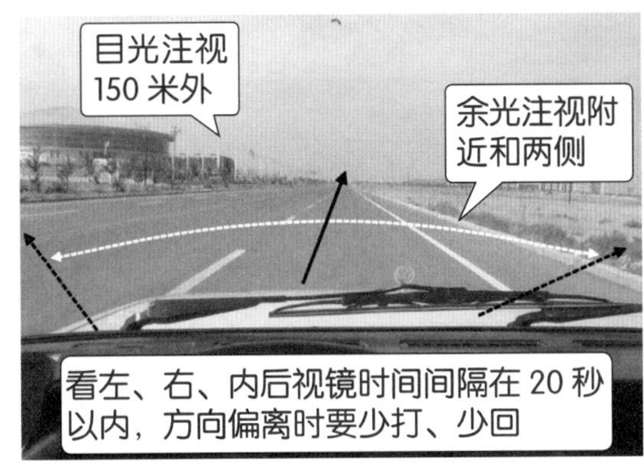

（a）

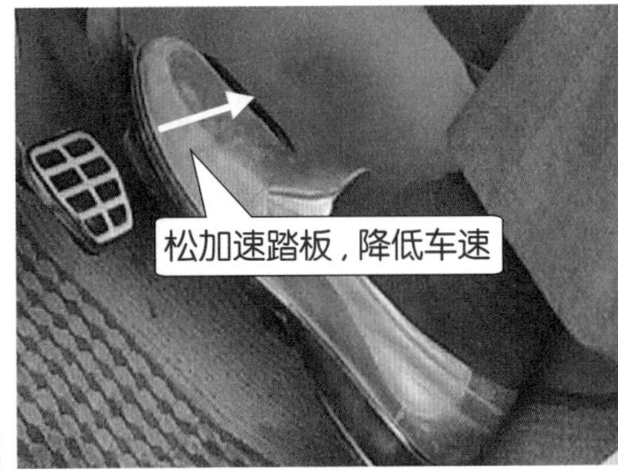

（b）

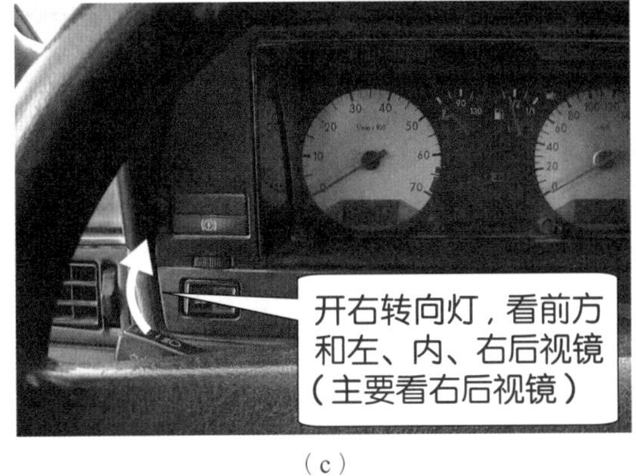

（c）

（d）

（e）

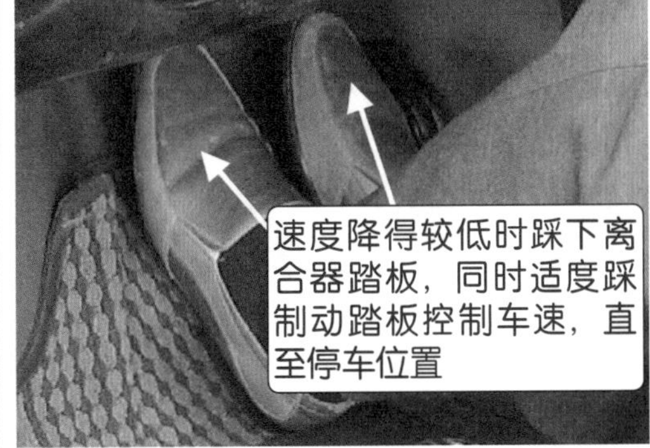

（f）

图4-6

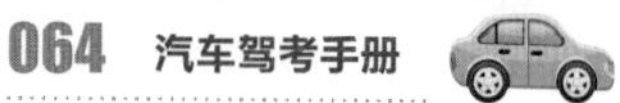

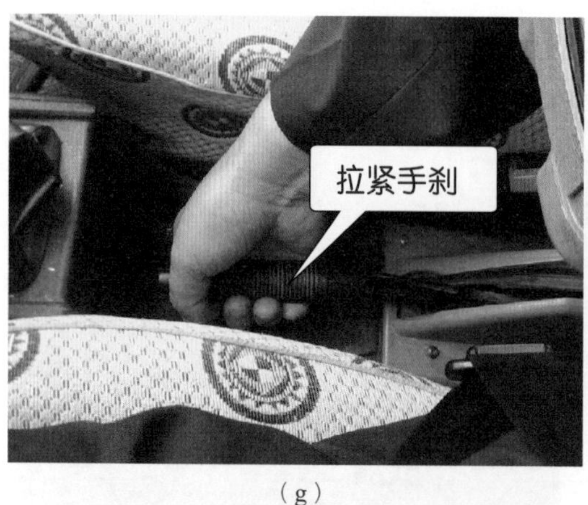

(g)

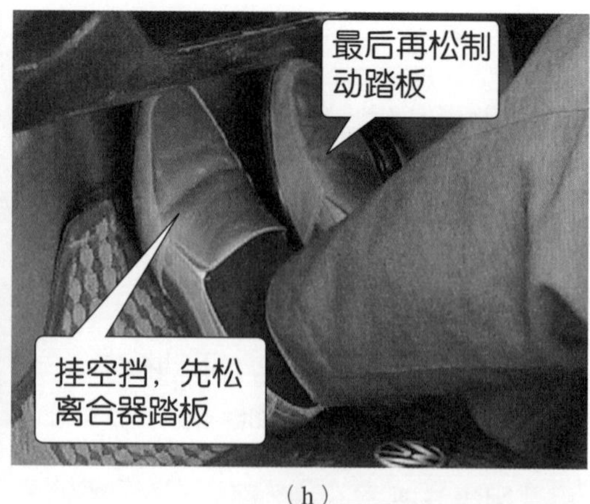

(h)

(i)

(j)

图 4-6 直线行驶时的停车操作

提示

❶ 可视停车距离的远近和车速的快慢，采用缓慢地轻、重交替踩制动踏板的办法实现平稳停车。平稳停车的关键在于恰当地运用制动踏板，特别是汽车将要停住时，要适当放松一下制动踏板，然后再适度踩下制动踏板，汽车即可平稳停住。

❷ 停车后，车身距离道路右侧边缘线或者人行道边缘应小于30厘米；夜间在路边临时停车，应关闭前照灯并开启危险报警警示灯。

（2）直线倒车与停车（手动挡车）

倒车方法主要有直接伸出头看左后方倒车（图4-7）、看后视镜倒车（图4-8）和看后窗倒车（图4-9）三种。倒车时挂倒挡，配合半联动控制车速，车速不要超过5千米/小时。

图 4-7 倒车方法（一）

（a）

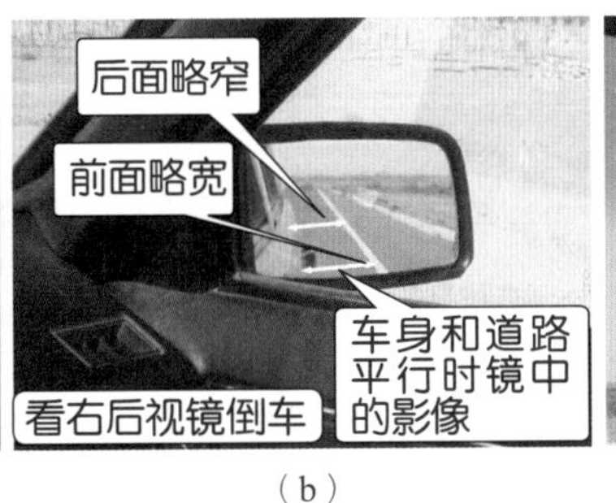

（b）

（c）

图 4-8 倒车方法（二）

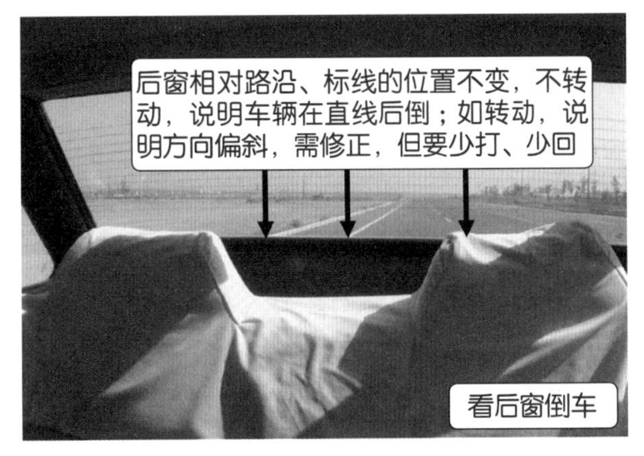

图 4-9 倒车方法（三）

提示

实际道路驾驶中情况往往比较复杂，倒车时需要反复轮流看左、右、内三后视镜。只看一块后视镜倒车，很容易顾此失彼，导致发生事故。

（3）确定车尾的位置

操作方法如图4-10所示。

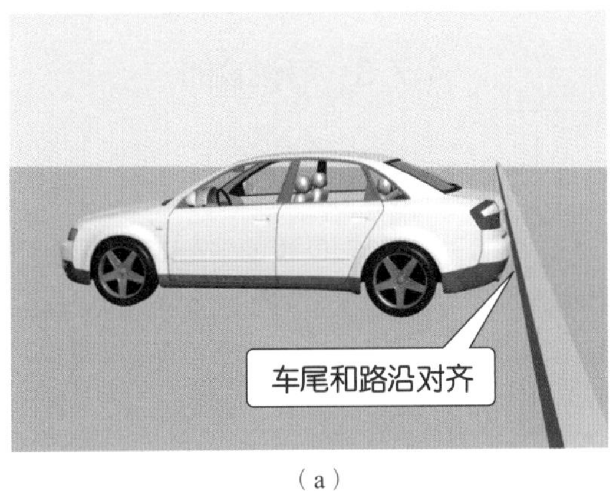

（a）

（b）

图 4-10 确定车尾的位置

提示

后视镜也有盲区，为了看到车尾附近更多的路面，可以将头部向前、向上移动；也可调整后视镜。

（4）自动挡车停车操作

操作方法：踩下制动踏板，停车后拉紧手刹；短时间停车置于N挡，长时间停车置于P挡；松制动踏板。

若是临时停车，如遇红灯时，不必将变速杆换入N挡（空挡），只需踩住制动踏板等候即可。

4.7 直行通过路口、路口左转弯、路口右转弯

4.7.1 考核目的

掌握路口合理观察交通情况，直行、向左、向右转弯安全通过路口的驾驶方法。

4.7.2 评判标准

❶ 通过路口前未减速慢行，不合格。

❷ 直行通过路口不观察左、右方交通情况，不合格。

❸ 转弯通过路口时，未观察侧前方交通情况或未通过内、外后视镜观察侧后方交通情况，不合格。

❹ 遇有路口交通阻塞时进入路口，将车辆停在路口内等候，不合格。

❺ 不按规定避让行人和优先通行的车辆，不合格。

❻ 路口左转弯通行时，未靠路口中心点左侧转弯的，不合格。

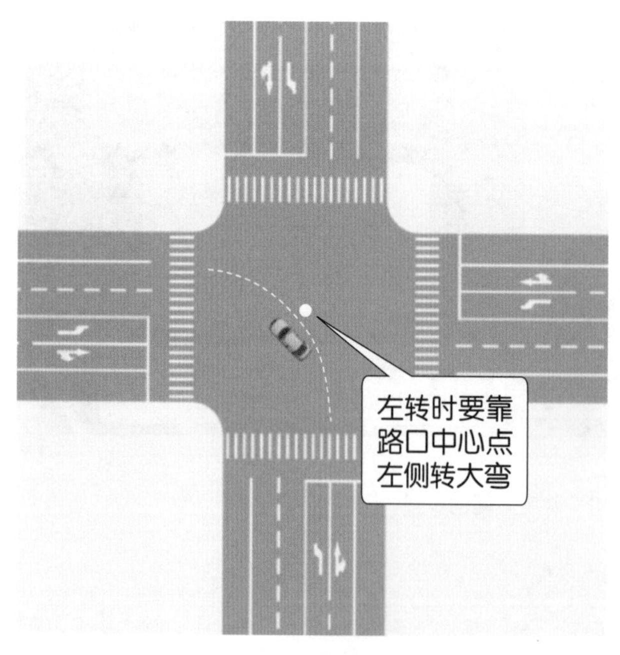

图4-11 路口左转弯

4.7.3 考试攻略

路口左转弯操作方法如图4-11所示。

机动车通过没有交通信号灯也没有交通警察指挥、支干不分，且没有交通标志、标线控制的交叉路口，优先通行权如图4-12所示。

❶ 转弯的车辆让直行的车辆先行，如图4-12（a）所示。

❷ 相对行驶的转弯车辆的优先通行，如图4-12（b）所示。

❸ 车辆直行通过路口时，应在进入路口前停车瞭望，让右方道路的来车先行。如图4-12（c）所示。

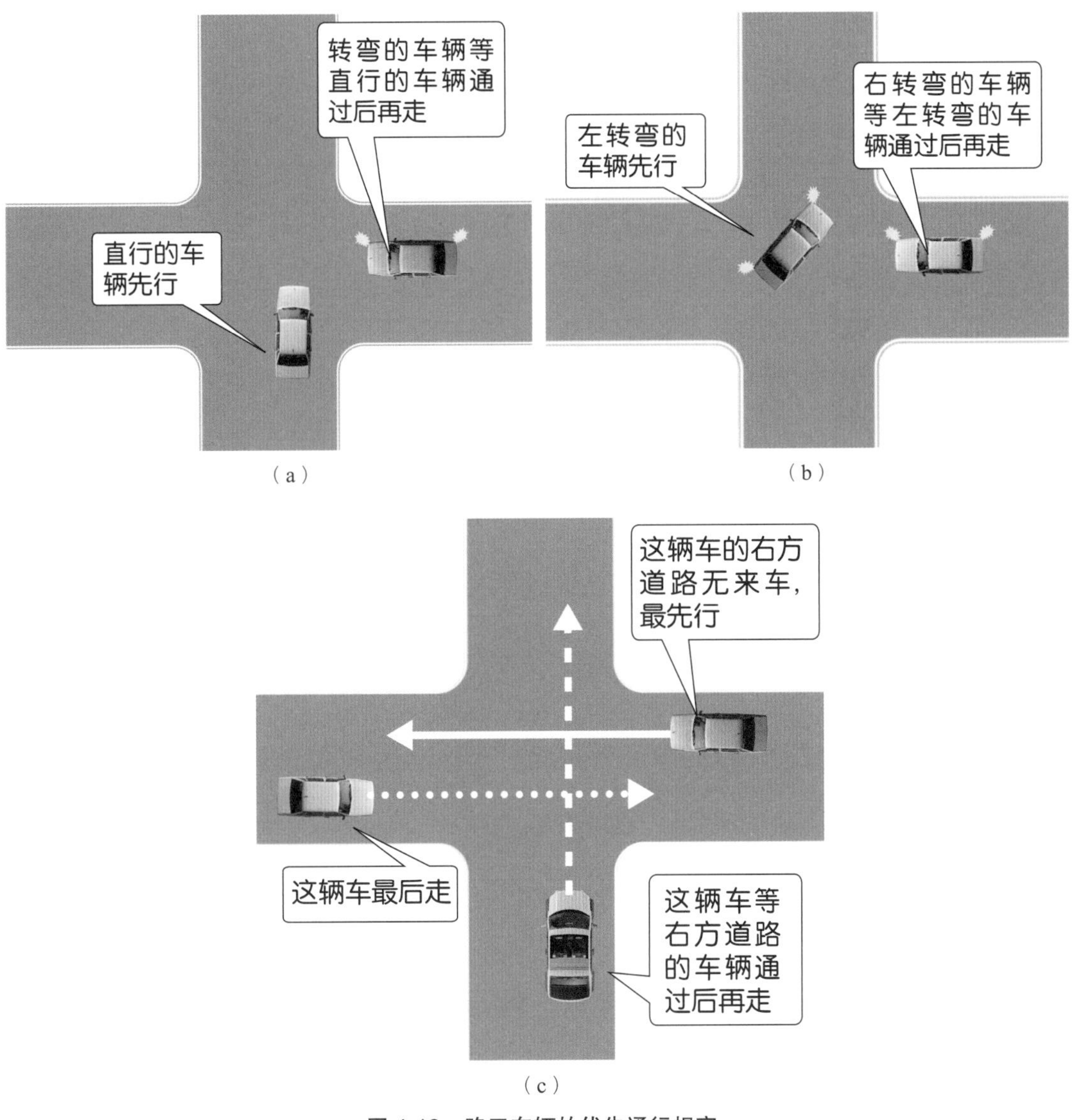

（a）（b）

（c）

图 4-12 路口车辆的优先通行规定

4.8 通过人行横道、学校区域和公共汽车站

4.8.1 考核目的

掌握通过人行横道、学校区域、公共汽车站的安全驾驶方法。

4.8.2 评判标准

❶ 不观察左、右方交通情况，不合格。

❷ 不按规定减速慢行，不合格。

❸ 遇行人过人行横道，不停车让行，不合格。

4.8.3 考试攻略

❶ 学校大门两侧的道路，往往会限制通行时间和速度，要看限行标志。禁止通行的时间段不可通行，在限制通行的时间之外，不得超出规定的时速，一般是20千米/小时以内。

❷ 通过人行横道、学校区域和公共汽车站时，要减速慢行，右脚放在制动踏板上但不要踩下，让车辆靠惯性行驶，防止盲区中突然出现行人；尤其要注意少年儿童的动向，时刻做好停车准备，即使出现紧急情况也不会误踩加速踏板。

通过人行横道的注意事项如图4-13所示。

通过公共汽车站的注意事项如图4-14所示。

图4-13 通过人行横道的注意事项

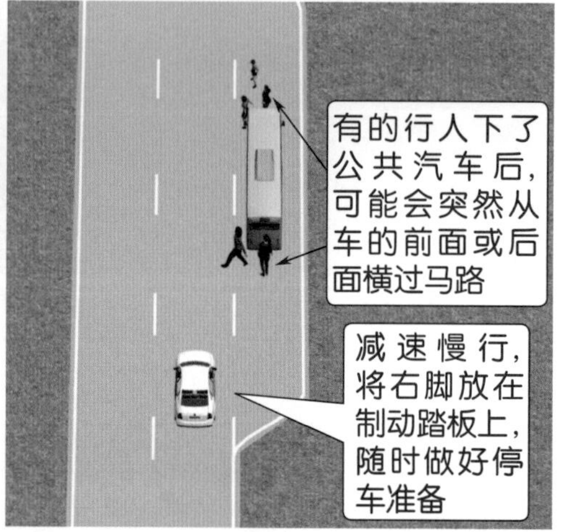

图4-14 通过公共汽车站的注意事项

4.9 会车

4.9.1 考核目的

掌握会车的安全驾驶方法，学会正确判断会车地点，与对方车辆保持安全间距。

扫一扫
看动画
演示视频

会车

4.9.2 评判标准

❶ 在没有中心隔离设施或者中心线的道路上会车时，不减速靠右行驶，并且未与其他车辆、行人或者非机动车保持安全距离，不合格。

❷ 会车困难时不让行，不合格。

❸ 横向安全间距判断差，紧急转向避让对向来车，不合格。

4.9.3 考试攻略

会车时，会车地点的选择方法如图4-15所示；与大型车辆会车及在人车混行的道路上会车时，应注意的问题如图4-16和图4-17所示。

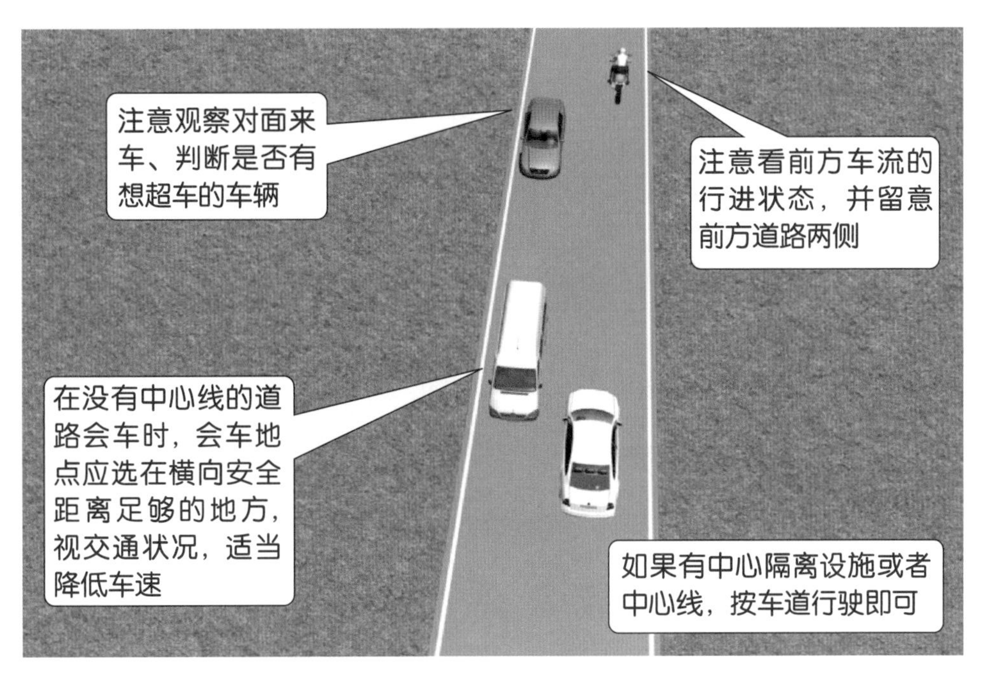

图 4-15　会车地点的选择

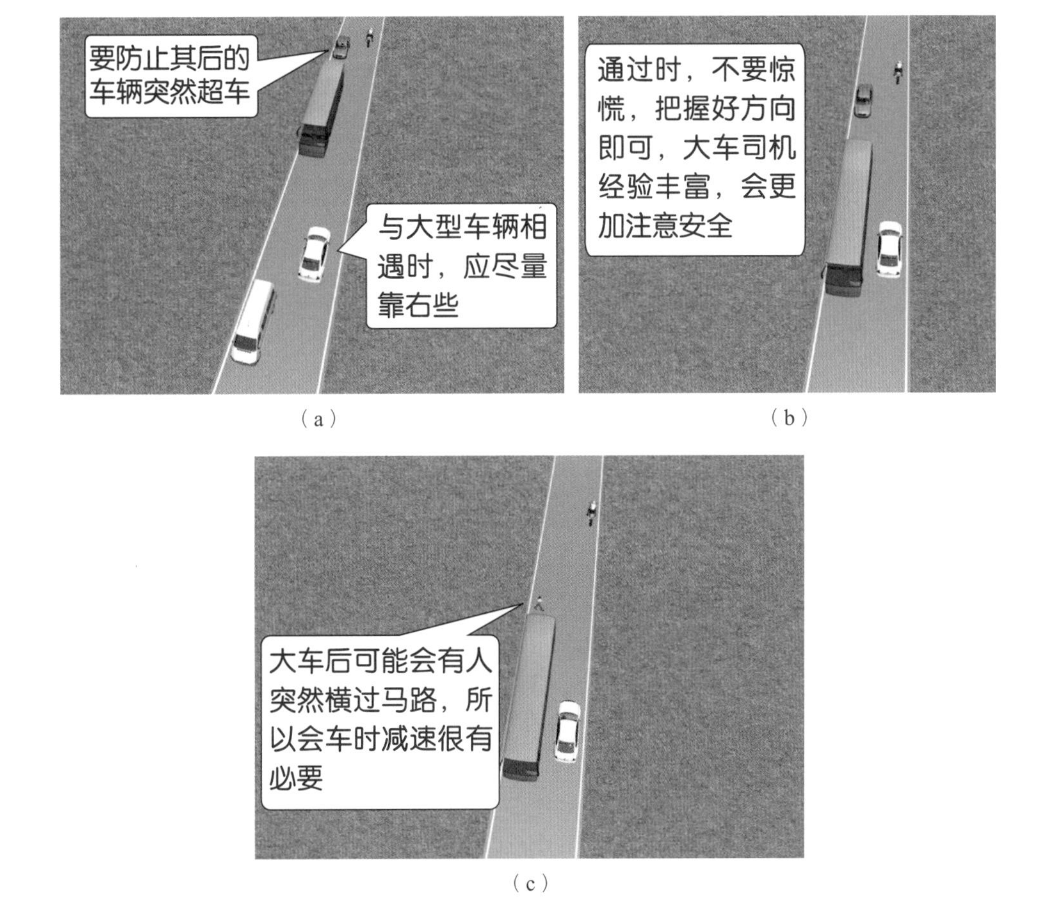

图 4-16　与大型车辆会车时应注意的问题

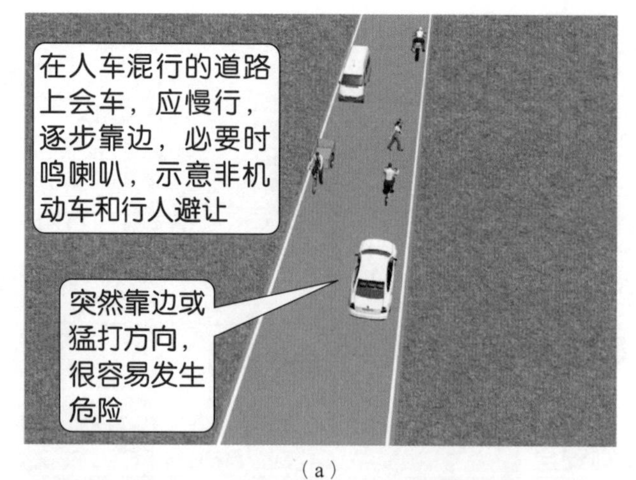

（a）

（b）

图 4-17　人车混行道路上会车时应注意的问题

4.10　超车

4.10.1　考核目的

掌握同向超车和借道超车的安全驾驶方法，保持与被超越车辆的安全跟车距离，正确使用灯光。

4.10.2　评判标准

❶ 超车前不通过内、外后视镜观察后方和左侧交通情况，不合格。
❷ 超车时机选择不合理，影响其他车辆正常行驶，不合格。
❸ 超车时未与被超越车辆保持安全距离，不合格。
❹ 超车后急转向驶回本车道，妨碍被超车辆正常行驶，不合格
❺ 从右侧超车，不合格。
❻ 当后车发出超车信号时，具备让车条件不减速靠右让行，扣10分。

4.10.3 考试攻略

超车方法如图4-18所示，超车时应注意的问题如图4-19所示。

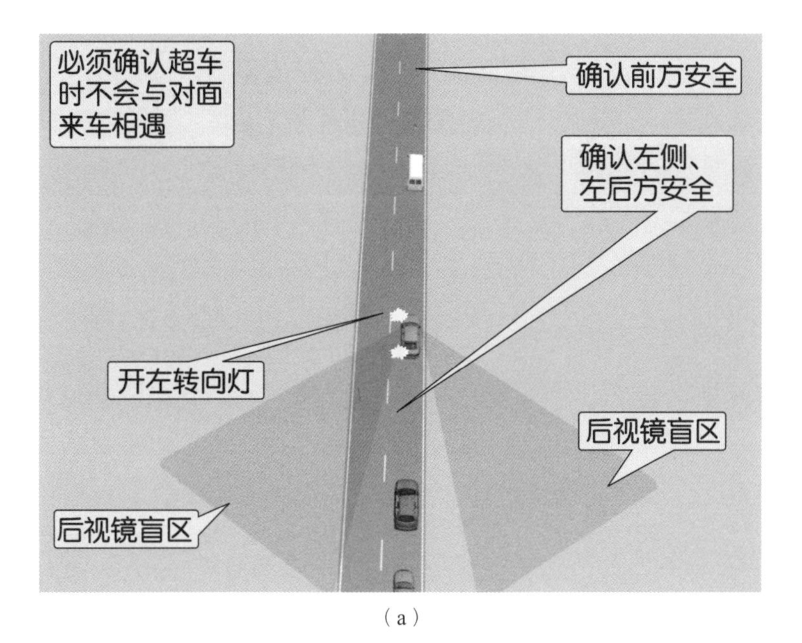

（a）

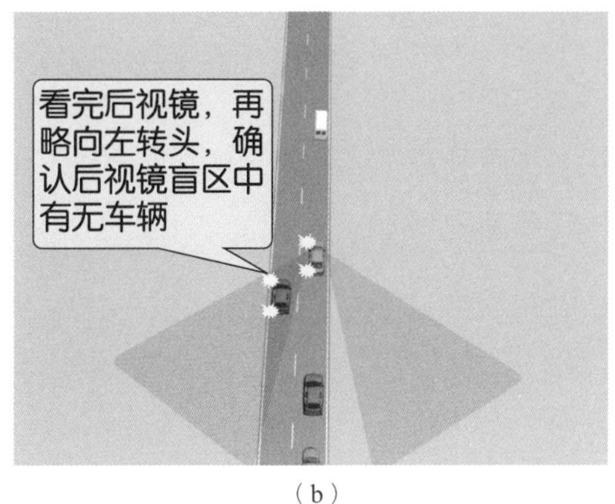

（b）

（c）

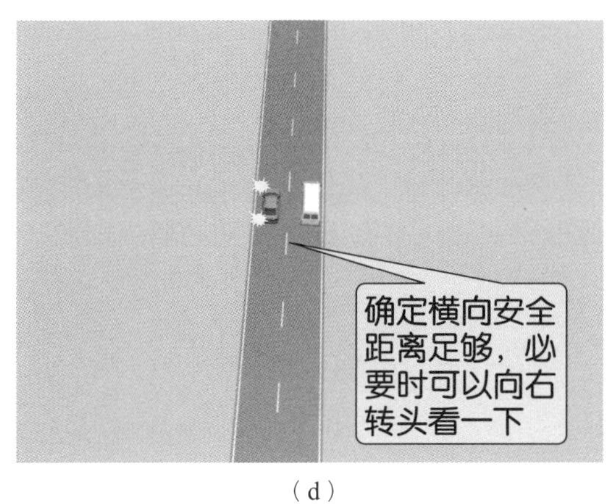

（d）

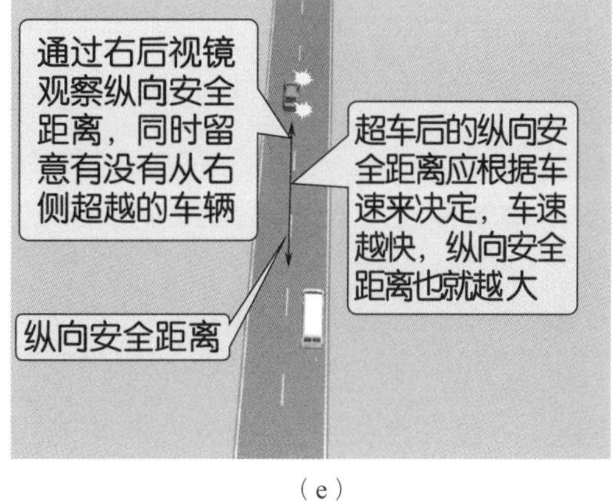

（e）

图4-18

（f）

图 4-18　超车方法

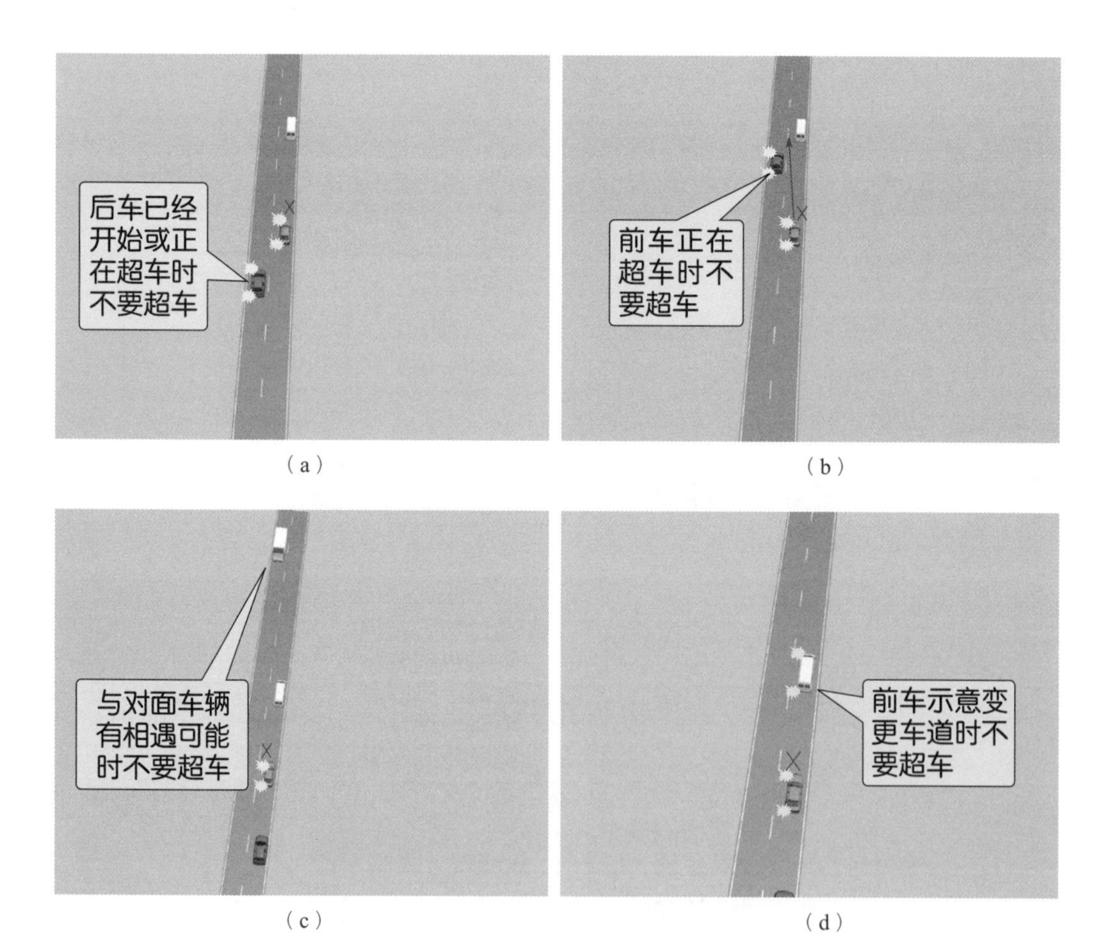

（a）　（b）

（c）　（d）

（e）　　（f）

图 4-19　超车时应注意的问题

4.11　掉头

4.11.1　考核目的

掌握安全掉头的驾驶方法，正确选择掉头地点和时机。

4.11.2　评判标准

❶ 不能正确观察交通情况并合理选择掉头时机，不合格。

❷ 掉头地点选择不当，不合格。

❸ 掉头时妨碍正常行驶的其他车辆和行人通行，不合格。

4.11.3　考试攻略

❶ 掉头时的观察要领如图4-20所示，其中图4-20（a）为一般道路，图4-20（b）为复杂道路。

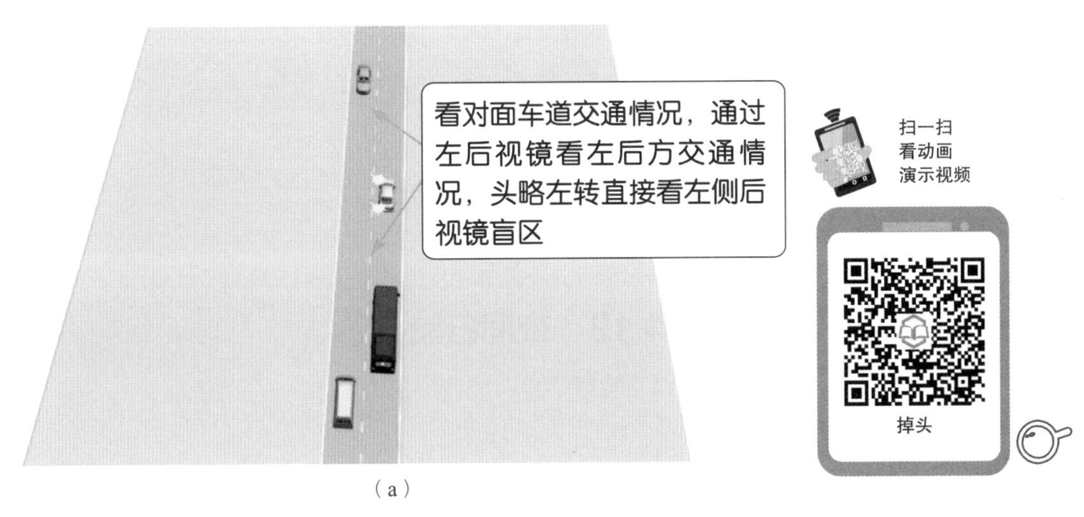

（a）

图 4-20

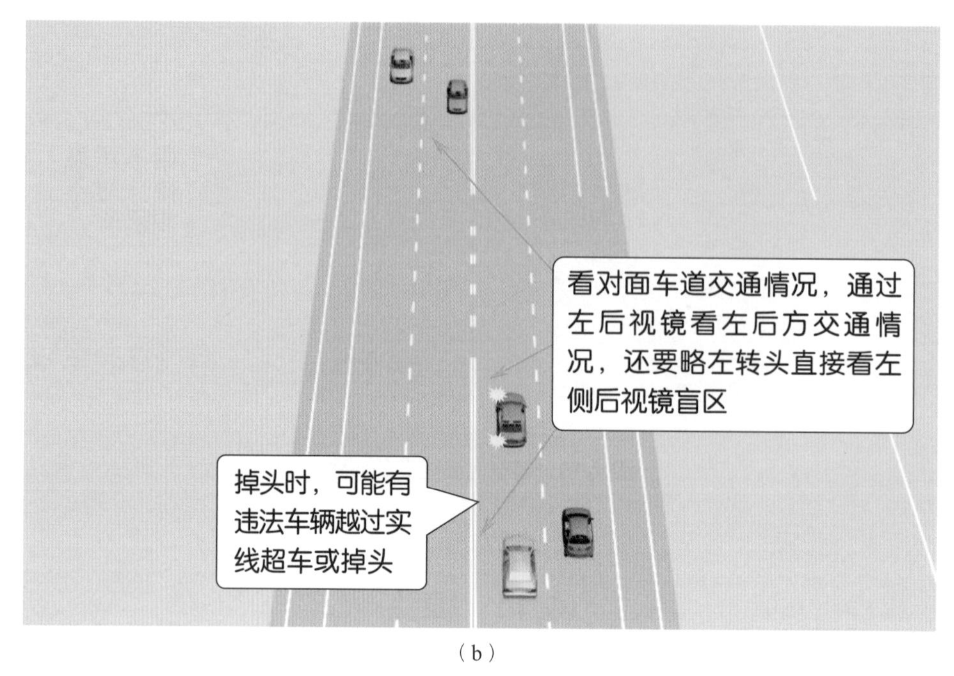

（b）

图 4-20　掉头时的观察要领

❷ 掉头路线的选择方法如图4-21所示。

a.有非机动车道的比较宽阔的道路，可借非机动车道一次完成掉头；借用非机动车道时可先开起右转向灯示意，借道完成后再换回左转向灯。如图4-21（a）所示。

b.只能从最左侧车道掉头的情况，如图4-21（b）所示。

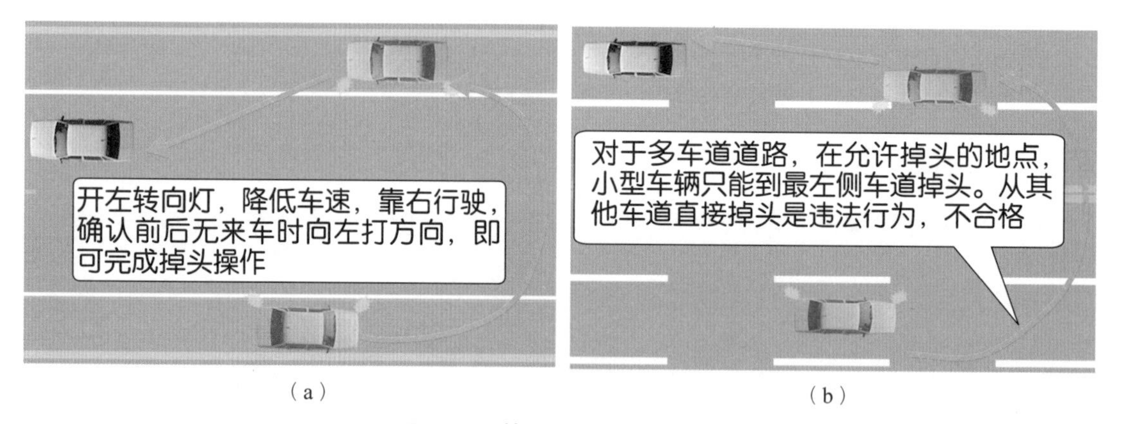

（a）　　（b）

图 4-21　掉头路线的选择方法

4.12　夜间行驶

4.12.1　考核目的

掌握夜间安全驾驶与灯光的正确使用方法。

4.12.2 评判标准

❶ 不能正确开启灯光，不合格。

❷ 同方向近距离跟车行驶时，使用远光灯，不合格。

❸ 通过急弯、坡路、拱桥、人行横道或者没有交通信号灯控制的路口时，不交替使用远近光灯示意，不合格。

❹ 会车时不按规定使用灯光，不合格。

❺ 在路口转弯时，使用远光灯，不合格。

❻ 超车时未变换使用远近光灯提醒被超越车辆，不合格。

❼ 对低能见度道路情况判断差，不合格。

❽ 在有路灯、照明良好的道路上行驶时，使用远光灯，不合格。

4.12.3 考试攻略

❶ 一般车辆灯光开关的使用方法如图4-22所示。

（a）

（b）

开关旋钮处于前照灯的位置时，手柄有上、下两个固定挡位。上挡位是近光灯开，下挡位是远光灯开，下推、上拉手柄可以实现远近光灯的变换。最上面还有一个挡位，拉到这里是远光，松开自动回近光，也可变光

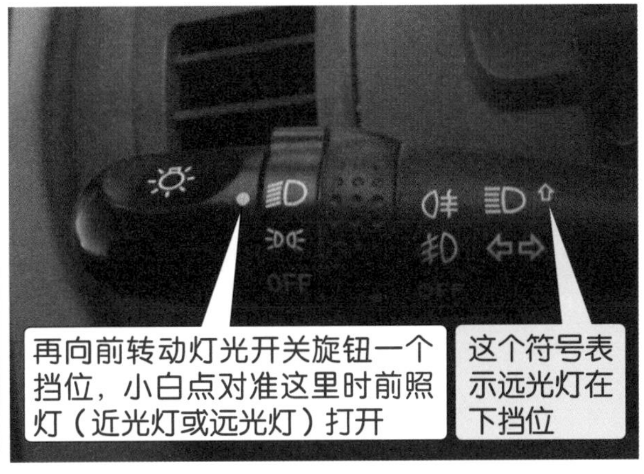

（c）

图4-22

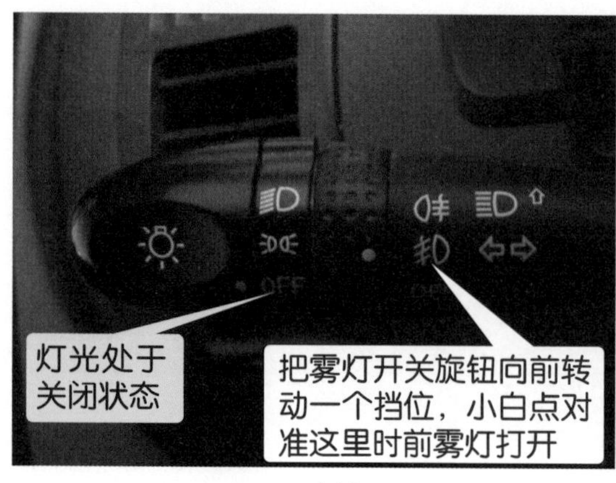

（d）

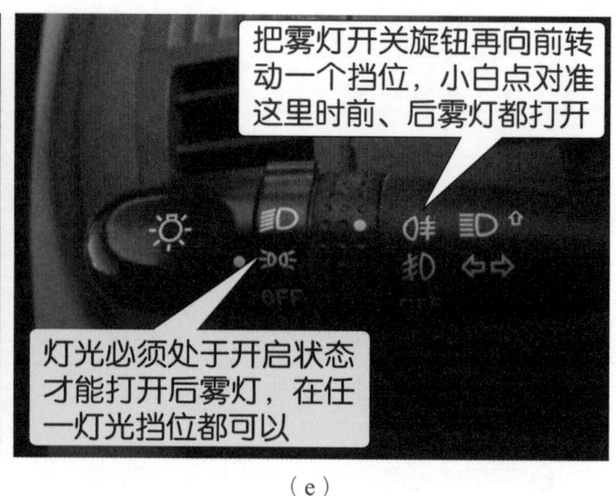

（e）

图 4-22　灯光开关的使用方法

❷ 夜间行驶，应加大跟车距离，一般应保持50 ～ 100米。近距离跟车应使用近光灯。

❸ 夜间会车，要降低车速，选好交会地段，做好停让准备。在距离对方来车150米左右时，改用大灯近光，让车辆靠右侧保持直线行驶。

❹ 夜间行车应尽量避免超车。必须超车时，跟近前车后，应连续变换远近灯光，必要时按喇叭，在断定前车已让路允许超越的情况下，方可超越。

扫码领取
☆配套动画视频
☆图解驾考要点
☆全国通用题库
☆在线模拟试题

第5章

科目三（安全文明驾驶常识）考试攻略

5.1 安全文明驾驶应注意的一般问题

（1）尊重和珍爱他人生命

在交通参与者中，行人和非机动车是弱者，驾驶中一定要为他们着想。发生意外的时候，一定要先避人。东西没有了可以重新买，重新造，不可为了物去做“图财害命”的事情。如图5-1所示。

（2）克服急躁情绪，让“安全第一”成为座右铭

突然横穿马路的行人、其他车辆的违法行为、不文明驾驶行为等，可能产生危险，也容易引起驾驶员的急躁情绪。如图5-2所示。

图5-1 安全文明驾驶应注意的一般问题（一）

图5-2 安全文明驾驶应注意的一般问题（二）

此时必须冷静，一定要牢记忍让为上，安全第一。如果一味指责他人，甚至把生活中的压力发泄在路上，很容易造成恶性循环，可能会造成交通堵塞等更为严重的后果，会带来更多的麻烦。

（3）正视交通现状，保持良好驾驶心态

必须适应客观存在的交通流。交通流是随时变化的，是动态的，是客观的，驾驶人应当主动适应，随交通流的变化而变化，还要考虑不影响他人的正常驾驶。否则很容易发生事故。如图5-3所示。

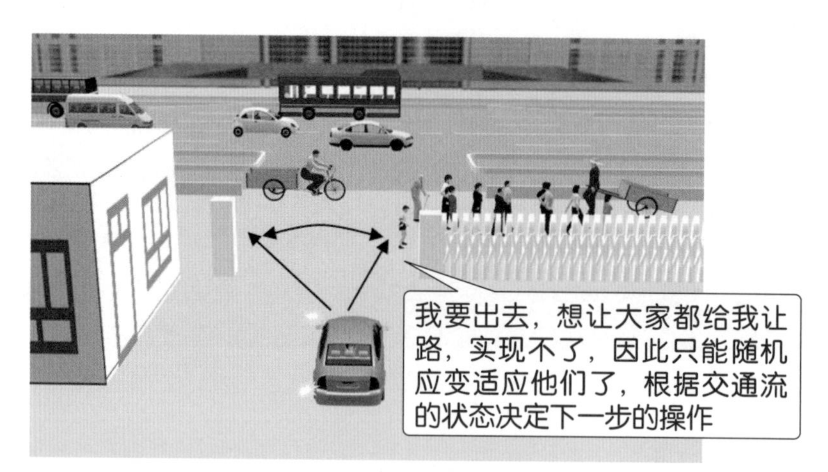

图 5-3 安全文明驾驶应注意的一般问题（三）

5.2 安全文明驾驶基本礼仪

（1）礼让行人

礼让行人的一般原则如下。

❶ 在市区内行驶时，要降低车速，注意观察，胆大心细，随时准备应付突然出现的行人等。

❷ 在市区内禁止鸣喇叭地段，应降低车速。在其他地段，可适当使用喇叭。

❸ 过积水路面时，要慢行，防止泥水溅到行人身上。

❹ 必须进入人行道时，要慢行，注意观察前方和后视镜。

遇到以下几类行人，避让时一定要有耐心，要慢行、适当鸣喇叭并做好随时停车的准备。遇小孩奔跑时，要立即减速或停车，等安全之后再前进。

❶ 老年人反应迟钝，行动缓慢，如图 5-4 所示。

❷ 儿童、中小学生对汽车的性能和交通法规知之甚少，走路、玩耍时可能会不顾周围的一切。

❸ 低头沉思、情绪异常的人也会忘记周围的一切。

❹ 残疾人行动不便。在残疾人中，聋哑人外表不易与常人区分，需要注意判断，如果按喇叭没有反应或是对周围的声音没有反应，这些人可能是聋哑人。

图 5-4 避让行人

❺ 正常行人可能由于某种原因突然跑上公路或突然转向、逆行。

（2）礼让非机动车

驾车行驶时，应注意礼让非机动车辆，如图 5-5 所示。尤其应注意以下情况。

❶ 与自行车或行人保持 1 米以上的安全间距。要防止刮、擦自行车所带物品。

❷ 要警惕骑车人突然从车头横越。

❸ 不抢行，适当降低车速，随时做好停车准备。

❹ 如发现骑车人摇晃，应进一步减速或停车，以防碰撞。

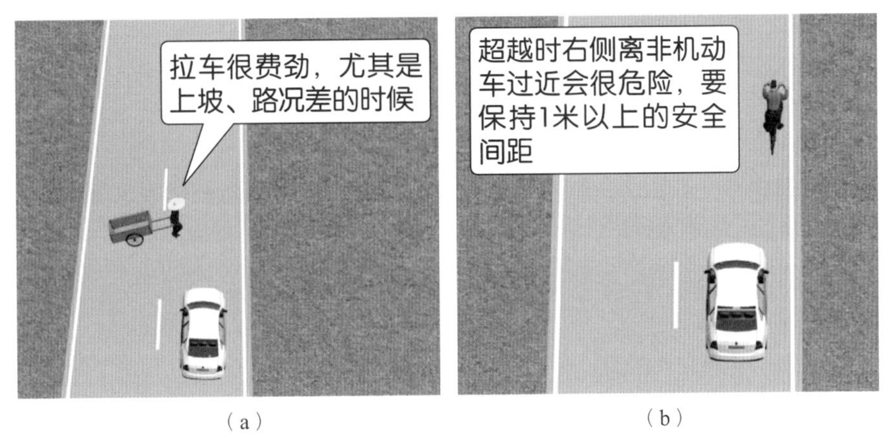

（a）　　（b）

图 5-5　礼让非机动车

❺ 要防止乘坐自行车的儿童突然跳车造成骑车人摔倒而导致碾压事故发生。

❻ 超越自行车时，用喇叭示意后，如无其他情况，则保持一定间距缓慢超越。切忌冒险穿挤和鸣号催促让道。

❼ 在狭窄道路上超越或与自行车并行时，要小心自行车突然摔倒，或被汽车突出部分剐倒、挤倒，酿成严重车祸。

❽ 遇畜力车、畜群时要提前做好准备，适当鸣喇叭，以防牲畜受惊而发生意外，要边仔细观察边慢慢超越。

5.3　恶劣气象条件下的安全驾驶

在恶劣气象条件下驾驶，除了控制好车速外，还要加更仔细地观察交通流，并由此预知下一时刻交通流的状态，从而从容不迫地进行下一步驾驶操作。

（1）雨天驾驶

行驶前必须检查雨刮器是否能正常工作。雨刮器不能正常工作时，雨水覆盖在前挡风玻璃（风窗玻璃）上将导致无法看清道路交通状况，很危险。应修好之后再上路。

雨天比平常行车速要慢，积水越厚速度应越慢，要平缓打方向、平缓使用制动，以发动机控制车速为主，并要适时减挡，不要猛踩、猛松加速踏板。雨天要适当增大跟车距离。暴雨时应停车。

雨天行人和非机动车驾驶者因使用雨具，视线受阻，因此驾驶人要更加仔细地观察行人的动向。

连续阴雨天要注意观察路面，以防陷车、坍塌，不要在可能陷车、坍塌的地方行驶和停车。

刚下雨的路面有薄积水时，高速行驶容易形成水膜，导致侧滑。发生侧滑时的处理方法：

❶ 松加速踏板，视侧滑减弱的程度，可适度配合轻点制动踏板。

❷ 如果是前轮侧滑，应逆着侧滑的一侧纠正方向；如果是后轮侧滑，应顺着侧滑的一侧纠正方向。

❸ 转向时动作要敏捷柔和。

雨天行车需要关闭车窗，内外温差使前挡风玻璃很容易产生雾气，此时应打开冷气吹向前挡风玻璃；后挡风玻璃出现雾气时，需打开后挡风玻璃加热器，尽快消除雾气。

（2）雾天驾驶

雾天驾驶应注意以下几点：

❶ 打开前雾灯、尾灯、示宽灯和近光灯。

❷ 必须降低车速，能见度越低车速应越低。

❸ 在非禁止鸣喇叭路段，可适当鸣喇叭，并注意鸣短促喇叭回应其他车辆。

❹ 能见度不足50米时同时开启前后雾灯。

❺ 尤其要注意能雾天不要以前车尾灯作为判断车距的依据，因为折射现象能使实际距离“变远”；特大雾必须找安全的地方停车。

（3）冰雪路驾驶

❶ 冰雪路驾驶的四大要领

a. 保持低速行驶，保证足够的纵向、横向安全距离。

b. 匀速缓慢打方向。

c. 匀速缓踩缓松加速踏板。

d. 匀速轻踩慢松制动踏板，即使有ABS的车辆也不要猛踩制动踏板，尤其是转弯时。必须低速转弯，ABS、防侧滑系统应付不了溜滑的弯路。

❷ 冰雪路驾驶注意事项

a. 在冰雪路上，要选择路面宽、积雪少的地段会车；尽量避免在狭窄路段会车；尽量不要超车。

b. 停车时，缓慢轻踩制动踏板，防止甩尾。

c. 加大跟车距离。跟车距离要比正常路面加大3倍以上，坡道要更长一些；对于短坡应等前车爬过坡顶再爬坡。

d. 冰雪天行人、非机动车驾驶者因穿戴的影响，对交通状况的判断力下降，行人、自行车可能突然滑倒，因此更要仔细观察，保持足够的纵向、横向安全距离。

（4）涉水驾驶

汽车涉水前，要仔细探明水的深度、流速和水底情况，并根据车辆的性能，确定能否通过。选择水浅、底硬、两岸坡缓、水流稳定、距离短的地方涉水。当水深接近汽车最大涉水深度时，应采取措施防止电器设备短路、排气口进水等。当水深超过最大涉水深度时，不得冒险涉水。涉水时应用低速挡使车辆平稳地驶入水中，眼睛要看远处的固定参照物，避免中途换挡、停车和猛打转向盘。若车轮打滑空转，应立即停车，不要勉强进退，更不可加速猛冲，以免越陷越深，也不要熄火，应立即求援。市内涉水要认真观察判断，尽量避免压井盖及其附近台阶或路沿。涉水后应踩几次制动以蒸发水分，以便恢复正常制动性能。

（5）大风天驾驶

大风会使车辆行驶方向难以控制，甚至将车辆吹离正常行驶路线或吹翻，大风吹起的硬物还可能击碎车窗。因此除慢速行驶外，还应紧握转向盘，控制好行驶方向，风过大时应停车躲避。

5.4 复杂道路条件下的安全驾驶

5.4.1 连续急弯山区道路驾驶

山区道路上坡多，弯多，拐弯处山体形成的盲区多，气候变化无常。在确保安全的情况下，尽量选择远离水边或悬崖的车道。拐弯前减速、鸣喇叭、靠右行驶，充分准备好随车工具、防雨、防寒、防滑物品等。

5.4.2 隧道驾驶

通过长隧道时，应当在进入隧道前开启示宽灯或近光灯。

有信号灯控制的隧道要按信号灯的指示通行：绿灯行、红灯停。必须减速通过。

对于单向隧道，对向来车正在进入隧道，或正在通过隧道时应停在隧道外等候。应等其通过，确认安全后再进入。

通过双向隧道时要在本车道内偏右行驶。不得使用远光灯，尽量避免使用喇叭，以免回声引起更大的噪声。

隧道出口处可能有较大的横风，会使转向盘产生一定程度的失控。处理方法：握紧转向盘，柔和纠正方向；切忌猛打猛回，否则会产生方向严重偏离的后果，可能引发事故。

扫一扫
看动画
演示视频

5.4.3 环岛通行

环岛大致可以分为以下几种形式，如图5-6所示。

通行规则：入岛的车辆要让岛内的车辆先行。

转向灯的使用：右转弯时右灯进、右灯出，其他路口则是左灯进、右灯出。

对于双车道环岛：小车可以直接进入内侧车道。

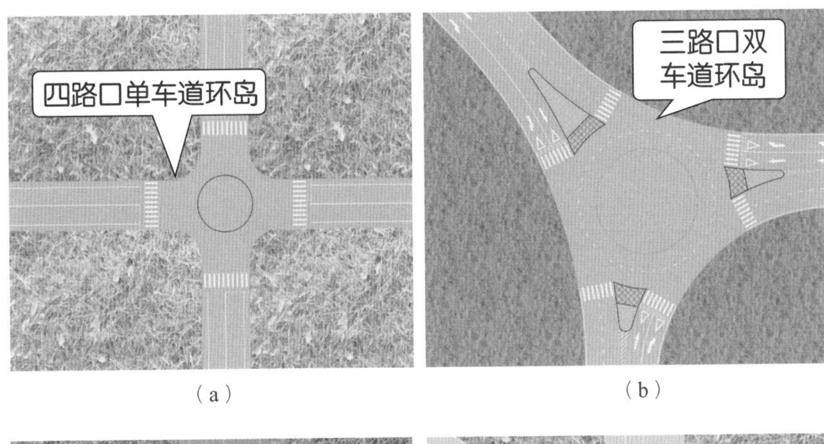

（a） （b）

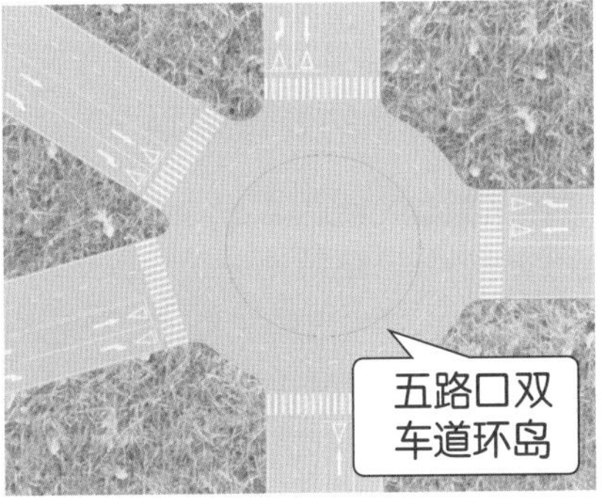

（c） （d）

图5-6 不同形式的环岛

扫一扫
看动画
演示视频

铁道路口通行

5.4.4 铁道路口通行

通过铁道路口要做到：一停二判三通过。

（1）一停

进入铁道路口遇红灯及栏杆放下时都要停车。

（2）二判

通过眼观耳听判断是否安全。要看清交通标志和信号灯。通过无人值守、无栏杆的铁道路口前，更要提高警惕。

（3）三通过

确认安全后加速通过铁道路口。

扫一扫
看动画
演示视频

立交桥通行

5.4.5 立交桥通行

（1）立交桥行驶

通过立交桥要提前看清交通标志，严格按交通标志的指示行驶。

（2）匝道行驶

进出立交桥或高速公路需要通过匝道来完成，为了安全，进出匝道前要开转向灯3秒以上。

扫一扫
看动画
演示视频

高速公路驾驶

5.4.6 高速公路驾驶

❶ 高速公路上都有交通信息牌，还有监控测速设备。高速公路交通标志大且完备。

❷ 高速公路上行驶速度快，车道规定明确。

❸ 上高速路前应检查机油、冷却液、制动液、助力液是否正常，加满燃油；检查轮胎有无裂纹、是否夹有异物，胎压是否正常，不正常则要按说明书上的要求给轮胎充气；要带上灭火器、常用随车工具等，有条件还可以带上医务包。

❹ 安全驶入高速公路。

❺ 在高速公路行驶进收费站时，要进绿灯亮的车道，因为红灯亮的车道没有工作，不能通行。

5.5 紧急情况下的临危处置方法

5.5.1 紧急情况驾驶的处理原则

❶ 冷静判断，果断处置。

❷ 避重就轻，先人后物。

❸ 能够轻易躲避、速度比较低的时候可先方向、后制动。

❹ 难以躲避或是速度比较快的时候应先制动、后方向。

❺ 高速行驶时，没有ABS的车辆要用点刹降低速度，有ABS的车辆要一脚把制动踏板踩到底；等速度降低后再打方向，以免翻车。

5.5.2 紧急情况下的处置操作

通过狭窄的胡同或路口，有建筑物、施工围墙遮挡等路段，可能突然出现行人、自行车、电动车等其他交通参与者，很容易发生事故。所以在这样的路段驾驶时，首先应把车速降低到可以随时停车的程度，快要通过时把脚放在制动踏板上，让车辆靠惯性前进，等进入路口确认安全后，再把脚放在加速踏板上，加油继续正常行驶。

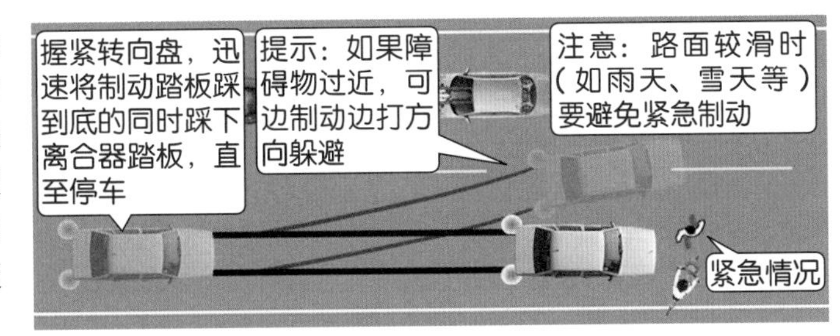

图 5-7 装备 ABS 系统的车辆的紧急制动方法

如果眼前突然出现无法预料或是无法观察到的紧急情况，应做如下处理：

❶ 握稳转向盘，迅速把制动踏板踩死，同时快速观察前方、扫视左右后视镜，寻找安全的空隙，打方向到那里躲避。

❷ 没有ABS的车辆可能会抱死，发生侧滑，此时应松开一点制动踏板，侧滑消失时，继续打方向躲避，接着再次踩死，松开一点制动踏板，重复这个过程直到安全停车。

❸ 遇紧急情况时，装备ABS系统的车辆的紧急制动方法如图5-7所示。

没有装备ABS系统的车辆在中低速行驶时的紧急制动方法，与装备ABS系统的车辆类似，一脚踩死制动踏板也不会发生侧滑。但在高速行驶时会发生侧滑，应采用如图5-8所示的方法制动。

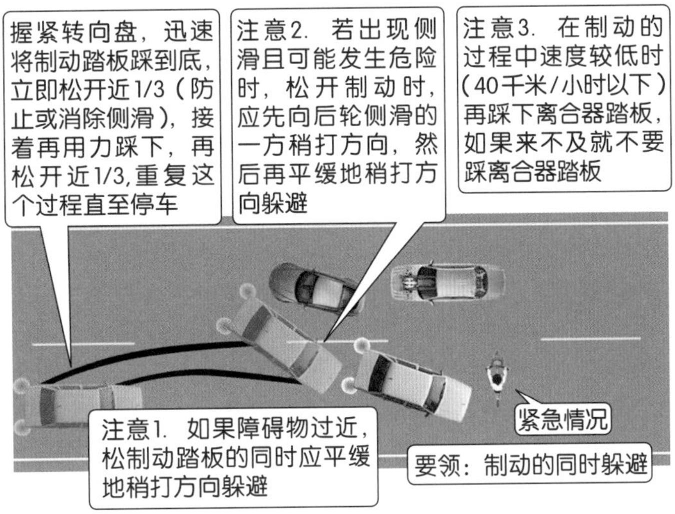

图 5-8 高速行驶遇紧急情况时的处理方法

5.5.3 突发故障时的应急驾驶

车辆维护保养差引起的故障、不正确的操作、超载等都是引发爆胎、制动性能下降或失效、转向失控的重要因素。为了避免这些情况的发生，按厂家要求做好维护保养是至关重要的。

（1）爆胎的预防与爆胎后的驾驶

按厂家规定的值充气，是各种使用条件下充分发挥轮胎性能的最佳保证，同时可确保行车的安全与舒适，并避免不正常的磨损。驾驶中要避开地面上的尖锐物体，必要时下车排除，可最大限度地防止爆胎。

爆胎的紧急处置方法如下。

万一遇到爆胎的情况，一定不要慌张，处理问题要果断。如果汽车后胎爆了汽车仅仅是上下颤动，汽车转向盘还可以控制得住，汽车倾斜也不厉害，只要收油、减挡，慢慢将车停下来就行了。若是前轮爆胎，不仅汽车会颤动，发生倾斜，而且转向盘也会突然被一股巨大的力量拉向爆胎的那一边，比较危险。因此，在高速行驶中如果发生爆胎，尤其是前轮发生爆胎时，绝对不能首先踩制动踏板，而要用双手紧握转向盘，尽量控制前进方向，并慢松加速踏板让汽车减速。速度降低后，如单手能控制住方向，争取抢挂低速挡，越级也可；控制不住就轻点制动踏板，单手能控制住方向后再抢挂低速挡或空挡。等到车速完全降下来以后，操作转向盘把车停在路边安全的地方，更换轮胎。

上高速公路行驶之前要仔细检查一下轮胎气压是否符合要求，并做好应付发生意外情况的心理准备。我们平时就要养成时时刻刻抓好转向盘的习惯，这样才能在发生爆胎的关键时刻，沉着冷静，

较好地控制好方向，化险为夷。

爆胎后立即抢挡的方法不可取，因为此时全力以赴地控制方向都十分困难，抢挡动作更是难以进行，所以应在速度降低后再抢挡。如果实在应付不了，速度降低后踩下离合器踏板也可，速度进一步降低时再缓踩制动踏板靠边停车。

（2）刹车失灵的预防与紧急处置

❶ 刹车失灵的预防：

加强定期维护，规范出车前的检查。出车前，驾驶员应当按照程序检查制动效能是否正常，如注意检查制动管路有无滴漏现象，如果发现制动踏板的行程异常或制动效能骤减现象，要及时送修。

车辆在下长坡、陡坡时，无论有无情况都应该踩一下制动踏板。既可以检验制动效能，也可以提前发现可能出现的刹车失灵，从而赢得更多控制车速的时间，把事故消灭在萌芽状态。

下长坡长时间制动会因制动器过热导致制动失效。因此在下长坡时，驾驶人应充分利用发动机制动控制车速，在频繁使用制动后，应选择安全地段，猛踩制动踏板试验制动效能，如发现异常应慢慢开到修理厂维修。

❷ 刹车失灵的紧急处置方法：

根据路况和车速控制好方向，换入低速挡，利用发动机的牵引阻力使车速迅速降低。有独立驻车制动系统的车辆，拉驻车制动系统和减挡可以配合使用。可用右手在按下驻车制动手柄按钮的同时适当拉驻车制动手柄，车辆如有侧滑现象，可以把手柄向下放松一些，速度降低后，再减挡。重复这个过程，直到安全停车。注意不能拉紧不放，如果拉得太紧，容易使制动盘“抱死”，很可能损坏传动机件而丧失制动能力；如果拉得太慢，会使制动盘磨损烧蚀而失去制动作用。

如果是下坡时刹车失灵，不能利用车辆本身的机件控制车速时，或是情况太紧急，实在来不及操作，可利用车的保险杠、车厢等刚性部位与路边的天然障碍物，如大树、山体等，摩擦、碰撞，从而达到停车脱险、避免更大损失的目的。

如果是上坡时出现刹车失灵，应适时减入中低挡，保持足够的动力驶上坡顶停车。如需半坡停车，应保持前进低挡位，拉紧手制动，随车人员及时用石块、垫木等物卡住车轮。如有后滑现象，车尾应朝向山坡或安全的一面，并打开大灯和紧急信号灯，以引起过往车辆的注意。

（3）转向装置失灵的预防与紧急处置

❶ 转向失控和失灵时的预防：

只要严格执行车辆的维护保养，转向失控和失灵是可以预防的。

驾驶人应当定期对车辆的转向系统进行维护，出车前进行安全检查，确保转向系统各部件的安全可靠。如出车前注意检查转向盘的自由间隙是否过大、各连接机构是否松动等，防止转向失控和转向失灵的发生。

❷ 转向突然失控的应急驾驶方法：

充分利用驻车制动和行车制动。

汽车若仍能保持直线行驶状态，前方道路情况也允许保持直线行驶时，则不必采取紧急制动。应踩下离合器踏板，轻轻拉驻车制动操纵杆，随速度的降低逐渐加重，最后踩制动踏板，让车缓慢平稳地停下来。打开危险警告指示灯、开前照灯。

如果继续直线行驶的距离比较短，则应立即松抬加速踏板，换入低挡，拇指按住驻车制动器按钮，均匀而有力地拉驻车制动器，当车速明显降低时，逐渐踩下制动踏板，踩下离合器踏板，尽快使车辆逐渐停住。打开危险警告指示灯、开前照灯。

如果汽车偏离直线行驶方向时，事故已经无法避免，则应果断地连续踩踏制动踏板，使汽车尽快减速停车，以缩短停车距离，减轻撞车的力度。

对于装有动力转向和动力制动的汽车，若突然发现转向很困难，或者踩下制动踏板制动效果不好，这是由于动力部件出了故障。此时驾驶人还可以实现转向和制动，但操作很费力，应谨慎驾驶，低速前进，将车辆停到适当的地点将车修好或打救援电话求救。

5.6 发生交通事故后的处置方法

发生事故后，如有人员受伤，第一件事情是救人。

要开启危险报警闪光灯，并在来车方向50米以外的地方放置警告标志，以免其他车辆再次碰撞。对油箱破裂、燃油溢出的现象，除及时报警外，还要做好防范措施。特别注意：燃油起火时，不能用水灭火，要用可以灭油火的灭火器或沙、土覆盖的方法来灭火，否则极易造成火势扩散。

可向过往人员求助。

（1）拨打相关电话

交通事故处理常用电话如表5-1所示。

表5-1 交通事故处理常用电话

部门	电话	部门	电话	部门	电话
保险公司	保险标志上有	通用报警	110	交通事故	122
急救	120	火警	119		

（2）保护现场

最好在车上安装行车记录仪。首先是不移动、不破坏现场；其次则是万不得已、必须移动现场时，记得要先用照相器材、土、石等记录被移动的物品原先的位置。具体在保护现场时，应该注意以下几点：

❶ 车祸发生后，立即将伤者位置用照相器材、土、石标示后将其送医，车辆如有阻碍交通，标示其位置后再予排除。将伤者送到医院后，应告知医务人员对伤者衣物上的各种痕迹，如轮胎花纹印痕、撕脱口，要进行保护。

❷ 制作现场图及照片：如果手头有照相机，建议自行制作现场图，将现场车辆相对位置、碎片位置、人员倒地位置、零件散落位置、刹车痕迹及车道标线等一一标示清楚、并拍摄照片。

❸ 寻找现场目击证人，包括行人，并留下证人联系方式甚至是目击证人的车牌号，以供日后联络之用。如果有录音设备，最后将对方当事人的的话录下，包括证人的言语，以便日后核查。

❹ 联络保险公司人员，伤者或死者只要备齐肇事证明文件（请警方开具）及医疗费用清单，不需透过肇事者即可直接请求保险公司理赔。

❺ 需要特别注意的是：法律规定破坏现场的人要对交通事故承担不利的后果，因此，除了受害一方要有意识地保护现场外，所有在场人士都应该有保护现场的意识。

❻ 在道路上发生交通事故，未造成人身伤亡，当事人对事实及成因无争议的，可以即时撤离现场，恢复交通，自行协商处理损害赔偿事宜；没有及时撤离现场的，应当迅速报告执勤的交通警察或者公安机关交通管理部门。

在道路上发生交通事故，仅造成轻微财产损失，并且基本事实清楚的，当事人应当先撤离现场再进行协商处理。

（3）首先从受害者的角度考虑问题

受害者及其家属会十分悲痛，可能还会做出极端的举动，有时候无论说什么可能都不管用。这时更应设身处地地从他们的角度来考虑问题，耐心等他们平静下来。

（4）与受害者及其家属协商沟通

应当心平气和地和他们沟通，协商赔偿事宜。对于蛮横无理的人，可以设法暂时回避，实在不行只有通过法律途径解决，千万不可做出非理智的行为。

第6章

科目一理论考试题库（试题+答案+解析）

6.1 道路交通安全法律、法规和规章图解

1.在行驶中，机动车驾驶人要注意与前车保持安全距离。

答案：√

2.机动车、非机动车和行人实行分道行驶，是为了规范交通秩序，提高通行效率。

答案：√

3.专用车道规定的专用使用时间之外，其他车辆可以进入专用车道行驶。

答案：√

4.其他车辆不准进入专用车道行驶，其目的是不影响专用车的正常通行。

答案：√

5.交通肇事致一人以上重伤，负事故全部或者主要责任，并具有下列哪种行为的，构成交通肇事罪。

A.未及时报警　B.未抢救受伤人员

C.严重超载驾驶的　D.未带驾驶证

答案：C

解析：相关法律、法规规定，交通肇事致一人以上重伤，负事故全部或者主要责任，并具有下列情形之一的，以交通肇事罪定罪处罚。

（一）酒后、吸食毒品后驾驶机动车辆的；

（二）无驾驶资格驾驶机动车辆的；

（三）明知是安全装置不全或者安全机件失灵的机动车辆而驾驶的；

（四）明知是无牌证或者已报废的机动车辆而驾驶的；

（五）严重超载驾驶的；

（六）为逃避法律追究逃离事故现场的。

6.交通肇事致一人以上重伤，负事故全部或者主要责任，并具有下列哪种行为的，构成交通肇事罪。

A.未报警

B.未抢救受伤人员

C.酒后、吸食毒品后驾驶机动车辆的

D.未带驾驶证

答案：C

7.交通肇事致一人以上重伤，负事故全部或者主要责任，并具有下列哪种行为的，构成交通肇事罪。

A.未带驾驶证

B.未报警

C.无驾驶资格驾驶机动车辆的

D.未抢救受伤人员

答案：C

8.交通肇事致一人以上重伤，负事故全部或者主要责任，并具有下列哪种行为的，构成交通肇事罪。

A.未抢救受伤人员

B.未带驾驶证

C.未报警

D.为逃避法律追究逃离事故现场的

答案：D

9.年龄在70周岁以上，在一个记分周期结束后一年内未提交身体条件证明的，其机动车驾驶证将会被车辆管理所注销。

答案：√

10.持有大型客车、牵引车、城市公交车、中型客车、大型货车驾驶证的驾驶人从业单位等信息发生变化的，应当在信息变更后三十日内，向驾驶证核发地车辆管理所备案。

答案：√

11.持有小型汽车驾驶证的驾驶人，发生交通事故造成人员死亡承担同等以上责任未被吊销机动车驾驶证的，应当在本记分周期结束后三十日内到公安机关交通管理部门接受审验，同时应当申报身体条件情况。

答案：√

12.发动机号码、车辆识别代号因磨损、锈蚀、事故等原因辨认不清或者损坏的，可以向登记地车辆管理所申请备案。

答案：√

13.机动车登记证书丢失后应及时补办，避免被不法分子利用。

答案：√

14.驾驶机动车发生交通事故未造成人身伤亡的，责任明确双方无争议时，应当如何处置？

A.保护好现场再协商　B.不要移动车辆

C.疏导其他车辆绕行　D.撤离现场自行协商

答案：D

15.驾驶机动车发生交通事故后当事人故意破坏、伪造现场、毁灭证据的，应当承担什么责任？

A.主要责任　B.次要责任

C.同等责任　D.全部责任

答案：D

16.非机动车驾驶人、行人故意碰撞机动车造成交通事故的，机动车一方不承担赔偿责任。

答案：√

解析：相关法律、法规规定，明确规定交通事故的损失是由非机动车驾驶人、行人故意碰撞机动车造成的，机动车一方不承担赔偿责任。

17.如图所示，红圈中标记车辆使用灯光的方法是正确的。

答案：×

解析：相关法律、法规规定，在没有中心隔离设施或者没有中心线的道路上，夜间会车应当在距相对方向来车150米以外改用近光灯。

18.驾驶机动车超车时，可以鸣喇叭替代开启转向灯。

答案：×

解析：相关法律、法规规定，机动车超车时，应当提前开启左转向灯，变换使用远近光灯或者鸣喇叭；在没有道路中心线或者同方向只有1条机动车道的道路上，前车遇后车发出超车信号时，在条件许可的情况下，应当降低速度、靠右让路；后车应当在确认有充足的安全距离后，从前车的左侧超越，在与被超车辆拉开必要的安全距离后，开启右转向灯，驶回原车道。

19.驾驶机动车变更车道时，以下做法正确的是什么？

A.开启转向灯的同时变更车道

B.在道路同方向划有两条以上机动车道的，不得影响相关车道内行驶的机动车的正常行驶

C.在车辆较少路段，可以随意变更车道

D.遇前方道路拥堵，可以向应急车道变更

答案：B

20.驾驶机动车应在变更车道的同时开启转向灯。

答案：×

解析：驾驶人在变更车道前要提前开启转向灯示意约3秒以上，通过内、外后视镜观察后方车辆和将驶入车道的交通状况，在不妨碍驶入车道内车辆正常行驶的情况下，确认安全后完成变更车道，随后关闭转向灯。

21.如图所示，A车可以从左侧超越B车。

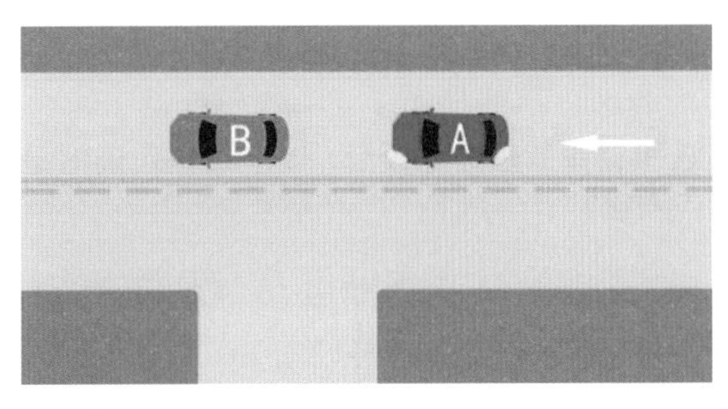

答案：×

解析：路中心是黄色虚实线，实线一侧禁止车辆越线或压线行驶。

22.如图所示，驾驶机动车行驶至桥梁涵洞时，以下做法正确的是什么？

A.加速，在对向车到达前通过

B.减速靠右通过

C.保持原速继续正常行驶

D.鸣喇叭后加速通过

答案：B

解析：对面车辆已经行至涵洞里，我方车辆应该减速靠右，让对面车辆先行。

23.如图所示，驾驶机动车遇到这种情况，以下做法正确的是什么？

A.减速慢行、鸣喇叭示意

B.为拓宽视野，临时占用左侧车道行驶

C.加速行驶

D.停车观察

答案：A

24.驾驶机动车在隧道内行驶时，可以临时停车。

答案：×

25.发生交通事故后，当事人故意破坏、伪造现场，毁灭证据的，承担全部责任。

答案：√

26.机动车驾驶证补领后，以下说法正确的是什么？

A.原驾驶证继续使用

B.原驾驶证作废，不得继续使用

C.原驾驶证在特殊情况下使用

D.替换使用

答案：B

27.机动车驾驶人补领机动车驾驶证后，原机动车驾驶证作废，不得继续使用。

答案：√

28.超过机动车驾驶证有效期一年以上未换证被注销，但未超过2年的，机动车驾驶人应当如何恢复驾驶资格？

A.参加道路交通安全法律、法规和相关知识考试合格后

B.参加场地考试合格后

C.参加道路驾驶技能考试合格后

D.参加安全文明驾驶常识考试合格后

答案：A

29.已注册登记的机动车达到国家规定的强制报废标准的，应当向登记地车辆管理所申请注销登记。

答案：√

30.存在以下哪种行为的申请人在一年内不得再次申领机动车驾驶证？

A.在考试过程中出现身体不适

B.在考试过程中有舞弊行为

C.不能按照教学大纲认真练习驾驶技能

D.未参加理论培训

答案：B

31.驾驶人在核发地车辆管理所管辖区以外居住的，可以向居住地车辆管理所申请换证。

答案：√

解析：机动车驾驶人户籍迁出原车辆管理所管辖区的，应当向迁入地车辆管理所申请换证。机动车驾驶人在核发地车辆管理所管辖区以外居住的，可以向居住地车辆管理所申请换证。

32.持有大型客车、牵引车、城市公交车、中型客车、大型货车驾驶证的驾驶人，记分周期内有记分的，应当在记分周期结束后三十日内到公安机关交通管理部门接受审验，同时还应当申报身体条件情况。

答案：√

33.如图所示，夜间驾驶机动车遇对方使用远光灯，无法看清前方路况时，以下做法正确的是什么？

A.保持行驶方向和车速不变

B.自己也打开远光灯行驶

C.降低车速，谨慎会车

D.加速通过，尽快摆脱眩目光线

答案：C

34.如图所示，驾驶机动车经过这种道路时，如果前方没有其他交通参与者，可在道路上随意通行。

答案：×

解析：相关法律、法规规定，根据道路条件和通行需要，道路划分为机动车道、非机动车道和人行道的，机动车、非机动车、行人实行分道通行；没有划分机动车道、非机动车道和人行道的，机动车在道路中间通行，非机动车和行人在道路两侧通行。随意通行是错误的。

35.如图所示，驾驶机动车直行遇前方道路堵塞时，车辆可以在黄色网格线区域临时停车等待，但不得在人行横道停车。

答案：×

36.如图所示，驾驶机动车在路口遇到这种交通信号时，右转弯的车辆在不妨碍被放行的车辆、行人的情况下，可以通行。

答案：√

37.如图所示，驾驶机动车遇到右侧车辆强行变道，应减速慢行，让右前方车辆顺利变道。

答案：√

38.驾驶机动车行经漫水路或者漫水桥时，应当停车察明水情。

答案：√

39.如图所示，驾驶机动车遇到这种情况，以下做法正确的是什么？

A.长鸣喇叭催促行人快速通过

B.开启远光灯警示行人有车辆驶近

C.降低行驶速度，避让行人

D.适当加速从行人前方绕行

答案：C

40.当驾驶人的血液中酒精含量为100毫克/100毫升时，属于醉酒驾驶。

答案：√

解析：驾驶人的血液中酒精含量在80毫克/100毫升（含）以上属于醉酒驾驶；100毫克/100毫升高于80毫克/100毫升，按规定属于醉酒驾驶。

41.驾驶机动车在道路上发生交通事故，任何情况下都应标明现场位置后，先行撤离现场。

答案：×

解析：相关法律、法规规定，在道路上发生交通事故，车辆驾驶人应当立即停车，保护现场，造成人身伤亡的，车辆驾驶人应当立即抢救受伤人员，并迅速报告执勤的交通警察或者公安机关交通管理部门；因抢救受伤人员变动现场的，应当标明位置；乘车人、过往车辆驾驶人、过往行人应当予以协助；在道路上发生交通事

故，未造成人身伤亡，当事人对事实及成因无争议的，可以即行撤离现场，恢复交通，自行协商处理损害赔偿事宜，不即行撤离现场的，应当迅速报告执勤的交通警察或者公安机关交通管理部门；在道路上发生交通事故，仅造成轻微财产损失，并且基本事实清楚的，当事人应当先撤离现场再进行协商处理。

42.申请人有下列哪种行为，三年内不得再次申领机动车驾驶证？

A.实习期记满12分，注销驾驶证的

B.申请人在考试过程中有舞弊行为的

C.申请人以欺骗、贿赂等不正当手段取得机动车驾驶证的

D.申请人未能在培训过程中认真练习的

答案：C

43.申请人患有精神病的，可以申领机动车驾驶证，但是在发病期间不得驾驶机动车。

答案：×

解析：相关法律、法规规定，有下列情形之一的，不得申请机动车驾驶证。

（一）有器质性心脏病、癫痫病、美尼尔氏症、眩晕症、癔病（癔症）、震颤麻痹（帕金森病）、精神病、痴呆以及影响肢体活动的神经系统疾病等妨碍安全驾驶疾病的；

（二）三年内有吸食、注射毒品行为或者解除强制隔离戒毒措施未满三年，或者长期服用依赖性精神药品成瘾尚未戒除的；

（三）造成交通事故后逃逸构成犯罪的；

（四）饮酒后或者醉酒驾驶机动车发生重大交通事故构成犯罪的；

（五）醉酒驾驶机动车或者饮酒后驾驶营运机动车依法被吊销机动车驾驶证未满五年的；

（六）醉酒驾驶营运机动车依法被吊销机动车驾驶证未满十年的；

（七）因其他情形依法被吊销机动车驾驶证未满二年的；

（八）驾驶许可依法被撤销未满三年的；

（九）法律、行政法规规定的其他情形。

44.在暂住地初次申领机动车驾驶证的，不能直接申领大型货车驾驶证。

答案：×

解析：相关法律、法规规定，初次申领机动车驾驶证的，可以申请准驾车型为城市公交车、大型货车、小型汽车、小型自动挡汽车、低速载货汽车、三轮汽车、残疾人专用小型自动挡载客汽车、普通三轮摩托车、普通二轮摩托车、轻便摩托车、轮式专用机械车、无轨电车、有轨电车的机动车驾驶证。

（一）申请材料：(1)《机动车驾驶证申请表》；(2)申请人的身份证明；(3)县级或者部队团级以上医疗机构出具的有关身体条件的证明。

（二）办理程序：初次申领机动车驾驶证的人，应当按照下列规定向车辆管理所提出申请。(1)在户籍地居住的，应当在户籍地提出申请；(2)在暂住地居住的，可以在暂住地提出申请；(3)现役军人（含武警），应当在居住地提出申请；(4)境外人员，应当在居留地提出申请。

45.机动车驾驶证有效期超过一年以上未换证的，驾驶证将被注销。

答案：√

46.驾驶证审验内容不包括以下哪一项？

A.道路交通安全违法行为、交通事故处理情况

B.身体条件情况

C.道路交通安全违法行为记分及记满12分后参加学习和考试情况

D.机动车检验情况

答案：D

解析：驾驶证审验是审人不是审车。

47.驾驶机动车在道路上发生交通事故，当事人不能自行移动车辆的，应当保护现场并立即报警。

答案：√

48.在交叉路口、隧道内均不能倒车。

答案：√

49.驾驶机动车发生以下交通事故，哪种情况适用自行协商解决？

A.对方饮酒的

B.对事实及成因有争议的

C.未造成人身伤亡，对事实及成因无争议的

D.造成人身伤亡的

答案：C

50.夜间驾驶机动车在没有中心隔离设施或者没有中心线的道路上行驶，以下哪种情况下应当改用近光灯？

A.接近没有交通信号灯控制的交叉路口时

B.与对向机动车会车时

C.接近人行横道时

D.城市道路照明条件不良时

答案：B

解析：相关法律、法规规定，在没有中心隔离设施或者没有中心线的道路上，机动车遇相对

方向来车时，夜间会车应当在距相对方向来车150米以外改用近光灯，在窄路、窄桥与非机动车会车时应当使用近光灯。

51. 如图所示，驾驶机动车遇前方车流行驶缓慢时，借用公交专用道超车是正确的。

答案：×

52. 如图所示，驾驶机动车行驶至车道减少的路段时，遇前方机动车排队等候或行驶缓慢时，以下做法正确的是什么？

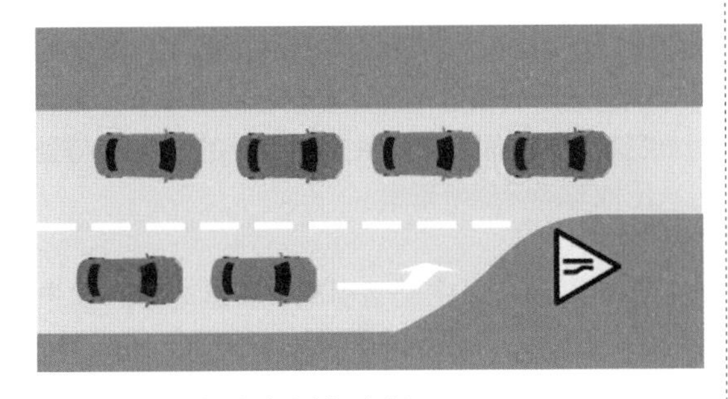

A. 右侧车让左侧车先行

B. 每车道一辆依次交替驶入左侧车道

C. 左侧车让右侧车先行

D. 右侧车寻找空隙提前进入左侧车道

答案：B

53. 机动车驾驶证遗失的，机动车驾驶人应当向哪里的车辆管理所申请补发？

A. 核发地　　B. 暂住地

C. 居住地　　D. 户籍地

答案：A

54. 机动车驾驶证被依法扣押、扣留、暂扣期间能否申请补发？

A. 可以申请

B. 扣留期间可以临时申请

C. 暂扣期间可以临时申请

D. 不得申请补发

答案：D

55. 驾驶证丢失后，驾驶人可以继续驾驶机动车。

答案：×

56. 已注册登记的机动车，改变机动车车身颜色的应到公安机关交通管理部门申请变更登记。

答案：√

57. 如图所示，驾驶机动车经过这种道路时，应降低车速在道路中间通行。

答案：√

58. 如图所示，驾驶机动车遇到这种情况，可以轻按喇叭提醒前方非机动车和行人后方有来车。

答案：√

解析：这样做法法律允许而且更加安全。

59. 驾驶机动车通过未设置交通信号灯的交叉路口时，下列说法错误的是什么？

A. 转弯的机动车让直行的车辆、行人先行

B. 没有交通标志、标线控制时，在进入路口前停车瞭望，让右方道路的来车先行

C. 相对方向行驶的右转弯机动车让左转弯的车辆先行

D. 相对方向行驶的左转弯机动车让右转弯的车辆先行

答案：D

解析：相关法律、法规规定，驾驶机动车通过未设置交通信号灯的交叉路口时，转弯的机动车应当让直行的车辆、行人先行；没有交通标志、标线控制时，在进入路口前停车瞭望，让右方道路的来车先行；相对方向行驶的右转弯机动车让左转弯的车辆先行。

60. 如图所示，驾驶机动车遇到这种情况时，以下做法正确的是什么？

A. 应停车察明水情，确认安全后，低速通过

B.应停车察明水情，确认安全后，快速通过
C.应减速观察水情，然后加速行驶通过
D.可随意通行
答案：A

61.以下哪项行为可构成危险驾驶罪?
A.闯红灯　B.无证驾驶
C.疲劳驾驶　D.醉驾
答案：D

62.机动车发生轻微财产损失的交通事故，对应当自行撤离现场而未撤离的，交通警察有权责令当事人撤离现场。
答案：√

63.实习期驾驶人驾驶机动车上高速公路行驶，以下做法正确的是什么?
A.任何情况下都不允许上高速
B.不需要其他人员陪同
C.需要持有相应或者更高准驾车型驾驶证三年以上的驾驶人陪同
D.需要持有相应或者更高准驾车型驾驶证、同在实习期内的驾驶人陪同
答案：C

64.年龄在70周岁以上的机动车驾驶人，应当每年进行一次身体检查的目的是什么?
A.体现对老年人的关心
B.例行程序仅供参考
C.检查是否患有老年常见病
D.检查是否患有妨碍安全驾驶的疾病
答案：D

65.年龄在50周岁以上的机动车驾驶人，应当每年进行一次身体检查，并向公安机关交通管理部门申报身体条件情况。
答案：×
解析：相关法律、法规规定，年龄在70周岁以上的机动车驾驶人，应当每年进行一次身体检查，在记分周期结束后三十日内，提交符合健康体检资质的二级以上医院、乡镇卫生院、社区卫生服务中心等医疗机构出具的有关身体条件的证明。

66.机动车驾驶人联系电话、联系地址等信息发生变化，应当在信息变更后三十日内，向驾驶证核发地车辆管理所备案。
答案：√
解析：在车辆管理所管辖区域内，机动车驾驶证记载的机动车驾驶人信息发生变化的，机动车驾驶证损毁无法辨认的，机动车驾驶人应当在30日内到机动车驾驶证核发地或者核发地以外的车辆管理所备案申请换证。

67.持有大型客车、牵引车、城市公交车、中型客车、大型货车驾驶证的驾驶人联系电话、从业单位等信息发生变化未及时申报变更信息的，公安机关交通管理部门处二十元以上二百元以下罚款。
答案：√
解析：机动车驾驶人联系电话、联系地址等信息发生变化，应当在信息变更后三十日内，向驾驶证核发地车辆管理所备案。

68.已注册登记的机动车，机动车所有人住所在车辆管理所管辖区域内迁移或者机动车所有人姓名（单位名称）、联系方式变更的，应当向登记地车辆管理所备案。
答案：√

69.驾驶机动车发生交通事故，仅造成财产损失的，但是对交通事故事实及成因有争议的，应当怎么处理?
A.迅速报警
B.占道继续和对方争辩
C.找中间人帮忙解决
D.自行协商损害赔偿事宜
答案：A

70.如图所示，驾驶机动车驶出这个路口时应当怎样使用灯光?

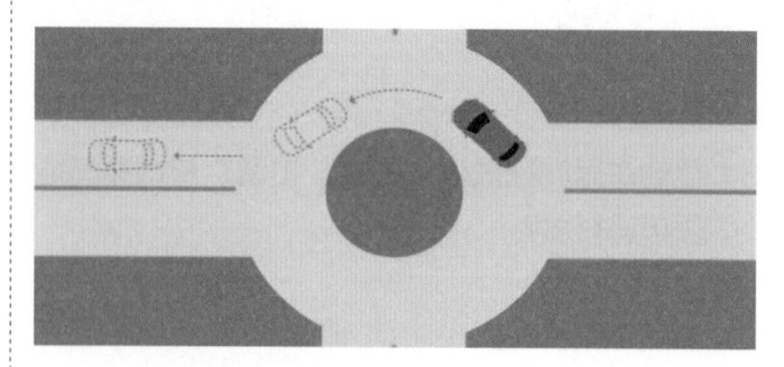

A.开启右转向灯
B.开启危险报警闪光灯
C.不用开启转向灯
D.开启左转向灯
答案：A

71. 驾驶机动车在道路上掉头时，应当提前开启左转向灯。

答案：√

72. 驾驶机动车在交叉路口前变更车道时，应在进入实线区后，开启转向灯，变更车道。

答案：×

73. 如图所示，A车具有优先通行权。

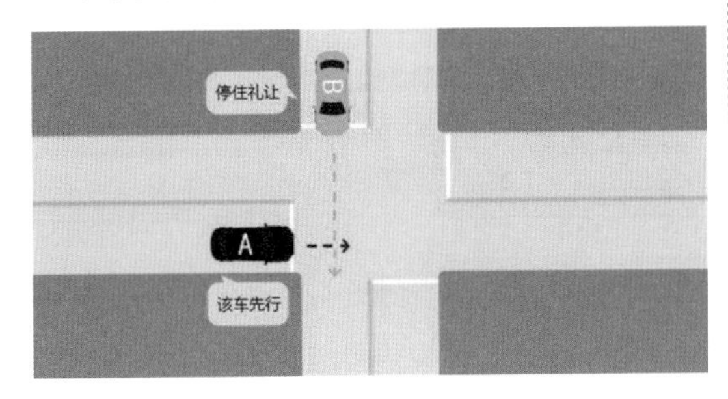

答案：√

解析：相关法律、法规规定，机动车通过没有交通信号灯控制也没有交通警察指挥的交叉路口，应当遵守下列规定。

（一）有交通标志、标线控制的，让优先通行的一方先行；

（二）没有交通标志、标线控制的，在进入路口前停车瞭望，让右方道路的来车先行；

（三）转弯的机动车让直行的车辆先行；

（四）相对方向行驶的右转弯的机动车让左转弯的车辆先行。

根据“路口直行，右方道路车辆先行”的通行原则，A车在右方道路，故A车具有优先通行权。

74. 如图所示，驾驶机动车在路口前遇到这种情况时，A车具有优先通行权。

答案：√

75. 驾驶机动车遇前方交叉路口交通阻塞时，路口内无网状线的，可停在路口内等候。

答案：×

解析：相关法律、法规规定，机动车遇有前方交叉路口交通阻塞时，应当依次停在路口以外等候，不得进入路口。

76. 驾驶机动车在高速公路上行驶，错过出口时，如果确认后方无来车，可以倒回出口驶离高速公路。

答案：×

解析：高速公路上禁止倒车。

77. 发生交通事故时，下列哪种情况下当事人应当保护现场并立即报警?

A. 未造成人员伤亡的

B. 未发生财产损失事故

C. 未损害公共设施及建筑物的

D. 驾驶人有酒后驾驶嫌疑的

答案：D

78. 下列哪种情况可以向机动车驾驶证核发地车辆管理所申请补发?

A. 驾驶证被扣押　　B. 驾驶证被扣留

C. 驾驶证遗失　　D. 驾驶证被暂扣

答案：C

79. 机动车驾驶人补领机动车驾驶证后，使用原机动车驾驶证驾驶的，除由公安机关交通管理部门收回原机动车驾驶证外，还应当受到何种处罚?

A. 吊销驾驶证　　B. 拘留驾驶人

C. 警告　　D. 罚款

答案：D

80. 机动车在抵押登记、质押备案期间不可以办理转移登记。

答案：√

81. 机动车所有人申请转移登记前，应当将涉及该车的道路交通安全违法行为和交通事故处理完毕。

答案：√

82. 经购买、调拨、赠予等方式获得机动车后尚未注册登记的，向车辆管理所申领临时行驶车号牌后，方可临时上道路行驶。

答案：√

83. 驾驶机动车与行人之间发生交通事故造成人身伤亡、财产损失的，机动车一方没有过错的，不承担赔偿责任。

答案：×

解析：相关法律、法规规定，机动车发生交通事故造成人身伤亡、财产损失的，由保险公司在机动车第三者责任强制保险责任限额范围内予以赔偿，超过责任限额的部分，按照下列方式承担赔偿责任。

（一）机动车之间发生交通事故的，由有过

错的一方承担赔偿责任；双方都有过错的，按照各自过错的比例分担责任。

（二）机动车与非机动车驾驶人、行人之间发生交通事故，非机动车驾驶人、行人没有过错的，由机动车一方承担赔偿责任；有证据证明非机动车驾驶人、行人有过错的，根据过错程度适当减轻机动车一方的赔偿责任；机动车一方没有过错的，承担不超过百分之十的赔偿责任。交通事故的损失是由非机动车驾驶人、行人故意碰撞机动车造成的，机动车一方不承担赔偿责任。

84. 如图所示，驾驶机动车行驶至此位置时，以下做法正确的是什么？

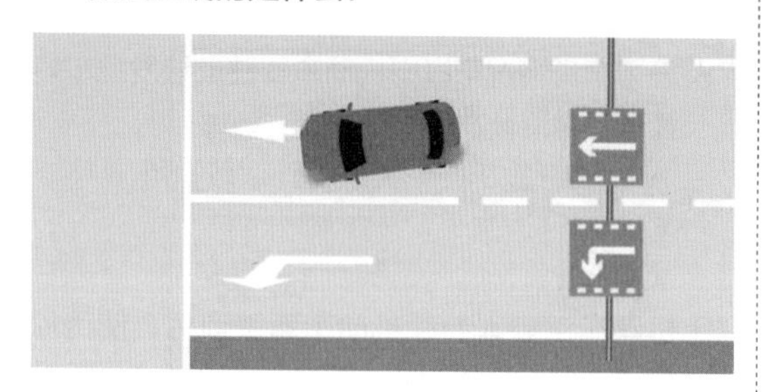

A. 观察左侧无车后，可以左转
B. 从该处直接左转
C. 不得左转，应当直行
D. 倒车退到虚线处换到左转车道
答案：C

85. 发生无人员伤亡的、财产轻微损失的交通事故后，以下做法正确的是什么？
A. 必须报警，等候警察处理
B. 开车离开现场
C. 确保安全的情况下，对现场拍照，然后将车辆移至路边等不妨碍交通的地点
D. 停在现场保持不动
答案：C

86. 以下不属于机动车驾驶证审验内容的是什么？
A. 道路交通安全违法行为、交通事故处理情况
B. 驾驶人身体条件
C. 记满12分后参加学习和考试情况
D. 驾驶车辆累计行驶里程
答案：D

87. 已注册登记的机动车，改变车身颜色，机动车所有人不需要向登记地车辆管理所申请变更登记。
答案：×

88. 驾驶机动车在高速公路上行驶，遇低能见度气象条件时，能见度在200米以下，车速不得超过每小时多少千米，与同车道前车至少保持多少米的距离？
A.60千米/小时，100米
B.70千米/小时，100米
C.40千米/小时，80米
D.30千米/小时，80米
答案：A

89. 如图所示，驾驶机动车遇左侧车道有车辆正在超车时，可以迅速变道，伺机反超。

答案：×

90. 如图所示，驾驶机动车遇到这种情况，不仅要控制车辆留出会车空间，而且要注意与右侧的儿童保持足够的安全距离。

答案：√

91. 机动车驾驶人血液中酒精含量大于或者等于多少可认定为醉驾？
A.20毫克/100毫升　B.60毫克/100毫升
C.80毫克/100毫升　D.50毫克/100毫升
答案：C

解析：当驾驶人血液中的酒精含量大于或者等于20毫克/100毫升，小于80毫克/100毫升时，就是酒后驾驶；当驾驶人血液中的酒精含量大于或者等于80毫克/100毫升时，就是醉酒驾驶。

92. 如图所示，驾驶机动车在这种情况下，当C车减速让超车时，A车应该如何行驶？

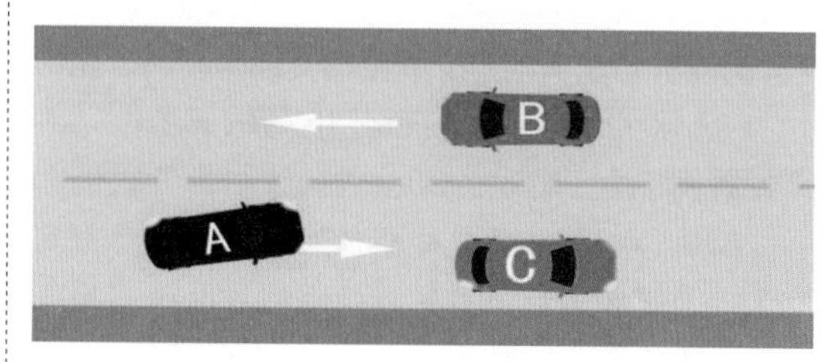

A. 放弃超越C车

B. 加速超越C车

C. 鸣喇叭示意B车让行后超车

D. 直接向左变更车道，迫使B车让行

答案：A

解析：继续超车，三车侧方距离过近，容易发生事故。

93. 如图所示，夜间驾驶机动车与同方向行驶的前车距离较近时，以下做法正确的是什么？

A. 使用远光灯，有利于观察路面情况

B. 禁止使用远光灯，避免灯光照射至前车后视镜造成前车驾驶人眩目

C. 使用远光灯，有利于告知前方驾驶人后方有来车

D. 禁止使用远光灯，避免灯光照射至前车后视镜造成自己眩目

答案：B

94. 道路没有划分机动车道、非机动车道和人行道的，以下说法正确的是什么？

A. 机动车在道路左侧通行，非机动车和行人随意通行

B. 机动车在道路左侧通行，非机动车和行人在道路两侧通行

C. 机动车在道路中间通行，非机动车和行人在道路两侧通行

D. 机动车、非机动车和行人可随意通行

答案：C

95. 驾驶机动车经过无划分车道的道路时，可以随意通行。

答案：×

96. 驾驶机动车在路口右转弯时，应提前开启右转向灯，不受信号灯限制，不受车速限制，迅速通过，防止路口堵塞。

答案：×

解析：不得妨碍直行的行人、非机动车和机动车。驾驶机动车在路口右转弯时，应提前开启右转向灯，注意观察后方和右转弯方向道路交通动态，同时观察右转弯的车辆和行人。分绿灯亮、红灯亮、红绿灯转换中三种情况。绿灯亮时礼让本方向右侧的行人、非机动车。红灯亮时礼让另一个方向的行人、非机动车和机动车，注意观察本方向右侧的情况。

圆形红绿灯通行方法：右转弯没有限制，要减速慢行并礼让行人和直行的车辆。

箭头红绿灯通行方法：直行和左转弯都由箭头控制。这种情况下要注意观察，如果只有直行和左转弯有箭头，那么右转弯也是没有限制的；但如果边上还有一个单独列出的右转弯箭头，那就要遵从右转弯箭头灯的指示。右转红箭头亮时不能右转。

97. 驾驶机动车遇到前方道路拥堵时，可以借用无人通行的非机动车道行驶。

答案：×

98. 如图所示，红圈标注的深色车辆的做法是违法的。

答案：√

99. 如图所示，驾驶机动车遇到这种情况时，以下做法正确的是什么？

A. 应减速观察水情，然后加速行驶通过

B. 应停车察明水情，确认安全后，低速通过

C. 应停车察明水情，确认安全后，快速通过

D. 可随意通行

答案：B

100. 驾驶机动车行经漫水路或者漫水桥时，应当停车察明水情，快速通过。

答案：×

101. 关于醉酒驾驶机动车的处罚，以下说法错误的是什么？

A. 公安机关交通管理部门约束至酒醒

B. 吊销驾驶证

C. 五年内不得重新取得机动车驾驶证

D. 记6分

答案：D

解析：相关法律、法规规定，饮酒后驾驶机动车的，处暂扣六个月机动车驾驶证，并处一千元以上二千元以下罚款；因饮酒后驾驶机动车被处罚，再次饮酒后驾驶机动车的，处十日以下拘留，并处一千元以上二千元以下罚款，吊销机动车驾驶证；醉酒驾驶机动车的，由公安机关交通管理部门约束至酒醒，吊销机动车驾驶证，依法追究刑事责任；五年内不得重新取得机动车驾驶证。

102. 驾驶机动车在道路上发生交通事故造成人身伤亡的，驾驶人必须报警。

答案：√

103. 两辆机动车发生轻微碰擦事故后，为保证理赔，必须等保险公司人员到场鉴定后才能撤离现场。

答案：×

解析：相关法律、法规规定，在道路上发生交通事故，未造成人身伤亡，当事人对事实及成因无争议的，可以即行撤离现场，恢复交通，自行协商处理损害赔偿事宜；不即行撤离现场的，应当迅速报告执勤的交通警察或者公安机关交通管理部门；在道路上发生交通事故，仅造成轻微财产损失，并且基本事实清楚的，当事人应当先撤离现场再进行协商处理。

104. 以下哪种身体条件，不可以申请机动车驾驶证？

A. 糖尿病　　B. 红绿色盲

C. 高血压　　D. 怀孕

答案：B

105. 申请人患有癫痫病的，可以申领机动车驾驶证，但是驾驶时必须有人陪同。

答案：×

106. 自愿降级的驾驶人需要到车辆管理所申请换领驾驶证。

答案：√

107. 补领机动车驾驶证应到以下哪个地方办理？

A. 学车时的驾校

B. 驾驶证核发地车辆管理所

C. 派出所

D. 全国任何地方公安机关交通管理部门

答案：B

108. 机动车驾驶人驾驶证有效期满换领驾驶证时，须提交县级以上医疗机构出具的身体条件证明。

答案：×

解析：根据公安部交通管理局发布的新措施，自2020年11月20日起，扩大体检医疗机构范围，对申请机动车驾驶证、办理机动车驾驶证业务需要提交身体条件证明的，体检医疗机构由县级或者部队团级以上医疗机构扩大到符合健康体检资质的二级以上医院、乡镇卫生院、社区卫生服务中心等医疗机构。因此，必须提交县级以上医疗机构出具的身体条件证明，说法错误。

109. 年龄在70周岁以上的机动车驾驶人，应当每年进行一次身体检查。

答案：√

110. 驾驶人吸食或注射毒品后驾驶机动车的，一经查获，其驾驶证将被注销。

答案：√

111. 遇到这种单方交通事故，应如何处理？

A. 不用报警

B. 报警

C. 直接联系路政部门进行理赔

D. 直接联系绿化部门

答案：B

解析：隔离带属于损坏公共财物，所以需要先报警，由交警队对交通事故责任进行认定，对于民事赔偿部分，先由保险公司在交强险的范围内承担赔偿责任，超过部分，按照责任比例进行划分。

112. 机动车之间发生交通事故，不管是否有人员伤亡，只要双方当事人同意，都可自行协商解决。

答案：×

解析：在道路上发生交通事故，未造成人身伤亡，当事人对事实及成因无争议的，可以即行撤离现场，恢复交通，自行协商处理损害赔偿事宜；造成人身伤亡的，应立即报警由交警认定事故中是否存在酒驾等刑事犯罪行为。

113. 事故报警时，要向交警提供事故地点、人员伤情、车辆号牌等信息，协助交警快速定位到达现场。

答案：√

114. 在高速公路上不小心错过了准备驶出的路口，正确的做法应该是什么？

A. 紧急制动，倒车至想要驶出的路口

B. 继续前行，到下一出口驶离高速公路掉头

C. 在应急停车道上停车，等待车辆较少的时候再伺机倒车

D. 借用应急停车道进行掉头，逆向行驶

答案：B

解析：在高速公路行车时，如果因疏忽驶过出口，只能继续向前行驶至立交桥掉头或在下一出口驶出高速公路后掉头，不得紧急制动，即便是刚刚错过出口且距下一出口很远，也不得掉头逆行或倒回出口。

115. 下列高速公路交通标志与其含义对应正确的是哪个？

图1：

高速公路起点预告

图2：

高速公路停车场预告

图3：

高速公路紧急停车带

图4：

高速公路公用电话

A. 图1　　B. 图2

C. 图3　　D. 图4

答案：C

116. 驾驶车辆进入高速公路加速车道后，须尽快将车速提高到60千米/小时以上的原因是什么？

A. 以防被其他车辆超过

B. 以防后方车辆发生追尾事故

C. 以防汇入车流时影响主线车道上行驶的车辆

D. 以防违反最低限速要求受到处罚

答案：C

117. 在高速公路上开车遇到图中所示的情况时，以下操作不正确的是什么？

A. 应该打开雾灯、近光灯、示廓灯、前后位灯以及危险报警闪光灯

B. 能见度低，应该与同车道前车间距保持一定距离

C. 降低车速，防止紧急情况下无法及时制动

D. 继续维持高速行驶，防止后面车辆堵塞

答案：D

118. 雪天在高速公路上驾驶时，关于安全车距错误的说法是什么？

A. 雪天路滑，制动距离比干燥柏油路更长

B. 雪天能见度低，应该根据能见度控制安全距离

C. 能见度小于200米时，与前车至少保持50米的安全距离

D. 能见度小于50米时，应该驶离高速公路

答案：C

119. 高速公路上同时有最高和最低速度限制，因为过快或者过慢都容易导致追尾。

答案：√

120. 驾驶人在实习期内驾驶机动车上高速公路行驶，应由持相应或者更高准驾车型驾驶证一年以上的驾驶人陪同。

答案：×

解析：相关法律、法规规定，驾驶人在实习期内驾驶机动车上高速公路行驶，应当由持相应或者更高准驾车型驾驶证三年以上的驾驶人陪同，其中驾驶残疾人专用小型自动挡载客汽车的，可以由持有小型自动挡载客汽车以上准驾车型驾驶证的驾驶人陪同。

121. 在高速公路上长期骑、轧车行道分界线行驶，会同时占用两条车道，导致后方车辆行驶困难，易引发交通事故。

答案：√

122. 车辆在高速公路发生故障不能移动时，驾驶人这种尝试排除故障的做法是否正确？

答案：×

解析：应立即开启危险报警闪光灯，利用车辆惯性，将车驶入紧急停车带或右侧路肩停下，尽量不要占用行车道；车辆停放好后，驾驶人和乘车人从路外侧的车门尽快离开车辆，转移到右侧的路肩或者应急车道内，如需到车内或者车下进行维修，也应由外侧的车门出入；要把故障车警告标志放置在来车方向150米处，并立即报警，如果是夜间，还必须开启示宽灯和尾灯。

123. 下面做法是否正确？

答案：×

解析：机动车在高速公路上发生故障或者交通事故，无法正常行驶的，应当由救援车、清障车拖曳、牵引，牵引车和被牵引车均应当开启危险报警闪光灯，在最右侧慢车道行驶，不能用普通小车充当牵引车，不能在左侧行车道行驶。

124. 高速公路上车辆发生故障后，开启危险报警闪光灯和摆放警告标志是为了向其他车辆求助。

答案：×

解析：起安全警告作用。

125. 高速公路上车辆发生故障后，开启危险报警闪光灯和摆放警告标志的作用是警告后续车辆注意避让。

答案：√

126. 车辆发生故障无法移动时，以下做法是否正确？

答：×

解析：危险警告标志应放置在故障车车后的150米以外。

127. 驾驶机动车在高速公路上发生故障，需要停车排除故障时，若能将机动车移至应急车道内，则不需要开启危险报警闪光灯。

答案：×

128. 车辆发生故障而无法移动时，首先应在车辆后方50 ~ 150米处放置危险警告标志，防止后车追尾。

答案：×

解析：机动车在路上发生故障时，驾驶人应当立即开启危险报警闪光灯，将机动车移至不妨碍交通的地方停放，难以移动的，应当持续开启危险报警闪光灯，并在来车方向采取设置警告标志等措施扩大示警距离；普通道路上应把警告标志设置在车后50 ~ 100米处，高速公路上应把警告标志设置在故障车来车方向150米以外，车上人员应当迅速转移到右侧路肩上或者应急车道内，并且迅速报警。

“首先应在车辆后方50 ~ 150米处放置危险警告标志”，做法是错误的，按规定应该首先开启危险报警闪光灯。

129. 对驾驶过程中接打手机的看法正确的是什么？

A. 开车过程中不主动打电话，但是有重要电话打进来是可以边开车边接听手持电话的

B. 根据驾龄和驾车技术，经验丰富的驾驶人可以在驾驶过程中接打手持电话

C. 在车流量不大的道路上驾驶时，短时接听手持电话是可以的

D. 开车需要接打电话时，应该先找到安全的地方停车再操作

答案：D

130. 蓝色车辆遇到图中的情形时，下列做法正确的是什么？

A.按照前方交通信号灯指示直接通行

B.鸣喇叭提醒，让学生队伍中空出一个缺口，从缺口中穿行过去

C.停车等待，直到学生队伍完全通过

D.鸣喇叭，催促还未通过的学生加快速度通过

答案：C

131.驾驶车辆时在道路上抛撒物品，以下说法不正确的是什么？

A.抛撒纸张等轻质物品会阻挡驾驶人视线，分散驾驶人注意力

B.有可能引起其他驾驶人紧急躲避等应激反应，进而引发事故

C.破坏环境，影响环境整洁，甚至造成路面的损坏

D.保持车内整洁，减少燃油消耗

答案：D

132.下面关于下坡熄火滑行的说法错误的是什么？

A.对于采用真空助力制动系统的车辆而言，下坡时的熄火会使制动系统失效

B.对于采用了助力转向系统的车辆而言，下坡时熄火会使转向盘变重，难以控制

C.下坡熄火时，车辆不能使用发动机制动

D.下坡滑行是利用坡道的位能推动汽车前进，发动机不工作，可以节油，应大力提倡

答案：D

133.如图所示，当机动车行驶至交叉口时的做法是正确的。

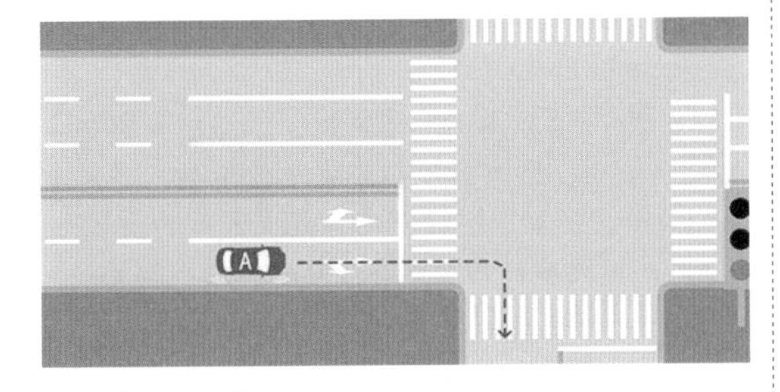

答案：√

解析：图中绿灯亮，并且车辆正在右转车道上，开启了右转向灯。

134.当后排座位没有人乘坐时，后车门未关好就起步也是可以的。

答案：×

135.如图所示，车辆后备厢门未关好，是可以上路行驶的。

答案：×

136.下列哪个交通标志表示不能停车？

图1：

图2：

图3：

图4：

A.图1　　B.图2

C.图3　　D.图4

答案：B

解析：图1，禁止长时停车；图2，禁止停车；图3，停车检查；图4，停车让行。

137.图中深色车辆在该地点临时停车是可以的。

答案：×

解析：机动车不得在人行横道上停车。

138.图中标注车辆在该地点停车是可以的。

答案：×

解析：公共汽车站、急救站、加油站、消防栓或者消防队（站）门前以及距离上述地点30米以内的路段，不得停车。

139.图中小型汽车的停车地点是正确的。

答案：×

140.如图所示，A车在此处临时停车是可以的。

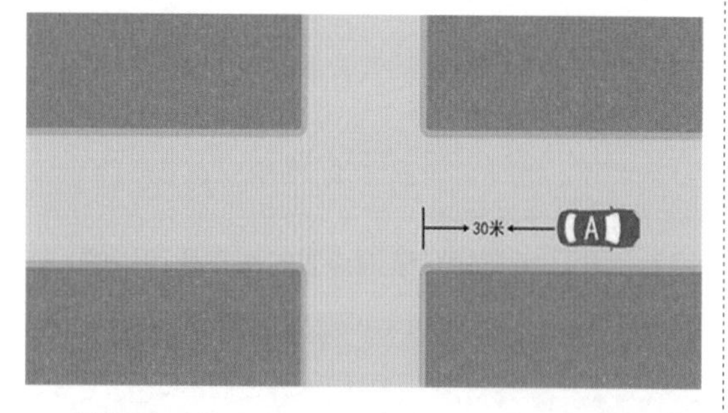

答案：×

解析：交叉路口、铁道路口、急转弯、宽度不足4米的窄路、桥梁、陡坡、隧道以及距离上述地点50米以内的路段，不得停车。图中的车离路口只有30米，是不能在此停车的。

141.如图所示，A车在此处临时停车是可以的。

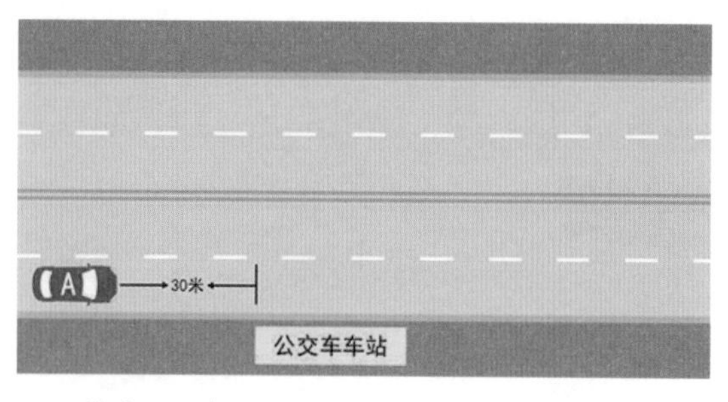

答案：√

解析：A车临时停在30米以外位置。

142.在路口遇这种情形要减速让行。

答案：√

143.牵引发生事故的机动车时，最高车速不得超过多少？

A.20千米/小时　　B.30千米/小时

C.40千米/小时　　D.50千米/小时

答案：B

144.以下哪种情形会被扣留车辆？

A.未放置检验合格标志

B.车内装饰过多

C.驾驶人开车打电话

D.未安装防撞装置

答案：A

145.交通肇事致一人以上重伤，负事故全部或者主要责任，并具有下列哪种行为的，构成交通肇事罪。

A.未带驾驶证

B.未报警

C.明知是安全装置不全或者安全机件失灵的机动车辆而驾驶的

D.未抢救受伤人员的

答案：C

解析：相关法律、法规规定，交通肇事致一人以上重伤，负事故全部或者主要责任，并具有下列情形之一的，以交通肇事罪定罪处罚。

（一）酒后、吸食毒品后驾驶机动车辆的；

（二）无驾驶资格驾驶机动车辆的；

（三）明知是安全装置不全或者安全机件失灵的机动车辆而驾驶的；

（四）明知是无牌证或者已报废的机动车辆而驾驶的；

（五）严重超载驾驶的；

（六）为逃避法律追究逃离事故现场的。

146.机动车驾驶人在一个记分周期内累计记分达到12分，拒不参加学习和考试的，将被公安机关交通部门公告其驾驶证停止使用。

答案：√

147.以下哪种情形不会被扣留车辆？

A.没有按规定悬挂号牌

B.没有放置保险标志

C.未随车携带灭火器

D.未随车携带行驶证

答案：C

148.驾驶达到报废标准的机动车上道路行驶的，公安机关交通管理部门将会予以收缴，以下说法错误的是什么？

A.驾驶报废车影响驾驶人行车安全

B.报废车机械老化，容易发生交通事故

C.车辆不符合安全技术标准，需要强制报废

D.不美观，影响城市形象

答案：D

149.如图所示，通过人行横道应减速慢行，遇到行人则需停车让行。

答案：√

150.以下哪类信息是显示在机动车交通事故快速处理协议书中的？

A.商业保险单号　　B.性别

C.损失金额　　D.车牌号码

答案：D

151.准驾车型为C1驾照的，可以驾驶以下哪种车辆？

A.低速载货汽车　　B.三轮摩托车

C.轮式自行机械　　D.以上都可以

答案：D

152.如图所示，在这段高速公路上行驶的最高车速是多少？

A.120千米/小时　　B.110千米/小时

C.100千米/小时　　D.90千米/小时

答案：A

153.驾驶小型机动车在没有道路中心线狭窄的山路会车时，靠山体的一方视野宽阔，所以要让不靠山体的一方优先行驶。

答案：×

解析：题目中“靠山体的一方视野宽阔”说法是错误的，不靠山体的一方视野宽阔，但是不靠山体的一方危险性更大，因此靠山体的一方要给不靠山体的一方让行。

154.机动车与行人之间发生交通事故造成人身伤亡、财产损失的，机动车一方没有过错的，应该由行人承担赔偿责任。

答案：×

解析：相关法律、法规规定，机动车发生交通事故造成人身伤亡、财产损失的，由保险公司在机动车第三者责任强制保险责任限额范围内予以赔偿，超过责任限额的部分，按照下列方式承担赔偿责任。

（一）机动车之间发生交通事故的，由有过错的一方承担赔偿责任；双方都有过错的，按照各自过错的比例分担责任。

（二）机动车与非机动车驾驶人、行人之间发生交通事故，非机动车驾驶人、行人没有过错的，由机动车一方承担赔偿责任；有证据证明非机动车驾驶人、行人有过错的，根据过错程度适当减轻机动车一方的赔偿责任；机动车一方没有过错的，承担不超过百分之十的赔偿责任。交通事故的损失是由非机动车驾驶人、行人故意碰撞机动车造成的，机动车一方不承担赔偿责任。

155.驾驶人在驾驶证核发地车辆管理所管辖区以外地方居住的，可以向政务大厅申请换证。

答案：×

解析：相关法律、法规规定，机动车驾驶人户籍迁出原车辆管理所管辖区的，应当向迁入地车辆管理所申请换证；机动车驾驶人在核发地车辆管理所管辖区以外居住的，可以向居住地车辆管理所申请换证。

156. 醉酒驾驶机动车在道路上行驶会受到以下哪种处罚？

A.处2年以下徒刑

B.5年内不得重新获取驾照

C.处2年以上徒刑

D.处管制，并处罚金

答案：B

157. 驾驶机动车在高速公路上行驶，当能见度小于200米时，与同车道前车应保持50米以上的距离。

答案：×

解析：能见度小于200米时，开启雾灯、近光灯、示廓灯和前后位灯，车速不得超过60千米/小时，与同车道前车保持100米以上的距离；能见度小于100米时，开启雾灯、近光灯、示廓灯、前后位灯和危险报警闪光灯，车速不得超过40千米/小时，与同车道前车保持50米以上的距离；能见度小于50米时，开启雾灯、近光灯、示廓灯、前后位灯和危险报警闪光灯，车速不得超过每小时20公里，并从最近的出口尽快驶离高速公路。

158. 夜间道路会车，距离对向来车多远时将远光灯改用近光灯？

A.200米以外　　B.150米以外

C.100米以内　　D.50米以内

答案：B

159. 驾驶机动车在没有中心线的城市道路上，最高车速不能超过70千米/小时。

答案：×

解析：相关法律、法规规定，机动车在道路上行驶不得超过限速标志、标线标明的速度；在没有限速标志、标线的道路上，机动车不得超过下列最高行驶速度。

（一）没有道路中心线的道路，城市道路为30千米/小时，公路为40千米/小时；

（二）同方向只有1条机动车道的道路，城市道路为50千米/小时，公路为70千米/小时。

160. 驾驶人将机动车交给驾驶证被吊销了的人驾驶时，交通警察依法扣留行驶证。

答案：×

解析：交通警察依法扣留机动车驾驶人的驾驶证，不是行驶证。

有下列情形之一的，可以扣留机动车驾驶证。

（一）饮酒、醉酒后驾驶机动车的；

（二）机动车驾驶人将机动车交由未取得机动车驾驶证或者机动车驾驶证被吊销、暂扣的人驾驶的；

（三）机动车行驶超过规定时速百分之五十的；

（四）驾驶拼装或者已达到报废标准的机动车的；

（五）发生重大交通事故，构成犯罪的；

（六）在一个记分周期内累积记分达到12分的。

161. 机动车在道路上发生故障难以移动时，要在车后50米以内设置警告标志，以防止发生交通事故。

答案：×

解析：道路指的是普通公路，不是高速公路，机动车在道路上发生故障或者发生交通事故，妨碍交通又难以移动的，应当按照规定开启危险报警闪光灯，并在车后50米至100米处设置警告标志，夜间还应当同时开启示廓灯和后位灯。在高速公路上要在车后150米外设置警告标志。

162. 机动车发生财产损失交通事故时，对应当自行撤离现场而未撤离的，交通警察可以责令当事人撤离现场。

答案：√

解析：相关法律、法规规定，对应当自行撤离现场而未撤离的，交通警察应当责令当事人撤离现场；造成交通堵塞的，对驾驶人处以200元罚款。

163. 驾驶机动车在行经市区交通流量大的道路时不得超车。

答案：√

164. 允许自学直考人员使用图中教练车，在学车专用标识签注的指导人员随车指导下学习驾驶。

答案：×

解析：教练车不得用于自学直考，否则被视为“非法营运”，自学人员使用学车专用标识签注的自学用车学习驾驶时，应当在公安机关交通管理部门指定的路线、时间进行，并随身携带实习驾驶证明。

165. 驾驶人在实习期内可以独立驾驶这辆小型客车进入高速公路行驶。

答案：×

解析：实习期上高速公路行驶，需要持有相应或者更高准驾车型驾驶证三年以上的驾驶人陪同。

166.图中机动车驾驶人造成事故逃逸的违法行为，会被记12分。

答案：√

167.如图所示，驾驶人的这种违法行为是非常严重的，会被记9分。

答案：√

解析：驾驶人的违法行为是上道路行驶的机动车未悬挂机动车号牌，因此记9分。相关法律、法规规定，机动车驾驶人有下列违法行为之一，一次记9分。

（一）驾驶7座以上载客汽车载人超过核定人数50%以上未达到100%的；

（二）驾驶校车、中型以上载客载货汽车、危险物品运输车辆在高速公路、城市快速路以外的道路上行驶超过规定时速50%以上的；

（三）驾驶机动车在高速公路或者城市快速路上违法停车的；

（四）驾驶未悬挂机动车号牌或者故意遮挡、污损机动车号牌的机动车上道路行驶的；

（五）驾驶与准驾车型不符的机动车的；

（六）未取得校车驾驶资格驾驶校车的；

（七）连续驾驶中型以上载客汽车、危险物品运输车辆超过4小时未停车休息或者停车休息时间少于20分钟的。

168.如图所示，黄色机动车驾驶人违法占用高速公路应急车道行驶，会被记3分。

答案：×

解析：违法占用应急车道行驶一次记6分。

169.如图所示，黄色小型客车驾驶人在高速公路逆向行驶是违法行为，会被记6分。

答案：×

解析：在高速公路上逆行，一次记12分。

170.如图所示，在这种天气行车，由于能见度较低，需要提前开启远光灯告知对向来车。

答案：×

解析：雨天行驶，一定要选择安全车速，同时要与其他车辆、行人等保持足够的安全距离，遇行人和骑车人时，要提前减速、鸣喇叭，与其保持一定的安全距离低速通过，不得抢行或从其身边急加速绕行，不得使用远光灯或持续鸣喇叭催促行人。

171.图中标志提示前方道路的最高车速限制在50千米/小时以下。

答案：×

解析：最低车速50千米/小时。

172.如图所示，在高速公路同车道跟随前车行驶时，最小跟车距离不得少于100米。

答案：√

解析：相关法律、法规规定，机动车在高速公路上行驶，车速超过100千米/小时，应当与同车道前车保持100米以上的距离，车速低于100千米/小时，与同车道前车距离可以适当缩短，但最小距离不得少于50米；高速公路应当标明车道的行驶速度，同方向有2条车道的，左侧车道的最低车速为100千米/小时，同方向有3条以上车道的，最左侧车道的最低车速为110千米/小时，中间车道的最低车速为90千米/小时。

173.如图所示，驾驶这辆小型客车进入高速公路行驶的条件是什么？

A.由取得该车型驾驶证的驾驶人随车指导可以进入

B.由持该车型驾驶证3年以上驾驶人陪同允许进入

C.取得准驾该车型驾驶证的驾驶人可以独立驾驶进入

D.在高速公路收费人员许可的前提下通过收费口进入

答案：B

174.符合什么条件就可以驾驶图中这辆自学直考小型客车上路学习驾驶？

A.有随车人员指导

B.取得学习驾驶证明

C.符合自学直考规定

D.没有条件限制

答案：C

175.图中上路学习驾驶的自学直考小型客车存在什么违法行为？

A.学车专用标识粘贴的位置不符合规定

B.搭载了除随车指导人员以外的其他人员

C.自学人员和随车指导人员都没有系安全带

D.没有使用教练车在道路进行训练

答案：B

176.如图所示，驾驶人的这种违法行为会被记多少分？

A.记1分　　B.记3分

C.记6分　　D.记9分

答案：D

177.如图所示，驾驶人的这种违法行为会被记多少分？

A.3分
B.6分
C.12分
D.24分
答案：C

178.如图所示，驾驶人的这种违法行为会被记多少分？

A.3分
B.9分
C.6分
D.12分
答案：A

179.如图所示，左侧这辆小型客车有几种违法行为？

A.有两种违法行为
B.有三种违法行为
C.有四种违法行为
D.有五种违法行为
答案：C

解析：四种违法行为分别是打电话、未系安全带、未悬挂机动车号牌、占用应急车道。

180.请判断图中这辆黄色机动车有几种违法行为？

A.有一种违法行为　B.有两种违法行为
C.有三种违法行为　D.有四种违法行为
答案：C

解析：三种违法行为分别是变道超车压黄实线、路口超车、超车未开转向灯。

181.如图所示，驾驶人的这种违法行为会被记多少分？

A.2分　B.3分
C.6分　D.12分
答案：B

解析：图中道路中间的黄色实线，全称为黄色单实线禁止跨越对向车行道分界线，用来分隔对向行驶的车流。黄车属于逆行违法行为，驾驶机动车不按规定超车、让行的，或者逆向行驶的，一次记3分。

182.请判断图中这辆小型客车存在什么违法行为？

A.强行从右侧超车　B.越黄线行驶
C.占用专用车道　D.未开启右转向灯
答案：C

183.请判断图中右侧灰色机动车逆向行驶是属于什么行为?

A.违法行为　　B.违规行为
C.违章行为　　D.违纪行为
答案：A

184.请判断图中前面蓝色小型客车在提示什么?

A.准备直行通过路口
B.准备向右转弯
C.准备在路口停车
D.准备向左转弯
答案：B

185.如图所示，请判断前方小型客车在提示什么?

A.准备向左转弯　　B.前方有障碍物
C.准备向左变道　　D.超越前方车辆
答案：C

186.图中车辆存在什么违法行为?

A.没有开启远光灯
B.没有及时让行
C.占用内侧车道
D.没有开启信号灯
答案：A

187.图中前方机动车存在什么违法行为?

A.没开启信号灯　　B.没有及时让行
C.没开启远光灯　　D.行驶速度缓慢
答案：A

188.在如图这种环境中行车，应该怎样使用灯光?

A.变换远近光灯　　B.关闭前照灯
C.开启远光灯　　D.开启近光灯
答案：A

解析：在没有中心隔离设施或者没有中心线的道路上，夜间会车应当在距相对方向来车150米以外改用近光灯，在窄路、窄桥与非机动车会车时应当使用近光灯；机动车在夜间没有路灯、照明不良或者遇有雾、雨、雪、沙尘、冰雹等低能见度情况下行驶时，同方向行驶的后车与前车近距离行驶时，应使用近光灯；机动车在夜间通过急弯、窄路、拱桥、人行横道或者没有交通信号灯控制的路口时，应当交替使用远近光灯示意；夜间在没有照明条件的道路行车，车速低于30千米/小时可使用近光灯，车速高于30千米/小时可使用远光灯；夜间车辆通过照明条件好的路段，应使用近光灯。

189.如图所示，如果想超越前方这辆机动车，怎么做是正确的?

A. 连续鸣喇叭提示前车
B. 从前车的左侧直接超越
C. 在条件具备时从右侧超越
D. 开启左转向灯等待让超
答案：D

190. 驶近一个没有信号灯的路口，遇到图中这种情况，怎么做正确？

A. 停车让行人先通过
B. 减速缓慢行驶通过
C. 连续鸣喇叭告知行人
D. 加速从行人的前方通过
答案：A

191. 如图所示，看到路边有一个黄灯在闪烁时，正确的做法是什么？

A. 只要没有行人横过就可以加速通过
B. 提前减速观察确认是否能安全通过
C. 鸣喇叭告知两边的行人和非机动车
D. 如果来不及减速就直接按常速通过
答案：B

192. 在绿灯亮的路口右转，遇到图中所示的情况，应该怎么做？

A. 加速在第一个行人的前方右转弯
B. 绕道第一个行人的后方向右转弯
C. 等待两个行人都通过路口再右转弯
D. 鸣喇叭让行人停止通行后向右转弯
答案：C

193. 如图这种情况下，遇到对面车辆发出左转信号，怎样做是正确的？

A. 只要不影响对面车辆左转就可以向右转弯
B. 不要考虑对面车辆直接向右转弯
C. 等待对面车辆向左转后再向右转弯
D. 如果已经越过停止线就可以加速向右转弯
答案：C

194. 如图这种情况下，遇到左侧路口有车辆直行，怎样做是正确的？

A. 如果已经越过停止线就可以加速向右转弯
B. 不用考虑左侧车辆直接向右转弯
C. 只要不影响左侧车辆直行就可以向右转弯
D. 等待左侧车辆直行通过后再向右转弯
答案：D

195. 如图这种情况下，遇到路口对面有车辆直行，怎么做是正确的？

A. 如果已经越过停止线就可以加速向左转弯
B. 不用考虑对面车辆直接向左转弯
C. 只要不影响对面车辆直行就可以向左转弯
D. 等待对面车辆直行通过后再向左转弯
答案：D

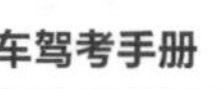

196. 驶近一个设有信号灯的路口，遇到如图所示信号灯亮着，但有行人通过，应该怎么做？

A. 从行人的前方绕行通过路口

B. 在停止线以外停车等待行人通过

C. 鸣喇叭告知行人停止通过路口

D. 可从两个行人中间低速缓慢穿过

答案：B

197. 驶近一个铁道路口，遇到图中所示信号灯亮着，但栏杆还没落下，怎么做才正确？

A. 只要栏杆还没落下就继续行驶

B. 如果没有看到列车驶来，可以快速横过道口

C. 在道口的停止线以外停车等待

D. 如果已过道口停止线，就可以急速通过

答案：C

解析：红灯亮，要在道口停止线以外停车等待，不得抢行通过铁道路口，抢行危险。停止线到路口的区域称为停止线以内，停止线与车道间的区域称为停止线以外。

198. 遇到图中所示车辆停车等待的情形，怎样做是正确的？

A. 穿插到红色小型客车前停车

B. 依次在红色小型客车后停车等待

C. 向前直行至不能继续行驶为止

D. 鸣喇叭催促红色小型客车向前移

答案：B

199. 如图所示，在辅路上行驶，遇到一辆机动车从主路进入辅路时，应该怎样做？

A. 减速或停车让主路驶出的车辆先进入辅路

B. 鸣喇叭告知进入辅路的车辆停车让行

C. 只要不影响主路驶出的车辆正常行驶就可加速通过

D. 在辅路行驶的车辆有优先通行权，不用减速行驶

答案：A

200. 如图所示，跟车进入一段漫水路段时，怎样做才正确？

A. 如果跟车距离太近，可空挡滑行减速

B. 增加与前车的距离，谨慎跟车慢行

C. 紧跟前车，沿前车留下的痕迹行驶

D. 如果前车速度太慢，可适当鸣喇叭示意

答案：B

201. 遇到图中所示的情景，怎样做才正确？

A. 借左侧车道超越校车

B. 变换远近光灯催促校车离开

C. 停在校车后面等待

D. 鸣喇叭催促校车离开

答案：C

解析：校车在同方向只有一条机动车道的道路上停靠时，后方车辆应当停车等待，不得超

越；校车在同方向有两条以上机动车道的道路上停靠时，校车停靠车道后方和相邻机动车道上的机动车应当停车等待，其他机动车道上的机动车应当减速通过；校车后方停车等待的机动车不得鸣喇叭或者使用灯光催促校车。

202. 如图所示，行车中遇到停在路边的校车时，怎么做才正确？

A. 提前变更到中间车道超越
B. 停在校车后方等待
C. 停在校车后方使用灯光催促
D. 适当鸣喇叭低速从左侧超越

答案：B

203. 在图中所示的道路上需要停车时，怎样选择正确的停放位置？

A. 选择在路边不妨碍通行的地方停放
B. 选择在标志前方安全的位置停车
C. 只要没有禁止停车标线的路段都能停车
D. 在这段道路上的任何地方都不能停车

答案：D

解析：路边有黄色实线禁停标线，还有禁停标志牌，因此在这段道路上的任何地方都不能停车。

204. 如图所示，在能见度小于200米的高速公路上以60千米/小时速度行驶时，与同车道前车保持的安全距离是多少？

A. 保持100米以上的距离
B. 保持100米以内的距离
C. 保持与车速相同数据的距离
D. 保持不小于50米的安全距离

答案：A

205. 驾车驶近图中这种没有信号灯控制的交叉路口，应该如何正确通过？

A. 路口停车，向左观察，确认安全后通过
B. 若路口没有车辆、行人，可以加速通过
C. 路口减速，向左观察，确认安全后通过
D. 只要不影响车辆、行人通行，可以减速通过

答案：C

解析：图中右前方有减速让行标志，地面有减速让行标线，应当减速慢行，观察干道安全情况，在确保干道车辆、行人优先的前提下再通行，还要注意横过马路的行人、车辆。

206. 如图所示，高速公路上遇到车辆无法继续行驶的情况时，怎样按规定放置危险警告标志？

A. 在车后50米处放置警告标志
B. 在车后50米至100米处放置警告标志
C. 在车后150米以外放置警告标志
D. 根据道路交通情况在适当位置放置警告标志

答案：C

207. 如图所示，在这段道路上行驶需要注意什么？

A. 只要有逆向行驶的车辆就不能越线行驶
B. 既不能越中心线也不能压中心线行驶

 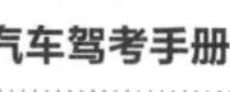

C.如果没有逆向行驶的车辆允许越中心线行驶

D.只有在超车的时候才能越中心线行驶

答案：B

208.驾驶达到报废标准的机动车上道路行驶的，公安机关交通管理部门将予以收缴，主要原因是不美观，影响城市形象。

答案：×

解析：不安全。

209.醉驾可构成危险驾驶罪。

答案：√

210.准驾车型为C1驾照，除了可以驾驶小型汽车，还可以驾驶下列哪种车型？

A.C2小型自动挡汽车

B.C3低速载货汽车

C.C4三轮汽车

D.以上都可

答案：D

211.图中黄色车的违法行为会被记多少分？

A.记2分　　B.记3分

C.记6分　　D.记9分

答案：C

解析：驾驶证被暂扣期间驾驶机动车的，违反道路交通信号灯通行的，行驶超过规定时速20%以上未达到50%的，在高速公路或者城市快速路上违法占用应急车道行驶的，以隐瞒、欺骗手段补领机动车驾驶证的，一次记6分。

212.驾驶机动车发生以下交通事故，哪种情况不可以自行协商解决？

A.未造成人身伤亡　B.车辆可以移动

C.对事实及成因无争议

D.其中一方使用伪造、变造的车牌

答案：D

213.驾驶机动车在高速公路上遇前方车流行驶缓慢时，以下做法正确的是什么？

A.跟随车流行驶，保持安全车距

B.进入应急车道行驶

C.可以倒车

D.立即停车

答案：A

214.驾驶机动车不按规定会车的，一次记多少分？

A.1分　　B.2分

C.3分　　D.4分

答案：A

解析：不按规定使用灯光的，不按规定会车的，不按规定倒车的，上道路行驶的机动车未放置保险标志、未随车携带行驶证、机动车驾驶证的，驾驶机动车没有关好车门、车厢的，一次记1分。

215.学员在学习驾驶过程中有道路交通安全违法行为或者造成交通事故的，由谁承担责任？

A.学员　　B.教练员

C.学员和教练员　　D.学员或教练员

答案：B

216.未按照国家规定投保机动车第三者责任强制保险的机动车所有人、管理人，由公安机关交通管理部门处以按照规定投保最低责任限额应缴纳保险费的多少倍罚款？

A.2倍　　B.3倍

C.4倍　　D.5倍

答案：A

解析：相关法律、法规规定，机动车所有人、管理人未按照国家规定投保机动车第三者责任强制保险的，由公安机关交通管理部门扣留车辆至依照规定投保后，并处依照规定投保最低责任限额应缴纳的保险费的两倍罚款。

217.机动车行驶超过规定时速50%的，会受到下列何种处罚？

A.200元以上2000元以下罚款

B.处15日以下拘留

C.一次记6分

D.吊销机动车行驶证

答案：A

解析：相关法律、法规规定，有下列行为之

一的，由公安机关交通管理部门处二百元以上二千元以下罚款。

（一）未取得机动车驾驶证、机动车驾驶证被吊销或者机动车驾驶证被暂扣期间驾驶机动车的；

（二）将机动车交由未取得机动车驾驶证或者机动车驾驶证被吊销、暂扣的人驾驶的；

（三）造成交通事故后逃逸，尚不构成犯罪的；

（四）机动车行驶超过规定时速百分之五十的；

（五）强迫机动车驾驶人违反道路交通安全法律、法规和机动车安全驾驶要求驾驶机动车，造成交通事故，尚不构成犯罪的；

（六）违反交通管制的规定强行通行，不听劝阻的；

（七）故意损毁、移动、涂改交通设施，造成危害后果，尚不构成犯罪的；

（八）非法拦截、扣留机动车辆，不听劝阻，造成交通严重阻塞或者较大财产损失的。

行为人有前款第（二）项、第（四）项情形之一的，可以并处吊销机动车驾驶证；有第（一）项、第（三）项、第（五）项至第（八）项情形之一的，可以并处十五日以下拘留。

218. 停车后，应先观察机动车前后交通环境，确保安全后再打开机动车车门下车。

答案：√

219. 驾驶机动车驶出地下车库时，应按照导向箭头的方向行驶，不得逆行。

答案：√

220. 机动车之间发生的轻微财产损失尚未造成人员伤亡，且车辆可以移动的交通事故，双方驾驶人对交通事故无争议，但其中一方使用伪造、变造车牌的，不可以自行协商解决。

答案：√

221. 如图所示，驾驶机动车在这种情况下不可以左转弯。

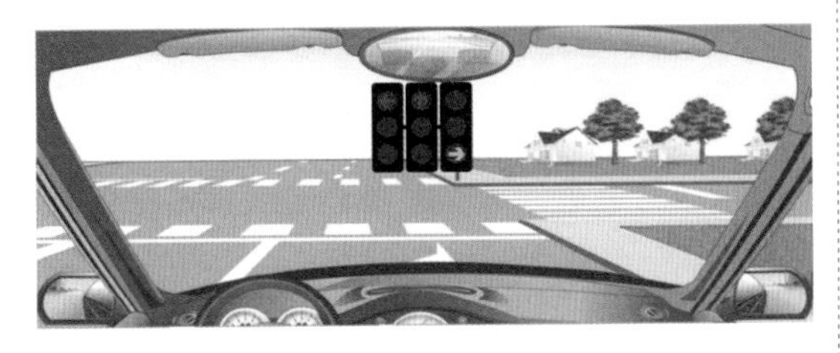

答案：√

解析：左转弯信号灯是红箭头灯，因此不可左转弯，右转弯信号灯是绿箭头灯，可以右转。

222. 驾驶机动车以70千米/小时的速度在没有限速标志的同向3条车道的高速公路上行驶，应该走最右侧车道。

答案：√

解析：相关法律、法规规定，高速公路的最低车速要求为60千米/小时，最高不得超过120千米/小时，同方向有2条车道的，左侧车道的最低车速为100千米/小时，同方向有3条以上车道的，最左侧车道的最低车速为110千米/小时，中间车道的最低车速为90千米/小时。道路限速标志标明的车速与上述车道车速的规定不一致的，按照道路限速标志标明的车速行驶。

223. 饮用少量啤酒不影响驾驶操作，可以短距离驾驶机动车。

答案：×

224. 驾驶机动车在同方向划有两条以上机动车道的慢速车道内行驶，需要超越同车道行驶的前车时，可以借用左侧快速车道行驶。

答案：√

225. 申请C1/C2/C3驾驶证的，两眼裸视力或矫正视力应达到对数视力表4.9以上。

答案：√

226. 实习期内驾驶机动车未按规定粘贴、悬挂实习标志的，由公安机关交通管理部门处20元以上200元以下罚款。

答案：√

227. 如图所示，右前方A车若想左转，以下做法正确的是什么？

A. 直行通过，重新选择行驶路线

B. 从直行车道左转

C. 直接变更到左转车道

D. 向右转弯，重新选择行驶路线

答案：A

解析：A车在直行车道，且左边是白色实线，此时不可以变更到左转车道，因此A车只能直行通过当前路口，重新选择行驶路线。

228. 如图所示，前车在行驶中没有违法行为。

答案：×

解析：相关法律、法规规定，机动车在高速公路上行驶，不得有试车或者学习驾驶机动车的行为，悬挂教练车号牌的车辆，禁止进入高速公路，教练车在高速公路上行驶属于违法行为。

229. 驾驶机动车在高速公路上行驶，遇有雾、雨、雪、沙尘、冰雹等低能见度气象条件下，能见度在100米以下时，车速不得超过40千米/小时，与同车道前车至少保持50米的距离。

答案：√

解析：机动车在高速公路上行驶，遇有雾、雨、雪、沙尘、冰雹等低能见度气象条件时，能见度小于100米时，开启雾灯、近光灯、示廓灯、前后位灯和危险报警闪光灯，车速不得超过40千米/小时，同车道前车保持50米以上的距离。

230. 使用软连接牵引装置时，牵引车与被牵引车之间应当保持多远距离？

A. 小于0.5米

B. 小于4米

C. 大于4米小于10米

D. 大于10米

答案：C

231. 非法安装警报器、标志灯具的将处200元以上2000元以下罚款。

答案：√

232. 驾驶机动车遇到后方有执行紧急任务的特种车辆时，可以借用无人通行的非机动车道让行。

答案：√

233. 驾驶机动车准备驶离环岛时，应如何使用灯光？

A. 提前开启左转向灯

B. 不用指示灯提示

C. 开启危险报警闪光灯

D. 提前开启右转向灯

答案：D

234. 机动车驾驶人有下列哪种行为，会被吊销驾驶证，终生不得重新取得驾驶证？

A. 饮酒后驾驶机动车

B. 使用伪造、变造的号牌

C. 醉酒驾驶机动车

D. 饮酒后或者醉酒驾驶机动车发生重大交通事故并构成犯罪

答案：D

235. 机动车购买后尚未登记，需要临时上道路行驶的，应当如何做？

A. 取得临时通行牌证

B. 带上身份证

C. 直接上路行驶

D. 在车窗上张贴合格证

答案：A

236. 驾驶人在实习期内单独驾驶机动车上高速公路行驶，会受到什么处罚？

A. 二十元以上二百元以下罚款

B. 记3分

C. 记6分

D. 吊销驾驶证

答案：A

解析：相关法律、法规规定，驾驶人在实习期内驾驶机动车上高速公路行驶，应当由持相应或者更高准驾车型驾驶证三年以上的驾驶人陪同，陪同的驾驶人应乘坐在副驾驶位置，对实习驾驶人进行指导，无陪同驾驶人或陪同驾驶人不符合要求的，将被处二十元以上二百元以下罚款。

237. 当事人有下列哪种行为，要承担交通事故全部责任？

A. 在高速公路上撞伤行人的

B. 在路口直行与转弯车辆剐碰的

C. 在快车道与摩托车剐碰的

D. 发生事故后故意损坏、伪造现场、毁灭证据的

答案：D

238. 机动车驾驶证损毁无法辨认的，要在多长时间内申请换证？

A.60日　　B.50日

C.40日　　D.30日

答案：D

239. 道路交通安全违法行为的处罚种类不包括下列哪项？

A. 警告　　B. 罚款

C. 暂扣　　D. 训诫

答案：D

解析：道路交通安全违法行为的处罚种类包括警告、罚款、暂扣或者吊销机动车驾驶证、拘留。

240. 多少年内有吸食、注射毒品行为的，不得申请机动车驾驶证？

A.1年　　B.2年

C.3年　　D.4年

答案：C

解析：有器质性心脏病、癫痫病、美尼尔氏症、眩晕症、癔病（癔症）、震颤麻痹（帕金森

病）、精神病、痴呆以及影响肢体活动的神经系统疾病等妨碍安全驾驶疾病的，三年内有吸食、注射毒品行为或者解除强制隔离戒毒措施未满三年，或者长期服用依赖性精神药品成瘾尚未戒除的，造成交通事故后逃逸构成犯罪的，饮酒后或者醉酒驾驶机动车发生重大交通事故构成犯罪的，不得申请机动车驾驶证。

241.驾驶机动车上路行驶，驾驶人应当随车携带驾驶证与行驶证，否则会被扣留车辆。

答案：√

242.非法安装警报器、标志灯具的，公安机关交通管理部门除处200元以上2000元以下罚款外，还会有何处罚？

A.扣留行驶证　B.扣留驾驶证

C.收缴号牌

D.强制拆除，予以收缴

答案：D

243.机动车驾驶证被暂扣期间驾驶机动车的，由公安机关交通管理部门处二百元以上二千元以下罚款，可以并处以下哪种处罚？

A.15日以下拘留

B.吊销驾驶证

C.扣留车辆

D.5年不得重新取得新驾驶证

答案：A

244.故意损毁、移动、涂改交通安全设施，造成危害后果，尚不构成犯罪的，追究其法律责任。

答案：√

245.因饮酒后驾驶机动车被处罚，再次饮酒后驾驶机动车的，处十日以下拘留，并处一千元以上二千元以下罚款，吊销机动车驾驶证。

答案：√

246.驾驶人未取得驾驶资格证或者醉酒驾驶机动车，发生道路交通事故的，造成受害人的财产损失，保险公司不承担赔偿责任。

答案：√

解析：相关法律、法规规定，有下列情形之一的，保险公司在机动车交通事故责任强制保险责任限额范围内垫付抢救费用，并有权向致害人追偿。

（一）驾驶人未取得驾驶资格或者醉酒的；

（二）被保险机动车被盗抢期间肇事的；

（三）被保险人故意制造道路交通事故的。

有前款所列情形之一，发生道路交通事故的，造成受害人的财产损失，保险公司不承担赔偿责任。

247.造成交通事故后逃逸，尚不构成犯罪的，公安机关交通管理部门处以何种处罚？

A.200元以上2000元以下罚款

B.处10日以下拘留

C.一次记6分

D.吊销机动车行驶证

答案：A

解析：相关法律、法规规定，有下列行为之一的，由公安机关交通管理部门处二百元以上二千元以下罚款。

（一）未取得机动车驾驶证、机动车驾驶证被吊销或者机动车驾驶证被暂扣期间驾驶机动车的；

（二）将机动车交由未取得机动车驾驶证或者机动车驾驶证被吊销、暂扣的人驾驶的；

（三）造成交通事故后逃逸，尚不构成犯罪的；

（四）机动车行驶超过规定时速百分之五十的；

（五）强迫机动车驾驶人违反道路交通安全法律、法规和机动车安全驾驶要求驾驶机动车，造成交通事故，尚不构成犯罪的；

（六）违反交通管制的规定强行通行，不听劝阻的；

（七）故意损毁、移动、涂改交通设施，造成危害后果，尚不构成犯罪的；

（八）非法拦截、扣留机动车辆，不听劝阻，造成交通严重阻塞或者较大财产损失的。

行为人有前款第（二）项、第（四）项情形之一的，可以并处吊销机动车驾驶证；有第（一）项、第（三）项、第（五）项至第（八）项情形之一的，可以并处十五日以下拘留。

248.潮汐车道是可变车道，根据早晚交通流量情况，调整车道的行驶方向。

答案：√

249.机动车驾驶人造成事故后逃逸构成犯罪的，吊销驾驶证且终生不得重新取得机动车驾驶证。

答案：√

250.机动车从匝道驶入高速公路，应当提前开启什么灯？

A.左转向灯　B.右转向灯

C.危险报警闪光灯　D.前照灯

答案：A

251.机动车驾驶证损毁无法辨认的，机动车驾驶人应当在六十日内申请换证。

答案：√

252.持有境外机动车驾驶证的人，经申请可直接发放中国的机动车驾驶证。

答案：×

解析：相关法律、法规规定，持有境外机动车驾驶证的人，符合国务院公安部门规定的驾驶许可条件，经公安机关交通管理部门考核合格的，可以发给中国的机动车驾驶证；驾驶人应当按照驾驶证载明的准驾车型驾驶机动车；驾驶机动车时，应当随身携带机动车驾驶证。

经申请直接发放是不对的，应当经公安机关交通管理部门考核合格后发放。

253.机动车驾驶人补领机动车驾驶证后，继续使用原机动车驾驶证的，处20元以上200元以下罚款。

答案：√

254.夜间驾驶机动车在路口遇前方绿灯亮起时，如果人行道上仍有行人通过，应开启远光灯催促其尽快通过。

答案：×

255.造成交通事故后逃逸，尚不构成犯罪的，公安机关交通管理部门处以何种处罚？

A.200元以上2000元以下罚款

B.1000元以上3000元以下罚款

C.5000元以上10000元以下罚款

D.一次记6分

答案：A

解析：造成交通事故后逃逸，尚不构成犯罪的，处二百元以上二千元以下罚款并处十五日以下拘留。

相关法律、法规规定，有下列行为之一的，由公安机关交通管理部门处二百元以上二千元以下罚款。

（一）未取得机动车驾驶证、机动车驾驶证被吊销或者机动车驾驶证被暂扣期间驾驶机动车的；

（二）将机动车交由未取得机动车驾驶证或者机动车驾驶证被吊销、暂扣的人驾驶的；

（三）造成交通事故后逃逸，尚不构成犯罪的；

（四）机动车行驶超过规定时速百分之五十的；

（五）强迫机动车驾驶人违反道路交通安全法律、法规和机动车安全驾驶要求驾驶机动车，造成交通事故，尚不构成犯罪的；

（六）违反交通管制的规定强行通行，不听劝阻的；

（七）故意损毁、移动、涂改交通设施，造成危害后果，尚不构成犯罪的；

（八）非法拦截、扣留机动车辆，不听劝阻，造成交通严重阻塞或者较大财产损失的。

行为人有前款第（二）项、第（四）项情形之一的，可以并处吊销机动车驾驶证；有第（一）项、第（三）项、第（五）项至第（八）项情形之一的，可以并处十五日以下拘留。

256.驾驶机动车有拨打、接听手持电话行为的，一次记多少分？

A.3分　　B.9分

C.6分　　D.12分

答案：A

257.上道路行驶的机动车不按规定年检，一次记多少分？

A.2分　　B.3分

C.6分　　D.12分

答案：B

258.机动车在道路上发生故障、事故停车后，不按规定设置警告标志，一次记1分。

答案：×

解析：相关法律、法规规定，机动车驾驶人有下列违法行为之一，一次记3分。

（一）驾驶校车、公路客运汽车、旅游客运汽车、7座以上载客汽车以外的其他载客汽车载人超过核定人数20%以上未达到50%的；

（二）驾驶校车、中型以上载客载货汽车、危险物品运输车辆以外的机动车在高速公路、城市快速路以外的道路上行驶超过规定时速20%以上未达到50%的；

（三）驾驶机动车在高速公路或者城市快速路上不按规定车道行驶的；

（四）驾驶机动车不按规定超车、让行，或者在高速公路、城市快速路以外的道路上逆行的；

（五）驾驶机动车遇前方机动车停车排队或者缓慢行驶时，借道超车或者占用对面车道、穿插等候车辆的；

（六）驾驶机动车有拨打、接听手持电话等妨碍安全驾驶的行为的；

（七）驾驶机动车行经人行横道不按规定减速、停车、避让行人的；

（八）驾驶机动车不按规定避让校车的；

（九）驾驶载货汽车载物超过最大允许总质量30%以上未达到50%的，或者违反规定载客的；

（十）驾驶不按规定安装机动车号牌的机动

车上道路行驶的；

（十一）在道路上车辆发生故障、事故停车后，不按规定使用灯光或者设置警告标志的；

（十二）驾驶未按规定定期进行安全技术检验的公路客运汽车、旅游客运汽车、危险物品运输车辆上道路行驶的；

（十三）驾驶校车上道路行驶前，未对校车车况是否符合安全技术要求进行检查，或者驾驶存在安全隐患的校车上道路行驶的；

（十四）连续驾驶载货汽车超过4小时未停车休息或者停车休息时间少于20分钟的；

（十五）驾驶机动车在高速公路上行驶低于规定最低时速的。

259.当事人未在道路交通事故现场报警，事后请求公安机关交通管理部门处理的，公安机关交通管理部门应当按照相关规定予以记录，并在多长时间内做出是否受理的决定？

A.3日　B.5日　C.2日　D.10日

答案：A

260.因交通信号指示不一致造成的违法行为，经核实后应当予以消除。

答案：√

261.驾驶机动车在高速公路行驶，超过规定时速20%以上未达50%的，一次记多少分？

A.1分　B.6分　C.9分　D.12分

答案：B

解析：高速公路超速扣分规定如下。

（一）超速处罚超过规定时速20%以内，仅给予警告，不进行扣分处罚；

（二）超过规定时速20%以上未达50%的，扣6分；

（三）超过规定时速50%以上，扣12分。

262.机动车驾驶人在一个记分周期内两次以上达到12分的，车辆管理所还应当在科目一考试合格后多长时间内对其进行科目三考试。

A.5日　B.7日　C.10日　D.15日

答案：C

解析：相关法律、法规规定，机动车驾驶人在一个记分周期内累积记分达到12分的，应当在十五日内到机动车驾驶证核发地或者违法行为地公安机关交通管理部门接受为期七日的道路交通安全法律、法规和相关知识的教育，机动车驾驶人接受教育后，车辆管理所应当在二十日内对其进行科目一考试，机动车驾驶人在一个记分周期内两次以上达到12分的，车辆管理所还应当在科目一考试合格后十日内对其进行科目三考试。

263.驾驶机动车不按规定使用灯光的，一次记多少分？

A.1分　B.2分　C.3分　D.6分

答案：A

解析：相关法律、法规规定，机动车驾驶人有下列违法行为之一，一次记1分。

（一）驾驶校车、中型以上载客载货汽车、危险物品运输车辆在高速公路、城市快速路以外的道路上行驶超过规定时速10%以上未达到20%的；

（二）驾驶机动车不按规定会车，或者在高速公路、城市快速路以外的道路上不按规定倒车、掉头的；

（三）驾驶机动车不按规定使用灯光的；

（四）驾驶机动车违反禁令标志、禁止标线指示的；

（五）驾驶机动车载货长度、宽度、高度超过规定的；

（六）驾驶载货汽车载物超过最大允许总质量未达到30%的；

（七）驾驶未按规定定期进行安全技术检验的公路客运汽车、旅游客运汽车、危险物品运输车辆以外的机动车上道路行驶的；

（八）驾驶擅自改变已登记的结构、构造或者特征的载货汽车上道路行驶的；

（九）驾驶机动车在道路上行驶时，机动车驾驶人未按规定系安全带的；

（十）驾驶摩托车，不戴安全头盔的。

264.驾驶机动车遇前方机动车停车排队或者缓慢行驶时，借道超车或者占用对向车道、穿插等候车辆的，一次记多少分？

A.3分　B.9分　C.6分　D.12分

答案：A

265.机动车驾驶人逾期不参加审验仍驾驶机动车的，会受到什么处罚？

A.20元以上200元以下罚款

B.200元以上500元以下罚款

C.1000元以上2000元以下罚款

D.吊销驾驶证

答案：B

266.山区狭窄坡路会车时，下坡路的车辆先行，因为下坡速度不好控制，更加危险。

答案：×

解析：在山区狭窄的坡路会车时，上坡的一方先行，上坡阻力大，行车难度加大，中途减速或停车，会增加控车难度，车辆可能后溜，从而导致事故。

267.驾驶机动车闯红灯一次扣6分。

答案：√

解析：相关法律、法规规定，机动车驾驶人有下列违法行为之一，一次记6分。

（一）驾驶校车、公路客运汽车、旅游客运汽车载人超过核定人数未达到20%，或者驾驶7座以上载客汽车载人超过核定人数20%以上未达到50%，或者驾驶其他载客汽车载人超过核定人数50%以上未达到100%的；

（二）驾驶校车、中型以上载客载货汽车、危险物品运输车辆在高速公路、城市快速路上行驶超过规定时速未达到20%，或者在高速公路、城市快速路以外的道路上行驶超过规定时速20%以上未达到50%的；

（三）驾驶校车、中型以上载客载货汽车、危险物品运输车辆以外的机动车在高速公路、城市快速路上行驶超过规定时速20%以上未达到50%，或者在高速公路、城市快速路以外的道路上行驶超过规定时速50%以上的；

（四）驾驶载货汽车载物超过最大允许总质量50%以上的；

（五）驾驶机动车载运爆炸物品、易燃易爆化学物品以及剧毒、放射性等危险物品，未按指定的时间、路线、速度行驶或者未悬挂警示标志并采取必要的安全措施的；

（六）驾驶机动车运载超限的不可解体的物品，未按指定的时间、路线、速度行驶或者未悬挂警示标志的；

（七）驾驶机动车运输危险化学品，未经批准进入危险化学品运输车辆限制通行的区域的；

（八）驾驶机动车不按交通信号灯指示通行的；

（九）机动车驾驶证被暂扣或者扣留期间驾驶机动车的；

（十）造成致人轻微伤或者财产损失的交通事故后逃逸，尚不构成犯罪的；

（十一）驾驶机动车在高速公路或者城市快速路上违法占用应急车道行驶的。

268.驾驶机动车行经交叉路口不按规定行车或者停车的，一次记多少分？

A.1分　　B.3分

C.9分　　D.6分

答案：B

269.驾驶机动车不按照规定避让校车的，一次记多少分？

A.1分　　B.3分

C.9分　　D.12分

答案：C

270.驾驶机动车违反禁令标志、禁止标线指示的，一次记多少分？

A.9分　　B.2分

C.1分　　D.6分

答案：C

271.故意损毁、移动、涂改交通设施，造成危害后果，尚不构成犯罪的，由公安机关交通管理部门处多少元罚款？

A.100元以上200元以下

B.200元以上500元以下

C.200元以上1000元以下

D.200元以上2000元以下

答案：D

272.驾驶人有下列哪种违法行为一次记3分？

A.以隐瞒、欺骗手段补领机动车驾驶证的

B.驾驶机动车在高速公路或者城市快速路上不按规定车道行驶的

C.驾驶机动车违反道路交通信号灯通行的

D.驾驶机动车不按规定避让校车的

答案：B

273.驾驶机动车驶近急弯、坡道顶端等影响安全视距的路段时，应当减速慢行并鸣喇叭示意。

答案：√

274.驾驶机动车倒车时，应当察明车后情况，确认安全后倒车。

答案：√

275.在多长时间内无累积记分的机动车驾驶人，可以延长其机动车驾驶证的审验期？

A.1年　　B.2年

C.5年　　D.6年

答案：A

276.机动车所有人将机动车作为抵押物抵押的，应当向哪里的车辆管理所申请抵押登记？

A.转入地　　B.检验地

C.登记地　　D.暂住地

答案：C

277.非法拦截、扣留机动车辆，不听劝阻，造成交通严重堵塞或者财产较大损失的，由公安机关交通管理部门处多少元罚款？

A.20元以上200元以下

B.200元以上2000元以下

C.1000元以上2000元以下

D.2000元以上5000元以下

答案：B

278.驾驶机动车发生交通事故造成人员重伤，但一方驾驶人愿意承担全部责任的，可以自行协商处理。

答案：×

解析：相关法律、法规规定，违反交通运输管理法规，因发生重大事故，致人重伤、死亡或者使公私财产遭受重大损失的，处三年以下有期徒刑或者拘役；需要对机动车驾驶人追究刑事责任的，应当吊销机动车驾驶证；造成交通事故尚不够刑事处罚的，对其违法行为依照道路交通管理法律、法规、规章的规定处罚，符合下列第（一）项、第（二）项的，处十日以上十五日以下拘留或者一百五十元以上二百元以下罚款；符合下列第（三）项、第（四）项的，处十日以下拘留或者五十元以上一百五十元以下罚款；符合下列第（五）项、第（六）项的，处五十元以下罚款或者警告。

（一）造成特大事故，负次要责任以上的；
（二）造成重大事故，负同等责任以上的；
（三）造成重大事故，负次要责任的；
（四）造成一般事故，负主要责任以上的；
（五）造成一般事故，负同等责任以下的；
（六）造成轻微事故，负有交通事故责任的。

对前款第（一）项、第（二）项的机动车驾驶人，并处吊销机动车驾驶证；对前款第（三）项至第（六）项的机动车驾驶人，并处吊扣一个月以上六个月以下机动车驾驶证。

279.车速超过规定时速的20%但不到50%的，一次记几分？

A.12分　　B.6分
C.3分　　D.2分

答案：B

280.申请准驾车型为残疾人专用小型自动挡载客汽车驾驶证的申请人，应当符合的年龄条件是多少？

A.18周岁以上，无上限年龄
B.18周岁以上60周岁以下
C.20周岁以上70周岁以下
D.20周岁以上60周岁以下

答案：A

解析：目前申请小型汽车、小型自动挡车、轻便摩托车驾驶证的年龄上限由70周岁调整为不作限制，对70周岁以上人员考领驾驶证的，增加记忆力、判断力、反应力等能力测试。

281.在道路上驾驶机动车追逐竞驶、情节恶劣的，可构成危险驾驶罪。

答案：√

282.机动车驾驶人补领机动车驾驶证后，使用原机动车驾驶证驾驶的，除由公安机关交通管理部门收回原机动车驾驶证外，还应当处多少罚款？

A.20元以上200元以下
B.200元以上500元以下
C.1000元以上2000元以下
D.200元以上2000元以下

答案：A

283.属于申请增加准驾车型的，应当收回原机动车驾驶证。

答案：√

284.超过机动车驾驶证有效期1年以上未换证的，车辆管理所应当对其处以何种处罚？

A.注销驾驶证　　B.注销行驶证
C.扣留机动车　　D.罚款

答案：A

285.使用伪造、变造的机动车驾驶证的行为，一次记多少分？

A.2分　　B.3分
C.12分　　D.6分

答案：C

286.驾驶机动车行经人行横道，不按规定减速、停车避让行人的，一次记多少分？

A.1分　　B.2分
C.3分　　D.6分

答案：C

287.高速公路限速标志标明的最高车速不得超过多少？

A.100千米/小时　　B.110千米/小时
C.120千米/小时　　D.130千米/小时

答案：C

解析：相关法律、法规规定，高速公路应当标明车道的行驶速度，最高车速不得超过120千米/小时，最低车速不得低于60千米/小时；在高速公路上行驶的小型载客汽车最高车速不得超过120千米/小时，其他机动车不得超过100千米/小时，摩托车不得超过80千米/小时；同方向有2条车道的，左侧车道的最低车速为100千米/小时；同方向有3条以上车道的，最左侧车道的最低车速为110千米/小时，中间车道的最低车速为90千米/小时；道路限速标志标明的车速与上述车道行驶车速的规定不一致的，按照道路限速标志标明的车速行驶。

288.下列属于机动车驾驶证审验内容的是哪项?
A.驾驶车辆累计行驶里程
B.机动车检验情况
C.记分周期满12分
D.身体条件情况
答案：D

289.驾驶机动车在城市道路逆向行驶的，一次记多少分?
A.12分 B.6分
C.3分 D.2分
答案：C

290.机动车驾驶人在一个记分周期内有两次以上达到12分或累积记分达到24分以上的，在道路交通安全法律、法规和相关知识考试合格后即可发还机动车驾驶证。
答案：×
解析：相关法律、法规规定，机动车驾驶人在一个记分周期内累积记分达到12分的，公安机关交通管理部门应当扣留其机动车驾驶证；机动车驾驶人在一个记分周期内有两次以上达到12分或者累积记分达到24分以上的，车辆管理所还应当在道路交通安全法律、法规和相关知识考试合格后十日内对其进行道路驾驶技能考试；接受道路驾驶技能考试的，按照本人机动车驾驶证载明的最高准驾车型考试。

291.饮酒后或者醉酒驾驶机动车发生重大交通事故构成犯罪的，依法追究刑事责任，吊销机动车驾驶证，终生不得重新取得机动车驾驶证。
答案：√

292.机动车行驶超过规定时速50%的，将被公安机关交通管理部门依法处以何种处罚?
A.记2分 B.记3分
C.记6分 D.记12分
答案：D

293.机动车所有人初次申领机动车号牌、行驶证的，应当向哪里的车辆管理所申请注册登记。
A.使用地 B.销售地
C.户籍地 D.住所地
答案：D

294.多长时间内服用依赖性精神药品成瘾尚未戒除的，不得申请机动车驾驶证?
A.3年 B.长期
C.5年 D.1年
答案：B

295.机动车驾驶人因死亡、身体不适、丧失民事行为能力或超过机动车驾驶证有效期一年以上未换证的，车辆管理所应当如何处理?
A.注销其行驶证 B.注销其驾驶证
C.扣留机动车 D.罚款
答案：B

296.道路交通安全违法行为的处罚种类包括警告、罚款、暂扣或者吊销机动车驾驶证、拘留。
答案：√

297.对于情节轻微，未影响道路通行的道路交通安全违法行为，交通警察应指出违法行为，并处以何种处罚?
A.扣分处罚 B.口头警告
C.适当罚款 D.学习处罚
答案：B

298.驾驶机动车发生交通事故仅造成轻微财产损失，当事人双方对交通事故事实及成因无争议的，可自行撤离现场处理损害赔偿事宜。
答案：√

299.驾驶人违法使用其他机动车号牌、行驶证的，一次记几分?
A.2分 B.3分
C.6分 D.12分
答案：D

300.交通事故的损失是由非机动车驾驶人、行人故意碰撞机动车造成的，机动车一方也要承担赔偿责任。
答案：×

301.驾驶机动车在隧道内行驶，遇前方车速过慢时，可选择合适的时机超车通过。
答案：×

302.驾驶机动车通过学校区域时，应把车速控制在60千米/小时内行驶。
答案：×
解析：驾驶机动车通过学校区域，提前减速至30千米/小时以下，观察左右方交通情况，注意道路两侧学生及家长的动态，与路侧行走的学生保持足够的安全距离，文明礼让，确保安全通过，遇有学生横过道路时应停车让行。

303.机动车交通事故责任强制保险的保险期为多长时间?
A.6个月 B.1年
C.2年 D.3年
答案：B

304. 关于频繁变更车道的危害，下列说法错误的是什么？

A.扰乱交通秩序　　B.易导致爆胎

C.影响正常通行　　D.易引发交通事故

答案：B

305. 驾驶机动车在距离下述哪个地点50米以内的路段不得停车？

A.急救站　　B.消防栓

C.交叉路口　　D.公共汽车站

答案：C

306. 机动车在路边临时停车要紧靠道路右侧，按顺行方向停放，车身距道路边缘不超过50厘米。

答案：×

解析：在道路上临时停车，不得妨碍其他车辆和行人通行，路边停车要紧靠道路右侧，按顺行方向停放，车身距道路边缘不超过30厘米，机动车驾驶人不得离车，上下人员或装卸物品后，立即驶离。

307. 机动车驾驶证被暂扣期间驾驶机动车的，由公安机关交通管理部门处多少元罚款？

A.20元以上200元以下

B.200元以上2000元以下

C.1000元以上2000元以下

D.2000元以上5000元以下

答案：B

308. 机动车驾驶人违反交通管制的规定强行通行不听劝阻的，由公安机关交通管理部门处二千元以上五千元以下罚款，可以并处十五日以下拘留。

答案：×

解析：相关法律、法规规定，有下列行为之一的，由公安机关交通管理部门处二百元以上二千元以下罚款。

（一）未取得机动车驾驶证、机动车驾驶证被吊销或者机动车驾驶证被暂扣期间驾驶机动车的；

（二）将机动车交由未取得机动车驾驶证或者机动车驾驶证被吊销、暂扣的人驾驶的；

（三）造成交通事故后逃逸，尚不构成犯罪的；

（四）机动车行驶超过规定时速百分之五十的；

（五）强迫机动车驾驶人违反道路交通安全法律、法规和机动车安全驾驶要求驾驶机动车，造成交通事故，尚不构成犯罪的；

（六）违反交通管制的规定强行通行，不听劝阻的；

（七）故意损毁、移动、涂改交通设施，造成危害后果，尚不构成犯罪的；

（八）非法拦截、扣留机动车辆，不听劝阻，造成交通严重阻塞或者较大财产损失的。

行为人有前款第（二）项、第（四）项情形之一的，可以并处吊销机动车驾驶证；有第（一）项、第（三）项、第（五）项至第（八）项情形之一的，可以并处十五日以下拘留。

309. 申请小型汽车准驾车型驾驶证的人，年龄要在18周岁以上。

答案：√

310. 将机动车交由未取得机动车驾驶证的人驾驶的，由公安机关交通管理部门处多少元罚款？

A.20元以上200元以下

B.200元以上2000元以下

C.1000元以上2000元以下

D.2000元以上5000元以下

答案：B

311. 饮酒后驾驶机动车的，处暂扣六个月机动车驾驶证，并处一千元以上二千元以下罚款。

答案：√

312. 醉酒驾驶机动车的，不会构成危险驾驶罪。

答案：×

313. 低能见度气象条件下，驾驶机动车在高速公路上不按规定行驶的，一次记几分？

A.2分　　B.3分

C.6分　　D.12分

答案：C

314. 申请机动车驾驶证年龄在70周岁以上的人，会增加记忆力、判断力、反应力等能力测试。

答案：√

315. 准驾车型为C1的驾驶人，在实习期内驾驶机动车上高速公路行驶，可以由准驾车型为C2驾照3年以上的驾驶人陪同。

答案：×

解析：C2级别低于C1，驾驶人在实习期内驾驶机动车上高速公路行驶，应当由持相应或者更高准驾车型驾驶证三年以上的驾驶人陪同。

316. 小张打算利用大学期间的寒暑假学车，在申请考取小型汽车驾驶证时，提交符合健康体检资质的二级以上社区卫生服务中心出具的身体条件证明是可以的。

答案：√

解析：根据公安部交通管理局发布的新措施，自2020年11月20日起，扩大体检医疗机构范围，对申请机动车驾驶证、办理机动车驾驶证业务需要提交身体条件证明的，体检医疗机构由县级或者部队团级以上医疗机构扩大到符合健康体检资质的二级以上医院、乡镇卫生院、社区卫生服务中心等医疗机构。

317. 在道路上作业的洒水车在不影响其他车辆通行的情况下，可不受车辆分道行驶的限制，但不得逆行。

答案：√

318. 使用伪造、变造的机动车登记证书、号牌、行驶证、驾驶证的，由公安机关交通管理部门予以收缴，扣留该机动车，处十五日以下拘留，并处多少元罚款？

A.20元以上200元以下

B.200元以上2000元以下

C.1000元以上2000元以下

D.2000元以上5000元以下

答案：D

319. 驾驶与准驾车型不符的机动车的，一次记6分。

答案：×

解析：驾驶与准驾车型不符的机动车的，一次记12分。

320. 驾驶人违法使用其他机动车号牌、行驶证的，一次记12分。

答案：√

321. 驾驶机动车行经人行横道，不按规定减速、停车避让行人的，一次记2分。

答案：×

解析：驾驶机动车行经人行横道，不按规定减速、停车、避让行人的，一次记3分。

322. 机动车驾驶人丧失民事行为能力，监护人提出注销申请的，车辆管理所应当注销其机动车驾驶证。

答案：√

323. 驾驶机动车在高速公路或者城市快速路上不按规定车道行驶的，一次记多少分？

A.2分

B.3分

C.6分

D.12分

答案：B

324. 校车载人不得超过核定的人数，不得以任何理由超员。

答案：√

325. 从事校车业务或者旅客运输，严重超过额定乘员载客的，可构成危险驾驶罪。

答案：√

326. 驾驶未悬挂机动车号牌的车辆在道路上行驶，发生交通事故后，当事人可以不报警。

答案：×

解析：相关法律、法规规定，道路交通事故有下列情形之一的，当事人应当保护现场并立即报警。

（一）造成人员死亡、受伤的；

（二）发生财产损失事故，当事人对事实或者成因有争议的，以及虽然对事实或者成因无争议，但协商损害赔偿未达成协议的；

（三）机动车无号牌、无检验合格标志、无保险标志的。

327. 机动车驾驶人长期服用依赖性精神药品成瘾尚未戒除的，车辆管理所应当注销其机动车驾驶证。

答案：√

328. 机动车驾驶人有饮酒、醉酒、服用国家管制的何种药品或者麻醉药品嫌疑的，应当接受测试、检验。

A.消炎药品

B.精神药品

C.中医药剂

D.外伤药品

答案：B

329. 机动车驾驶人违反交通管制的规定强行通行不听劝阻的，会受到下列哪种处罚？

A.处15日以下拘留

B.依法追究刑事责任

C.处20元以上200元以下罚款

D.吊销机动车行驶证

答案：A

330. 驾驶人驾驶机动车违反道路交通信号灯通行的，一次记3分。

答案：×

解析：驾驶机动车违反道路交通信号灯通行的，一次记6分。

331. 机动车在道路上发生故障、事故停车后，不按规定使用灯光和设置警告标志的，一次记多少分？

A.1分
B.2分
C.3分
D.6分
答案：C

332.机动车驾驶人血液中的酒精含量大于或者等于20毫克/100毫升，小于80毫克/100毫升时，可认定为酒后驾驶。
答案：√
解析：饮酒驾车是指车辆驾驶人员血液中的酒精含量大于或者等于20mg/100mL、小于80mg/100mL的驾驶行为，醉酒驾车是指车辆驾驶人员血液中的酒精含量大于或者等于80mg/100mL的驾驶行为，酒驾和醉驾处罚规定如下。

（一）酒后驾驶，暂扣6个月驾驶证，并处1000元以上2000元以下罚款。此前曾因酒驾被处罚，再次酒后驾驶的，处10日以下拘留，并处1000元以上2000元以下罚款，吊销驾驶证。

（二）醉酒驾驶，由公安机关约束至酒醒。吊销机驾驶证，依法追究刑事责任，5年内不得重新取得驾驶证。

（三）酒后驾驶营运车辆，处15日拘留，并处5000元罚款，吊销驾驶证，5年内不得重新取得驾驶证。

（四）醉酒驾驶营运车辆，由公安机关约束至酒醒。吊销机动车驾驶证，依法追究刑事责任，10年内不得重新取得驾驶证。重新取得驾驶证后，不得驾驶营运车辆。

（五）酒后或醉酒驾驶，发生重大交通事故，构成犯罪的，依法追究刑事责任。吊销驾驶证，终生不得重新取得驾驶证。

酒后开车很容易发生交通事故，不管是对他人还是自己都非常危险。

333.醉酒驾驶非营运机动车的，由公安机关交通管理部门吊销机动车驾驶证，依法追究刑事责任，并且多少年内不得重新取得机动车驾驶证？
A.终生
B.10年
C.5年
D.20年
答案：C

334.机动车之间发生的造成车辆损失或者人员轻微伤，且车辆能移动的交通事故，可自行协商解决的情况是什么？
A.驾驶人未携带身份证的
B.车辆无号牌的
C.驾驶人无驾驶证的
D.驾驶人饮酒的
答案：A
解析：B、C、D都是法律中规定的不能自行协商解决的情况，法律中没有规定自行协商解决要携带身份证。

335.发生交通事故后当事人逃逸的，逃逸的当事人承担全部责任，任何情况下都不可减轻责任。
答案：×
解析：相关法律、法规规定，发生交通事故后当事人逃逸的，逃逸的当事人承担全部责任；有证据证明对方当事人也有过错的，可以减轻责任；当事人故意破坏、伪造现场、毁灭证据的，承担全部责任。

336.在实习期内驾驶机动车的，应当在车身后部粘贴或者悬挂哪种标志？

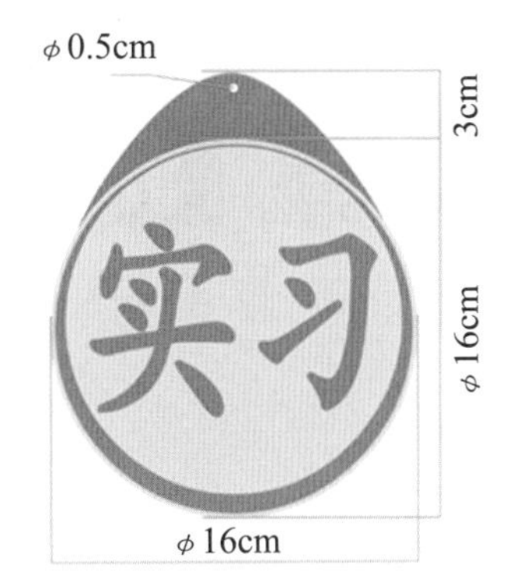

注：实习标志的主色为黄色 Y100，配色为橘红色 M80Y100；"实习"两字用大小为250磅的粗楷体；在实习期内驾驶机动车的，应当在车身后部粘贴或悬挂实习标志。

A.注意新手标志
B.注意避让标志
C.统一式样的实习标志
D.注意车距标志
答案：C
解析：相关法律法规规定，在实习期内驾驶机动车的，应当在车身后部粘贴或者悬挂统一式样的实习标志。

6.2 交通信号图解

1.如图所示，在这种情况下遇到红灯交替闪烁时，要尽快通过道口。

答案：×

解析：红灯交替闪烁，表示火车马上就要来了，很危险，应该等火车通过后再通过。

2.如图所示，以下哪种情况可以超车。

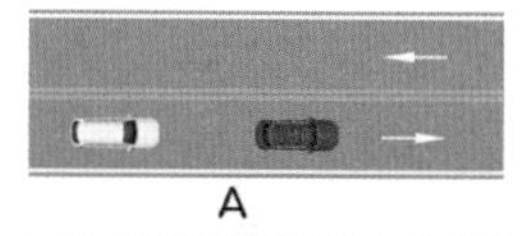

A

B

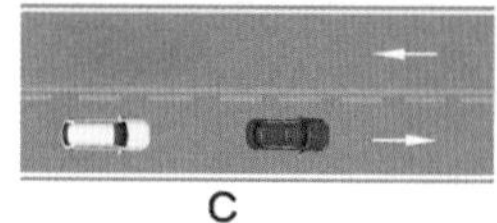

C

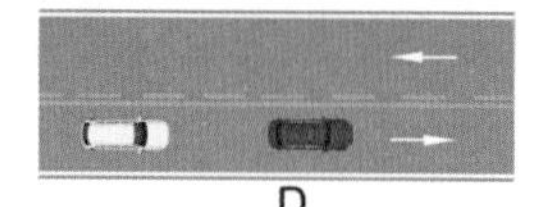

D

A.C图

B.D图

C.B图

D.A图

答案：A

3.如图所示，这种情况下只要后方、对向无来车，可以掉头。

答案：√

4.在没有交通信号指示的交叉路口，转弯的机动车让直行的车辆和行人先行。

答案：√

5.如图所示，B车具有优先通行权。

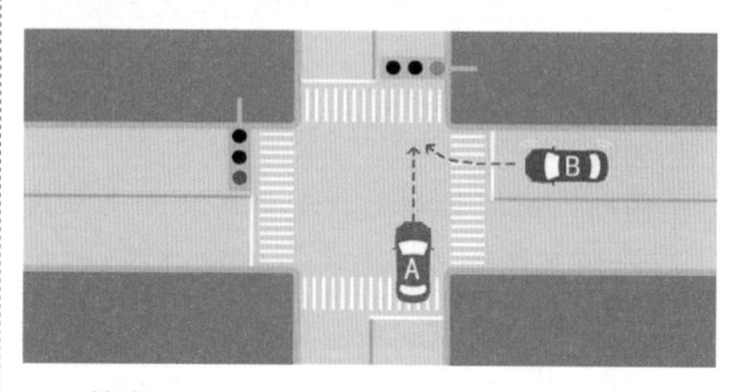

答案：×

6.如图所示，在这种情况下只要后方、对向无来车，可以掉头。

答案：×

7.如图所示，A车具有优先通行权。

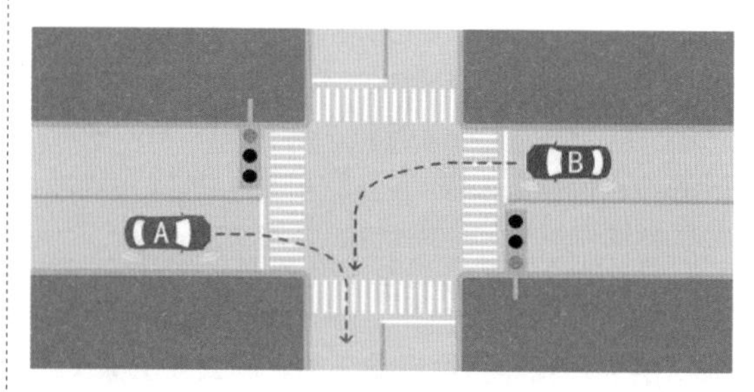

答案：×

8.如图所示，A车在此时进入左侧车道是因为进入实线区不得变更车道。

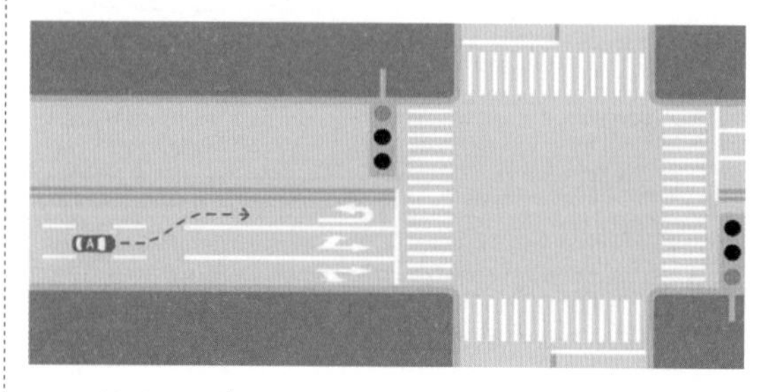

答案：√

9. 如图所示，在同向三车道高速公路上行车，车速为115千米/小时应在哪条车道上行驶？

A. 最右侧车道　　B. 最左侧车道
C. 中间车道　　D. 哪条都行
答案：B

10. 驾驶机动车变更车道为什么要提前开启转向灯？
A. 开阔视野，便于观察路面情况
B. 提示前车让行
C. 提示行人让行
D. 提示其他车辆我方准备变更车道
答案：D

11. 如图所示，通过有这个标志的路口时应该减速让行。

答案：×
解析：图中前方路面是双白实线和路边停车让行标志。

12. 如图所示，当A车后方有执行任务的救护车驶来时以下做法正确的是什么？

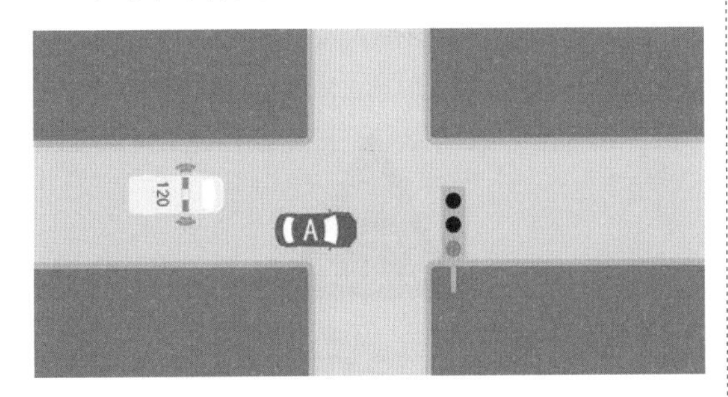

A. 不必理会，继续行驶　B. 靠右减速让路
C. 向左转弯让路　　D. 立即停车让路
答案：B

13. 机动车向左转弯、向左变更车道、驶离停车地点或者掉头时，提前开启左转向灯是为了什么？
A. 提示前车，将要向左变更行驶路线
B. 提示后车，将要向右变更行驶路线
C. 提示后车，将要向左变更行驶路线
D. 提示前车，将要向右变更行驶路线
答案：C

14. 如图所示，A车具有优先通行权。

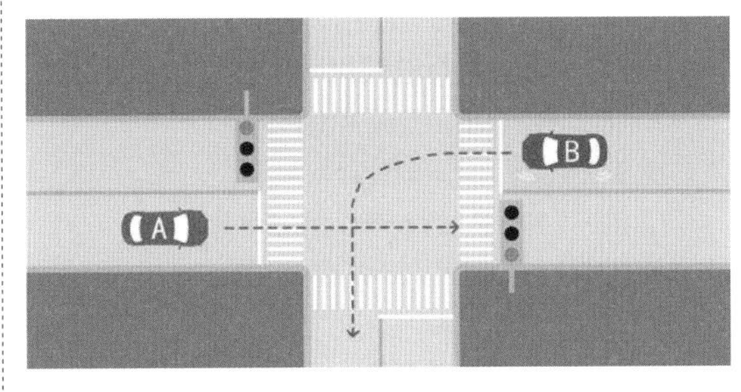

答案：√
解析：转弯的机动车让直行的车辆先行。

15. 如图所示，在这种情况下通过路口，交替使用远近光灯的目的是什么？

A. 检查灯光是否能正常使用
B. 提示其他交通参与者注意来车
C. 准备变更车道
D. 超车前提示前车
答案：B

16. 如图所示，在这种情况下跟车行驶，不能使用远光灯的原因是什么？

A. 不利于看清远方的路况

B. 会影响自己的视线

C. 会影响前车驾驶人的视线

D. 不利于看清车前的路况

答案：C

17. 在超越前车时，提前开启左转向灯，变换使用远近光灯或者鸣喇叭是为了什么？

A. 提醒后车以及前车　　B. 提醒行人

C. 仅提醒后车　　D. 仅提醒前车

答案：A

18. 机动车驶近急弯、坡道顶端等影响安全视距的路段时，减速慢行并鸣喇叭示意是为了什么？

A. 测试喇叭是否能正常使用

B. 提示前车后方车辆准备超车

C. 提示对向交通参与者我方有来车

D. 避免行至坡道顶端车辆动力不足

答案：C

19. 夜间行车，需要超车时，变换远近光灯示意是为了提示前车。

答案：√

20. 如图所示，在这种情况下驶近路口，车辆可以怎么行驶。

A. 只能直行　　B. 左转或者直行

C. 左转或右转　　D. 直行或右转

答案：B

21. 关于机动车灯光的使用，以下说法正确的是什么？

A. 夜间驾驶机动车在照明条件良好的路段必须使用远光灯

B. 夜间驾驶机动车在照明条件良好的路段可以不使用灯光

C. 机动车灯光一个重要的作用是提示其他机动车驾驶人和行人

D. 机动车灯光的作用仅仅是为了在夜间照明

答案：C

22. 如图所示，A车要在前方掉头行驶，可以在此处变换车道，进入左侧车道准备掉头。

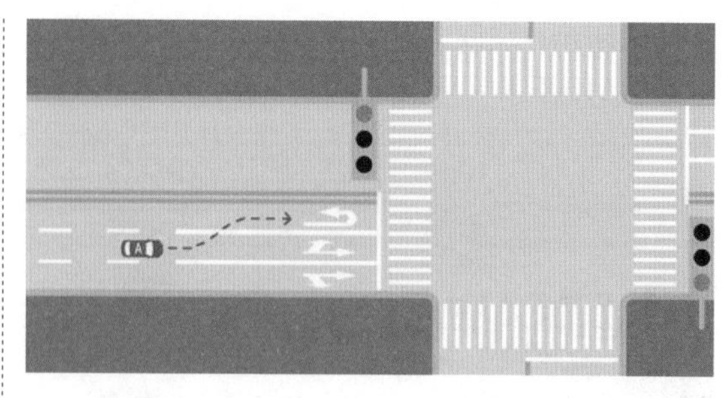

答案：×

解析：图中在此处变道时机过晚，会轧到白实线，图中虚线箭头代表的是车辆变道时将经过的路线，变道是不能轧白实线的，因此在此处变换车道是错误的。

23. 如图所示，通过有这个标志的路口时无需减速。

答案：×

24. 如图所示，在这种情况下，应该轻踩制动踏板减速。

答案：√

解析：车速表显示车速超过了60千米/小时。

25. 如图所示，这个标志设置在有人看守的铁道路口，提示驾驶人距有人看守的铁道路口的距离还有100米。

答案：×

解析：图中标志表示距无人看守铁道路口的距离是100米。

26.如图所示，铁道路口设置这个标志，是提示驾驶人前方路口有单股铁道。

答案：×

解析：叉形符号标志表示多股铁道与道路交叉，该符号颜色为白底红边，设在铁道路口标志上端。

27.路口转弯过程中，持续开启转向灯，主要原因是什么？

A.让其他驾驶人知道车辆正在转弯

B.完成转弯动作前，关闭转向灯会对车辆造成损害

C.让其他驾驶人知道正在超车

D.完成转弯动作前，关闭转向灯是习惯动作

答案：A

28.这属于哪一类标志？

A.禁令标志　　B.指示标志

C.指路标志　　D.警告标志

答案：A

解析：禁令标志是交通标志中的一种主要标志，是对车辆加以禁止或限制的标志，禁令标志的颜色除个别标志外，通常为白底、红圈、红杠、黑图形，图形压杠，禁令标志的形状有圆形、八角形、顶角向下的等边三角形，如图所示的禁令标志，分别是停车让行、减速让行、禁止小型客车驶入。

29.这属于哪一类标志？

A.指路标志　　B.指示标志

C.禁令标志　　D.警告标志

答案：B

解析：指示标志的颜色为蓝底、白图案，形状有圆形、长方形和正方形，图中从左至右依次为直行标志、会车先行标志、机动车行驶标志。

30.这属于哪一类标志？

G105

A.指路标志　　B.指示标志

C.禁令标志　　D.警告标志

答案：A

解析：一般道路上的指路标志为蓝底、白图形、白边框、蓝色衬边，高速公路和城市快速路指路标志为绿底、白图形、白边框、绿色衬边，指路标志的形状有长方形和正方形，个别标志例外，指路标志的作用是显示道路信息，为驾驶人传递道路方向、地点、距离等信息，图中指路标志从左到右依次为交叉路口预告、国道编号、高速公路地点距离。

31.这属于哪一种标志？

A.作业区标志　　B.告示标志

C.高速公路标志　　D.旅游区标志

答案：D

解析：旅游区标志的颜色为棕底、白字（图形）、白边框、棕色衬边，形状为矩形，旅游区标志的作用是方便旅游者识别通往旅游区的方向和距离，了解旅游项目的类别。

32.这个标志是何含义？

A.提醒车辆驾驶人前方道路沿水库、湖泊、河流

B.提醒车辆驾驶人前方有向上的陡坡路段

C.提醒车辆驾驶人前方有两个及以上的连续上坡路段

D.提醒车辆驾驶人前方有向下的陡坡路段

答案：B

33. 遇到下列哪个标志，不需要主动让行？

图1：

图2：

图3：

图4：

A. 图1　　B. 图2

C. 图3　　D. 图4

答案：D

解析：图1表示停车让行，图2表示减速让行，图3表示会车让行，这三个是禁令标志，图4是指示标志，是会车先行标志，所以不用主动让行。

34. 以下交通标志中，表示禁止一切车辆和行人通行的是哪个？

图1：

图2：

图3：

图4：

A. 图1　　B. 图2

C. 图3　　D. 图4

答案：A

解析：图1是禁止通行标志，表示禁止一切车辆和行人通行，此标志设在禁止通行的道路入口处；图2是禁止驶入标志，表示禁止一切车辆驶入，此标志设在单行路的出口处或禁止驶入的路段入口；图3是禁止机动车驶入标志，表示禁止各类机动车驶入，此标志设在禁止机动车通行路段的入口处；图4是禁止直行标志，表示前方路口禁止一切车辆直行。

35. 以下交通标志表示的含义是什么？

A. 禁止机动车驶入

B. 禁止小客车驶入

C. 禁止所有车辆驶入

D. 禁止非机动车驶入

答案：A

36. 下列哪个标志禁止一切车辆长时间停放，临时停车不受限制。

图1：

图2：

图3：

图4：

A. 图1　　B. 图2

C. 图3　　D. 图4

答案：D

解析：图1表示禁止停车；图2表示停车让行；图3表示禁止驶入；图4表示禁止长时停车。

37. 遇到这个标志，不可以左转，但可以掉头。

答案：×

解析：相关法律法规规定，机动车在有禁止掉头或者禁止左转弯标志、标线的地点以及在铁道路口、人行横道、桥梁、急弯、陡坡、隧道或者容易发生危险的路段，不得掉头。

38.以下交通标志表示除小客车和货车外，其他车辆可以直行。

答案：√

39.以下哪个标志表示干路先行?

图1:

图2:

图3:

图4:

A.图1

B.图2

C.图3

D.图4

答案：D

解析：图1表示单行路（直行）；图2表示直行；图3表示直行车道；图4表示干路优先通行。

40.以下交通标志表示单行线的是哪一个?

A.图1

B.图2

C.图3

D.图4

图1:

图2:

图3:

图4:

答案：A

解析：图1表示单行路（直行）；图2表示直行车道；图3表示干路优先通行；图4表示靠右侧道路行驶。

41.下列哪个标志表示车辆直行和右转合用车道?

图1:

图2:

图3:

图4:

A.图1

B.图2

C.图3

D.图4

答案：A

解析：图1表示直行和右转合用车道；图2表示干路先行；图3表示右转车道；图4表示分向行驶车道。

42.下列哪个标志为最低限速标志?

A.图1

B.图2

C.图3

D.图4

图1:

图2:

图3:

图4:

答案：B

解析：图1表示鸣喇叭；图2表示最低限速；图3是机动车行驶标志；图4是非机动车行驶标志。

43. 下列哪个表示一般道路车道数变少？

图1:

图2:

图3:

图4:

A. 图1

B. 图2

C. 图3

D. 图4

答案：B

解析：图1表示错车道；图2表示车道数变少；图3表示车道数增加；图4是隧道出口距离预告。

44. 当驾驶人看到以下标志时，需减速慢行，是因为什么？

A. 前方车道或路面变窄

B. 前方有弯道

C. 前方车流量较大

D. 前方有窄桥

答案：A

解析：警告标志，右侧变窄，行车注意安全，用以警告车辆驾驶人注意前方车道或路面狭窄情况，遇有来车应予减速避让，设在双车道路面宽度缩减为6m以下的路段起点前方。

45. 下列哪个标志提示驾驶人下陡坡？

图1:

图2:

图3:

图4:

A. 图1　　B. 图2

C. 图3　　D. 图4

答案：D

46. 下列哪个标志提示驾驶人连续弯路？

图1:

图2:

图3:

图4:

A. 图1　　B. 图2

C. 图3　　D. 图4

答案：B

47.看到这个标志时，应该开启前照灯。

答案：√

48.遇到这个标志时，应该主动确认与前车之间的距离。

答案：√

解析：注意保持车距警告标志，警告前方路段经常发生车辆追尾事故，应注意和前车保持安全距离。

49.在下图所示的交通事故中，有关事故责任认定，正确的说法是什么？

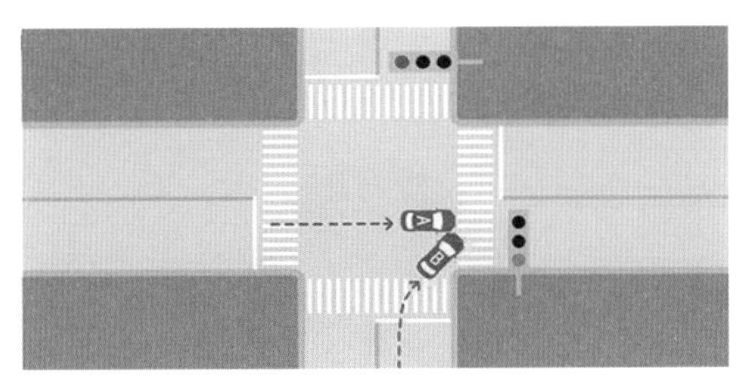

A.B车闯红灯，所以B负全责

B.B车可以右转，但不得妨碍被放行的直行车辆，所以B车负全责

C.直行车辆不得妨碍右转车辆，所以A车负全责

D.右侧方向的车辆具有优先通行权，故A车负全责

答案：B

50.驶近图中所示的路口时，怎么做是正确的？

A.如果路口没有车辆和行人，就可以加速通过

B.只要不影响车辆和行人通行，就可以减速通过

C.在路口停车后向左转头观察，确认安全后通过

D.在路口减速后向左转头观察，确认安全后通过

答案：D

解析：直行通过没有信号灯、有减速让行标志的路口时，要注意减速避让正在通行的车辆和行人，随时做好停车的准备，不能忽视左侧对面行人有可能抢先横过马路，因此通过此路口时要注意减速，向左观察，确认安全后通过。

51.这个标志是提醒注意潮汐车道。

答案：√

52.图中标志提示前方道路有Y形交叉路口，会有横向来车。

答案：√

Y形交叉路口

注意合流

解析：Y形交叉路口标志由两段一样粗细的黑色粗线组成，中间一段竖直粗线，左下角一段稍短一些的粗线，注意合流标志由中间一个黑色向前箭头和左下角有弧度的细线组成，可以这样记忆，Y形交叉路口标志没有箭头，注意合流标志有箭头。

53. 图中标志提示前方道路有环形交叉路口，前方路口可以掉头行驶。

答案：√

54. 图中标志提示前方道路是向右急转弯。

答案：×

55. 图中标志提示前方道路是易发生车辆追尾的路段。

答案：×

解析：图中标志是提示前方为交通事故易发路段的警告标志，提醒驾驶人应谨慎驾驶，此标志用追尾代表交通事故，并非仅表示追尾这一种交通事故。

56. 图中标志提示前方路段在限定的范围内，禁止一切车辆长时间停放，临时停车不受限制。

答案：×

解析：禁止一切车辆临时或长时停放。

57. 图中标志提示前方路段只禁止一切车辆驶入。

答案：×

解析：此路段禁止一切车辆和行人通行。

58. 图中标志提示前方路口只允许直行。

答案：√

59. 图中标志提示应该注意什么？

A. 对面可能会有来车

B. 可直接驶入此路段

C. 不准驶入前方路段

D. 进入此路段要减速

答案：C

60. 图中标志提示应该注意什么？

A. 可以停下来装卸货物

B. 可以停下来让同行的人下车

C. 可以临时停车等待同行的人

D. 不准临时或长时停放车辆

答案：D

61. 在路口看到这种信号灯亮时，应该怎样做才正确？

A.在不妨碍被放行车辆、行人的情况下，可以通行
B.在不妨碍被放行车辆、行人的情况下，可以直行
C.在不妨碍被放行车辆、行人的情况下，可以左转
D.在不妨碍被放行车辆、行人的情况下，可以右转
答案：D

62.在路口左转弯看到这种信号灯亮时，怎样做才正确？

A.尽快从直行车前方直接向左转弯
B.开启转向灯提示直行车辆减速让行
C.不能妨碍被放行的直行车辆通行
D.开启近光灯告知直行车辆停车让行
答案：C

63.在路口看到这种信号灯亮时，怎样做才正确？

A.在确保通行安全的情况下加速通过路口
B.停在路口停车线以外等待下一个绿灯信号
C.不妨碍被放行车辆、行人通行也不能右转弯
D.不妨碍被放行车辆、行人通行可以直行通过
答案：B
解析：黄灯亮时，已越过停止线的车辆可以继续通行，没有越过停止线的车辆需停车等待，不得进入路口，更不得加速抢行通过交叉路口，如图所示，机动车没有越过停止线，因此应停车等待。

64.如图所示，路口遇到黄灯不断闪烁的情况时，说明是什么情况？
A.路口禁止一切车辆通行

B.路口发生道路交通事故
C.路口交通管制需要清空
D.路口交通信号暂时解除
答案：D
解析：闪光警告信号灯为持续闪烁的黄灯，提示路口交通信号暂时解除，车辆、行人通行时注意瞭望，确认安全后通过。

65.如图所示，在路口直行看到这种信号灯亮时，要尽快加速通过路口，不得停车等待。

答案：×
解析：黄灯亮时，已越过停止线的车辆可以继续通行；没有越过停止线的车辆需停车等待，不得进入路口，更不得加速抢行通过交叉路口。

66.如图所示，在有车道信号灯的路段，哪辆机动车行驶的车道是正确的？

A.红色小型客车（E）行驶车道是正确的
B.灰色小型客车（A）行驶车道是正确的
C.黄色小型客车（B）行驶车道是正确的
D.蓝色小型客车（C）行驶车道是正确的
答案：D
解析：这条路设置了车道信号灯，车辆必须选择绿色箭头灯亮的车道行驶，绿色箭头灯亮时，准许本车道车辆按指示方向通行，红色叉形灯或者红色箭头灯亮时，禁止本车道车辆通行，蓝色小客车（C）行驶的车道绿色箭头灯亮，表示允许通行。

67.遇到图中这种有信号灯的路段，选择哪条车道行驶才正确?

A.选择左侧车道行驶
B.选择中间车道行驶
C.选择右侧车道行驶
D.选择任一车道行驶
答案：B

68.遇到图中这种情况时，应该如何驾驶?

A.直行通过路口
B.向左转弯通过路口
C.向右转弯通过路口
D.在路口掉头行驶
答案：C

解析：方向信号灯箭头方向向左、向上、向右分别表示左转、直行、右转，绿色箭头表示允许车辆沿箭头所指方向通行，红色箭头表示禁止车辆沿箭头所指方向通行，黄色箭头表示对箭头所指方向车辆起黄灯作用，本图绿色箭头灯向右，表示允许车辆向右转弯行驶。

69.如图所示，驶近这种铁道路口，怎样做才正确?

A.如果没有看到列车驶来，可以快速横过道口
B.通过铁道路口要做到“一停、二看、三通过”
C.只要路口的红色信号灯不亮，就可以加速通过
D.没有看到铁路管理人员指挥，说明可以迅速通过
答案：B

解析：驾驶机动车通过无信号控制或无人看守的铁道路口时，要在道口外停车观察，做到一停（在停止线以外停车）、二看（观察左右是否有驶来的列车）、三通过（确认安全后，低速通过）。

70.这是一个什么标志?

A.警告标志　　B.禁令标志
C.指示标志　　D.指路标志
答案：A

71.这是一个什么标志?

A.警告标志　　B.禁令标志
C.指示标志　　D.指路标志
答案：B

72.这是一个什么标志?

A.警告标志　　B.禁令标志
C.指示标志　　D.指路标志
答案：C

73.这是一个什么标志?
A.警告标志　　B.禁令标志
C.指示标志　　D.指路标志

答案：D

74.这是一个什么手势？

A.不准前方车辆通行手势
B.准许右方直行车辆通行手势
C.准许车辆左转弯手势
D.准许车辆右转弯手势
答案：A

75.这是一个什么手势？

A.不准前方车辆通行手势
B.准许右方直行车辆通行手势
C.准许车辆左转弯手势
D.准许车辆右转弯手势
答案：B

76.这是一个什么手势？

A.不准前方车辆通行手势
B.准许右方直行车辆通行手势
C.准许车辆左转弯手势
D.准许车辆右转弯手势
答案：C

77.这是一个什么手势？

A.不准前方车辆通行手势
B.准许右方直行车辆通行手势
C.准许车辆左转弯手势
D.准许车辆右转弯手势
答案：D

78.这个标志是什么意思？

A.前方路口不能右转
B.前方路口不能直行
C.前方是十字路口
D.前方路口不能左转
答案：B

79.这个标志是什么意思？

A.前方路口不能右转
B.前方路口不能直行
C.前方是十字路口
D.前方路口不能左转
答案：A

80. 这个标志是什么意思？

A. 前方路口不能右转
B. 前方路口不能直行
C. 前方是十字路口
D. 前方路口不能左转
答案：D

81. 这个标志是什么意思？

A. 进入前方路口要加速通过
B. 进入前方路口要停车观察
C. 进入前方路口要注意车辆
D. 进入前方路口要减速让行
答案：B

82. 这个标志是什么意思？

A. 进入前方路口要注意观察
B. 进入前方路口要停车让行
C. 进入前方路口要减速让行
D. 进入前方路口要注意车辆
答案：C

83. 这个标志是什么意思？

A. 会车时让对向车先行
B. 会车时有优先通行权
C. 前方是会车困难路段
D. 会车对方应停车让行
答案：A

84. 这个标志是什么意思？

A. 前方路口只能右转
B. 前方路口只能左转
C. 前方路口只能直行
D. 前方是T形交叉路口
答案：C

85. 这个标志是什么意思？

A. 不可继续直行　　B. 只准继续直行
C. 处于单行路段　　D. 可以优先通行
答案：B

86. 如图所示，驾驶机动车在路口遇到这种信号灯亮时，应当确认安全后通过。

答案：√

87. 遇到交通信号灯、交通标志或交通标线与交通警察的指挥不一致时，按照交通警察指挥行驶。
答案：√

88. 遇到前方道路发生交通事故时，在交通警察的指挥下可以从应急车道绕行。
答案：√

89. 如图所示，驾驶机动车在这种情况下可以右转弯。

答案：√

90. 交通警察手势信号是所有交通信号当中（信号灯、标志、标线等）法律效力最强的一种信号。

答案：√

91. 禁止标线的作用是告示道路使用者道路交通的遵行、禁止、限制等特殊规定。

答案：√

92. 收费停车位的停车标线是什么颜色？

A. 蓝色
B. 白色
C. 黄色
D. 红色

答案：B

93. 作业区标志的作用是通告道路交通阻断、绕行等情况。

答案：√

94. 在没有交通信号灯的路口遇停车等待时，可以临时占用对面车道，避免造成更大的拥堵。

答案：×

95. 机动车遇有停止信号时，应停在何处？

A. 停止线以外
B. 停止线以内
C. 路口右侧
D. 路口中间

答案：A

96. 禁令标志的作用是什么？

A. 指引和禁止车辆、行人交通行为
B. 警告和限制车辆、行人交通行为
C. 禁止和限制车辆、行人交通行为
D. 警告或禁止车辆、行人交通行为

答案：C

97. 指示标志的作用是指引道路信息，为驾驶人传递道路方向、地点、距离等信息。

答案：×

98. 驾驶机动车在这种情况下，可以直行和向左转弯行驶。

答案：×

99. 警告标志的作用是警告车辆驾驶人前方有危险，需谨慎通过。

答案：√

100. 驾驶机动车在路口遇到这种信号灯持续闪烁，警示驾驶人要尽快通过。

答案：×

101. 这个标志的含义是指示前方道路要注意行人，减速慢行。

答案：×

解析：步行标志，蓝底白图形是指示标志，指示前方道路只供步行，任何车辆不准进入，注意行人标志是黄牌三角形警告标志。

102. 如图所示，前方标志表示除公交车以外的其他车辆不准进入该车道行驶。

答案：√

103.如图所示，路缘石上的黄色实线指示路边不允许停车上下人员或装卸货物。

答案：√

104.驾驶机动车通过有交通信号灯控制的交叉路口，遇停止信号时，应当依次停在停止线以外。

答案：√

105.如图所示，驾驶机动车看到这种手势信号时，应当停车等待。

答案：√

106.交通警察的指挥分为手势信号和使用器具的交通指挥信号。

答案：√

107.机动车遇到交通警察现场指挥和交通信号不一致时，应当如何通行？

A.按照道路标志

B.按照交通信号灯的指挥

C.按照交通警察的指挥

D.按照道路标线

答案：C

108.右侧这个标志警告前方是无人看守的有多股铁路与道路相交铁道路口。

答案：×

解析：右侧黄牌+三角形+栅栏，表示有人看守铁道路口警告标志，警告前方是有人看守的铁道路口，应减速或停车观察，按照交通信号或管理人员的指挥通行。

6.3 常见交通标志、标线和交通手势辨识

1.这个标志是何含义？

A.灭火器标志　　B.油箱标志

C.加油站标志　　D.消防设备箱标志

答案：A

2.交叉路口两条平行的白色虚线是什么标线？

A.停车让行线　　B.停车线

C.减速让行线　　D.车道分界线

答案：C

3.道路没有划分机动车道、非机动车道和人行道的，以下说法正确的是什么？

A.机动车在道路左侧通行，非机动车和行人随意通行

B.机动车在道路左侧通行，非机动车和行人在道路两侧通行

C.机动车在道路中间通行，非机动车和行人在道路两侧通行

D.机动车、非机动车和行人可随意通行

答案：C

4.交叉路口有两条平行的白色实线是什么标线？

A.停车让行线

B.停车线

C.减速让行线

D.车道分界线

答案：A

5. 右侧标志警告前方150米是有人看守铁道路口。

答案：×

6. 关于道路交通标线，下列说法错误的是什么？

A. 白色实线，分隔同向行驶的交通流

B. 白色实线，允许车辆借道超车

C. 黄色实线，分隔对向行驶的交通流

D. 黄色实线，禁止车辆借道超车

答案：B

7. 右侧标志提醒驾驶人前方是什么路段？

A. 施工路段　　B. 事故易发路段

C. 减速慢行路段　　D. 拥堵路段

答案：B

8. 驾驶机动车看到交通警察发出这种手势信号时应当停车等待。

答案：×

解析：左转弯信号。

9. 图中交通警察的手势是什么信号？

A. 左转弯待转信号

B. 左转弯信号

C. 减速慢行信号

D. 右转弯信号

答案：A

6.4 机动车驾驶操作相关基础知识

1. 下列哪个指示灯亮表示车辆在使用近光灯。

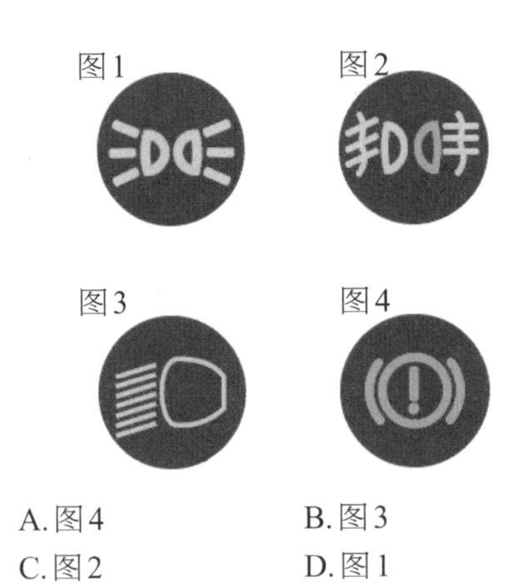

A. 图4　　B. 图3

C. 图2　　D. 图1

答案：B

2. 下列哪个指示灯亮表示车辆在使用远光灯。

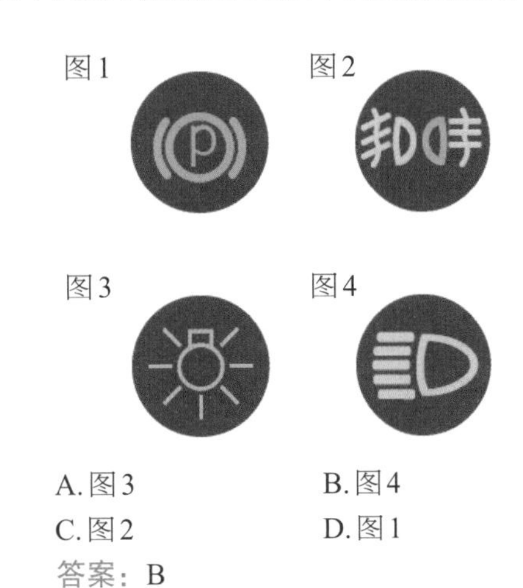

A. 图3　　B. 图4

C. 图2　　D. 图1

答案：B

3.湿滑路面制动过程中，发现车辆偏离方向，以下做法正确的是什么？

A.连续轻踩轻抬制动踏板

B.用力踩制动踏板

C.不要踩制动踏板

D.任意踩制动踏板

答案：C

4.驾车行驶在颠簸路段时，以下做法正确的是什么？

A.稳住加速踏板

B.挂低挡位缓抬加速踏板

C.挂高挡位缓抬加速踏板

D.挂低挡位踩满加速踏板

答案：B

5.行驶至这种上坡路段时，以下做法正确的是什么？

A.换低挡位，踩加速踏板

B.换低挡位，松开加速踏板

C.换高挡位，踩加速踏板

D.换高挡位，松开加速踏板

答案：A

6.长下坡禁止挂空挡，下列原因错误的是什么？

A.长下坡挂低速挡可以借助发动机控制车速

B.避免因刹车失灵发生危险

C.长下坡空挡滑行导致车速过高时，难以抢挂低速挡控制车速

D.下坡挂空挡，油耗容易增多

答案：D

7.驾驶机动车下陡坡时，以下说法正确的是什么？

A.可以熄火

B.可以空挡但不准熄火

C.可以空挡

D.不准空挡或熄火

答案：D

8.下面哪种做法能避免被其他车辆从后方追撞？

A.在任何时候都打开转向灯

B.在转弯前提前打开相应的转向灯

C.一直打开双闪

D.转弯前鸣笛示意

答案：B

9.夜间行驶，与对向车道车辆交会时，以下做法正确的是什么？

A.保持使用远光灯

B.远光灯与近光灯之间不断来回切换

C.切换为近光灯

D.关闭灯光

答案：C

10.以下安全带系法正确的是？

图1:

图2:

图3:

图4:

A.图1

B.图2

C.图3

D.图4

答案：A

11.以下哪个仪表是发动机转速表？

A.图1

B.图2

C.图3

D.图4

图1：

图2：

图3：

图4：

答案：A

12. 以下哪个仪表是速度和里程表?

图1：

图2：

图3：

图4：

A. 图1　　B. 图2

C. 图3　　D. 图4

答案：B

13. 以下哪个仪表是水温表?

图1：

图2：

图3：

图4：

A. 图1　　B. 图2

C. 图3　　D. 图4

答案：C

14. 以下哪个仪表是燃油表?

图1：

图2：

图3：

图4：

A. 图1　　B. 图2

C. 图3　　D. 图4

答案：D

15. 图中哪个报警灯亮，提示充电电路异常或故障?

图1：

图2：

图3：

图4：

A. 图1

B. 图2

C. 图3

D. 图4

答案：D

16. 图中哪个报警灯亮，提示发动机控制系统异常或故障?

A. 图1

B. 图2

C. 图3

D. 图4

图1:

图2:

图3:

图4:

答案：C

17.为提示车辆和行人注意，雾天必须开启哪个灯?

图1:

图2:

图3:

图4:

A.图1　　B.图2

C.图3　　D.图4

答案：D

18.图中左侧白色轿车，在这种情况下为了保证安全，应适当降低车速。

答案：√

19.以下哪个指示灯亮时，表示发动机机油压力过低?

图1:

图2:

图3:

图4:

A.图1　　B.图2

C.图3　　D.图4

答案：A

20.机油压力报警灯持续亮，可边行驶、边观察，等待报警灯自行熄灭。

答案：×

21.以下哪个指示灯亮时，表示防抱死制动系统出现故障?

图1:

图2:

图3:

图4:

A.图1　　B.图2

C.图3　　D.图4

答案：C

22.行车中下列哪个灯亮，提示驾驶人车辆制动系统出现异常？

A.图1

B.图2

图1:

图2:

图3:

图4:

C. 图3

D. 图4

答案：C

23. 行车中制动报警灯亮，应试踩一下制动，只要有效可正常行车。

答案：×

24. 以下哪个指示灯亮时，表示油箱内燃油已到最低液面?

图1:

图2:

图3:

图4:

A. 图1

B. 图2

C. 图3

D. 图4

答案：D

25. 行车中燃油报警灯亮，应及时到附近加油站加油，以免造成车辆、乘员滞留公路，发生交通事故。

答案：√

26. 以下哪个指示灯亮时，表示发动机温度过高?

图1:

图2:

图3:

图4:

A. 图1

B. 图2

C. 图3

D. 图4

答案：B

27. 行车中水温报警灯亮，下列可能是其原因的是什么?

A. 缺少润滑油

B. 指示灯损坏

C. 缺少冷却液

D. 冷却液过多

答案：C

28. 以下哪个指示灯亮时，提醒驾驶人安全带插头未插入锁扣?

图1:

图2:

图3:

图4:

A. 图1

B. 图2

C. 图3

D. 图4

答案：A

29. 车辆因故障等原因需被牵引时，以下说法正确的是什么？

A. 前后车均应打开报警灯
B. 所有车辆都应让行
C. 两车尽量快速行驶
D. 不受交通信号限制
答案：A

30. 车辆发生意外，要及时打开哪个灯？

图1：

图2：

图3：

图4：

A. 图1
B. 图2
C. 图3
D. 图4
答案：D

31. 驾驶车辆驶入铁道路口前减速降挡，进入道口后不可以变换挡位。
答案：√

32. 雾天行车时，应及时打开哪个灯？
A. 图3
B. 图4
C. 图2
D. 图1

图1：

图2：

图3：

图4：

答案：C

33. 以下哪个指示灯亮时，表示当前汽车发动机温度过高或冷却液过少？

图1：

图2：

图3：

图4：

A. 图1
B. 图2
C. 图3
D. 图4
答案：B

34. 驾驶机动车前，需要调整安全头枕的高度，使头枕正对驾驶人的颈椎。
答案：×
解析：调整头枕高度时，保持头枕中心与后脑中心平齐，才能发挥保护颈椎的作用。

35. 在操纵加速踏板时，以下做法正确的是什么？
A. 轻踏、急抬
B. 重踏、缓抬
C. 轻踏、缓抬
D. 重踏、急抬
答案：C

36. 制动侧滑的主要原因是路面湿滑、车轮抱死、制动时猛打方向等。
答案：√

37. 下列哪个指示灯亮表示车辆驻车制动器处于制动状态?

图1:

图2:

图3:

图4:

A. 图4
B. 图3
C. 图2
D. 图1

答案：D

38. 下列哪个指示灯亮表示车辆制动系统出现异常或故障。

图1:

图2:

图3:

图4:

A. 图4
B. 图3
C. 图2
D. 图1

答案：A

第7章

科目三（科目四）理论考试题库（试题+答案+解析）

7.1 安全行车、文明驾驶基础知识

1. 夜间会车规定150米以内使用近光灯的原因是什么?

   A. 提示后方车辆

   B. 两车之间相互提示

   C. 使用远光灯会造成驾驶人眩目，易引发危险

   D. 驾驶人的操作习惯行为

   答案：C

2. 雾天行车听到对方鸣喇叭，也应该鸣喇叭回应，以提示对方车辆。

   答案：√

3. 夜间行车，可选择下列哪个地段超车?

   A. 窄路窄桥　　B. 交叉路口

   C. 路宽车少　　D. 弯道陡坡

   答案：C

4. 变更车道时只需开启转向灯，并迅速转向驶入相应的车道，以不妨碍同车道机动车正常行驶。

   答案：×

5. 如图所示，当车速为95千米/小时时，可以在哪条车道内行驶?

   A. 车道A　　B. 车道B

   C. 车道C　　D. 车道D

   答案：B

6. 牵引发生故障的机动车时，最高车速不得超过多少?

   A.50千米/小时

   B.40千米/小时

   C.30千米/小时

   D.20千米/小时

   答案：C

7. 如图所示，在高速公路同方向三条机动车道最左侧道行驶，应保持什么车速?

   A.110 ～ 120千米/小时

   B.100 ～ 120千米/小时

   C.90 ～ 110千米/小时

   D.60 ～ 120千米/小时

   答案：A

8. 驾驶机动车变更车道前应仔细观察，目的是判断有无变更车道的条件。

   答案：√

9. 超车时，如果无法保证与被超车辆的安全间距，应主动放弃超车。

   答案：√

10. 驾驶机动车正在被其他车辆超越时，被超车辆减速靠右侧行驶的目的是什么?

    A. 给该车让出足够的超车空间

B.以便随时停车
C.避让行人与非机动车
D.以上选项都不
答案：A

11.如图所示，在高速公路同方向三条机动车道右侧车道行驶，车速不能低于多少？

A.100千米/小时
B.60千米/小时
C.110千米/小时
D.80千米/小时
答案：B

12.人行横道上禁止掉头的原因是什么？
A.人行横道禁止车辆通行
B.避免妨碍行人正常通行，确保行人安全
C.人行横道禁止停车
D.路段有监控设备
答案：B

13.在划有道路中心线的道路上会车时，应当保持安全车速，不越线行驶。
答案：√

14.如图所示，在超车过程中，遇对向有来车时要放弃超车是因为什么？

A.前车车速快
B.如继续超车，易与对面机动车发生剐蹭、相撞
C.对向来车车速快
D.我方车辆提速太慢
答案：B

15.如图所示，在这种道路上行驶，应在道路中间通行的主要原因是在道路中间通行速度快。

答案：×

16.如图所示，当越过停在人行横道前的A车时，B车应减速，准备停车让行。

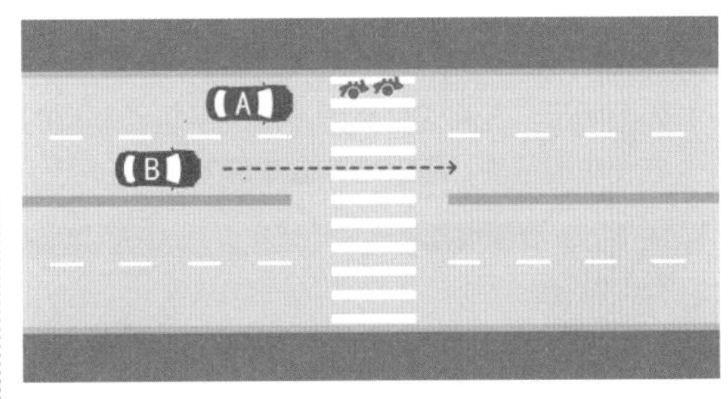

答案：√

17.如图所示，A车在这种情况下应适当减速。

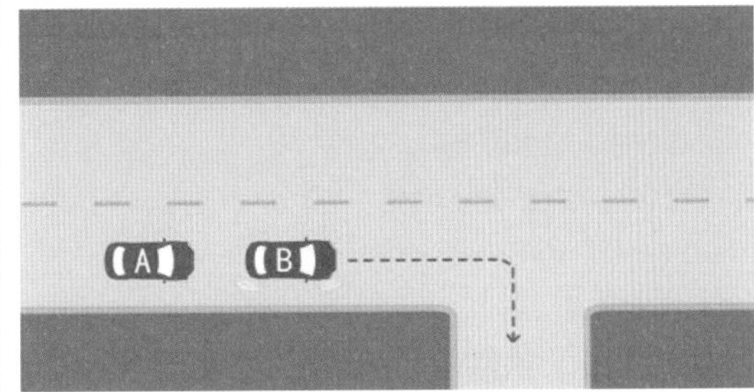

答案：√

18.当即将通过交叉路口时，才意识到要左转而不是向前，以下说法正确的是什么？
A.继续向前行驶
B.停在交叉路口，等待安全时左转
C.在确保安全的情况下，倒车然后左转
D.以上说法都不
答案：A

19.如图所示，驾驶机动车遇到没有行人通过的人行横道时不用减速慢行。

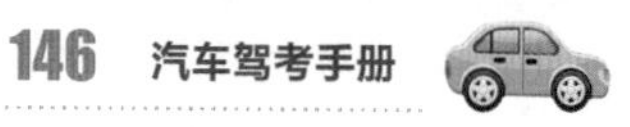

答案：×

20.遇到前方车辆停车排队或者缓慢行驶时，强行穿插，以下说法正确的是什么？

A.禁止，因为这样不利于省油

B.禁止，因为这样扰乱车流，加重拥堵

C.允许，因为可以快速通过拥堵区

D.允许，因为可以省油

答案：B

21.如图所示，在高速公路同方向两条机动车道的左侧车道行驶，应保持什么车速？

A.110 ~ 130千米/小时

B.100 ~ 120千米/小时

C.90 ~ 110千米/小时

D.60 ~ 120千米/小时

答案：B

22.如图所示，铁道路口禁止掉头的原因是什么？

A.有铁道路口标志

B.容易引发事故

C.铁道路口车流量大

D.有铁道路口信号灯

答案：B

23.如图所示，在这种情况下通过交叉路口时，不得超车的原因是什么？

A.机动车速度慢，不足以超越前车

B.路口有交通监控设备

C.路口设有信号灯

D.路口内交通情况复杂，易发生交通事故

答案：D

24.如图所示，在这种情况下只要后方没有来车，可以倒车。

答案：×

解析：图上蓝色标志说明为直行单行道，相关法律、法规规定，机动车倒车时，应当察明车后情况，确认安全后倒车，不得在铁道路口、交叉路口、单行路、桥梁、急弯、陡坡或者隧道中倒车。

25.如图所示，在这种雾天情况下，通过交叉路口时必须鸣喇叭，加速通过，以免造成交通拥堵。

答案：×

26. 如图所示，在高速公路最左侧车道行驶，想驶离高速公路，以下说法正确的是什么？

A. 每次变更一条车道，直到最右侧车道
B. 为了快速变更车道，可以加速超越右侧车辆后变更车道
C. 找准机会一次变更到最右侧车道
D. 立即减速后向右变更车道
答案：A

27. 如图所示，机动车遇行人正在通过人行横道时，要停车让行，是因为行人享有优先通行权。

答案：√

28. 如图所示，在这种情况下准备进入环形路口时，为了保证车后车流的通畅，应加速超越红车进入路口。

答案：×

29. 在以下路段不能倒车的是什么路段？
A. 交叉路口
B. 隧道
C. 急弯
D. 以上皆是
答案：D

30. 如图所示，在这种情形下，对方车辆具有先行权。

答案：√

31. 如图所示，在高速公路同方向三条机动车道中间车道行驶，车速不能低于多少？

A. 100千米/小时
B. 90千米/小时
C. 110千米/小时
D. 60千米/小时
答案：B

32. 遇前方路段车道减少，车辆行驶缓慢，为保证道路通畅，应借对向车道迅速通过。
答案：×

33. 如图所示，当超越右侧车辆时，应该尽快超越，减少并行时间。

答案：√

34. 如图所示，当车辆驶近这样的路口时，以下说法错误的是什么？

A. 为避免车辆从路口突然冲出引发危险，应适当降低车速

B. 本车有优先通行权，可加速通过

C. 因为视野受阻，应鸣喇叭提醒侧方道路来车

D. 右前方路口视野受阻，如有突然冲出车辆，容易引发事故

答案：B

35. 如图所示，在这种情况下不能超车的原因是什么？

A. 车速不足以超越前车

B. 前车速度过快

C. 路中心为黄线

D. 前车正在超车

答案：D

36. 大雾天行车，多鸣喇叭是为了什么？

A. 催促前车让行

B. 准备超越前车

C. 催促前车提速，避免发生追尾

D. 引起对方注意，避免发生危险

答案：D

37. 如图所示，在这种情况下，驾驶机动车要停车让行。

答案：√

38. 如图所示，直行车辆遇到前方路口堵塞，以下说法正确的是什么？

A. 等前方道路疏通后，且信号灯为绿灯时方可继续行驶

B. 等有其他机动车进入路口时跟随行驶

C. 只要信号灯为绿灯，就可通过

D. 可以直接驶入路口内等待通行

答案：A

39. 如图所示，机动车在这种道路上行驶，在道路中间通行的原因是什么？

A. 在道路中间通行视线好

B. 防止车辆冲出路外

C. 给两侧的非机动车和行人留有充足的通行空间

D. 在道路中间通行速度快

答案：C

40. 通过漫水路时要谨慎慢行，不得空挡滑行。

答案：√

41. 超车时应从前车的左侧超越，是因为左侧超车便于观察，有利于安全。

答案：√

42. 如图所示，在这种情况下通过前方路口，应该怎么行驶？

A. 加速通过　　B. 减速或停车避让行人

C. 赶在行人前通过　　D. 靠左侧行驶

答案：B

43. 交叉路口不得倒车的原因是什么？

A. 交通情况复杂，容易造成交通堵塞甚至引发事故

B. 交通监控设备多

C. 交通警察多　　D. 车道数量少

答案：A

44. 行至漫水路时，应当怎样做？

A. 高速通过，减少涉水时间

B. 空挡滑行

C. 低速通过涉水路段

D. 高挡位低速通过

答案：C

45. 在后方无来车的情况下，在隧道中倒车应靠边行驶。

答案：×

46. 如图所示，驾驶机动车遇到这种情况能够加速通过，是因为人行横道没有行人通过。

答案：×

47. 超车需从前车左侧超越，以下说法正确是什么？

A. 左侧为慢速车道

B. 我国实行左侧通行原则

C. 右侧为快速车道

D. 便于观察，有利于安全

答案：D

48. 驾驶机动车向右变更车道前应仔细观察右侧车道车流情况的原因是什么？

A. 判断有无变更车道的条件

B. 准备抢行

C. 迅速变更车道　　D. 准备迅速停车

答案：A

49. 在划有道路中心线的道路上会车时，应做到保持安全车速，不越线行驶。

答案：√

50. 如图所示，在前方路口可以掉头。

答案：×

51. 如图所示，在这种情况下遇右侧车辆变更车道，应减速保持间距，注意避让。

答案：√

52. 如图所示，以下哪种情况可以超车。

图1：

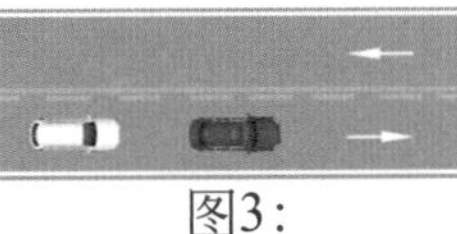

图2：

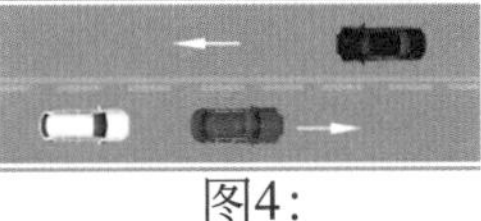

图3：

图4：

A. 图3　　B. 图4

C. 图2　　D. 图1

答案：D

53. 遇前方路段车道减少，车辆行驶缓慢，为保证安全有序应该怎样做？

A. 穿插到前方排队车辆中通过

B. 依次交替通行

C. 加速从前车左右超越

D. 借对向车道迅速通过

答案：B

54. 为什么规定辅路车让主路车先行？

A. 辅路车便于观察

B. 主路车流量大、速度快

C. 主路车流量小、速度快

D. 辅路车速度快

答案：B

55. 如图所示，机动车在这样的城市道路上行驶，最高的行驶速度不得超过50千米/小时。

答案：×

解析：相关法律、法规规定，机动车在道路上行驶不得超过限速标志、标线标明的速度，在没有限速标志、标线的道路上，机动车不得超过下列最高行驶速度。

（一）没有道路中心线的道路，城市道路为30千米/小时，公路为40千米/小时；

（二）同方向只有一条机动车道的道路，城市道路为50千米/小时，公路为70千米/小时。

56. 在涉水路段跟车行驶时，应当怎样做？

A. 紧跟其后

B. 超越前车，抢先通过

C. 适当增加车距

D. 并行通过

答案：C

57. 如图所示，在这种情况下，会车时必须减速靠右通过。

答案：√

58. 在狭窄的山路会车，规定不靠山体的一方优先行驶的原因是什么？

A. 靠山体的一方相对安全

B. 靠山体的一方视野宽阔

C. 不靠山体的一方车速较快

D. 三项都正确

答案：A

59. 牵引故障车时，牵引与被牵引的机动车，在行驶中都要开启危险报警闪光灯。

答案：√

60. 雾天行车为了提高能见度，应该开启远光灯。

答案：×

61. 驾驶机动车在没有道路中心线的道路上行驶，应该在道路的左侧通行。

答案：×

62. 如图所示，车辆在拥挤路段排队行驶时，遇到其他车辆强行穿插行驶，以下说法正确的是什么？

A. 迅速左转躲避

B. 减速或停车让行

C. 持续鸣喇叭警告

D. 迅速提高车速不让其穿插

答案：B

63. 如图所示，在这种情况下，A车可以向左变更车道。

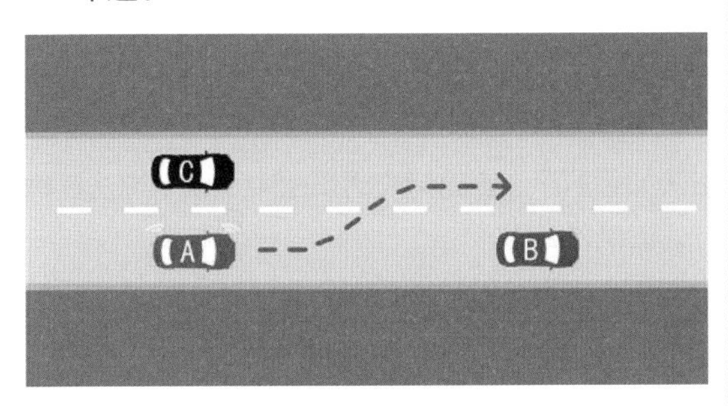

答案：×

解析：变道时不得妨碍在该车道上行驶的车辆（C车）的正常通行，此时A车和C车并行，变道非常危险，A车不能向左变更车道。

64. 如图所示，驾驶机动车接打电话容易导致发生交通事故。

答案：√

65. 驾驶机动车下长坡时，利用惯性滑行可以减少燃油消耗，值得提倡。

答案：×

66. 驾驶机动车超车时，前方车辆不减速让路，应停止超车并适当减速，与前方车辆保持安全距离。

答案：√

67. 如图所示，A车货物掉落，导致B车与掉落货物发生碰撞，以下说法正确的是什么？

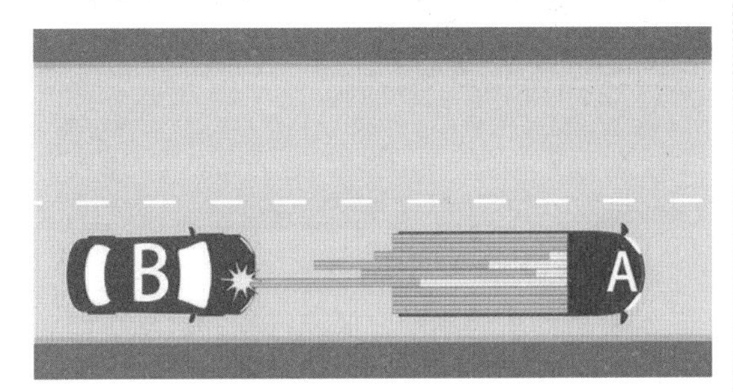

A.B车自负责任

B.A车负全部责任

C.各负一半责任

D.偶然事件，不可避免

答案：B

68. 闪光警告信号灯为持续闪烁的黄灯，其作用是提示车辆、行人需要快速通过。

答案：×

69. 因避让特种车辆而发生违法行为，被电子警察拍到时，可向交管部门复议。

答案：√

70. 如图所示，驾驶机动车遇到这种情况时，A车应当注意避让。

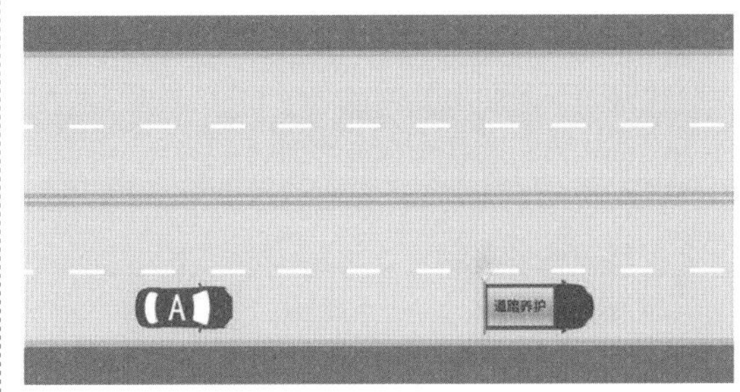

答案：√

71. 如图所示，驾驶过程中遇到这种情况时，A车可以长鸣喇叭提醒道路养护车辆暂停喷水。

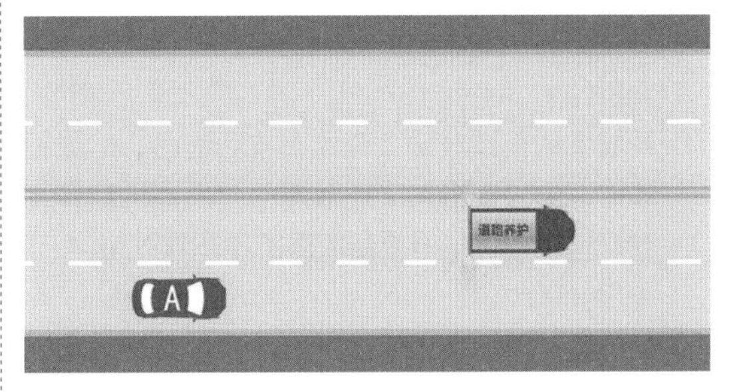

答案：×

72. 在高速公路上驾驶机动车，车辆发生故障后的处置方法，以下说法错误的是什么？

A. 打开危险报警闪光灯，夜间还应开启示廓灯、后位灯

B. 在车后150米以外设置安全警告标志

C. 车内乘员应下车辅助将故障车辆推移到紧急停车带上

D. 所有人员需离开故障车辆，在紧急停车带或护栏以外安全位置报警并等候救援

答案：C

73. 机动车发生故障或事故不能正常行驶时，应立即打开危险报警闪光灯。

答案：√

74. 驾驶机动车在高速公路上行驶，能见度小于200米时，车速不得超过60千米/小时。

答案：√

75. 上道路行驶的机动车驾驶人未携带机动车驾驶证（或电子驾照）、行驶证的，除扣留机动车外，并受到什么处罚？

A. 警告　　B. 罚款

C. 拘留　　D. 吊销驾驶证

答案：B

76. 以下哪种行为处十日以下拘留，并处一千元以上二千元以下罚款，吊销机动车驾驶证？

A. 醉酒驾驶机动车的

B. 故意遮挡机动车号牌的

C. 使用其他车辆保险标志的

D. 因饮酒后驾驶机动车被处罚，再次饮酒后驾驶机动车的

答案：D

77. 以下哪种违法行为的机动车驾驶人将被一次记6分？

A. 驾驶与准驾车型不符的机动车

B. 车速超过规定时速50%以上

C. 驾驶机动车违反道路交通信号灯

D. 未取得校车驾驶资格驾驶校车

答案：C

78. 驾驶机动车造成重大交通事故后逃逸，构成犯罪的，由公安机关交通管理部门吊销机动车驾驶证，且终生不得重新取得机动车驾驶证。

答案：√

79. 隐瞒有关情况或者提供虚假材料申请机动车驾驶证，申请人在多少年内不得再次申领机动车驾驶证？

A.1年　　B.2年

C.3年　　D.4年

答案：A

80. 以下哪种行为机动车驾驶人将被一次记12分？

A. 驾驶机动车不按规定避让校车的

B. 驾驶证被暂扣期间驾驶机动车的

C. 驾驶机动车违反道路交通信号灯通行的

D. 驾驶与准驾车型不符的机动车的

答案：D

81. 驾驶机动车时接打电话容易引发事故，以下原因错误的是什么？

A. 单手握转向盘，对机动车控制力下降

B. 驾驶人注意力不集中，不能及时判断危险

C. 电话的信号会对汽车电子设备的运行造成干扰

D. 驾驶人对路况观察不到位，容易导致操作失误

答案：C

82. 如图所示，在这起交通事故中，以下说法正确的是什么？

A.A车负全部责任　　B.B车负全部责任

C.各负一半责任　　D.B车负主要责任

答案：A

83. 驾驶机动车前，以下说法错误的是什么？

A. 调整驾驶座椅，保证踩踏踏板舒适

B. 调整安全带的松紧与高低

C. 调整适合驾驶的转向盘位置

D. 调整安全头枕高度，使头枕正对驾驶人的颈椎

答案：D

84. 如图所示，驾驶机动车行经该路段时，应减速慢行，避免因眩目导致的交通事故。

答案：√

85. 驾驶机动车遇到前方低速行驶的洒水车作业时，以下做法错误的是什么？

A. 注意避让

B. 若洒水车有指示箭头，在确保安全的情况下按箭头指示方向变更车道

C.若洒水车无指示箭头，在确保安全的情况下选择合适的车道变更

D.通过洒水车时应急加速通过

答案：D

86.驾驶机动车在高速公路上遇到雨雪天气时，需要降低车速、保持安全距离的原因，以下说法错误的是什么？

A.能见度下降，驾驶人难以及时发现前方车辆

B.此类天气条件下的道路上，车辆的制动距离变长

C.为车辆安全行驶提供足够的安全距离

D.降低恶劣天气对车辆造成的损害

答案：D

87.机动车在高速公路发生故障，需要停车排除故障时，以下做法先后顺序正确的是？①放置警告标志，转移乘车人员至安全处，迅速报警；②开启危险报警闪光灯；③将车辆移至不妨碍交通的位置；④等待救援。

A.④③①②　　B.①②③④

C.③②①④　　D.②③①④

答案：D

88.行人参与道路交通的特点除了行走随意性大、方向多变以外，还喜欢聚集、围观。

答案：√

89.驾驶机动车在高速公路上行驶，遇有雾、雨、雪、沙尘、冰雹等低能见度气象条件，能见度在50米以下时，以下做法正确的是什么？

A.加速驶离高速公路

B.在应急车道上停车等待

C.可以继续行驶，但车速不得超过40千米/小时

D.以不超过20千米/小时的车速从最近的出口尽快驶离高速公路

答案：D

90.申请人在考试过程中有贿赂、舞弊行为的，申请人在多少年内不得再次申领机动车驾驶证？

A.1年　　B.2年

C.3年　　D.4年

答案：A

91.机动车参加安全技术检验的主要目的是检查车辆各项性能指标，及时消除车辆安全隐患，减少事故发生。

答案：√

92.驾驶机动车遇紧急事务，可以边开车边接打电话。

答案：×

93.如图所示，驾驶机动车时，前风窗玻璃处悬挂放置干扰视线的物品是错误的。

答案：√

94.驾驶机动车下长坡时，仅靠行车制动器制动，容易引起行车制动器失灵。

答案：√

95.如图所示，在这起交通事故中，以下说法正确的是什么？

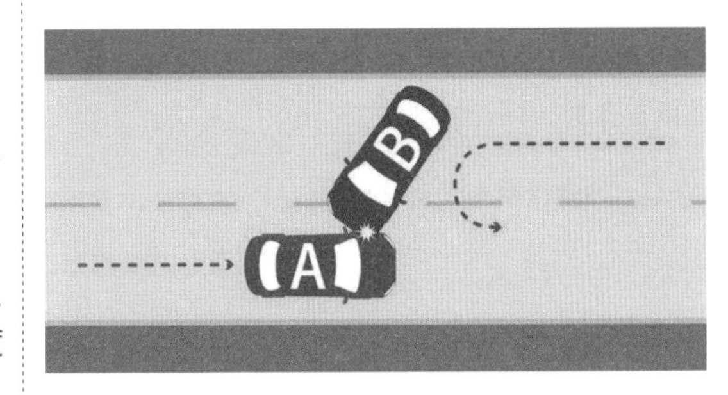

A.A车负全部责任

B.B车负全部责任

C.都无责任，后果自行承担

D.各负一半责任

答案：B

96.如图所示，在环岛交叉路口发生的交通事故中，应由A车负全部责任。

答案：√

97.行驶中发现车门未关好，应及时关闭车门，否则车辆在转弯等激烈运动过程中会造成人员或货物被甩到车外。

答案：√

98.驾驶机动车在山路行驶时，为了减少油耗，下坡时可以空挡滑行，并使用行车制动器控制速度。

答案：×

99.避让特种车辆使其顺利通过后，车辆应有序回到原车道继续行驶，不要尾随特种车辆，以免发生交通事故。

答案：√

100.驾驶机动车行驶中，遇道路养护车辆从本车道逆向驶来时，以下做法正确的是什么？

A.靠边减速或停车让行

B.在原车道继续行驶

C.占用非机动车道行驶

D.鸣喇叭示意其让道

答案：A

101.驾驶机动车由加速车道进入高速公路行驶，以下做法错误的是什么？

A.在加速车道上加速，同时要开启左转向灯

B.密切注意左侧行车道的车流状态，同时用后视镜观察后方的情况

C.充分利用加速车道的长度加速，确认安全后，平顺地进入行车道

D.经加速车道充分加速后，可直接驶入最左侧车道

答案：D

102.机动车在高速公路上发生故障时，为获得其他车辆的帮助，可将警告标志放置在其他车道。

答案：×

103.驾驶机动车在高速公路上行驶，遇有雾、雨、雪、沙尘、冰雹等低能见度气象条件下，能见度在100米以下时，车速不得超过多少，与同车道前车至少保持多大距离？

A.40千米/小时，50米

B.40千米/小时，40米

C.50千米/小时，40米

D.50千米/小时，30米

答案：A

104.驾驶机动车在高速公路上行驶，能见度小于200米时，与同车道前车应保持100米以上的距离。

答案：√

105.机动车驾驶人有以下哪种违法行为的，暂扣六个月机动车驾驶证？

A.醉酒后驾驶机动车的

B.伪造、变造机动车驾驶证的

C.饮酒后驾驶机动车的

D.使用伪造、变造机动车驾驶证的

答案：C

106.饮酒后或者醉酒驾驶机动车发生重大交通事故构成犯罪的，依法追究刑事责任，吊销机动车驾驶证，将多少年内不得申请机动车驾驶证？

A.5年　　B.10年

C.20年　　D.终生

答案：D

107.驾驶拼装的机动车上道路行驶的，公安机关交通管理部门应当予以收缴，强制报废，并吊销机动车驾驶证。

答案：√

108.机动车驾驶人造成重大交通事故后逃逸，构成犯罪的，十年内不能申请机动车驾驶证。

答案：×

109.驾驶机动车造成交通事故后逃逸，尚不构成犯罪的，由公安机关交通管理部门处二百元以上二千元以下罚款，可以并处15日以下拘留。

答案：√

110.机动车驾驶人一次有两个以上违法行为记分的，应当分别计算累加分值。

答案：√

111.隐瞒有关情况或者提供虚假材料申领机动车驾驶证的，申请人在一年内不得再次申领机动车驾驶证。

答案：√

112.驾驶机动车下长坡时，空挡滑行会导致再次挂挡困难。

答案：√

113.驾驶机动车超车时，被超越车辆未减速让路，应迅速提速超越前方车辆完成超车。

答案：×

114.警车、消防车、救护车、工程救险车执行紧急任务时，耽误或影响其通行可能会导致严重后果，所以其他车辆和行人应当主动让行。

答案：√

115.机动车在高速公路上发生故障时，若车辆可以移动至应急车道内，只需开启危险报警闪光灯，警告标志可根据交通流情况选择是否放置。

答案：×

116.将机动车交由未取得机动车驾驶证的人驾驶的，由公安机关交通管理部门处二百元以上二千元以下罚款，可以并处以下哪种处罚？

A.15日以下拘留

B.吊销驾驶证

C.扣留车辆

D.5年不得重新取得新驾驶证

答案：B

117.申请人以不正当手段取得机动车驾驶证的，公安机关交通管理部门收缴机动车驾驶证，撤销机动车驾驶许可，申请人在3年内不得再次申领机动车驾驶证。

答案：√

118.遇后车超车时，在条件许可的情况下应减速靠右让路，是为了给后车留出超车空间。

答案：√

119.驾驶机动车遇到沙尘、冰雹、雨、雾、结冰等气候条件时应降低行驶速度。

答案：√

120.机动车之间发生交通事故造成轻微财产损失，当事人对事实及成因无争议时，在确保安全的原则下，对现场拍照或标划事故车辆现场位置后，可自行撤离现场处理损害赔偿事宜，主要目的是什么？

A.双方互有损失

B.找现场证人就行了，不必报警

C.为了及时恢复交通，避免造成交通拥堵

D.事故后果很小，无需赔偿

答案：C

121.在道路上造成人身伤亡、事故后果非常严重的交通事故，可自行撤离现场。

答案：×

122.车辆发生轻微剐蹭事故，双方驾驶人争执不下，坚持在原地等待警察来处理，造成路面堵塞，该行为会受到罚款的处罚。

答案：√

123.遇前方路段车道减少行驶缓慢，为了有序、安全，应依次交替通行。

答案：√

124.驾驶机动车，必须遵循什么原则？

A.左侧通行　　B.右侧通行

C.内侧通行　　D.中间通行

答案：B

125.雪天行车时，应该开启近光灯和雾灯。

答案：×

126.无证驾驶可构成危险驾驶罪。

答案：×

127.处于实习期的驾驶人，任何情况下都不允许上高速。

答案：×

128.夜间在道路上会车时，应在距离对向来车100米以内将远光灯改为近光灯。

答案：×

129.雨天行车视线受阻，开启远光灯会提高能见度。

答案：×

130.驾驶机动车在隧道中超车时，应该提前开启左转向灯。

答案：×

131.在狭窄的山路会车，靠山体的一方视野宽阔，所以要让不靠山体的一方优先行驶。

答案：×

132.在这种情况下，驾驶机动车可以向左变更车道。

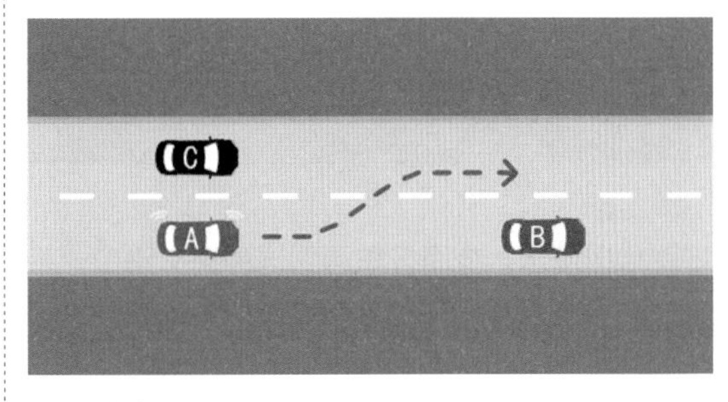

答案：×

133.在高速公路上行驶感觉疲劳时，应当立即停车休息，以保证行车安全，避免因疲劳驾驶而导致的交通事故。

答案：×

134.下列避免爆胎的做法中，错误的是哪一个？

A.降低轮胎气压

B.定期检查轮胎

C.行车中轻踩制动踏板

D.行车中控制好方向

答案：A

135.在大暴雨的天气驾车，刮水器无法正常工作时，应怎样做？

A.立即减速行驶

B.提高注意力谨慎驾驶

C.立即减速靠边停车

D.保持正常速度行驶

答案：C

136.行人参与道路交通的主要特点是行走随意性大、方向多变。

答案：√

137.在图中这种环境下超车时，要变换远近光灯告知前车，待前车让行后，再开启远光灯超越。

答案：×

138.如图所示，在这种情况下超车时，要提前开启左转向灯，连续鸣喇叭或开启远光灯提示，催促前车让行。

答案：×

139.如图所示，夜间行车遇到这种交叉路口，不管有没有车辆和行人横过路口，都要开启远光灯提示。

答案：×

140.如图所示，在这种环境下会车前，要先与对面来车交替变换远近光灯，观察前方道路情况，会车时两车都要关闭远光灯交会。

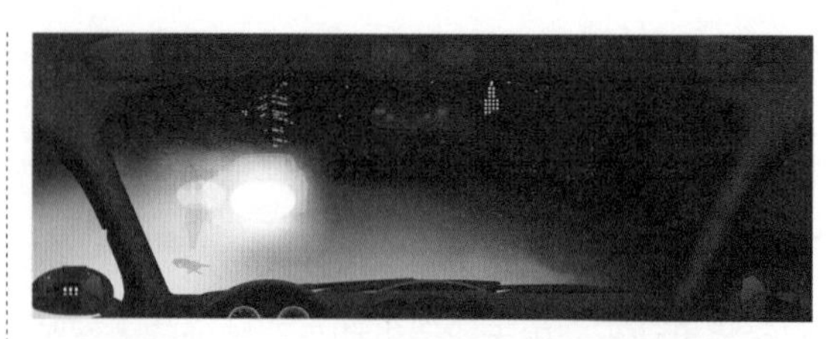

答案：√

141.如图所示，在这种铁道路口，如果没有看到列车驶来就要加速通过道口。

答案：×

142.如图所示，驶近一个铁道路口时，只要看到栏杆还没放下来，就可以加速通过道口。

答案：×

143.如图所示，驶近这种路段时，只要没有车辆和行人在人行横道上通过，就可以加速通过。

答案：×

144.在路口直行看到图中这种情况，要在停止线外停车等待对面直行车通过后再起步。

答案：×

145. 遇到图中这种情况，要在停止线以外停车等待绿灯亮后再向右转弯。

答案：×

146. 驾车直行通过路口，看到图中这种信号灯亮起时，不能减速或停车等待，必须尽快加速通过，避免出现意外。

答案：×

147. 如图所示，在路口看到这种信号灯不断闪烁时，要减速或停车瞭望，确认安全后通过。

答案：√

148. 如图所示，如果遇到这种情况需要超车时，可以在不影响公交车通行的前提下借公交车道超越。

答案：×

149. 图中这辆红色机动车选择的车道是正确的。

答案：×

150. 如图所示，遇到这种有车道信号灯的路段，应该选择右侧或者左侧车道行驶。

答案：√

151. 如图所示，这辆红色机动车行驶的车道是慢速车道。

答案：×

152. 如图所示，驶近这种路口时，必须先停车，再重新起步通过路口。

答案：×

153. 如图所示，造成事故的责任是大客车倒车没有避让正常驶来的车辆，小客车看到前车掉头时没有停车等待。

答案：√

154. 遇到一个图中所示的漫水路段时，要提前减速，谨慎慢行进入水区，在涉水路段行驶，一定要低速缓慢行驶，涉水途中禁止停车。

答案：×

解析：必须停车察明水情确认安全。

155. 如图所示，在城市道路上，遇到这种情况需要超车时，可以直接开启右转向灯，借公交车道行驶。

答案：×

156. 驾驶机动车在高速公路上行驶，遇到图中所示的情形，怎么做才正确？

A. 可以借右侧应急车道行驶

B. 与前车保持安全距离跟车行驶

C. 紧跟左侧车道红色小客车行驶

D. 鸣喇叭或变换远近光灯催促

答案：B

157. 在如图所示的道路跟车行驶时，为什么要保持较大的安全距离？

A. 因为不能正确判断水的深度

B. 因为路面积水的反光会影响距离的判断

C. 因为前车驾驶人的反应会变得迟缓

D. 因为溅起来的水会影响视线

答案：D

158. 夜间驾驶机动车通过急弯、坡路、拱桥、人行横道时，应当交替使用远近光灯示意。

答案：√

159. 驾驶机动车在高速公路上行驶时，应尽可能避免与其他车辆长时间并行。

答案：√

160. 机动车在道路边临时停车时，不得逆向或并列停放。

答案：√

161. 大雾天行车，多鸣喇叭是为了引起对方注意，避免发生危险。

答案：√

162. 如图所示，驾驶机动车遇到这种情况，要减速慢行，同时持续鸣喇叭提醒行人注意查看路况。

答案：×

163. 对驾驶人开展日常教育是增强什么意识，提高安全文明素质的重要手段。

A. 驾驶人社会责任

B. 文明礼貌

C. 得与失

D. 优先发展交通

答案：A

164. 对驾驶人开展日常教育是增强驾驶人社会责任意识，提高安全文明素质的重要手段。

答案：√

165. 机动车在山区冰雪覆盖的道路上行驶，应当采取在什么上安装防滑链等安全防范措施。

A. 驱动轮

B. 被动轮

C. 备胎

D. 驱动轮和被动轮

答案：A

166. 如图所示，驾驶机动车可从匝道直接驶入行车道。

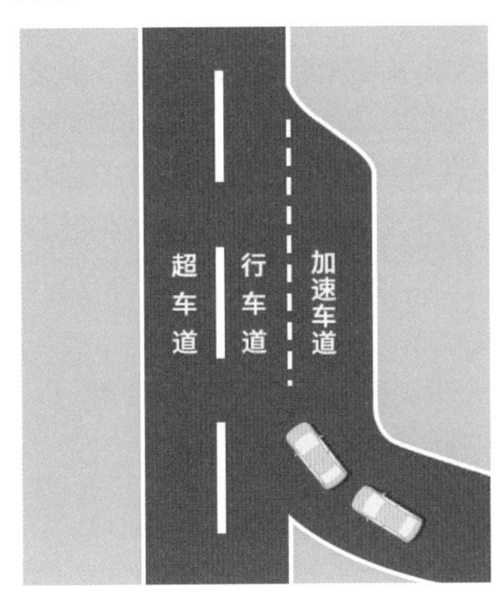

答案：×

167. 如图所示，A车的行为是正确的。

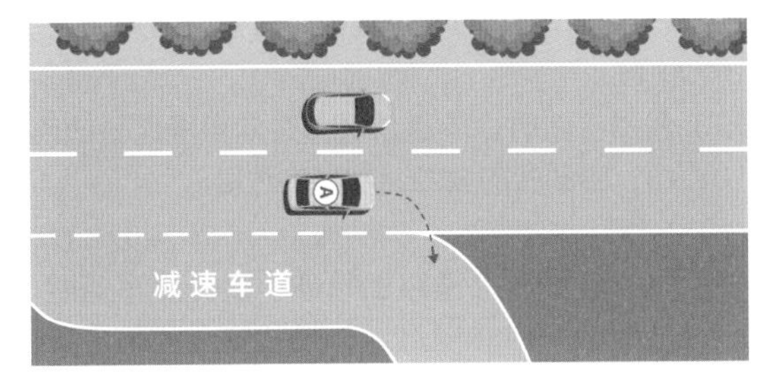

答案：×

168. 驾驶机动车遇到非机动车违法在机动车道上行驶，并阻碍机动车前进时，以下做法错误的是什么？

A. 注意非机动车辆的动向，减速行驶
B. 谨慎驾驶低速通过
C. 持续鸣喇叭警告非机动车避让
D. 保持与非机动车的安全车距

答案：C

169. 车辆在高速公路以100千米/小时的速度行驶时，下列哪项为危险车间距。

A. 50米　　B. 100米
C. 110米　　D. 120米

答案：A

170. 在大暴雨的天气行车，刮水器无法正常工作时，应立即减速行驶。

答案：×

171. 安全文明行车是机动车驾驶员应当具备的基本素质要求。

答案：√

172. 警告标线的作用是促使道路使用者了解道路上的特殊情况，提高警觉准备应变防范措施。

答案：√

173. 停车位标线为蓝色表示收费停车位。

答案：×

174. 驾驶机动车距离铁道路口50米内禁止停放车辆。

答案：√

175. 机动车驾驶人及乘车人下车时，用远离车门一侧的手开门，转头观察车辆侧方和后方通行状况，避免妨碍他人通行。

答案：√

176. 机动车在路边临时停车时，可以暂时并列停放。

答案：×

177. 雾天行车时，可多鸣喇叭催促前车提速，避免发生追尾事故。

答案：×

178. 黄色机动车这种违法占用应急车道的行为会被违法记多少分？

A. 记2分　　B. 记3分
C. 记6分　　D. 记12分

答案：C

179. 驾驶车辆驶入铁道路口前减速降挡，进入道口后可以变换挡位。

答案：×

180. 驾驶这种机动车上路行驶属于违法行为。

答案：√

181. 如图所示，这两辆车发生追尾的主要原因是后车未与前车保持安全距离。

答案：√

182. 如图所示，驾驶机动车在这段道路上，在不影响左侧车辆通行的前提下可以变更到左侧车道掉头。

答案：×

183. 驾驶人进入驾驶室前，首先要观察机动车周围情况，确认安全后再上车。

答案：√

184. 驾驶机动车频繁变更车道易导致爆胎。

答案：×

185. 驾驶机动车在高速公路上行驶，遇有雾、雨、雪、沙尘、冰雹等低能见度气象条件下，能见度在200米以下时，车速不得超过60千米/小时，与同车道前车至少保持100米的距离。

答案：√

186. 停车视距不包括以下哪个距离？

A. 反应距离　　B. 制动距离

C. 启动距离　　D. 安全距离

答案：C

187. 驾驶机动车在道路上靠边停车时，应如何使用转向灯？

A. 不用开启灯光

B. 变换使用远近光灯

C. 提前开启右转向灯

D. 开启危险报警闪光灯

答案：C

188. 驾驶机动车在高速公路上发生车辆故障或事故时，应做到“车靠边、人撤离、即报警”，避免发生二次事故。

答案：√

189. 变更车道时，提前打开转向灯后，就可以立即变更车道。

答案：×

190. 在大风天气条件下驾驶机动车，突然感觉到转向盘难以控制时，以下做法正确的是什么？

A. 逆风向转动转向盘

B. 顺风向转动转向盘

C. 采取紧急制动

D. 双手握稳转向盘

答案：D

191. 关于驾驶机动车时转向灯的使用，以下说法正确的是什么？

A. 超车完毕驶回原车道时可不开转向灯

B. 驶离停车地点时不必开启转向灯

C. 靠边停车时应提前开启右转向灯

D. 准备变更车道时可以不开转向灯

答案：C

192. 车辆驶入双向行驶隧道前，应开启远光灯。

答案：×

193. 直线行驶时，车速越快，转向盘操作量应越小，转动转向盘的速度也应越慢。

答案：√

194. 驾驶机动车在道路上行驶，欲变更车道时，应提前开启转向灯，在确认安全的前提下，平稳变更车道。

答案：√

195. 驾驶机动车通过学校门口的人行横道，只要没有行人经过，就可以加速通过。

答案：×

196. 驾驶机动车在道路上超车完毕驶回原车道时，应该如何使用灯光？

A. 开启左转向灯

B. 开启右转向灯

C. 开启近光灯

D. 开启危险报警闪光灯

答案：B

197. 儿童安全座椅系于汽车后排座位上，供儿童乘坐并且具有下列哪项设备，能在汽车发生急刹车或碰撞时最大限度保障儿童的安全？

A. 通讯　　B. 束缚

C. 娱乐　　D. 消防

答案：B

198. 汽车主要由四大部分组成，分别是发动机、底盘、车身和下列哪项？

A. 电气设备　　B. 仪表
C. 车厢　　D. 驾驶室
答案：A

199. 汽车的制动距离，会随着车速的升高而变短。
答案：×

200. 驾驶机动车在行驶中与对向来车会车时，应特别注意的是什么？
A. 两车纵向的安全间距
B. 两车横向的安全间距
C. 与路边缘的安全间距
D. 与前车的安全间距
答案：B

201. 出现晕厥、恶心、乏力、幻想等影响安全行车的现象时，驾驶人不应驾驶机动车，避免发生交通事故。
答案：√

202. 夜间驾驶机动车驶近上坡坡顶路段时，应开启远光灯加速冲过坡顶。
答案：×

203. 直线行驶时，车速越快，转向盘操作量应越多，转动转向盘的速度也应越快。
答案：×

204. 雨天路面滑湿，车辆制动性能会怎样？
A. 降低　　B. 增高
C. 不变　　D. 偏高
答案：A

205. 夜间会车应当在距相对方向来车150米以外改用近光灯。
答案：√

206. 雨天驾驶机动车需要超车时，应开启前照灯，连续鸣喇叭迅速超越。
答案：×

207. 机动车驾驶人酒后驾车是指喝白酒后驾驶机动车的。
答案：×

208. 雾天行车，不能使用什么？
A. 喇叭　　B. 近光灯
C. 远光灯　　D. 危险报警闪光灯
答案：C

209. 驾驶机动车需要在路边停车时，应选择在停车泊位内停放。
答案：√

210. 驾驶机动车上路行驶，后排乘车人可以不系安全带。
答案：×

211. 道路划设专用车道的，在专用车道内，只准许规定的车辆通行。
答案：√

212. 在道路上驾驶机动车与对向来车会车时，可以不注意两车横向间距。
答案：×

213. 在隧道内行车时，如果前方发生突发情况，与前车保持足够的安全车距可以让驾驶人有足够的反应时间和避让空间。
答案：√

214. 当驾驶人服用的药物对驾驶行为可能有影响时，不应驾驶机动车。
答案：√

215. 汽车的专用备胎可作为正常轮胎长期使用。
答案：×

216. 检查机动车机油时，以下做法正确是什么？
A. 停在平坦的地方，在启动前检查
B. 停在平坦的地方，在怠速状态下检查
C. 无需停在平坦的地方，在启动前检查
D. 无需停在平坦的地方，在怠速状态下检查
答案：A

217. 隧道内发生火灾时，驾乘人员不应留在车内。
答案：√

218. 夜间驾驶机动车通过急弯路时，应如何使用灯光？
A. 使用雾灯
B. 使用危险报警闪光灯
C. 交替使用远近光灯
D. 使用远光灯
答案：C

219. 驾驶机动车进入环岛路口应按顺时针方向适时汇入车流，必要时减速或停车让行。
答案：×

220. 驾驶机动车在距离下述哪些地点30米以内的路段不得停车？
A. 交叉路口　　B. 急弯路
C. 加油站　　D. 陡坡
答案：C

221. 驾驶机动车在隧道内行驶，遇前方车速过慢时，可选择合适的时机超车通过。
答案：×

222. 驾驶机动车通过路面条件较好的窄桥怎样控制车速？

A. 不超过60千米/小时
B. 不超过50千米/小时
C. 不超过40千米/小时
D. 不超过30千米/小时
答案：D

223. 驾驶机动车在高速公路行驶，应尽量骑轧可跨越车行道分界线，便于根据前方道路情况选择车道。
答案：×

224. 雾天驾驶机动车起步时，不要开启远光灯、长时间鸣喇叭。
答案：√

225. 驾驶机动车遇到缓慢通过道路或在路边行走的老年人时，应怎样做?
A. 连续鸣喇叭提醒
B. 减速或停车让行
C. 迅速从一侧通过
D. 加速绕行
答案：B

226. 如图所示，行车中遇到出现这种行为的人，可以不礼让。

答案：×

227. 驾驶机动车通过急弯路时，最高行驶速度不得超过30千米/小时。
答案：√

228. 驾驶机动车进入高速公路加速车道后，必须尽快将车速提高到60千米/小时以上，以防汇入车流时影响主线车道上行驶的车辆。
答案：√

229. 轮胎胎压过高时容易爆胎，因此在天气炎热时，要经常放气降低胎压。
答案：×

230. 驾驶机动车驶离高速公路后，要通过观察车速表来判断车速，以适应一般道路行驶。
答案：√

231. 如图所示，在这种情况下可以借用快速车道超车。

答案：√

232. 如遇交通流量较大的路段，跟车距离不重要，只需保持低速行驶即可。
答案：×

233. 驾驶机动车在坡道路段跟车行驶时，应保持跟平路一样的安全行车距离。
答案：×

234. 驾驶机动车驶入拥堵的环形路口时，以下做法正确的是什么?
A. 注意避让已在路口内车辆
B. 优先驶入环形路口
C. 鸣喇叭示意其他车辆让行
D. 超越前方车辆进入路口
答案：A

235. 机动车在高速公路上行驶，如果因疏忽刚驶过出口且距下一出口较远时，可沿路肩倒车退回出口处。
答案：×

236. 驾驶机动车驶离高速公路时，若车辆制动性能良好，可以不经减速车道直接驶入匝道。
答案：×

237. 在设有隔离设施允许掉头的路段，无需减速，可直接进行掉头。
答案：×

238. 驾驶机动车遇抢救伤员的救护车逆向驶来时，因其违反交通信号通行，可以不予避让。
答案：×

239. 驾驶机动车遇到牲畜横穿抢道的情况，可采取连续鸣喇叭的方式进行驱赶。
答案：×

240. 大风天气行车中，当突遇狂风袭来，感觉车辆产生横向偏移时，要急转方向以恢复行驶方向。
答案：×

241. 驾驶机动车在高速公路上行驶，可直接借用应急车道行驶、超车或停车。
答案：×

242. 在道路同方向划有两条以上机动车道的，左侧为快速车道，右侧为慢速车道。

答案：√

243. 驾驶人出现下列哪种情况时，可以驾驶机动车？

A. 服用国家管制的精神药品后

B. 过度疲劳时

C. 饮酒后　　D. 饮水后

答案：D

244. 驾驶机动车在路上行驶，遇到道路养护车辆、工程作业车进行作业时，正确的做法是什么？

A. 加速超越　　B. 注意避让

C. 连续鸣喇叭　　D. 各抢其道

答案：B

245. 在同向两车道的高速公路上最左侧车道行车，应当与同车道前车保持的安全距离是多少米？

A. 保持100米以上的距离

B. 保持100米以内的距离

C. 保持与车速相同数据的距离

D. 保持不小于50米的安全距离

答案：A

246. 车辆在高速公路以110千米/小时的速度行驶时，距同车道前车50米以上为安全距离。

答案：×

247. 夜间行驶或者在容易发生危险的路段行驶，以及遇有沙尘、冰雹、雨、雪、雾、结冰等气象条件时，应当降低行驶速度。

答案：√

248. 路边多辆车一起临近停车时，下列做法错误的是什么？

A. 靠道路右侧依次停放

B. 保持适当的安全间距

C. 逆向或并列停放

D. 按指定位置停放

答案：C

249. 驾驶机动车从主路汇入辅路车流时要迅速。

答案：×

250. 如图所示，在这种情况下从辅路汇入主路，下列做法正确的是什么？

A. 减速让左侧车辆先行

B. 鸣喇叭告知主路的车辆停车让行

C. 伺机从红车后快速汇入

D. 只要不影响主路车辆正常行驶就可加速通过

答案：A

251. 如图所示，这辆小型汽车驾驶人错在未提前观察侧后方交通情况确认安全。

答案：√

252. 驶近没有人行横道的交叉路口时，发现有人横穿道路，应立即迅速变道绕过行人。

答案：×

253. 如图所示，驾驶机动车遇后方车辆强行超车后，不给留出安全距离便向右变道时，被超机动车驾驶人可持续鸣喇叭警告，并加速反超。

答案：×

254. 驾驶机动车遇到这种情形时，不可抢行。

答案：√

255. 夜间驾驶机动车在复杂的交叉路口会车时，怎样使用灯光？

A. 关闭前照灯　　B. 使用远光灯

C. 关闭所有车灯　　D. 使用近光灯

答案：D

256.驾驶机动车通过学校区域时，最高车速是多少？

A.100千米/小时　B.90千米/小时

C.60千米/小时　D.30千米/小时

答案：D

257.驾驶机动车在人行横道前看到有停止的车辆时，一定要停车，不能盲目通过。

答案：√

258.驾驶机动车在没有施划停车泊位的道路上临时停车，要紧靠左侧路边逆向停放。

答案：×

259.驾驶机动车在雨天起步，要使用刮水器。

答案：√

260.驾驶机动车从辅路汇入主路车流时，只要不影响主路车辆的正常行驶就可以加速通过。

答案：×

261.驾驶机动车上坡时，在将要到达坡道顶端时要鸣喇叭示意。

答案：√

262.如图所示，行车经该路段，如果前车行驶相对较慢，可以在对向没有来车的情况下超车。

答案：×

263.行车中经窄桥路段，对向来车已在桥上，如何安全会车？

A.鸣喇叭加速通过　B.抢在对方前先行

C.靠道路左侧停靠　D.减速靠右让其先行

答案：D

7.2 安全行车常识

1.使用已有裂纹或损伤的轮胎容易引起什么后果？

A.向一侧偏驶　B.爆胎

C.转向困难　D.行驶阻力增大

答案：B

2.汽车的专用备胎可作为正常轮胎长期使用。

答案：×

解析：备胎和原胎的生产时间不一样，轮胎老化、硬化程度、寿命和变形都不一样，所以长时间使用是不安全的，备胎应该在紧急使用后，及时更换成原胎。

3.怎样调整汽车座椅安全头枕的高度？

A.调整到头枕中心对正颈部

B.调整到头枕中心与颈部平齐

C.调整到头枕中心高出头顶

D.调整到头枕中心能支撑头部

答案：D

4.驾驶装有ABS系统的汽车怎样采取紧急制动？

A.用力踩制动踏板

B.间歇踩制动踏板

C.缓慢踩制动踏板

D.逐渐踩下制动踏板

答案：A

5.车辆发生碰撞时，关于安全带作用的说法错误的是什么？

A.保护颈部不受伤害

B.减轻驾乘人员受伤程度

C.减轻驾驶人疲劳

D.保持正确驾驶姿势

答案：ACD

解析：驾驶疲劳和驾驶时间的长短有关，安全带不能减轻驾驶人疲劳。

6.驾驶机动车不系安全带在遇紧急制动或发生碰撞时可能会怎样？

A.撞击风窗玻璃　B.减少人员伤亡

C.被甩出车外　D.造成胸部损伤

答案：ACD

7.安全头枕要调整到与颈部平齐的高度。

答案：×

8.驾驶装有安全气囊的汽车可以不系安全带。

答案：×

解析：不系安全带，发生碰撞气囊爆炸时会对人产生更大的伤害。

9. 水温表是用来指示哪个部件的温度？

A. 行驶系　　B. 转向系

C. 发动机　　D. 变速器

答案：C

10. 如果轮胎胎侧顺线出现裂口，以下做法正确的是什么？

A. 放气减压　　B. 及时换胎

C. 给轮胎充气　　D. 不用更换

答案：B

11. 检查机动车机油时，以下做法正确是什么？

A. 停在平坦的地方，在启动前检查

B. 停在平坦的地方，在怠速状态下检查

C. 无需停在平坦的地方，在启动前检查

D. 无需停在平坦的地方，在怠速状态下检查

答案：A

12. 出车前检查刮水器时，应尽量在干燥状态下进行。

答案：×

13. 轮胎气压过高或过低都容易导致爆胎。

答案：√

14. 车辆在路边起步后，应随时注意车辆两侧道路情况，向左缓慢转向，逐渐驶入正常行驶的车道。

答案：√

15. 机动车涉水后，制动器的制动效果不会改变。

答案：×

16. 夜间行车时，全车灯光突然熄灭，应当立即迅速制动，靠边停车。

答案：×

17. 出车前检查的目的是什么？

A. 确认机动车车胎是否损毁

B. 确认周围是否有障碍物

C. 确认在车辆附近是否存在安全隐患

D. 确认出车方向的安全性

答案：ABCD

18. 汽车各轮胎气压不一致时，容易造成的后果是什么？

A. 爆胎　　B. 汽车行驶油耗增大

C. 操纵失控　　D. 加剧轮胎磨损

答案：ABCD

19. 驾驶机动车起步前，驾驶人对乘车人需要提出什么要求？

A. 系好安全带

B. 调整好后视镜

C. 不要把身体伸出车外

D. 不要向车外抛洒物品

答案：ACD

20. 出车前，应该做的准备工作是什么？

A. 仔细巡视车辆四周的状况，观察车底和车身周围是否有障碍物

B. 上车后关好车门，调整好座位，系好安全带

C. 启动车辆，观察仪表，检查车辆工作是否正常

D. 调整好后视镜

答案：ABCD

21. 如图所示，起步时此灯亮起表示驻车制动(手刹)放下。

答案：×

22. 机动车从高速公路加速车道汇入行车道车流时，以下做法正确的是什么？

A. 从正常行驶车辆后驶入行车道

B. 从正常行驶车辆前驶入行车道

C. 停车等待正常行驶车辆通过

D. 加速直接驶入行车道

答案：A

23. 驾驶机动车应当怎样汇入主路车流？

A. 加速直接汇入车流

B. 开启转向灯观察主路情况确保安全汇入车流

C. 开启转向灯直接汇入车流

D. 不用开启转向灯加速汇入车流

答案：B

24. 关于驾驶机动车汇入主路车流，以下说法正确的是什么？

A. 不得妨碍主路车辆正常行驶

B. 只要不发生事故可随意行驶

C. 可以碾压实线及导流线

D. 在不发生事故的前提下干扰主路车流也是可以的

答案：A

25. 如图所示，在同向三车道高速公路上行驶，车速低于80千米/小时的车辆应在哪条车道上行驶？

A. 最左侧车道　　B. 中间车道
C. 最右侧车道　　D. 任意车道
答案：C

26. 驶入高速公路减速车道后，应关闭转向灯，注意观察限速标志，进入匝道之前将车速降到多少以下？
A. 标志规定车速　　B.80千米/小时
C.60千米/小时　　D.40千米/小时
答案：A

27. 如图所示，若车后50m范围内无其他车辆，可以不打转向灯变更车道。

答案：×

28. 驾驶机动车驶入高速公路加速车道后，应迅速将车速提高到100千米/小时以上。
答案：×

29. 驾驶机动车在高速公路加速车道提速到60千米/小时以上时，可直接驶入行车道。
答案：×

30. 如图所示，驾驶机动车遇这种情况应如何安全汇入车流？

A. 加速直接汇入车流
B. 认真观察主路车流情况
C. 提前开启转向灯并降低车速
D. 不得妨碍主路正常行驶车辆
答案：BCD

31. 在山区道路行驶时，以下说法正确的是什么？
A. 上坡路段的安全距离应比平坦路段的大
B. 下坡路段的安全距离应比平坦路段的小
C. 急弯路段应当紧随前车
D. 以上说法都正确
答案：A

32. 前方遇有大型拉土(石)货车，应当尽量远离，避让。
答案：√

33. 多车跟车行驶，为避免追尾事故发生应至少观察前方两到三辆车，从而能对减速或停车具有预见性。
答案：√

34. 雪天行车，车轮的附着力大大减小，跟车距离不是主要的，只需要保持低速行驶便可以防止事故发生。
答案：×

35. 雪天行车，由于路面湿滑，车轮附着力减小，因此应当加大两车之间的安全距离。
答案：√

36. 跟车行驶时，要留有足够的安全距离，是因为什么？
A. 遇到紧急情况时，能有足够的避让空间
B. 跟车越近，越不容易掌握前车前方的情况
C. 防止因前车尾灯损坏，不能及时发现前车制动
D. 跟车太近，容易发生追尾
答案：ABCD

37. 关于影响制动停车距离的因素，以下说法正确的是什么？
A. 车辆行驶速度
B. 驾驶人的反应时间
C. 路面状况
D. 载货量的多少以及制动器的结构形式等
答案：ABCD

38. 可以选择下坡路段超车。
答案：×

39. 在这种情况下可以借用快速车道超车。

答案：√

40. 如图所示，当与对向车辆有会车可能时，不得超车。

答案：√

41. 关于超车，以下说法正确的是什么？
A. 提前开启左转向灯
B. 夜间交替使用远近光灯
C. 鸣喇叭提示
D. 加速从右侧超越
答案：ABC

42. 关于超车，以下说法正确的是什么？
A. 超车时从前车左侧超越
B. 超车时从前车右侧超越
C. 超车完毕，立即开启右转向灯驶回原车道
D. 超车完毕，与被超车拉开必要的安全距离后开启右转向灯驶回原车道
答案：AD

43. 如图所示，行车中遇到这种情况应当如何安全会车？

A. 鸣喇叭，加速通过
B. 减速靠右，让其先行
C. 靠道路左侧停靠让其先行
D. 抢在对方前先行通过
答案：B

44. 夜间会车时，如遇对方持续开启远光灯，应当如何安全会车？
A. 鸣喇叭，加速通过
B. 及时开启远光灯
C. 使用近光灯，低速会车或停车让行
D. 使用远光灯，低速会车
答案：C

45. 如图所示，驾驶机动车在会车过程中遇到这种情况，应当持续鸣喇叭并提高车速迫使其驶回车道。

答案：×

46. 当感觉与对向驶来的车辆会车有困难时，应及时减速靠边行驶，或停车让行。
答案：√

47. 在狭窄的坡路会车，如遇下坡车不减速、不让行，应持续鸣喇叭迫使其停车让行。
答案：×

48. 如图所示，驾驶机动车在这样的狭窄路段会车，驾驶人应当减速靠右并保持横向安全距离。

答案：√

49. 机动车行经视线受阻的急弯路段时，如遇对方车辆鸣喇叭示意，也应当及时鸣喇叭进行回应。
答案：√

50. 如图所示，在这种情况下要充分减速靠右行驶。

答案：√

51. 夜间临时停车时，只要有路灯就可以不开危险报警闪光灯。

答案：×

52. 在立交桥上可以临时停车。

答案：×

53. 隧道中可以临时停车休息一会儿，避免疲劳驾驶。

答案：×

54. 如图所示，红色汽车在此地点停车等候是违法行为。

答案：√

55. 如图所示，只要没有警察在场就可以在此地点停车。

答案：×

56. 关于停车，以下说法正确的是什么？

A. 应靠道路右侧

B. 开关车门不得妨碍其他车辆和行人通行

C. 交叉路口50米以内不得停车

D. 开左转向灯

答案：ABC

57. 应该选择什么地点停车？

A. 停车场

B. 道路施划的停车泊位内

C. 人行横道

D. 施工路段

答案：AB

58. 以下什么地点不能停车？

A. 人行横道

B. 停车场

C. 山区容易发生塌方、泥石流路段

D. 道路施划的停车泊位内

答案：AC

59. 夜间路边临时停车，以下做法错误的是什么？

A. 不开启灯光

B. 开远光灯

C. 开危险报警闪光灯

D. 开启示廓灯、后位灯

答案：AB

60. 关于停车，以下做法错误的是什么？

A. 在交叉路口停车

B. 在铁道路口停车

C. 在山区易落石路段停车

D. 在停车场停车

答案：ABC

61. 停车时，以下做法正确的是什么？

A. 按顺行方向停放

B. 车身不超出停车泊位

C. 关闭电路

D. 锁好车门

答案：ABCD

62. 在路口掉头时，应提前开启左转向灯进入导向车道，不得妨碍行人和其他车辆正常通行。

答案：√

63. 在路口掉头时，为了保证通畅，应加速迅速完成掉头。

答案：×

64. 在路口掉头时，可以不避让直行车辆。

答案：×

65. 掉头时，以下做法正确的是什么？

A. 不开转向灯

B. 提前开启左转向灯

C. 在掉头车道掉头

D. 在直行车道掉头

答案：BC

66.如图所示，驾驶机动车在路口前遇黄灯亮时，应停车等待。

答案：√

67.如图所示，造成这起事故的主要原因是机动车未按规定避让行人。

答案：√

68.机动车行经没有交通信号的道路，遇行人横过道路时，以下做法错误的是什么？

A.减速或停车避让　　B.鸣喇叭催促

C.寻找间隙穿插驶过　D.绕前通过

答案：BCD

69.如图所示，驾驶机动车看到路边有这种标志时，表示前方接近学校区域，因此要提前减速注意观察。

答案：√

70.驾驶机动车通过学校门口时应注意什么？

A.注意观察标志、标线

B.注意减速慢行

C.不要鸣喇叭

D.快速通过

答案：ABC

71.如图所示，驾驶机动车通过小区遇到这种情况，应减速行驶，随时准备停车。

答案：√

72.如图所示，驾驶机动车在居民小区遇到这种情形要连续鸣喇叭，示意行人让路。

答案：×

73.如图所示，驾驶机动车进入该居民小区，车速不能超过5千米/小时。

答案：√

74.如图所示，在居民区内为了预防突发情况出现，驾驶人应如何安全驾驶？

A. 注意观察，随时准备停车
B. 进入小区前应降低车速
C. 不与行人抢行
D. 鸣喇叭示意行人让行
答案：ABC

75. 如图所示，驾驶机动车在居民区遇到这种情形，应如何安全驾驶？

A. 紧跟其后行驶
B. 低速慢行
C. 连续鸣喇叭示意
D. 保持必要的安全距离
答案：BD

76. 如图所示，在这种情况下要注意右侧的非机动车。

答案：√

77. 如图所示，驾驶机动车在公交车站遇到这种情况要迅速向左变更车道绕行。

答案：×

78. 如图所示，在这种情况下可以在公交车站临时停车。

答案：×

79. 如图所示，驾驶机动车临近停在车站的公交车时，以下做法正确的是什么？

A. 降低车速　　B. 随时准备停车
C. 尽快超越　　D. 加大横向安全距离
答案：ABD

80. 如图所示，驾驶机动车遇到这种情形，应如何安全通过？

A. 减速慢行　　B. 注意观察
C. 拉开横向安全距离
D. 预防突然横穿的行人
答案：ABCD

81. 如图所示，驾驶机动车行驶至此路段时，应当减速靠右侧行驶。

答案：√

82. 如图所示，驾驶机动车行驶至此路段时，应当提前减速慢行，注意前方可能出现的行人及车辆。

答案：√

83. 如图所示，这种情况下，B车优先通行。

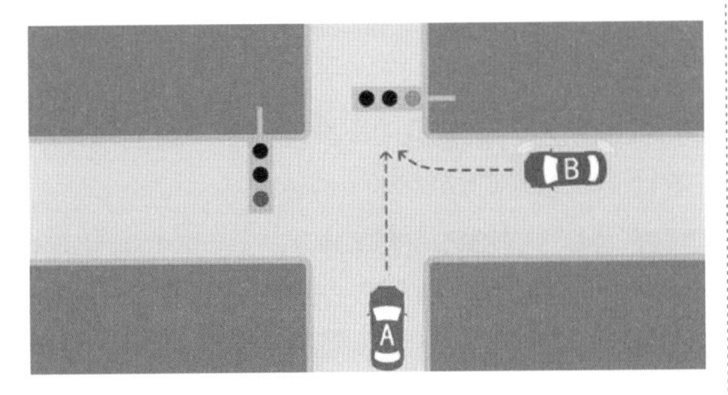

答案：×

84. 如图所示，驾驶机动车驶出环岛时，应先驶入最右侧车道不用开启转向灯驶离即可。

答案：×

85. 如图所示，驾驶机动车驶近这样的公交车站时，既要注意到路侧行人的活动情况随时准备减速避让，又要考虑前方道路可能存在拥堵，不应跟车过近，防止视线受阻。

答案：√

86. 驾驶机动车驶入拥堵的环形路口，以下做法正确的是什么？

A. 注意避让已在路口内的车辆

B. 优先驶入环形路口

C. 鸣喇叭示意其他车辆让行

D. 超越前方车辆进入路口

答案：A

87. 驾驶机动车驶离停车场进入主路时，驾驶人应当鸣喇叭示意主路车辆让行。

答案：×

88. 如图所示，驾驶机动车遇到前方车辆正在停车时，以下做法正确的是什么？

A. 提前减速并停车等待

B. 借对向车道超越前车

C. 鸣喇叭催促前车让路

D. 继续行驶，靠近前车

答案：A

89. 驾驶机动车跟车行驶遇到出租车正在接送乘客时，以下做法正确的是什么？

A. 停车等待

B. 从对向车道加速超越

C. 连续鸣喇叭催促

D. 从非机动车道通过

答案：A

90. 驾驶小型汽车跟随装满货物的大货车行驶时，应当注意以下哪些方面？

A. 大货车制动距离相对较长

B. 大货车可能遗撒货物

C. 大货车盲区较大

D. 大货车遮挡小型机动车视线

答案：ABCD

91. 驾驶机动车在向左变更车道前，通过左后视镜看到图中情形时，以下做法正确的是什么？

A. 开启左转向灯后直接变更车道

B. 在确认左侧无其他车辆后，变更车道

C.开启左转向灯稍向左行驶，后车让行后再变更车道

D.开启左转向灯，让后方车辆通过后变更车道

答案：D

92.如图所示，机动车遇到这种情况，A车应当主动减速让行的原因是什么？

A.靠近山体一侧的车危险性更高

B.靠近山体一侧的车更加容易减速

C.临崖一侧的车危险性更高

D.临崖一侧的车更容易通过

答案：C

93.如图所示，驾驶机动车遇到这种主路左侧来车的情况，以下说法正确的是什么？

A.左侧来车应该给己车让行

B.己车应该给左侧来车让行

C.不需让行，谁车速快谁先过

D.不需让行，己车有优先通行权

答案：B

94.驾驶机动车行驶到路口绿灯亮时，拥有优先通行权，可以不给行人或非机动车让行。

答案：×

95.如图所示，驾驶机动车遇到这种情况，应及时降低车速，遇交通堵塞时，可以鸣喇叭。

答案：×

96.驾驶机动车行驶中，驾驶人要随时注意与前车的安全距离，安全距离应随着车速的提高而增加。

答案：√

97.如图所示，驾驶机动车发现前车向后溜车，以下做法正确的是什么？

A.迅速向右方倒车躲避

B.停车鸣喇叭提示

C.迅速向左方倒车躲避

D.直接倒车躲避

答案：B

98.如图所示，在这种无信号灯控制的情况下，A车、B车、C车的通行权顺序是什么？

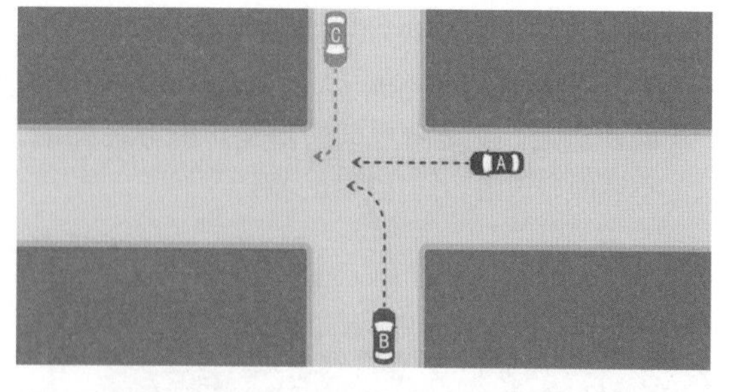

A.B车、A车、C车　B.C车、A车、B车

C.A车、B车、C车　D.A车、C车、B车

答案：C

解析：没有交通标志、标线控制的交叉路

口，转弯的机动车让直行的车辆先行；相对方向行驶的右转弯的机动车让左转弯的车辆先行，如图所示，A车直行，B车左转弯，C车右转弯，因此，A、B、C车通行权顺序是A车、B车、C车。

99. 如图所示，驾驶机动车遇到这种情况时，可以借对向车道超越前车。

答案：×

100. 如图所示，驾驶机动车遇到这种情况时，驾驶人应注意的是什么？

A. 左前方行人可能在前方机动车驶过后马上横穿道路
B. 左前方行人对是否横穿马路可能犹豫不决，无法准确判断
C. 前方机动车可能遇有其他横穿道路的行人减速或紧急停车
D. 前方机动车可能躲避横穿道路的行人，突然变更车道

答案：ABCD

101. 如图所示，驾驶机动车遇到这种情况时，驾驶人应注意的是什么？

A. 道路左侧儿童可能突然跑进路中
B. 前方行人可能未察觉有机动车驶近
C. 迎面来车可能造成会车困难
D. 右侧停放的机动车可能会突然起步

答案：ABCD

102. 如图所示，驾驶机动车驶近公交车站时，驾驶人应注意的是什么？

A. 下车的乘客可能从公交车前方横穿道路
B. 公交车可能即将启动并向左变更车道
C. 右侧摩托车可能驶入机动车道并穿插变更车道
D. 对向车道内的机动车可能违法跨越道路中心线超车

答案：ABCD

103. 驾驶机动车驶出小区上道路行驶，以下做法正确的是什么？

A. 无需观察直接汇入主路车流
B. 无需避让主路车辆
C. 在不妨碍主路车辆正常行驶的前提下汇入车流
D. 鸣喇叭示意主路车避让

答案：C

104. 如图所示，驾驶机动车驶离停车场进主路时，以下做法正确的是什么？

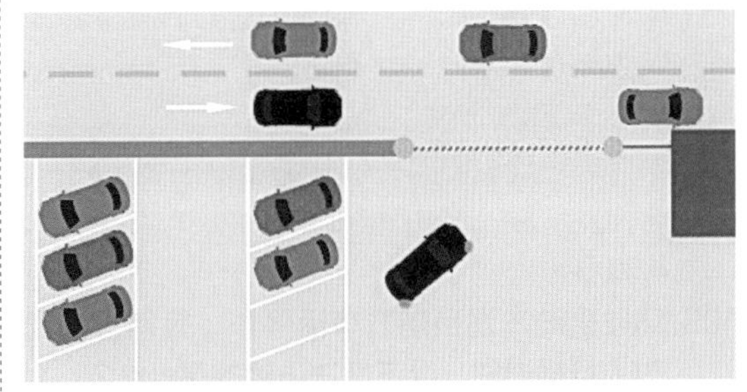

A. 加速汇入主路车流
B. 可以不避让主路车辆
C. 无需观察，鸣喇叭示意后汇入车流
D. 减速慢行，在不妨碍主路车辆行驶的前提

下汇入车流

答案：D

105. 如图所示，驾驶机动车跟车行驶遇到前方大货车行驶缓慢时，以下做法正确的是什么？

A. 连续鸣喇叭示意其让道

B. 加大安全车距，适时超车

C. 加速行驶，伺机超车

D. 紧跟前方大货车

答案：B

106. 驾驶机动车在上坡道路跟车行驶，遇到前车停车时，为防止前车起步时溜车，应适当加大安全距离。

答案：√

107. 以下跟车情况中，应当注意的情形有哪些？

A. 跟随出租汽车行驶时，要预防其随时可能靠边停车上下乘客

B. 当前方汽车贴有实习标志时，应该增大跟车距离，预防前车紧急制动

C. 前方为装满货物的大货车时，应增大跟车距离并避免长时间跟随，以预防货物遗撒和车后盲区带来的危险

D. 雾天跟车行驶，注意前车紧急制动

答案：ABCD

108. 驾驶机动车发现后车开启左转向灯发出超车信号时，以下做法正确的是什么？

A. 在有让超车条件，保证安全的情况下，减速靠右让路

B. 加速行驶，使他不能超越

C. 开启危险报警闪光灯，暗示他不要超越

D. 向左行驶，阻止他超越

答案：A

109. 驾驶机动车遇到前方车辆停车，等待行人通过人行横道时，以下做法正确的是什么？

A. 从左侧超越前车

B. 鸣喇叭催促前车向前行驶

C. 从右侧超越前车

D. 与前车保持安全距离，排队等待

答案：D

110. 如图所示，驾驶机动车遇到这种情况，B车做法正确的是什么？

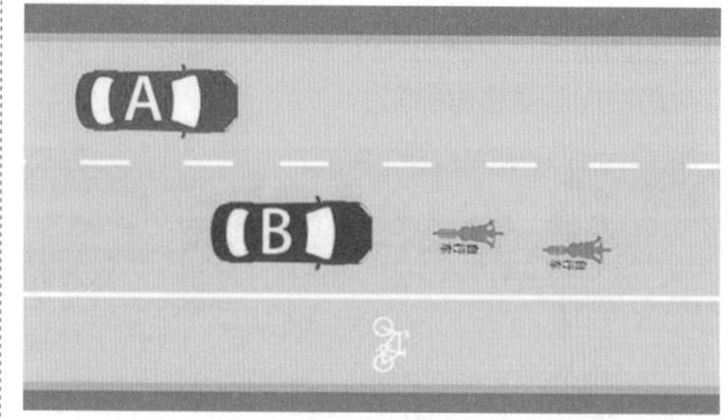

A. 适当鸣喇叭加速通过

B. 长鸣喇叭催促

C. 挤靠自行车

D. 减速让行

答案：D

111. 驾驶机动车与前车距离过近时，容易发生追尾事故。

答案：√

112. 如遇交通流量较大的路段，跟车距离不重要，只需要保持低速行驶即可。

答案：×

113. 如图所示，驾驶机动车遇到这种情况时，我方车辆享有优先通行权。

答案：√

114. 如图所示，在这种情况下，A车应该让路口内的B车先行。

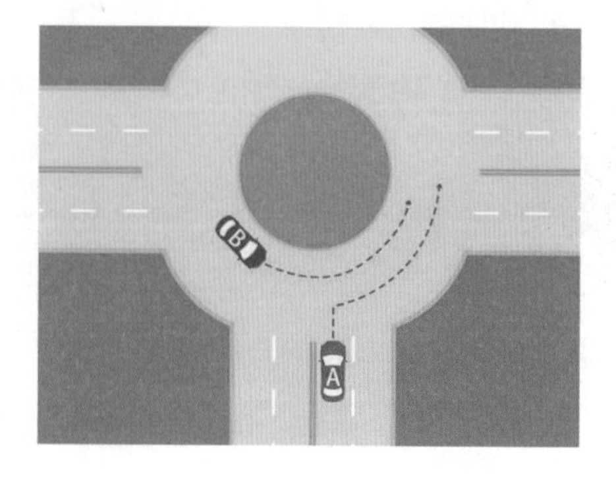

答案：√

115. 如图所示，D车的停放方式是正确的。

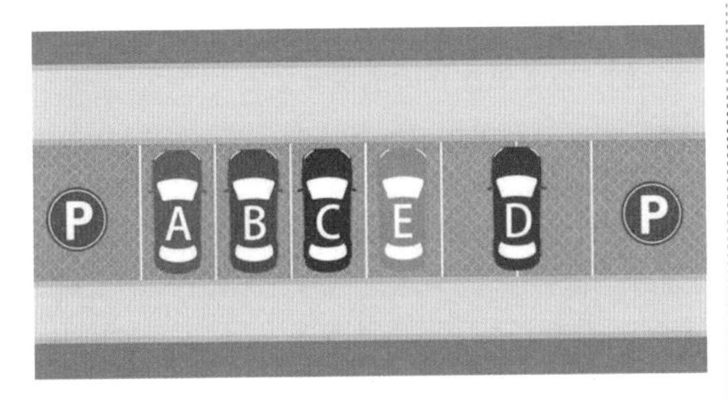

答案：×

116. 出租车为了方便乘客上下车，可以在交叉路口临时停车。

答案：×

117. 如图所示，图中车辆如何通行才符合安全文明行车要求？

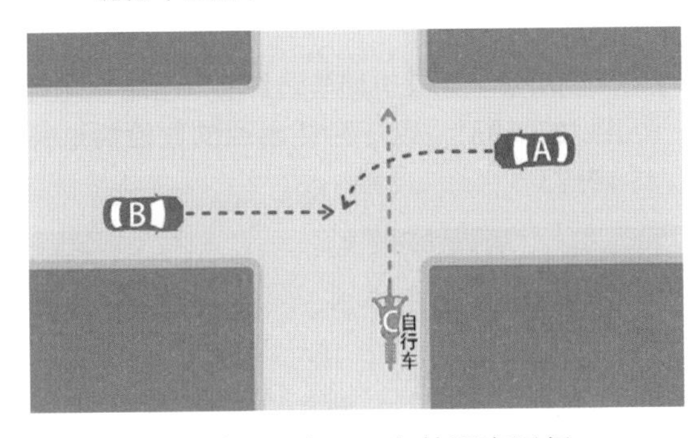

A. 按照B车、C车、A车的顺序通行

B. 按照A车、B车、C车的顺序通行

C. 按照C车、A车、B车的顺序通行

D. 按照C车、B车、A车的顺序通行

答案：D

解析：机动车应让自行车C先行（自行车最优先），接着，直行车B先行，左转弯车A让行B车最后通过。

118. 如图所示，驾驶机动车遇到这种情况时，应注意左前方行人可能在前方机动车驶过后马上横穿道路。

答案：√

119. 如图所示，驾驶机动车在这种情况下，可以直行也可以右转。

答案：×

解析：行驶中，不能只看信号灯，还要看路面标线、标志等，这种情况下，信号灯绿灯亮，允许直行和右转，但是路面箭头表示只能右转。

120. 如图所示，驾驶机动车驶近这样的人行横道时，驾驶人应注意的是什么？

A. 前方行人可能滞留在人行横道内

B. 左前方骑自行车者可能突然右转弯

C. 右前方骑摩托车者可能突然向左变更车道横穿道路

D. 右前方白色机动车行驶动态

答案：ABCD

121. 如图所示，驾驶机动车看到这个标志时，应及时减速注意观察。

答案：√

122. 如图所示，驾驶机动车遇到这种情况时，应减速或停车，待前方车辆通过后再通行。

答案：√

123. 驾驶机动车汇入车流时应当开启转向灯，认真观察主路上车辆的行驶情况，在不妨碍主路车辆正常行驶的前提下汇入车流。

答案：√

124. 关于驾驶机动车跟车行驶，以下做法正确的是什么？

A. 与前车保持足以采取紧急制动措施的安全距离

B. 与前车保持较近距离，以防加塞

C. 将注意力全部集中在所跟随的车辆上

D. 将注意力全部集中在后方的车辆上

答案：A

125. 如图所示，驾驶机动车跟车行驶遇到前车遮挡路口交通信号灯时，以下做法正确的是什么？

A. 紧跟前车通过交叉口

B. 减速做好停车准备

C. 立即变更车道

D. 立即停车

答案：B

126. 驾驶机动车在坡道路段跟车行驶时，应保持比平路跟车时更大的安全距离。

答案：√

127. 驾驶机动车不得超越正在超车的车辆。

答案：√

128. 如图所示，驾驶机动车在这个路段想要掉头时，以下做法正确的是什么？

A. 鸣喇叭提示行人后掉头

B. 对面黄色车辆通过后掉头

C. 行人通过后掉头

D. 继续直行，寻找可掉头路段

答案：D

129. 如图所示，驾驶机动车遇到前方道路中间有停驶车辆时，以下可能出现的危险情形有哪些？

A. 前车左侧车门可能突然打开

B. 前车前方可能有行人横穿马路

C. 前车可能突然掉头

D. 前车可能突然倒车

答案：ABCD

130. 如图所示，驾驶机动车遇弯道会车时，以下做法正确的是什么？

A. 加速通过　　B. 占用对向车道

C. 靠边停车　　　　D. 减速靠右通过

答案：D

131. 如图所示，驾驶机动车遇到这种情况时，应该考虑到路边儿童可能会因为打闹而突然冲入路内。

答案：√

132. 机动车可以在人行横道上临时停放，但不得长时间停放。

答案：×

133. 社会车辆可以在出租车停车位临时停车。

答案：×

134. 如图所示，驾驶机动车遇到左侧支路白色汽车不减速让行时，以下做法正确的是什么？

A. 加速，并超越白色汽车通过路口

B. 减速，注意避让

C. 持续鸣喇叭，并保持原有车速

D. 用车灯闪烁，示意对方让行

答案：B

135. 如图所示，驾驶机动车驶近这样的路口时，应保持视线移动，时刻关注着周围可能出现的潜在危险。

答案：√

136. 如图所示，驾驶机动车通过这样的路口时，应注意行人、非机动车，提前减速随时准备停车避让。

答案：√

137. 如图所示，驾驶机动车行经该路段时，以下说法错误的是什么？

A. 注意儿童　　　　B. 禁止停车

C. 禁止鸣喇叭　　　D. 前方禁止通行

答案：D

138. 驾驶机动车行经学校门前遇到放学时段，为了保证道路的车流通畅，应勤鸣喇叭督促学生让开主车道。

答案：×

139. 驾驶机动车驶入居民小区时，为了警告出入口处车辆及行人应连续鸣喇叭。

答案：×

140. 临时停车，要注意什么？

A. 紧靠道路右侧

B. 开关车门不得妨碍其他车辆和行人通行

C. 交叉路口50米以内不得停车

D. 开左转向灯

答案：ABC

141. 在路口掉头时，只要不妨碍行人通行可以在人行横道完成掉头。

答案：×

142.如图所示，驾驶机动车直行通过路口，遇对向车辆左转时，让已在路口内的左转车辆优先通过路口。

答案：√

143.停车时，以下做法不正确是什么？

A.在交叉路口停车

B.在铁道路口停车

C.在停车泊位内停车

D.在停车场内停车

答案：AB

144.驾驶机动车频繁变更车道的危害，以下说法错误的是什么？

A.扰乱交通秩序　B.易导致爆胎

C.影响正常通行　D.易引发交通事故

答案：B

145.驾驶机动车时接打电话容易引发事故，以下原因错误的是什么？

A.单手握转向盘，对机动车控制力下降

B.驾驶人注意力不集中，不能及时判断危险

C.电话的信号会对汽车电子设备的运行造成干扰

D.驾驶人对路况观察不到位，容易导致操作失误

答案：C

146.行车中需要借道绕过前方障碍物，但对向来车已接近障碍物时，应怎样做？

A.降低速度或停车，让对向来车优先通行

B.加速提前抢过

C.鸣喇叭示意对向车辆让道

D.迅速占用车道，迫使对向来车停车让道

答案：A

147.驾驶机动车在交叉路口前变更车道时，应怎样驶入要变更的车道？

A.在路口前实线区内根据需要

B.进入路口实线区内

C.在虚线区按导向箭头指示

D.在路口停止线前

答案：C

148.车辆驶近人行横道时，应怎样做？

A.加速通过　B.立即停车

C.鸣喇叭示意行人让道

D.先减速注意观察行人、非机动车动态，确认安全后再通过

答案：D

149.车辆临时靠边停车后准备起步时，应先怎样做？

A.加油起步　B.鸣喇叭

C.观察周围交通情况　D.提高发动机转速

答案：C

150.行驶车道绿灯亮时，但车辆前方人行横道仍有行人行走，应怎样做？

A.直接起步通过

B.起步后从行人后方绕过

C.起步后从行人前方绕过

D.等行人通过后再起步

答案：D

151.在一般道路倒车时，若发现有过往车辆通过，应怎样做？

A.继续倒车　B.鸣喇叭示意

C.主动停车避让　D.加速倒车

答案：C

152.会车前选择的交会位置不理想时，应怎样做？

A.加速选择理想位置

B.减速、低速会车或停车让行

C.向左占道，让对方减速让行

D.打开前照灯，示意对方停车让行

答案：B

153.进入左侧道路超车，无法保证与正常行驶前车的横向安全间距时，应怎样做？

A.加速超越　B.并行一段距离后再超越

C.放弃超车　D.谨慎超越

答案：C

154.驾驶的车辆正在被其他车辆超越时，应怎样做？

A.靠道路中心行驶　B.加速让路

C.继续加速行驶　D.减速，靠右侧行驶

答案：D

155.遇后车发出超车信号后，只要具备让超条件应怎样做？

A.迅速减速或紧急制动

B.让出适当空间加速行驶
C.主动减速并靠右侧行驶
D.靠道路右侧加速行驶
答案：C

156.驾驶车辆行至道路急转弯处，应怎样做？
A.借对向车道行驶
B.急剧制动低速通过
C.靠弯道外侧行驶
D.充分减速并靠右侧行驶
答案：D

157.山区道路车辆进入弯道前，在对面没有来车的情况下，应怎样做？
A.应减速、鸣喇叭、靠右行
B.可靠弯道外侧行驶
C.可短时间借用对方的车道
D.可加速沿弯道切线方向通过
答案：A

158.驾驶车辆在堵车的交叉路口绿灯亮时，应怎样做？
A.可直接驶入交叉路口
B.不能驶入交叉路口
C.在保证安全的情况下驶入交叉路口
D.可借对向车道通过路口
答案：B

159.驾驶车辆通过无人看守的铁道路口时，应怎样做？
A.加速通过 B.减速通过
C.匀速通过 D.一停、二看、三通过
答案：D

160.驾驶车辆驶入铁道路口前减速降挡，进入道口后应怎样做？
A.不能变换挡位 B.可以变换挡位
C.可换为高速挡 D.停车观察
答案：A

161.行车中超越右侧停放的车辆时，为预防其突然起步或开启车门，应怎样做？
A.预留出横向安全距离，减速行驶
B.保持正常速度行驶
C.长鸣喇叭
D.加速通过
答案：A

162.驶近没有人行横道的交叉路口时，发现有人横穿道路，应怎样做？
A.减速或停车让行
B.鸣喇叭示意其让道
C.抢在行人之前通过
D.立即变道绕过行人
答案：A

163.行车中遇有非机动车准备绕过停放的车辆时，应怎样做？
A.鸣喇叭示意其让道
B.让其先行
C.加速绕过
D.紧随其后鸣喇叭
答案：B

164.行车中，遇非机动车抢行时，应怎样做？
A.鸣喇叭警告 B.加速通过
C.减速让行 D.临近时突然加速
答案：C

165.行车中遇抢救伤员的救护车从本车道逆向驶来时，应怎样做？
A.靠边减速或停车让行
B.占用其他车道行驶
C.加速变更车道避让
D.在原车道内继续行驶
答案：A

166.行车中遇儿童时，应怎样做？
A.长鸣喇叭催促
B.减速慢行，必要时停车避让
C.迅速从一侧通过
D.加速绕行
答案：B

167.行车中遇列队横过道路的学生时，应怎样做？
A.提前加速抢行
B.停车让行
C.降低车速，缓慢通过
D.连续鸣喇叭催促
答案：B

168.车辆通过凹凸路面时，应怎样做？
A.低速缓慢平稳通过
B.依靠惯性加速冲过
C.挂空挡滑行驶过
D.保持原速通过
答案：A

169.行车中超越同向行驶的自行车时，应怎样做？
A.让自行车先行
B.注意观察动态，减速慢行，留有足够的安全距离

C.连续鸣喇叭提醒其让路
D.持续鸣喇叭并加速超越
答案：B

170.夜间驾驶车辆遇自行车对向驶来时，应怎样做？
A.连续变换远近光灯
B.不断鸣喇叭
C.使用远光灯
D.使用近光灯，减速或停车避让
答案：D

171.车辆在主干道上行驶，驶近主支路交会处时，为防止与从支路突然驶入的车辆相撞，应怎样做？
A.提前减速观察，谨慎驾驶
B.保持正常速度行驶
C.鸣喇叭，迅速通过
D.提前加速通过
答案：A

172.车辆在交叉路口有优先通行权的，遇有车辆抢行时，应怎样做？
A.抢行通过
B.提前加速通过
C.按优先权规定正常行驶不予避让
D.减速避让，必要时停车让行
答案：D

173.机动车在道路边临时停车时，应怎样做？
A.可逆向停放
B.可并列停放
C.不得逆向或并列停放
D.只要出去方便，可随意停放
答案：C

174.车辆在雨天临时停车时，应开启什么灯？
A.前后雾灯　B.危险报警闪光灯
C.前大灯　D.倒车灯
答案：B

175.车辆在雪天临时停车时，应开启什么灯？
A.前后雾灯　B.倒车灯
C.前大灯　D.危险报警闪光灯
答案：D

176.驾驶人行车中看到注意儿童标志时，应怎样做？
A.加速行驶　B.绕道行驶
C.谨慎选择行车速度　D.保持正常车速行驶
答案：C

177.车辆驶近停在车站的公交车时，为预防公交车突然起步或行人从车前穿出，应怎样做？
A.减速，保持足够间距，随时准备停车
B.保持正常车速行驶
C.随时准备紧急制动
D.鸣喇叭提醒，加速通过
答案：A

178.雨天行车，遇撑雨伞和穿雨衣的行人在公路上行走时，应怎样做？
A.以正常速度行驶
B.持续鸣喇叭示意其让道
C.加速绕行
D.提前鸣喇叭，并适当降低车速
答案：D

179.车辆行至交叉路口，遇有转弯的车辆抢行，应怎样做？
A.停车避让　B.保持正常车速行驶
C.提高车速抢先通过　D.鸣喇叭抢先通过
答案：A

180.驾驶的车辆正在被其他车辆超越时，若此时后方有跟随行驶的车辆，应怎样做？
A.继续加速行驶
B.稍向右侧行驶，保证横向安全距离
C.靠道路中心行驶
D.加速向右侧让路
答案：B

181.驾驶车辆变更车道时，应提前开启转向灯，注意观察，保持安全距离，驶入要变更的车道。
答案：√

182.驾驶车辆向右变更车道时，应提前开启右转向灯，注意观察，在确保安全的情况下，驶入要变更的车道。
答案：√

183.变更车道时只需开启转向灯，便可迅速转向驶入相应的行车道。
答案：×

184.驾驶车辆汇入车流时，应提前开启转向灯，保持直线行驶，通过后视镜观察左右情况，确认安全后汇入。
答案：√

185.变更车道时，应开启转向灯，迅速驶入侧方车道。
答案：×

186.行车中从其他道路汇入车流前，应注意观察侧后方车辆的动态。

答案：√

187. 驾驶车辆通过人行横道时，应注意礼让行人。

答案：√

188. 车辆起步前，驾驶人应对车辆周围交通情况进行观察，确认安全时再开始起步。

答案：√

189. 车辆在路边起步后应尽快提速，并向左迅速转向驶入正常行驶道路。

答案：×

190. 倒车过程中要缓慢行驶，注意观察车辆两侧和后方的情况，随时做好停车准备。

答案：√

191. 通过隧道时，不得超车。

答案：√

192. 通过铁道路口时，不得超车。

答案：√

193. 通过急转弯路段时，在车辆较少的情况下可以超车。

答案：×

194. 通过窄路、窄桥时，不得超车。

答案：√

195. 车辆转弯时应沿道路右侧行驶，不要侵占对方的车道，做到“左转转大弯，右转转小弯”。

答案：√

196. 驾驶车辆进入交叉路口前，应降低行驶速度，注意观察，确认安全。

答案：√

197. 车辆通过铁道路口时，应用低速挡安全通过，中途不得换挡，以避免发动机熄火。

答案：√

198. 行车中，发现行人突然横过道路时，应迅速减速避让。

答案：√

199. 当行人出现交通安全违法行为时，车辆可以不给行人让行。

答案：×

200. 车辆在交叉路口绿灯亮后，遇非机动车抢道行驶时，可以不让行。

答案：×

201. 掉头过程中，应严格控制车速，仔细观察道路前后方情况，确认安全后方可前进或倒车。

答案：√

202. 行车中遇残疾人影响通行时，应主动减速礼让。

答案：√

203. 行车中，设有安全带装置的机动车，车内乘员要系好安全带。

答案：√

204. 行车中前方遇自行车影响通行时，可鸣喇叭提示，加速绕行。

答案：×

205. 机动车在环形路口内行驶，遇有其他车辆强行驶入时，只要有优先权就可以不避让。

答案：×

206. 车辆行至交叉路口时，左转弯车辆在任何时段都可以进入左转弯待转区。

答案：×

207. 车辆行至急转弯处时，应减速并靠右侧行驶，防止与越过弯道中心线的对方车辆相撞。

答案：√

208. 车辆长时间停放时，应选择停车场停车。

答案：√

209. 车辆通过学校和小区应注意观察标志、标线，低速行驶，不要鸣喇叭。

答案：√

210. 如图所示，驾驶机动车接打电话容易导致发生交通事故。

答案：√

211. 驾驶机动车遇紧急事务，可以边开车边接打电话。

答案：×

212. 如图所示，驾驶机动车时，前风窗玻璃处悬挂放置干扰视线的物品是错误的。

答案：√

213.驾驶机动车下长坡时，利用惯性滑行可以减少燃油消耗，值得提倡。

答案：×

214.驾驶机动车下长坡时，仅靠行车制动器制动，容易引起行车制动器失灵。

答案：√

215.驾驶机动车下长坡时，空挡滑行会导致再次挂挡困难。

答案：√

216.驾驶机动车超车时，前方车辆不减速让路，应停止超车并适当减速，与前方车辆保持安全距离。

答案：√

217.驾驶机动车超车时，被超越车辆未减速让路，应迅速提速超越前方车辆完成超车。

答案：×

218.行车中遇有前方发生交通事故，需要帮助时，应怎样做？

A.尽量绕道躲避

B.立即报警，停车观望

C.协助保护现场，并立即报警

D.加速通过，不予理睬

答案：C

219.行车中遇交通事故受伤者需要抢救时，应怎样做？

A.及时将伤者送医院抢救或拨打急救电话

B.尽量避开，少惹麻烦

C.绕过现场行驶

D.借故避开现场

答案：A

220.行车中遇到对向来车占道行驶，应怎样做？

A.紧靠道路中心行驶

B.主动给对方让行

C.用大灯警示对方

D.逼对方靠右行驶

答案：B

221.行车中发现前方道路拥堵时，应怎样做？

A.寻找机会超越前车

B.从车辆空间穿插通过

C.减速停车，依次排队等候

D.鸣喇叭催促

答案：C

222.会车中遇到对方来车行进有困难需借道时，应怎样做？

A.不侵占对方道路，正常行驶

B.示意对方停车让行

C.靠右侧加速行驶

D.尽量让对方先行

答案：D

223.行车中遇到后方车辆要求超车时，应怎样做？

A.及时减速，观察后靠右行驶让行

B.保持原有车速行驶

C.靠右侧加速行驶

D.不让行

答案：A

224.驾驶人在超车时，前方车辆不减速、不让道，应怎样做？

A.连续鸣喇叭加速超越

B.加速继续超越

C.停止继续超车

D.紧跟其后，伺机再超

答案：C

225.驾驶人行车经过积水路面时，应怎样做？

A.减速慢行　　B.保持正常车速通过

C.空挡滑行通过　　D.加速通过

答案：A

226.发现前方道路堵塞，正确的做法是什么？

A.继续穿插绕行

B.选择空挡逐车超越

C.鸣喇叭示意前方车辆快速行驶

D.按顺序停车等候

答案：D

227.车辆在拥挤路段低速行驶时，遇其他车辆强行插队，应怎样做？

A.鸣喇叭警告，不得进入

B.加速行驶，紧跟前车，不让其进入

C.主动礼让，确保行车安全

D.挤靠“加塞”车辆，逼其离开

答案：C

228.当驾驶车辆行经两侧有行人且有积水的路面时，应怎样做？

A.加速通过　　B.正常行驶

C.减速慢行　　D.连续鸣喇叭

答案：C

229.一个合格的驾驶人，不仅表现在娴熟的技术上，更重要的是应该具有良好的驾驶行为习惯和道德修养。

答案：√

230.驾驶车辆在道路上行驶时，应当按照规定的速度安全行驶。

答案：√

231.驾驶人一边驾车，一边打手持电话是违法行为。

答案：√

232.在道路上超车时，应尽量加大横向距离，必要时可越实线超车。

答案：×

233.谨慎驾驶的三原则是集中注意力、仔细观察和提前预防。

答案：√

234.遇到路口情况复杂时，应做到“宁停三分，不抢一秒”。

答案：√

235.行车中要文明驾驶，礼让行车，做到不开英雄车、冒险车、赌气车和带病车。

答案：√

236.驾驶人在观察后方无来车的情况下，未开转向灯就变更车道也是合理的。

答案：×

237.女驾驶人穿高跟鞋驾驶车辆，不利于安全行车。

答案：√

238.驾驶车辆时，长时间左臂搭在车门窗上，或者长时间右手抓住变速器操纵杆，是一种驾驶陋习。

答案：√

239.驾驶人一边驾车，一边吸烟对安全行车无影响。

答案：×

240.在狭窄的路段会车时，应做到礼让三先：先慢、先让、先停。

答案：√

241.车辆在山区道路跟车行驶时，应怎样做？

A.紧随前车之后

B.适当加大安全距离

C.适当减小安全距离

D.尽可能寻找超车机会

答案：B

242.夜间行车，遇对面来车未关闭远光灯时，应减速行驶，以防两车灯光的交汇处有行人通过时发生事故。

答案：√

243.在泥泞路上制动时，车轮易发生侧滑或甩尾，导致交通事故。

答案：√

244.车辆驶入双向行驶隧道前，应开启什么灯？

A.危险报警闪光灯　B.远光灯

C.雾灯　D.示廓灯或近光灯

答案：D

245.遇有浓雾或特大雾天能见度过低，行车困难时，应怎样做？

A.开启前照灯，继续行驶

B.开启示廓灯、雾灯，靠右行驶

C.开启危险报警闪光灯和雾灯，选择安全地点停车

D.开启危险报警闪光灯，继续行驶

答案：C

246.车辆涉水后，应保持低速行驶，怎样操作制动踏板，以恢复制动效果？

A.持续重踏　B.间断重踏

C.持续轻踏　D.间断轻踏

答案：D

247.变更车道时只需开启转向灯，并迅速转向驶入相应的车道，以不妨碍同车道机动车正常行驶。

答案：×

248.驾驶机动车向右变更车道前应仔细观察右侧车道车流情况的原因是什么？

A.判断有无变更车道的条件

B.准备抢行

C.迅速变更车道

D.准备迅速停车

答案：A

249.遇前方路段车道减少，车辆行驶缓慢，为保证安全有序应该怎样做？

A.穿插到前方排队车辆中通过

B.依次交替通行

C.加速从前车左右超越

D.借对向车道迅速通过

答案：B

250.机动车在高速公路上行驶，下列做法正确的是什么？

A.可在路肩停车上下人员

B.可在紧急停车带停车装卸货物

C.可在减速车道或加速车道上超车、停车

D.非紧急情况时不得在应急车道行驶或者

停车

答案：D

251. 驾驶机动车在高速公路上行驶，遇有雾、雨、雪、沙尘、冰雹等低能见度气象条件，能见度在50米以下时，以下做法正确的是什么？

A. 加速驶离高速公路

B. 在应急车道上停车等待

C. 可以继续行驶，但车速不得超过40千米/小时

D. 以不超过20千米/小时的车速从最近的出口尽快驶离高速公路

答案：D

252. 驾驶机动车在高速公路上行驶，能见度小于200米时，与同车道前车应保持100米以上的距离。

答案：√

253. 驾驶机动车通过路面不平的道路时，应怎样行驶？

A. 依靠惯性加速冲过

B. 挂空挡滑行通过

C. 保持原速通过

D. 低速缓慢平稳通过

答案：D

254. 驾驶机动车经过两侧有行人且有积水的路面时，应连续鸣喇叭提醒行人。

答案：×

255. 路中两条双黄虚线表示禁止压线或越线。

答案：×

解析：两条双黄虚线是潮汐车道线，是指根据早晚交通流量不同情况，对有条件的道路，通过车道灯的指示方向变化，控制主干道车道行驶方向，来调整车道数，行车时允许压线或越线。

256. 机动车在夜间行驶的主要影响是什么？

A. 驾驶人易产生幻觉

B. 路面复杂

C. 驾驶人体力下降

D. 能见度低，不利于观察道路情况

答案：D

257. 装运易燃易爆、有毒化学危险物品的车辆通过市区和城镇时，事前要向当地公安交通管理部门办理准运证，申请行车路线和时间，运输途中不得随便停车。

答案：√

258. 驾驶机动车在长距离隧道群路段行驶时，由于驾驶环境单一，长时间行车易出现视觉疲劳，影响安全驾驶。

答案：√

259. 遇到图中这种情况，不用减速靠右行驶。

答案：×

260. 出现下列哪种情形时，保险公司不承担赔偿责任？

A. 驾驶人未取得驾驶资格证或者醉酒的

B. 被保险人机动车被盗抢期间肇事的

C. 被保险人故意制造道路交通事故的

D. 驾驶人超速行驶的

答案：ABC

261. 驾驶机动车运载爆炸物品、易燃易爆化学物品及剧毒、放射性等危险物品，以下做法正确的是什么？

A. 经公安机关批准

B. 按指定的时间、路线、速度行驶

C. 悬挂警示标志

D. 采取必要的安全措施

答案：ABCD

262. 驾驶机动车在隧道中行驶，以下做法不正确的是什么？

A. 注意和前车保持安全距离

B. 按照规定限速行驶

C. 提高车速，尽快驶离

D.在隧道内紧急停车带停车休息

答案：CD

263.行车前检查轮胎，遇到以下哪些情况，需要及时修理或更换轮胎？

A.轮胎上有鼓包或脱皮

B.胎压过低

C.轮胎花纹厚度过薄

D.轮胎侧壁有裂痕

答案：ABCD

264.有下列情形之一并经核实的，交通技术监控设备记录或者录入道路交通违法信息管理系统的违法行为信息，应当予以消除。

A.因交通信号指示不一致造成的

B.有证据证明救助危难或者紧急避险造成的

C.机动车被盗抢期间发生的

D.因使用伪造、变造或者其他机动车号牌发生违法行为造成合法机动车被记录的

答案：ABCD

265.关于机动车轮胎胎压过高的危害，以下说法正确的是什么？

A.加速轮胎胎面中央的花纹局部磨损，缩短轮胎的使用寿命

B.耐轧性能下降，导致爆胎

C.轮胎的摩擦力、附着力降低，影响制动效果

D.导致转向盘振动、跑偏，使行驶的舒适性降低

答案：ABCD

266.驾驶机动车进入隧道前，为防止进入后光线不足，适应过程中与前车发生事故，应降低行驶速度，与前车保持充足的安全距离。

答案：√

267.这是什么操作装置？

A.前风窗玻璃除雾键

B.后风窗玻璃除雾键

C.前照灯开关

D.刮水器开关

答案：A

268.这是什么操作装置？

A.前风窗除雾键　　B.后风窗除雾键

C.前照灯开关　　D.刮水器开关

答案：B

269.高速行车遇后轮爆胎时，以下做法正确的是什么？

A.第一时间握紧转向盘，收油减挡缓慢制动

B.安全驶离行车道停车后开启危险报警闪光灯

C.车后150米以外设置警告标志

D.车上人员迅速撤离到安全地点报警求助

答案：ABCD

270.驾驶机动车行驶中侵占对向车辆行驶路线，会使会车时的横向距离变小，容易发生剐碰事故。

答案：√

271.超车时遇到“三点一线”，即本车、被超车与对面来车在一条横向的直线上时，应放弃超车，切勿争道抢行。

答案：√

272.机动车轮胎的胎压标识代表此轮胎在正常情况下最大安全充气压力值。

答案：√

273.车辆行驶中发现后车未保持安全跟车距离时，可以采用轻踩制动踏板的方式提醒后车，不需用力踩踏，只要能使制动灯亮起即可。

答案：√

274.如图所示，造成事故的原因是B车掉头行驶，B车负全部责任。

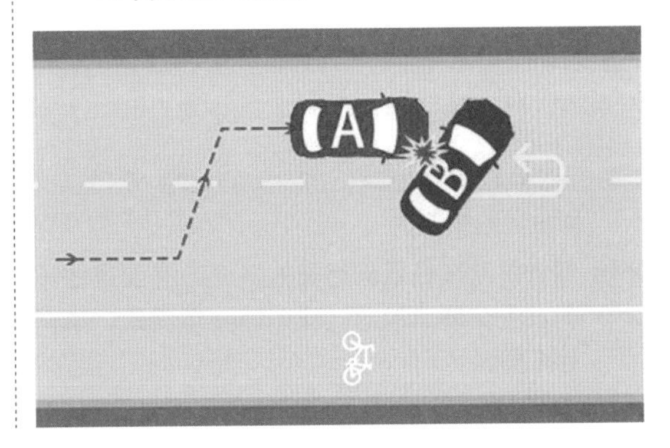

答案：×

解析：B车正在掉头，A车进行超车，A车负全部责任。

相关法律、法规规定，同车道行驶的机动车，后车应当与前车保持足以采取紧急制动措施的安全距离，有下列情形之一的，不得超车。

（一）前车正在左转弯、掉头、超车的；

（二）与对面来车有会车可能的；

（三）前车为执行紧急任务的警车、消防车、救护车、工程救险车的；

（四）行经铁道路口、交叉路口、窄桥、弯道、陡坡、隧道、人行横道、市区交通流量大的路段等没有超车条件的。

275.驾驶机动车由加速车道进入高速公路行驶，以下做法正确的是什么？

A.在加速车道上加速，同时要开启左转向灯

B.密切注意左侧行车道的车流状态，同时用后视镜观察后方的情况

C.充分利用加速车道的长度加速，确认安全后，平顺地进入行车道

D.经加速车道充分加速后，可直接驶入最左侧车道

答案：ABC

276.长下坡禁止挂空挡的原因，下列说法正确是什么？

A.长下坡挂低速挡可以借助发动机控制车速

B.避免因刹车失灵发生危险

C.长下坡空挡滑行导致车速过高时，难以抢挂低速挡控制车速

D.下坡挂空挡，省油

答案：ABC

277.行车中看到前方车辆行驶路线左右摆动，以下说法错误的是什么？

A.车内驾驶人可能为酒后驾车，应当保持距离

B.车内驾驶人可能为酒后驾车，可以加速超过

C.车内驾驶人可能为吸毒后驾车，可以加速超过

D.此情况较为安全，可以紧密跟随

答案：BCD

278.驾驶机动车在双向行驶的隧道内遇到其他车辆发生交通事故时，应减速注意避让，不得停车围观。

答案：√

279.驾驶机动车遇到非机动车违法在机动车道上行驶，并阻碍机动车前进时，以下做法正确的是什么？

A.注意非机动车的动向，减速行驶

B.谨慎驾驶低速通过

C.持续鸣喇叭警告非机动车避让

D.保持与非机动车的安全车距

答案：ABD

280.机动车进入环岛路口应如何行驶？

A.顺时针方向行驶

B.逆时针方向行驶

C.逆时针、顺时针方向均可

D.随意行驶

答案：B

281.驾驶机动车在以下哪些路段不能倒车？

A.交叉路口　　B.隧道

C.急弯　　D.陡坡

答案：ABCD

282.蓝色车辆遇到图中的情形时，下列做法错误的是什么？

A.按照前方交通信号灯指示直接通行

B.鸣喇叭提醒，让学生队伍中空出一个缺口，从缺口中穿行过去

C.停车等待，直到学生队伍完全通过

D.鸣喇叭，催促还未通过的学生加快速度通过

答案：ABD

283.通过隧道时，不得超车。

答案：√

284.夜间机动车灯光照射距离由近及远可能是什么原因？

A.由弯道进入直线道　　B.进入连续弯道

C.前方出现大坑　　D.前方出现弯道

答案：A

285.驾驶机动车进入隧道前，以下做法正确的是什么？

A.在照明不足、影响视距的隧道前鸣喇叭

示意
B.与前车保持充足的安全距离
C.按照限速标志控制车速
D.进入隧道前开启前照灯
答案：ABCD

286.驾驶机动车行经下列哪种路段不得临时停车？
A.施工路段
B.人行横道
C.在设有禁停标线的路段
D.在设有禁停标志的路段
答案：ABCD

287.交通肇事致一人以上重伤，负事故全部或者主要责任，并具有下列哪种行为的，构成交通肇事罪。
A.严重超载驾驶的
B.无驾驶资格驾驶机动车辆的
C.为逃避法律追究逃离事故现场的
D.酒后、吸食毒品后驾驶机动车辆的
答案：ABCD

288.会车前选择的交会位置不理想时，错误的做法是？
A.加速选择理想位置
B.减速、低速会车或停车让行
C.向左占道，让对方减速让行
D.打开前照灯，示意对方停车让行
答案：ACD

289.机动车驾驶人血液中每100毫升的酒精含量大于或等于20毫克并小于80毫克即为酒后驾驶。
答案：√

290.驾驶机动车遇下列哪种情形，最高车速不得超过30千米/小时？
A.窄路、窄桥　　B.掉头、转弯
C.下陡坡　　D.泥泞道路
答案：ABCD

291.驾驶机动车在道路上变更车道时需要注意什么？
A.提前开启转向灯
B.仔细观察后变更车道
C.随意并线
D.不得妨碍其他车道正常行驶的车辆
答案：ABD

292.机动车喷涂、粘贴标识或车身广告的，不得影响安全驾驶。
答案：√

293.驾驶机动车在距离加油站、消防栓前多少米以内的路段不得停车？
A.10米　　B.20米
C.30米　　D.40米
答案：C

294.在距离急弯路多少米以内的路段不得停放机动车？
A.5米　　B.10米
C.30米　　D.50米
答案：D

295.驾驶机动车通过立交桥时，如发现选择的路线错误，应立即在原地掉头或倒车更改路线。
答案：×

296.车辆行驶在拱形路面的右侧，转向盘自由行程偏向左边。
答案：√

297.行车中感觉转向盘有向左或向右偏移时，要及时控制转向盘，向右或向左适量修正，以消除车辆偏离现象。
答案：√

298.驾驶机动车通过立交桥左转弯时，应如何行驶？
A.先观察交通标志，后按标线的引导行驶
B.先观察标线，后按照交通标志行驶
C.不观察标志、标线，过桥前先右转弯
D.不观察标志、标线，上桥后寻找出口
答案：A

299.变更车道时，从后视镜中看到后方来车快速变大，说明后方来车没有减速。
答案：√

300.雨天驾驶机动车，光线会受到雨点的散射，照明效能降低，应降低车速，使用近光灯，谨慎驾驶。
答案：√

301.夜间驾驶机动车距离前车较近时，应使用近光灯，避免远光灯发出的灯光经前车后视镜反射后造成前车驾驶人眩目，影响安全。
答案：√

302.行车中不宜跟随的车辆有哪些？
A.不跟大型车
B.不跟出租车
C.不跟外埠车
D.不跟实习车
答案：ABCD

303. 准备进入环形交叉路口的机动车和驶出路口的机动车相遇时，驶出路口的机动车享有先行权。

答案：√

304. 机动车在道路上临时停车时，车身右侧距道路边缘不得超过多少厘米？

A.10厘米　　B.20厘米

C.30厘米　　D.50厘米

答案：C

305. 饮酒对驾驶人的不利影响有哪些？

A. 注意力下降

B. 操作能力降低

C. 易产生冒险和挑衅心理

D. 判断力下降

答案：ABCD

306. 雾天跟车，不能以前车尾灯作为判断安全距离的依据。

答案：√

307. 关于机动车灯光的使用，以下说法正确的是什么？

A. 夜间驾驶机动车在照明条件良好的路段必须使用远光灯

B. 夜间驾驶机动车在照明条件良好的路段可以不使用灯光

C. 机动车灯光一个重要的作用是提示其他机动车驾驶人和行人

D. 机动车灯光的作用仅仅是为了在夜间照明

答案：C

308. 在进入环形交叉路口前，要注意来自左方将驶入环岛的车辆；进入环岛后，则应将注意力转到右侧向环岛内驶来的车辆；出路口时，应注意右侧直行的非机动车，以确保安全。

答案：√

309. ABS起作用时不可松抬制动踏板。

答案：√

310. 驾驶机动车在距离急弯路前多少米内路段不得停车？

A.30米　　B.50米

C.100米　　D.150米

答案：B

311. 驾驶机动车通过学校区域，提前减速至30千米/小时以下，遇有学生横过道路时应停车让行。

答案：√

312. 驾驶机动车安全倒车时，正确的做法是什么？

A. 留意车后跟进的行人、自行车或其他车辆

B. 留意倒车雷达也有盲区，不可过分相信

C. 留意倒车时身体不要伸出车外

D. 他人帮助指导倒车时，留意他人位置

答案：ABCD

313. 驾驶人过度疲劳时，正确的做法是什么？

A. 不准驾驶车辆

B. 可以选择宽阔空闲的道路行驶

C. 可以低速驾驶车辆

D. 可以高速行驶车辆

答案：A

314. 当机动车在雨天或经过积水路面会车时，应怎样做以保证行车安全？

A. 及时开启刮水器

B. 随时做好制动准备

C. 特别注意减速慢行

D. 与对向车辆保持一定的横向间距

答案：ABCD

315. 行车时应随时注意各种机动车的动向，尤其注意转向灯、制动灯等信号灯的变化，随时调整行车路线和行驶速度。

答案：√

316. 驾驶机动车掉头时，最高时速不准超过多少？

A.40千米/小时　　B.30千米/小时

C.20千米/小时　　D.10千米/小时

答案：B

317. 机动车要连续转弯时应控制车速，尽可能避免紧急制动，以防引起车辆发生怎样的危险？

A. 侧滑和甩尾　　B. 发动机熄火

C. 制动失灵　　D. 加速失灵

答案：A

318. 车辆在拥挤路段低速行驶时，遇其他车辆强行“加塞”时，为确保行车安全，下列做法错误的是什么？

A. 鸣喇叭警告，不得进入

B. 加速行驶，紧跟前车，不让其进入

C. 主动礼让，保持适当的跟车距离

D. 挤靠“加塞”车辆，逼其离开

答案：ABD

319. 安装防抱死制动装置（ABS）的车辆在潮湿路面制动时，制动距离会延长，因此要拉开与前车的安全距离。

答案：√

320. 机动车在高速公路上发生故障难以移动时，驾驶人应采取哪些措施扩大示警范围？
A. 开启远光灯
B. 坐在车内不断鸣喇叭
C. 持续开启危险报警闪光灯
D. 在故障车来车方向150米外设置警告标志
答案：CD

321. 关于超速行驶，以下哪种说法是错误的？
A. 反应距离变短
B. 视野变窄
C. 易发生交通事故
D. 制动距离变短
答案：AD

322. 汽车的制动距离，会随着车速的升高如何变化？
A. 加长　B. 缩小
C. 不变　D. 变短
答案：A

323. 会车前，选择的交会位置不理想时，应向左占道，示意对方减速让行。
答案：×

324. 驾驶机动车超车时，前方车辆不减速让路，可连续鸣喇叭催前车让路。
答案：×

325. 夜间车辆通过照明条件良好的路段时，驾驶人可以借助环境照明行车，无需开启车辆灯光。
答案：×

326. 驾驶机动车在雨、雪、雾等恶劣天气行车使用制动停车时，停车距离加长。
答案：√

327. 驾驶机动车行驶速度在多少时，紧急制动易导致侧滑或甩尾等危险情况？
A. 超过60千米/小时
B. 低于60千米/小时
C. 低于40千米/小时
D. 低于30千米/小时
答案：A

328. 雪天在高速公路上驾驶时，关于安全车距说法正确的是什么？
A. 雪天路滑，制动距离比干燥柏油路更长
B. 雪天能见度低，应该根据能见度控制安全距离
C. 能见度小于200m时，与前车至少保持50m的安全距离
D. 能见度小于50m时，应该驶离高速公路
答案：ABD

329. 驾驶机动车在进出非机动车道时，最高速度不能超过40千米/小时。
答案：×

330. 夜间行车，下列哪些地段不得超车？
A. 窄路窄桥　B. 交叉路口
C. 路宽车少　D. 弯道陡坡
答案：ABD

331. 遇前方路段车道减少，车辆行驶缓慢，为了保证安全有序，应该穿插到前方排队车辆中通过。
答案：×

332. 驾驶机动车向左变更车道前应仔细观察左侧车道车流情况的原因是什么？
A. 迅速变更车道
B. 准备抢行
C. 准备迅速停车
D. 判断有无变更车道的条件
答案：D

333. 夜间驾驶机动车与同方向行驶的前车距离较近时，以下说法错误的是什么？
A. 使用远光灯，有利于观察路面情况
B. 禁止使用远光灯，避免灯光照射至前车后视镜造成前车驾驶人眩目
C. 使用远光灯，有利于告知前方驾驶人后方有来车
D. 禁止使用远光灯，避免灯光照射至前车后视镜造成自己眩目
答案：ACD

334. 在一般道路上因掉头需要倒车时，应选择在不影响其他车辆和行人正常通行的地段操作。
答案：√

335. 驾驶机动车进入高速公路隧道后，驾驶人要看两侧隧道墙壁，不要看前方远处，以防眩晕。
答案：×

336. 驾驶机动车在高速公路行车道行驶，应严格遵守哪些规定？
A. 分道行驶　B. 各行其道
C. 随意行驶　D. 限速规定
答案：ABD

337.驾驶机动车在高速公路匝道内行驶，不得进行下列哪些操作？

A.超车 B.掉头

C.停车 D.倒车

答案：ABCD

338.高速公路行车应选择到服务区停车，不得在应急车道内停车。

答案：√

339.驾驶机动车在有两条或两条以上车道的环岛驶出时，应提前开启右转向灯，直接从内侧车道驶出环岛。

答案：×

340.在一般道路上倒车时，应避开哪些路段？

A.交通繁忙 B.非机动车较多

C.行人较多 D.路面狭窄

答案：ABCD

341.驾驶机动车在距离下述哪些地点50米以内的路段，不得停车？

A.交叉路口 B.公共汽车站

C.急弯路 D.陡坡

答案：ACD

342.驾驶机动车在距离下述哪些地点30米以内的路段，不得停车？

A.公共汽车站 B.加油站

C.消防栓 D.急救站

答案：ABCD

343.驾驶机动车禁止下列哪些行为？

A.向道路上抛撒物品

B.下陡坡时空挡滑行

C.拨打接听手持电话

D.在车门未关好时行车

答案：ABCD

344.驾驶机动车在小区内遇到非机动车抢行时，可以不让行。

答案：×

345.雾天驾驶机动车在道路上会车时，以下做法正确的是什么？

A.降低车速行驶

B.选择宽阔路段

C.适当鸣喇叭

D.使用远光灯提醒对方车辆

答案：ABC

346.夜间驾驶机动车安全起步时，应怎样使用灯光？

A.开启远光灯

B.只能开启左转向灯

C.开启左转向灯、近光灯

D.开启危险报警闪光灯

答案：C

347.夜间机动车灯光照射距离由近变远，说明前方路况可能是什么？

A.弯道变为直路

B.进入下坡道

C.缓下坡变为陡下坡

D.下坡道驶入平路

答案：ABCD

348.夜间驾驶机动车遇到对向来车一直开远光灯时，以下做法正确的是什么？

A.交替使用远近光灯提示

B.视线向右避开

C.开启远光灯对射

D.停车让行

答案：ABD

349.夜间驾驶机动车下坡行驶时应该开启远光灯，以增大视线范围。

答案：√

350.高速公路行车，一定要特别注意安全的原因是什么？

A.车辆行驶速度高 B.驾驶人视野变窄

C.制动距离增加 D.车辆稳定性下降

答案：ABCD

351.仪表板上的各种指示灯和报警灯亮时，提示驾驶人应判断车辆各部件运行情况或异常现象。

答案：√

352.驾驶人过度疲劳影响安全驾驶时，不得驾驶机动车。

答案：√

353.关于疲劳驾驶，下列说法正确的是什么？

A.判断力下降 B.反应迟钝

C.操作失误增加 D.易引发交通事故

答案：ABCD

354.驾驶机动车在距离窄桥多少米内路段不得停车？

A.30米 B.50米

C.100米 D.150米

答案：B

355. 安全气囊是一种什么装置?
A. 驾驶人头颈保护系统
B. 防抱死制动系统
C. 电子制动力分配系统
D. 辅助驾乘人员保护系统
答案：D

356. 正面安全气囊要与下列哪项配套使用，才能充分发挥保护作用?
A. 座椅安全带
B. 防抱死制动系统
C. 座椅安全头枕
D. 安全玻璃
答案：A

357. 驾驶机动车从主路汇入辅路时要提前减速，注意观察右侧车辆是否让行，确认安全后逐渐汇入。
答案：√

358. 驾驶机动车换挡操作的要求及注意事项，以下说法正确的是什么?
A. 加挡前先加速
B. 减挡前先减速
C. 不可低头看挡位
D. 紧急情况下，任何挡位均可停车
答案：ABCD

359. 跟车行驶中，要将注视点固定在前车上，控制好与前车的距离。
答案：×

360. 驾驶人坐在驾驶座位上，观察不到的路面区域称为汽车盲区，主要有哪些区域?
A. 车头前部盲区
B. 车身立柱盲区
C. 后视镜盲区
D. 车辆后部盲区
答案：ABCD

361. 随着车速的提高，驾驶人的有效视野会如何变化?
A. 保持不变
B. 越来越宽
C. 越来越窄
D. 时宽时窄
答案：C

362. 行车中，驾驶员应正确地选择观察点，做到看远、顾近、注意死角。
答案：√

363. 如图所示，向上抬手柄，开启右转向灯。

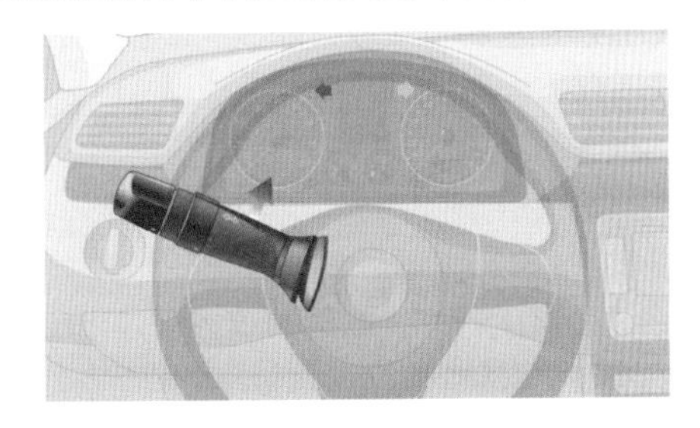

答案：√

364. 如图所示，发动机启动后仪表板上亮表示发动机机油压力过低。

答案：×

365. 夜间会车时，若发现对向来车持续变换远近光灯，可能是在提示我方车辆驾驶人关闭远光灯。
答案：√

366. 机动车在高速公路上发生故障或因交通事故无法正常行驶时，在确保安全的情况下，可由同行的其他机动车拖拽或牵引。
答案：×

367. 驾驶机动车驶离高速公路后，可直接凭感觉判断车速，以适应一般道路行驶。
答案：×

368. 高速公路出入口附近，其他车辆危险行为较多，驾驶人需要注意什么?
A. 低速行驶的车辆
B. 突然变更车道的车辆
C. 紧急制动的车辆
D. 掉头或逆行的车辆
答案：ABCD

369. 遇到前方机动车停车排队等候或者缓慢行驶时，对于强行穿插的行为，下列说法错误的是什么?
A. 禁止，因为这样不利于省油
B. 禁止，因为这样扰乱车流，加重拥堵
C. 允许，因为可以快速通过拥堵区
D. 允许，因为可以省油
答案：ACD

370.驾驶机动车遇下列哪种情形不可以掉头?
A.有禁止左转弯标志、标线的地点
B.有禁止掉头标志、标线的地点
C.铁道路口
D.人行横道
答案：ABCD

371.高速公路上行车，如果因疏忽驶过出口，不得有下列哪种行为?
A.倒回出口 B.继续向前行驶
C.立即停车 D.掉头逆行
答案：ACD

372.驾驶机动车在距离交叉路口多少米以内的路段，不得停车?
A.30米 B.50米
C.100米 D.150米
答案：B

373.不同疲劳程度下驾驶人的状态和表现不同，下列属于轻微疲劳的有哪些?
A.频打哈欠 B.眼皮沉重
C.忘记操作 D.短时间睡眠现象
答案：AB

374.预防疲劳驾驶的措施，下列说法正确的是什么?
A.一天行车时间不超过8小时
B.连续驾驶不得超过4小时
C.深夜行车不得连续超过2天
D.注意劳逸结合，保证充足睡眠
答案：ABCD

375.驾驶人在生病状态下不应驾驶机动车，避免发生交通事故。
答案：√

376.当驾驶人有生气、厌恶、愤怒情绪时，容易诱发攻击性驾驶，不利于安全行车。
答案：√

377.行车过程中存在多种多样的危险源，常见的危险源有哪些?
A.车辆的不安全状态
B.人的不安全行为
C.道路的不安全因素
D.环境的不安全因素
答案：ABCD

378.驾驶机动车经过立交桥、隧道时，要特别注意观察上方交通标志、顶部障碍等。
答案：√

379.机动车制动时，若前轮抱死容易出现什么现象?
A.爆胎
B.跑偏
C.甩尾
D.转向失控
答案：D

380.如果轮胎胎面磨损到花纹里的标记线，以下做法正确的是什么?
A.放气减压
B.及时换胎
C.给轮胎充气
D.不用更换
答案：B

381.关于车辆配备的专用备胎，下列说法正确的是什么?
A.仅供临时应急使用
B.可以长期使用
C.行驶速度不能过快
D.行驶速度可以与正常轮胎一样
答案：AC

382.机动车在道路上临时停车，应当注意什么?
A.路边停车应当紧靠道路右侧
B.车辆停稳前不得开车门
C.车辆停稳前不得上下人员
D.开关车门不得妨碍其他车辆通行
答案：ABCD

383.驾驶机动车在道路上变更车道时，以下做法正确的是什么?
A.开启转向灯的同时变更
B.不能长时间骑轧车行道分界线
C.可以频繁变更车道
D.可以一次连续变更两条以上车道
答案：B

384.如图所示，驾驶机动车驶离停车场进主路时，以下做法错误的是什么?

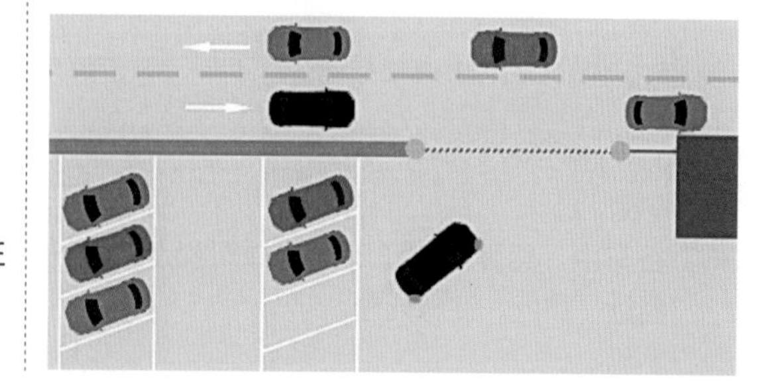

A. 加速汇入主路车流
B. 可以不避让主路车辆
C. 无需观察，鸣喇叭示意后汇入车流
D. 减速慢行，在不妨碍主路车辆行驶的前提下汇入车流
答案：ABC

385. 驾驶机动车通过交叉路口时，需要注意什么？
A. 仔细观察路口两侧的交通情况
B. 路口交通堵塞时，将车辆停在路口外等候
C. 左转通过路口时，靠路口中心点左侧转弯
D. 无信号灯的路口，转弯的机动车让直行的车辆先行
答案：ABCD

386. 出车前对轮胎的检查，主要检查轮胎的磨损、紧固和气压情况。
答案：√

387. 如图所示，行车中这种握转向盘的动作是正确的。

答案：×

388. 机动车在高速公路行驶，下列做法错误的是什么？
A. 可在车道内停车
B. 可在紧急停车带停车装卸货物
C. 可在减速车道或加速车道上超车、停车
D. 非紧急情况时不得在应急车道行驶或者停车
答案：ABC

389. 驾车过程中遇到不熟悉的道路时，可以一边操作导航设备一边驾驶机动车。
答案：×

390. 饮酒后驾车，酒精的作用会导致驾驶人的判断能力和反应能力下降，对车辆的操作能力降低，遇到紧急情况极易出现事故。
答案：√

391. 因睡眠不足、体力消耗过大等原因导致身体疲惫的情况，不宜驾驶机动车。
答案：√

392. 驾驶机动车在铁道路口发生熄火时，以下做法正确的顺序是什么？①迅速尝试重新启动发动机②车辆无法重启时，应立即设法使车辆离开轨道③车辆无法离开轨道的，人员应离开车辆，立即报警④人员应在车内等待救援。
A. ①②③④
B. ①②③
C. ②③④
D. ①②④
答案：B

393. 驾驶人在下列哪种情况下不能驾驶机动车？
A. 服用国家管制的精神药品后
B. 服用麻醉药品后
C. 饮酒后
D. 服用对驾驶行为有影响的药品后
答案：ABCD

394. 机动车在高速公路上发生故障时，以下做法正确的是什么？
A. 车上人员不能下车
B. 迅速报警
C. 按规定设置警告标志
D. 开启危险报警闪光灯
答案：BCD

395. 驾驶车辆时在道路上抛撒物品，以下说法正确的是什么？
A. 抛撒纸张等轻质物品会阻挡驾驶人视线，分散驾驶人注意力
B. 有可能引起其他驾驶人紧急躲避等应激反应，进而引发事故
C. 破坏环境，影响环境整洁，甚至造成路面的损坏
D. 保持车内整洁可以偶尔做出这种行为
答案：ABC

7.3 驾驶职业道德与文明驾驶常识

1.在路口遇到这种情况的行人，应怎样做？

A.在远处鸣喇叭催促

B.从行人间低速穿过

C.加速从行人前绕过

D.停车等待行人通过

答案：D

2.夜间会车时，对面来车不关闭远光灯怎么办？

A.及时减速让行，必要时靠边停车

B.开启远光灯，迫使来车变换灯光

C.视线向右平移，防止眩目

D.交替变换远近光灯，提醒来车

答案：ACD

解析：开启远光灯，将造成对方也眩目。

3.超车过程中，被超车辆突然加速怎么办？

A.加速迅速超越

B.变换远近光灯超越

C.减速放弃超车

D.持续鸣喇叭超越

答案：C

4.遇到这种前方拥堵路段通行缓慢时怎样行驶？

A.依次跟车行驶

B.从右侧超越

C.靠边停车等待

D.从左侧超越

答案：A

5.雨天遇到这些撑雨伞和穿雨衣的行人在路边行走，应怎样通行？

A.注意观察行人动态

B.适当降低车速

C.保持安全距离

D.提前轻按喇叭提醒

答案：ABCD

6.驾驶机动车遇到牲畜横穿抢道的情况，要及时鸣喇叭进行驱赶。

答案：×

7.遇到这种同向行驶的非机动车时怎样行驶？

A.注意观察动态　　B.适当减速慢行

C.保持安全间距　　D.鸣喇叭加速超越

答案：ABC

8.行车中不应该有以下哪些行为？

A.经常观察后视镜

B.变更车道不开启转向灯

C.左臂长时间搭在车门窗上

D.长时间抓变速杆

答案：BCD

9.驾驶机动车在交叉路口违法抢行容易引发交通事故。

答案：√

10.变更车道或超车不开启转向灯属于违法行为。

答案：√

11.关于超车，以下说法正确的是什么？

A.超车前提前开启左转向灯，提醒前方被超车辆驾驶人

B.切换远近光灯，提醒前方被超车辆驾驶人

C. 长时间鸣喇叭警示被超车辆驾驶人
D. 完成超车后并回原车道要开启右转向灯
答案：ABD

12. 如何为特种车辆让路？
A. 向左减速让路，直到执行紧急任务的车辆过去
B. 向右减速让路，直到执行紧急任务的车辆过去
C. 立即停车，即使在交叉口也是如此
D. 向前车鸣喇叭，自己在特种车辆前开路
答案：B

13. 如图所示，驾驶机动车遇到这种情况时，以下做法正确的是什么？

A. 放慢车速，缓缓绕过
B. 鸣喇叭示意该车让路
C. 立即停车等待，直至该车离开
D. 保持原车速绕行
答案：C

14. 遇到以下车辆时，需要让行的是哪种？
A. 救护车　　B. 消防车
C. 警车　　D. 校车
答案：ABCD

15. 行车中遇牲畜通过道路影响通行时，可采取连续鸣喇叭的方式进行驱赶。
答案：×

16. 如图所示，驾驶机动车遇到这种情况时，以下做法正确的是什么？

A. 停车等待动物穿过
B. 鸣喇叭驱赶动物
C. 下车驱赶动物
D. 与动物保持较远距离
答案：AD

17. 如图所示，驾驶机动车遇到这种情况时，以下做法正确的是什么？

A. 减速缓慢通过
B. 鸣喇叭警示牲畜，以免牲畜冲入行车道发生事故
C. 不能鸣喇叭，避免牲畜因惊吓窜入行车道
D. 加速通过此事故隐患路段
答案：AC

18. 驾驶机动车行经两侧有非机动车行驶且有积水的路面时，应怎样做？
A. 减速慢行　　B. 正常行驶
C. 加速通过　　D. 连续鸣喇叭
答案：A

19. 驾驶机动车在转弯之前应留意旁边行驶的自行车，是因为自行车比较小，不太容易被看到。
答案：√

20. 看到前方车辆行驶路线左右摆动，以下说法正确的是什么？
A. 车内驾驶人可能为酒后驾车，应当保持距离
B. 车内驾驶人可能为酒后驾车，可以加速超过
C. 车内驾驶人可能为吸毒后驾车，可以加速超过
D. 此情况较为安全，可以紧密跟随
答案：A

21. 驾驶机动车，遇前方停驶的油料运输车起火冒烟，以下做法正确的是什么？
A. 为减少交会时间，加速通过
B. 立即停车，上前查看是否有被困人员
C. 停车后围观
D. 立即停车，尽量远离，拨打报警电话
答案：D

22. 如图所示，看到这个标志时，应该想到什么？

A. 前方有人行横道
B. 应当相应减速行驶
C. 视野范围内无行人可以保持原速行驶
D. 视野范围内无行人可以适当加速通过
答案：AB

23. 驾驶机动车在隧道内行驶，车辆出现故障时，应该立刻靠边停车，拦截过往车辆，帮助检修。
答案：×

24. 如图所示，驾驶机动车在这样的山区道路跟车行驶时，由于视线受阻，应预防前车突发情况和对向来车，适当减速，加大跟车距离，保证安全。

答案：√

25. 驾驶机动车在山区道路行驶时，应该尽量避免停车，如确实需要停车，尽量选择平直的路段。
答案：√

26. 驾驶机动车下长坡时，车速会因为重力作用越来越快，以下控制车速方法正确的是什么？
A. 空挡滑行
B. 减挡，充分利用发动机制动
C. 踩下离合器踏板滑行
D. 长时间使用驻车制动器制动
答案：B

27. 驾驶机动车在下坡行驶中行车制动器失效，以下做法正确的是什么？
A. 驶入紧急避险车道
B. 使用发动机制动
C. 使用驻车制动器制动
D. 必要时，可用车体剐擦路边障碍物减速
答案：ABCD

28. 如图所示，驾驶机动车驶近这样的山区弯道时，应注意什么？

A. 对向可能有车辆驶来
B. 前方骑自行车者可能由于上坡等原因突然改变方向
C. 山区弯道可能转弯半径较小，车速过快容易引起车辆失控
D. 转弯后路面可能存在落石、凹陷等特殊路况
答案：ABCD

29. 如图所示，驾驶机动车遇到这种情况时，应注意什么？

A. 我方车辆灯光照向路外，前方即将进入弯道
B. 前方有灯光出现，可能即将发生会车
C. 左前方视线受阻，转弯后可能遇到突发情况
D. 为提高会车安全，改用远光灯
答案：ABC

30. 如图所示，驾驶机动车路遇右前方施工路段，应提前减速慢行。

答案：√

31. 雾天驾驶机动车跟车行驶，以下做法错误的是什么？

A. 加大两车间的距离
B. 时刻注意前车刹车灯的变化
C. 降低行车速度
D. 鸣喇叭提醒前车提高车速，避免后车追尾

答案：D

32. 如图所示，雾天驾驶机动车行驶，旁边车道无车时，可变更车道，快速超越前车。

答案：×

33. 车辆在泥泞、溜滑路面上猛转方向时，易导致行驶方向失控，容易发生危险。

答案：√

34. 驾驶机动车在高速公路匝道上行驶，前方车辆速度过慢，可以超车。

答案：×

35. 驾驶机动车在高速公路上驶出匝道时，只要后方无来车，或者来车相距较远，可以不经过加速车道，直接驶入行车道。

答案：×

36. 驾驶机动车在高速公路行驶，由加速车道汇入行车道时，操纵转向盘不应该过急过猛。

答案：√

37. 驾驶机动车驶离高速公路时，在进入减速车道前，应提前开启右转向灯，警示后方车辆。

答案：√

38. 驾驶机动车进入减速车道后，应平顺减速，避免猛烈制动，同时注意保持与前车车距。

答案：√

39. 如图所示，驾驶机动车在乡间道路上行驶，以下做法正确的是什么？

A. 在成人和儿童之间快速通过
B. 连续鸣喇叭提示后通过
C. 从成人身后绕行
D. 减速鸣喇叭提示，做好随时停车准备

答案：D

40. 如图所示，驾驶机动车遇到这种情况时，以下做法正确的是什么？

A. 适当鸣喇叭，加速通过
B. 在行人或骑车人通过前提前加速通过
C. 减速，停车让行
D. 连续鸣喇叭使其让行

答案：C

41. 如图所示，夜间驾驶机动车行经没有行人通过的人行横道时可加速通过。

答案：×

42. 如图所示，驾驶机动车遇到右侧车道车辆突然变更车道时，应当如何避让？

A. 减速让行
B. 加速行驶
C. 向左打转向迅速超越
D. 连续鸣喇叭
答案：A

43. 如图所示，夜间驾驶机动车遇到其他机动车突然驶入本车道，可加速从右侧车道绕行。

答案：×

44. 如图所示，驾驶机动车行经交叉路口遇到这种情况时，以下做法正确的是什么？

A. 加速通过
B. 在骑车人通过前提前加速通过
C. 停车让行
D. 连续鸣喇叭使其让行
答案：C

45. 如图所示，A车在这样的路口可以借用非机动车道右转弯。

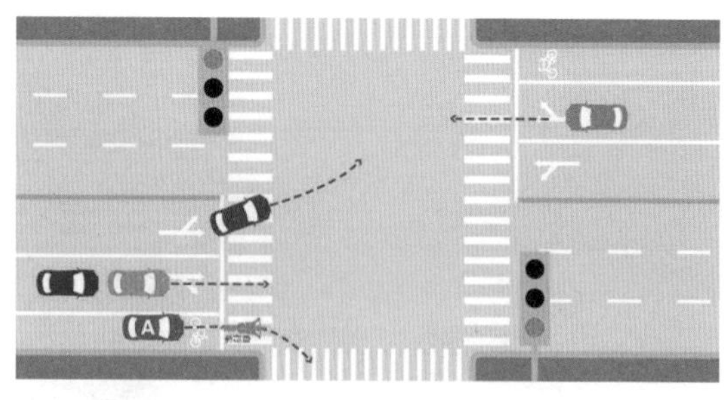

答案：×

解析：相关法律、法规规定，根据道路条件和通行需要，道路划分为机动车道、非机动车道和人行道的，机动车、非机动车、行人实行分道通行，图中A车不可以借用非机动车道右转。

46. 如图所示，驾驶机动车右转遇到这种情况时，可以不给非机动车和行人让行。

答案：×

47. 如图所示，驾驶机动车在雨天行驶遇到这种情形时，以下做法正确的是什么？

A. 随时准备停车
B. 减速行驶，防止泥水溅到行人身上
C. 减速行驶，注意行人动态
D. 鸣喇叭提醒行人后，加速通过
答案：ABC

48. 夜间驾驶机动车在窄路遇到对面驶来非机动车时，以下做法正确的是什么？
A. 连续变换远近光灯
B. 开启危险报警闪光灯
C. 使用远光灯，减速避让
D. 使用近光灯，减速避让

答案：D

49.驾驶机动车行经驼峰桥会车时，以下做法正确的是什么？

A.降低车速　　B.靠右通行

C.鸣喇叭示意　　D.抢行通过

答案：ABC

50.驾驶机动车，遇到后方执行任务的特种车辆时，以下做法正确的是什么？

A.主动减速让行

B.加速行驶

C.即使有让行条件也不让

D.靠道路中心行驶

答案：A

51.同方向有三条机动车道的路段，校车在右侧车道停靠上下学生时，校车停靠车道后方和相邻机动车道上的机动车应停车等待。

答案：√

52.驾驶机动车遇到非机动车违法在机动车道上行驶，并阻碍机动车前进时，以下做法错误的是什么？

A.注意非机动车的动向，减速行驶

B.谨慎驾驶低速通过

C.持续鸣喇叭警告非机动车避让

D.保持与非机动车的安全车距

答案：C

53.驾驶机动车通过积水路段时，应注意两侧的行人和非机动车，降低车速，防止路面积水飞溅。

答案：√

54.驾驶机动车应尽量骑轧可跨越车行道分界线行驶，便于根据前方道路情况选择车道。

答案：×

55.如图所示，前车通过积水路段的方式是不文明的。

答案：√

56.夜间驾驶机动车遇到对向来车未关闭远光灯时，以下做法正确的是什么？

A.变换使用远近光灯提示

B.长时间鸣喇叭

C.使用远光灯

D.鸣喇叭并使用远光灯

答案：A

57.停车后，驾驶人应当提醒乘车人开启车门前注意观察后方来车。

答案：√

58.驾驶机动车在遇到有前方机动车停车排队等候或者缓慢行驶时，可进入网状线区域停车等候。

答案：×

59.驾驶机动车在山区道路下坡路段尽量避免超车，以下说法正确的是什么？

A.下坡路段车辆由于重力作用，车速容易过快

B.下坡路段由于重力作用，车辆比平路时操控困难

C.下坡路段车辆阻力很大

D.下坡路段前车车速较快，难以超越

答案：AB

60.如图所示，驾驶机动车遇到这种情况时，应注意什么？

A.行人通过速度较慢可能滞留在道路内

B.电动自行车可能发生故障无法及时通过道路

C.右侧驶来的机动车可能未能及时停车而进入路口

D.考虑雨天路面湿滑，应注意按照限速规定控制车速

答案：ABCD

61.如图所示，驾驶机动车路遇这种情况时，应注意施工地点情况，预防前方机动车由于异常情况紧急减速停车，应提前减速慢行，小心谨慎通过。

答案：√

62. 驾驶机动车在高速公路减速车道上行驶时，如遇前方有低速行驶的车辆，应伺机超车，以防止交通堵塞。

答案：×

63. 驾驶机动车下长坡时，连续使用行车制动器，以下说法正确的是什么？

A. 会缩短发动机寿命
B. 增加车辆油耗
C. 会使制动器温度升高而使制动效能急剧下降
D. 容易造成车辆倾翻

答案：C

64. 驾驶机动车在山区上坡路段行驶，以下做法正确的是什么？

A. 应尽量匀速前进
B. 应尽量避免换挡
C. 时刻注意下行车辆
D. 应选择高速挡

答案：ABC

65. 驾驶机动车在山区道路上坡路段接近坡顶时，超车存在风险，以下说法正确的是什么？

A. 接近坡顶时视线受阻，无法观察坡顶之后道路走向
B. 接近坡顶时视线受阻，无法观察对向来车情况
C. 接近坡顶时车速较慢
D. 接近坡顶时视线受阻，无法观察坡顶之后是否有障碍物

答案：ABD

66. 夜间驾驶机动车起步应首先开启近光灯。

答案：√

67. 夜间驾驶机动车会车时，对方一直使用远光灯，以下做法正确的是什么？

A. 不停变换远近光灯以及鸣喇叭提醒对方
B. 视线适当右移，避免直视灯光
C. 降低车速，靠右行驶
D. 变换远光灯行驶

答案：BC

68. 如图所示，在这种情况下通过路口，驾驶人应减速或者停车观察，以应对两侧路口可能出现的危险。

答案：√

69. 如图所示，雾天驾驶机动车行驶时，玻璃上出现因雾气形成的小水珠时，及时用雨刮器刮净。

答案：√

70. 驾驶机动车在高速公路加速车道上行驶，只要车速足够快，可以立刻插入车流。

答案：×

71. 如图所示，夜间驾驶机动车遇到其他机动车突然驶入本车道时，应当如何避让？

A. 及时减速让行
B. 向左猛打转向盘躲避

C.向右猛打转向盘躲避

D.加速从右侧绕行

答案：A

72.如图所示，驾驶机动车遇到前车插入本车道时，可以向右转向，从前车右侧加速超越。

答案：×

73.如图所示，驾驶机动车遇到非机动车占道行驶时，以下做法正确的是什么？

A.减速并鸣喇叭提示

B.交替变换远近光灯提示

C.加速通过

D.持续鸣喇叭催促

答案：A

74.如图所示，驾驶机动车遇到这种情形时，可以从左侧超越。

答案：×

75.如图所示，驾驶机动车在雨天行驶，驾驶人应当注意的是什么？

A.视线不清，不能及时发现行人

B.行人可能滑倒

C.行人可能突然进入行车道

D.行人可能会横过道路

答案：ABCD

76.如图所示，驾驶机动车跟随前车右转弯时，应当注意的是什么？

A.前面的车可能停下

B.右侧视野盲区内可能有自行车直行

C.行人可能突然进入本车前的人行横道

D.直行的黄色车辆可能影响本车右转弯

答案：ABC

77.车辆通过桥梁时，一般要减速慢行。

答案：√

78.车辆通过桥梁时，只要空间足够，尽可能超车提高通行效率。

答案：×

79.驾驶机动车在双向行驶的隧道内行驶，如对向无来车，可借道超车。

答案：×

80.驾驶机动车驶出隧道时，应注意明暗的变化，控制车速。

答案：√

81.驾驶机动车在山区路段超车时，以下做法正确的是什么？

A.提前开启左转向灯

B.提前鸣喇叭

C.确认前车让超后超越

D.直接加速超越

答案：ABC

82. 驾驶机动车在山区道路上坡路段行驶，因发生故障需停车检修时，以下做法正确的是什么？
  A. 拉起驻车制动器
  B. 开启危险报警闪光灯
  C. 在后方用塞车木或石块塞住车轮，以防车辆后溜
  D. 按规定在车后方设置警示标志
  答案：ABCD

83. 驾驶机动车在山区道路会车时，应该尽量提前让行，为临崖车辆留出足够的时间、空间会车。
  答案：√

84. 驾驶机动车通过这种路段时，应该考虑到弯道后方可能有对面驶来的车辆占用我方车道。

  答案：√

85. 如图所示，该车在会车过程中未关闭远光灯的做法是错误的。

  答案：√

86. 夜间驾驶机动车开启灯光，不仅为了看清路况，更重要的是让其他交通参与者能够观察到我方车辆。
  答案：√

87. 如图所示，驾驶机动车在这种情况下，由于前车相隔较远，可先观察情况后，临近再进行调整。

  答案：×

88. 如图所示，在这种情况下，应加大跟车距离。

  答案：√

89. 如图所示，雾天驾驶机动车跟车行驶，应加大与前车的距离。

  答案：√

90. 驾驶机动车遇浓雾或沙尘暴时，必须打开雾灯或者危险报警闪光灯。
  答案：√

91. 驾驶机动车在高速公路匝道上行驶，可以靠边停车接打电话。
  答案：×

92. 驾驶机动车驶离高速公路时，若车辆制动性能良好，可直接驶入匝道。
  答案：×

93. 如图所示，浓雾天气中驾驶机动车两车交会，以下做法错误的是什么？

A. 适当降低行驶车速
B. 靠右行驶
C. 集中注意力驾驶
D. 使用远光灯，提醒对方车辆
答案：D

94. 如图所示，夜间驾驶机动车通过没有交通信号灯的人行横道时，以下做法正确的是什么？

A. 减速，停车让行
B. 交替变换远近光灯加速通过
C. 连续鸣喇叭后通过
D. 确保安全加速通过
答案：A

95. 如图所示，驾驶机动车遇到这种情况时，应当停车让行。

答案：√

96. 如图所示，驾驶机动车遇到对向来车正在强行超车时，以下做法正确的是什么？

A. 减速避让
B. 向左打转向盘避让
C. 向右借用人行道避让
D. 迎着来车鸣喇叭将其逼回
答案：A

97. 如图所示，驾驶机动车A遇到异常行驶的车辆B，A车应当减速避让，确保安全。

答案：√

98. 遇到道路交通事故，过往车辆驾驶人应当予以协助。
答案：√

99. 夜间驾驶机动车在农村道路行驶，遇到对向驶来畜力车时，以下做法正确的是什么？
A. 持续鸣喇叭警示
B. 交替使用远近光灯提示
C. 使用近光灯，减速靠右避让
D. 加速通过
答案：C

100. 如图所示，A车正确的做法是什么？

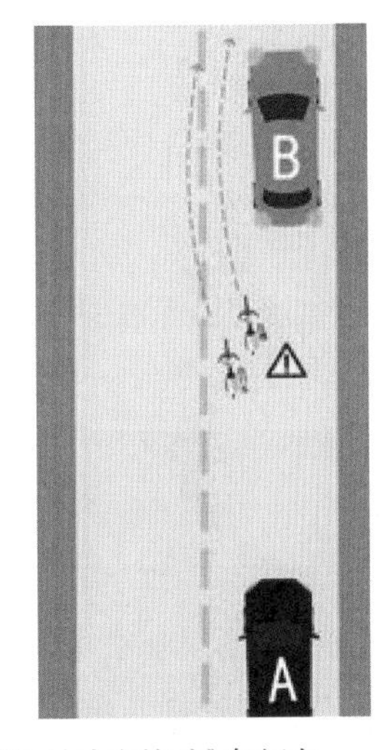

A. 鸣喇叭从左侧超越自行车
B. 减速待自行车通过后再从B车左侧超越
C. 停车等待B车驶离后，在原车道行驶
D. 借用对向车道加速通过
答案：B

101. 如图所示，驾驶机动车通过交叉路口时右转遇到人行横道有行人通过时，以下做法正确的是什么？

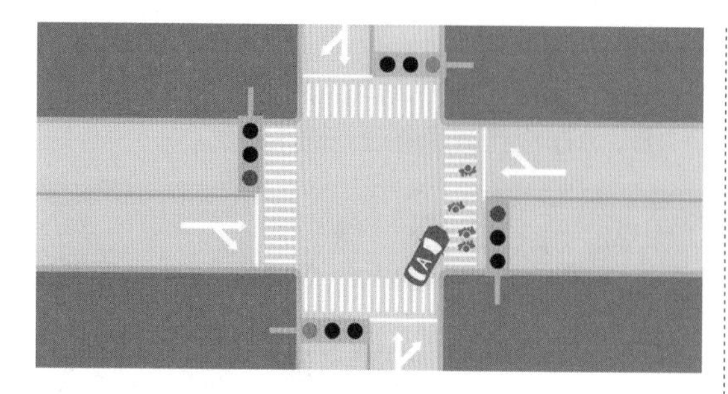

A.保持较低车速通过
B.停车让行，等行人通过后再通过
C.连续鸣喇叭冲开人群
D.确保安全的前提下绕行通过
答案：B

102.如图所示，A车在交叉路口左转时遇到B车强行超越，以下做法错误的是什么？

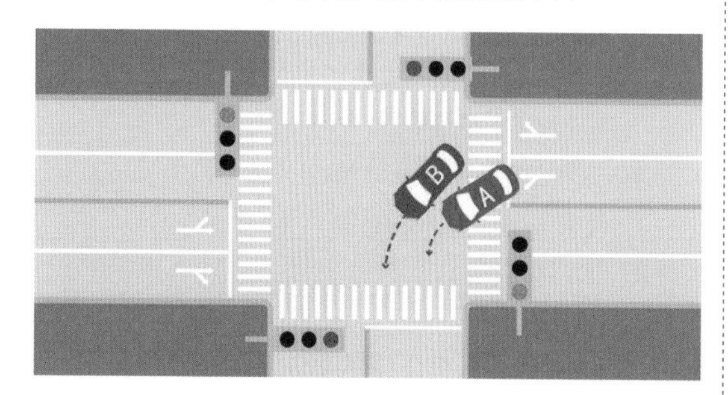

A.持续鸣喇叭警告
B.保持车速继续行驶
C.与其抢行
D.加速靠左侧绕行
答案：ABCD

103.如图所示，驾驶机动车遇到这种情形时，以下做法正确的是什么？

A.加速行驶，在对面来车交会前超过行人
B.减速靠右，等对向车辆通过后，再缓慢超越行人
C.鸣喇叭提示行人后，保持原速行驶
D.鸣喇叭提示左侧车辆后，保持原速行驶
答案：B

104.如图所示，驾驶机动车在窄桥上会车，选择的交会位置不理想时，以下做法正确的是什么？

A.加速行驶，在前方继续选择理想位置
B.停车选择会车地点，必要时倒车，让对方通过
C.靠左占道行驶，让对方停车让行
D.变换远近光灯，示意对方停车让行
答案：B

105.如图所示，驾驶机动车遇到执行紧急任务的救护车时，以下做法正确的是什么？

A.救护车违反交通信号通行，不予避让
B.减速，避让救护车
C.按照信号灯指示，正常通行
D.加速通过
答案：B

106.如图所示，驾驶机动车遇到这种情形时，应减速在其后保持安全距离通过路口。

答案：√

107. 如图所示，驾驶机动车遇到这种情形时，以下做法错误的是什么？

A. 加速通过　　B. 连续鸣喇叭警示

C. 停车让行　　D. 迅速超越前方非机动车

答案：ABD

108. 驾驶机动车过程中遇到专注于使用手机的行人时，以下说法正确的是什么？

A. 注意观察　　B. 从一侧加速绕过

C. 谨慎驾驶　　D. 做好停车准备

答案：ACD

109. 夜间驾驶机动车在道路上会车，为避免对方驾驶人眩目，应距离对向来车多远改用近光灯？

A.150 米以内　　B.150 米以外

C.100 米以内　　D.50 米以内

答案：B

110. 驾驶机动车会车时，当视线受阻不利于观察到对向来车时，双方都应做到减速靠右通过，并鸣喇叭示意。

答案：√

111. 如图所示，驾驶机动车遇到校车停车上下学生时，以下做法正确的是什么？

A. 停车等待

B. 借对向车道绕行

C. 鸣喇叭催促

D. 变换远近光灯示意学生让行

答案：A

112. 驾驶机动车遇到同车道行驶的执行紧急任务的特种车辆时不得超车。

答案：√

113. 如图所示，机动车A的行为是正确的。

答案：×

114. 驾驶机动车准备进入拥堵的环形路口时，以下做法错误的是什么？

A. 继续驶入拥堵路口

B. 鸣喇叭让路口内的车让行

C. 快速驶入路口

D. 让路口内的车先行

答案：ABC

115. 驾驶机动车行驶中如遇到前方车辆行驶速度缓慢时，应持续鸣喇叭 。

答案：×

116. 如图所示，前车乘车人的行为是不文明的。

答案：√

117. 如图所示，造成事故的原因是货车遗撒货物，货车负全部责任。

答案：√

118. 行车中不开转向灯强行并线不是违法行为。

答案：×

119. 驾驶机动车驶出小区上道路行驶，以下做法错误的是什么？

A. 直接汇入主路车流

B.无需避让主路车辆
C.在不妨碍主路车辆正常行驶的前提下汇入车流
D.鸣喇叭示意主路车避让
答案：ABD

120.行车中突遇对方车辆强行超车，占据自己车道，应尽可能减速避让，直至停车，避免交通事故的发生。
答案：√

121.行车中变更车道时，不可一次连续变更两条以上机动车道。
答案：√

122.下坡路制动突然失效后，要拉紧驻车制动器或越两级挡位减挡。
答案：×

123.公安机关交通管理部门对累积记分达到规定分值的驾驶人怎样处理？
A.依法追究刑事责任
B.处15日以下拘留
C.扣留机动车驾驶证
D.进行法律法规教育，重新考试
答案：CD

124.如图所示，固定停车位停车时，以下停放方式不正确的是哪辆车？

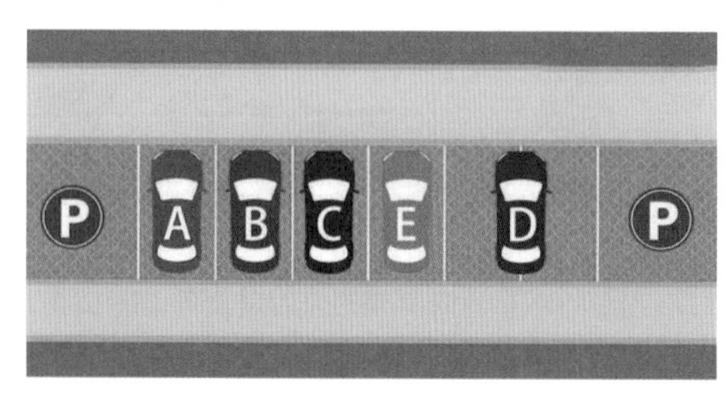

A.A车　　B.B车
C.C车　　D.D车
答案：D

125.行车中突遇对方车辆强行超车，占据自己车道，不利于安全行车的做法是什么？
A.加速行驶
B.尽可能减速避让，直至停车
C.保持原车速行驶
D.挡住其去路
答案：ACD

126.驾驶机动车在路口转弯过程中，应当持续开启转向灯，以提醒周围车辆和行人。
答案：√

127.按照防御性驾驶技术要求，驾驶机动车在道路上行驶，在下列哪种情形下应当提前开启右转向灯？
A.向右转弯
B.靠路边停车
C.向右变更车道
D.超车完毕驶回原车道
答案：ABCD

128.酒后驾驶会对驾驶人的哪些方面产生不利影响？
A.注意力
B.判断力
C.操作能力
D.驾驶心理
答案：ABCD

129.行车中遇鸣警笛的警车从本车道逆向驶来时，要怎样做？
A.临时占用其他车道行驶
B.加速变更车道避让
C.在原车道内继续行驶
D.靠边减速或停车让行
答案：D

130.保持安全跟车距离是避免发生追尾、剐碰等事故的前提。
答案：√

131.左右两侧车道的车辆向同一车道变更时，右侧车辆让左侧车辆先行变更。
答案：×

132.下列关于防御性驾驶方法，做法正确的是什么？
A.熟悉车辆性能，做好预防性自检
B.遵守交通法规，文明礼让出行
C.环顾周围环境，提前预测险情
D.保持安全距离，预留缓冲空间
答案：ABCD

133.驾驶人分心驾驶的危害是什么？
A.容易忽略道路交通信息
B.无法提前观察道路交通信息
C.会引起驾驶姿势的变化
D.会引起操作动作的变化
答案：ABCD

134.驾驶人行车中，为预防“路怒症”的发生，应怎样做？
A.提高行车素养

B.加强心理调节
C.保持充足的睡眠
D.合理安排好出行时间
答案：ABCD

135.驾驶人疲劳时，判断能力下降、反应迟钝和操作失误增加，容易引发交通事故。
答案：√

136.行车中遇到被超车辆驾驶人明显要再次超越且带有斗气情绪时，应减速礼让，与其拉开距离。
答案：√

137.下列哪些是不文明驾驶行为？
A.行车中向车窗外吐痰、抛扔杂物
B.快速通过积水路段溅湿行人
C.前车行驶速度慢时用远光灯晃前车
D.遇老人过马路时鸣喇叭催促其让行
答案：ABCD

138.行驶车道绿灯亮时，但车辆前方人行横道仍有行人行走，不正确的做法是什么？
A.直接起步通过
B.起步后从行人后方绕过
C.起步后从行人前方绕过
D.等行人通过后再起步
答案：ABC

139.行车中发现异常行驶的车辆时，应及时采取避让措施，其车辆驾驶人可能在做什么？
A.可能处于醉驾或毒驾状态
B.可能处于疲劳驾驶状态
C.可能驾驶经验不足
D.可能在打电话、玩手机或是在找路
答案：ABCD

140.行车中遇前方低速行驶的洒水车作业时，以下做法正确的是什么？
A.注意避让
B.若洒水车有指示箭头，在确保安全的情况下按箭头指示方向变更车道
C.若洒水车无指示箭头，在确保安全的情况下选择合适的车道变更
D.通过洒水车时应急加速通过
答案：ABC

141.驾驶人在行车中经过易产生扬尘的道路时，应怎样做？
A.减速慢行
B.迅速加速通过
C.保持正常车速通过
D.低挡加速通过
答案：A

142.驾驶机动车驶出地下车库，遇前方机动车排队等候或行驶缓慢时，为了有序安全，应依次排队等候通行。
答案：√

143.行驶缓慢路段遇其他车辆要强行“加塞”时，为确保行车安全，正确的做法是什么？
A.连续鸣喇叭，以示警告
B.加速行驶，紧跟前车，不让其进入
C.主动礼让，保持适当的跟车距离
D.挤靠“加塞”车辆，逼其离开
答案：C

144.驾驶车辆遇到前方车辆行进缓慢或路口堵塞时，属于交通陋习的是什么行为？
A.加塞抢行
B.穿插绕行
C.依次缓慢行驶
D.连续鸣喇叭催促
答案：ABD

145.下列哪些行为属于驾驶机动车的禁止行为？
A.在车门、车厢未关好时行车
B.使用蓝牙功能接听电话
C.向道路上抛撒物品
D.观看车载视频
答案：ACD

146.在堵车的交叉路口绿灯亮时，可借对向车道通过路口。
答案：×

147.驾驶机动车发现后车发出超车信号时，若具备让车条件，可以让路不让速。
答案：×

148.如图所示，驾驶机动车在公交车站遇到这种情况时，应特别注意行人横穿马路。

答案：√

7.4 恶劣天气和复杂道路安全驾驶常识

1.当车辆驶出隧道时，驾驶人易出现图中所示的“明适应”现象，以下做法正确的是什么？

A.加速驶出隧道

B.减少与前车距离，利用前车挡住强光

C.与前车保持安全距离，降低行驶车速，驶出隧道

D.变更至车辆较少的车道，迅速驶出隧道

答案：C

2.当高速公路上车辆发生故障时，人员应当疏散到下图哪个位置。

A.位置A　　B.位置B

C.位置C　　D.位置D

答案：D

3.遇到这种跨江、河、海大桥时，可能会遇到横风，要控制好方向。

答案：√

4.通过这种路面条件较好的窄桥怎样控制车速？

A.不超过60千米/小时

B.不超过50千米/小时

C.不超过40千米/小时

D.不超过30千米/小时

答案：D

5.驾驶机动车在进出隧道时应注意什么？

A.开启远光灯

B.适当提高车速

C.关闭近光灯

D.提前降低车速

答案：D

6.驾驶机动车进入双向通行的隧道时应注意什么？

A.开启近光灯

B.靠右侧行驶

C.开启远光灯

D.注意对向来车

答案：ABD

7.在隧道内通行时哪些行为是不对的？

A.会车使用远光灯

B.在隧道内超车

C.会车时保持安全间距

D.开启近光灯行驶

答案：AB

8.在山区道路跟车行驶的距离要比平路时大。

答案：√

解析：这是上坡弯道。

9. 在这种山区道路怎样跟车行驶？

A. 紧跟前车行驶　B. 加大安全距离
C. 减小跟车距离　D. 尽快超越前车
答案：B
解析：这是下坡路。

10. 在这种山区危险路段怎样安全会车？

A. 选择安全的地点
B. 做到先让、先慢、先停
C. 靠山体一侧的让行
D. 不靠山体一侧的让行
答案：ABC

11. 驾驶机动车在山区道路下陡坡时，怎样利用发动机制动控制车速？
A. 挂入空挡　B. 挂入低速挡
C. 踩下离合器踏板　D. 挂入高速挡
答案：B

12. 驾驶机动车在山区道路转弯下陡坡路段遇对面来车怎样行驶？
A. 转弯前减速　B. 进入弯道后加速
C. 靠路右侧行驶　D. 挂空挡滑行
答案：AC

13. 驾驶机动车在山区上陡坡路段怎样行驶？
A. 挂高速挡加速冲坡
B. 提前观察坡道长度
C. 尽量避免途中减挡
D. 上坡前减挡保持动力
答案：BCD
解析：山区上陡坡路段长，不能冲，短陡坡在条件许可且不违反相关法律、法规的前提下可以冲。

14. 驾驶机动车在山区这种陡坡道转弯时怎样行驶？

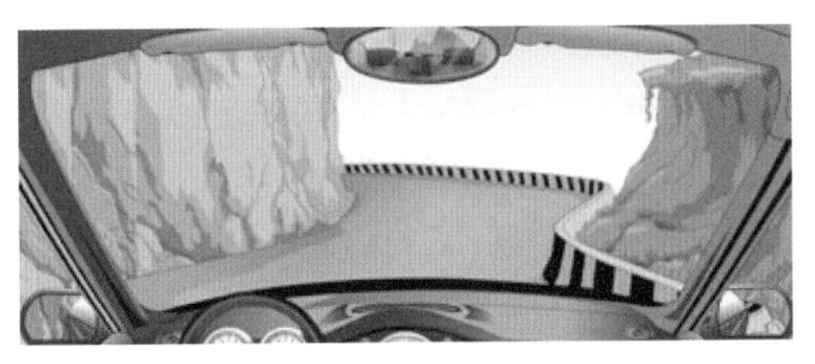

A. 转弯前减速　B. 靠右侧行驶
C. 鸣喇叭提示　D. 转弯时加挡
答案：ABC

15. 驾驶机动车可以在这种急弯处超车。

答案：×
解析：弯道禁止超车，而且这里还有山体盲区，十分危险。

16. 在这种路面较窄的急弯处行车时要注意什么？

A. 集中注意力
B. 降低车速
C. 注意鸣喇叭
D. 做好停车准备
答案：ABCD
解析：上坡弯道，有山体盲区，十分危险。

17. 夜间在这种情况下跟车要注意观察前车信号灯的变化，随时做好减速或停车的准备。

答案：√
解析：要注意刹车灯、转向灯、远近光灯的变化。

18. 夜间遇到这种后车发出超车信号时怎样行驶？

A. 靠路中心减速行驶
B. 加速甩掉后车
C. 开启左转向灯警示
D. 减速靠右侧让行
答案：D

19. 夜间在这种道路条件下怎样跟车行驶？

A. 注意前车信号灯变化
B. 使用近光灯
C. 保持安全距离
D. 做好减速或停车准备
答案：ABCD

20. 夜间驾驶机动车在人行横道前遇行人横过时怎样行驶？

A. 交替变换远近光灯绕过行人
B. 开启近光灯绕过行人
C. 开启远光灯绕过行人
D. 停车让行人优先通过
答案：D

21. 夜间驾驶机动车驶近上坡路坡顶怎样行驶？
A. 加速冲过坡顶　　B. 开启远光灯
C. 合理控制车速　　D. 交替变换远近光灯
答案：CD

22. 夜间驾驶机动车在急弯道停车时要开启危险报警闪光灯。
答案：×
解析：不能在急弯道停车。

23. 夜间驾驶机动车在急弯道超车时要不断变换远近光灯。
答案：×
解析：不能在急弯道超车。

24. 夜间行车中汽车发生故障需要停车时怎么办？
A. 尽量选择安全区域停车
B. 开启危险报警闪光灯
C. 开启示廓灯和后位灯
D. 按规定设置警告标志
答案：ABCD

25. 在雨天哪类路面最容易发生侧滑？
A. 刚下雨的路面　　B. 大雨过后路面
C. 暴雨中的路面　　D. 大雨中的路面
答案：A
解析：车轮和刚下雨的路面间容易形成有“润滑”作用的水膜。

26. 雨天影响安全行车的主要因素有哪些？
A. 视线受阻　　B. 路面湿滑
C. 附着力变小　　D. 行驶阻力增大
答案：ABC

27. 雨天遇到这种行人占道行走时怎样通行？

A. 提前减速行驶　　B. 提前鸣喇叭提醒
C. 不得急加速绕行　　D. 保持安全间距
答案：ABCD

28. 在积雪覆盖的冰雪路行车时，可根据路边树木、电杆等参照物判断行驶路线。

答案：√

29. 由于冰雪路面不能使用紧急制动，遇到突然情况可采取急转向的方法躲避。
答案：×

解析：要慢行，避免紧急制动、猛转向等剧烈动作。

30. 在这种冰雪路面怎样跟车行驶？

A. 保持较大的跟车距离
B. 开启危险报警闪光灯
C. 不断变换远近光灯
D. 持续鸣喇叭提示前车

答案：A

31. 在这种结冰的道路上怎样会车？

A. 两车临近时减速　B. 适当加速交会
C. 提前减速缓慢交会　D. 尽量靠近中线交会

答案：C

32. 在山区冰雪道路上遇到这种前车正在上坡的情况如何处置？

A. 前车通过后再上坡　B. 迅速超越前车上坡
C. 低速超越前车上坡　D. 紧随前车后上坡

答案：A

33. 冰雪路面对行车有哪些不利影响？

A. 车辆操控难度增大　B. 制动距离延长
C. 易产生车轮滑转　D. 极易发生侧滑

答案：ABCD

34. 在这种有车辙的冰雪路段怎样行驶？

A. 避免紧急制动　B. 循车辙行驶
C. 避免急转方向　D. 降低车速行驶

答案：ABCD

35. 驾驶机动车在冰雪道路上怎样安全行车？

A. 必要时安装防滑链
B. 必须降低车速
C. 开启雾灯行驶
D. 利用发动机制动

答案：ABD

解析：这里指一般情况下没有雾的冰雪道路，有雾才开启雾灯。

36. 如图所示，驾驶机动车在这样的路段怎样跟车行驶。

A. 紧随前车之后　B. 加大安全距离
C. 减小纵向间距　D. 尽快超越前车

答案：B

37. 如图所示，驾驶机动车遇前方白色车辆，以下说法正确的是什么。

A. 快速超越前车
B. 只要对向无来车，可进行超车

C.保持安全距离，跟车行驶

D.鸣喇叭示意让行

答案：C

38.如图所示，驾驶机动车在这样的路段遇前方两车交会应及时减速。

答案：√

39.如图所示，驾驶机动车在这种落石多发的山区道路行驶，以下说法正确的是什么？

A.尽量靠道路左侧通行

B.停车瞭望，缓慢通过

C.尽量避免临时停车

D.勤鸣喇叭，低速通行

答案：C

40.如图所示，驾驶机动车遇到这种路段时，以下说法错误的是什么？

A.应提前降低车速

B.应提前降低挡位

C.尽量利用发动机制动控制车速

D.尽量利用驻车制动器控制车速

答案：D

41.驾驶机动车遇暴雨，无法看清路面情况，以下做法正确的是什么？

A.保持原速行驶

B.减速行驶

C.打开危险报警闪光灯，将机动车停到路外

D.减速行驶，不断鸣喇叭，提醒周边驾驶人

答案：C

42.如图所示，在这种情况下，应该减速慢行。

答案：√

43.雨天驾驶机动车减速慢行的主要原因是什么？

A.影响驾驶人视野

B.过快的速度会使机动车油耗增加

C.制动距离会增大

D.紧急制动易发生侧滑

答案：ACD

44.车辆发生“水滑”时，以下做法正确的是什么？

A.不可急踩制动踏板

B.逐渐松抬加速踏板，让车速逐渐减缓

C.不得迅速转向

D.立刻猛踩制动踏板，降低车速

答案：ABC

45.雨天驾驶机动车，不宜超车的主要原因是什么？

A.不能准确判断周围车辆距离

B.周围车辆驾驶人不容易看清超车信号

C.道路湿滑，车辆易出现侧滑现象

D.不能够及时发现危险情况

答案：ABCD

46.雨天驾驶机动车，不可以急踩制动踏板的主要原因是什么？

A.易导致后车追尾　B.会相应增大油耗

C.易产生侧滑　D.会相应减少油耗

答案：AC

47.驾驶机动车在山区道路应紧跟前车之后行驶。

答案：×

48.如图所示，该货运车辆驶出高速公路的方法是正确的。

答案：×

49.驾驶机动车在高速公路上行驶，能见度小于50米时，只要车速不超过20千米/小时，可以不驶离高速公路。

答案：×

50.驾驶机动车在距离隧道前多少米内不得停车？

A.30米　B.50米
C.80米　D.100米

答案：B

51.如图所示，驾驶机动车在雨天行经交叉路口时必须鸣喇叭，并加速通过，以免造成交通混乱。

答案：×

52.驾驶机动车在城市快速路上行驶，以下做法错误的是什么？

A.在最左侧车道内停车
B.在路肩上行驶
C.学习驾驶机动车
D.倒车

答案：ABCD

53.驾驶机动车在高速公路上行驶不得倒车、逆行、穿越中央分隔带掉头或者在车道内停车。

答案：√

54.以下这个标志的含义是什么？

A.电子不停车收费专用车道
B.应急车道
C.绿色通道
D.快速公交车道

答案：A

55.驾驶机动车驶入高速公路收费口时，没有安装ETC卡的车辆，不能驶入ETC车道。

答案：√

56.驾驶机动车在高速公路减速车道行驶时要依次通行。

答案：√

57.驾驶机动车在匝道内行驶，以下做法正确的是什么？

A.可以超车　B.可以倒车
C.依次通行　D.可以掉头

答案：C

58.驾驶机动车在高速公路上行驶，车速超过100千米/小时，只要与同车道前车保持80米的距离即可。

答案：×

59.驾驶机动车行经此路段多少米内不得停车？

A.30米　B.50米
C.80米　D.100米

答案：B

60.驾驶机动车在隧道中超车时应该注意观察、谨慎驾驶。

答案：×

61.驾驶机动车夜间通过拱桥时应当交替使用远近光灯示意。

答案：√

62. 驾驶机动车在山区冰雪道路上行驶，遇到前车正在爬坡时，后车应选择适当地点停车，等前车通过后再爬坡。

答案：√

63. 驾驶机动车驶入高速公路收费口应减速慢行，有序行驶，选择绿灯亮起的收费口进入。

答案：√

64. 驾驶机动车在高速公路减速车道行驶时，以下做法正确的是什么？

A. 可以超车　　B. 可以倒车

C. 依次通行　　D. 可以掉头

答案：C

65. 以下关于驶离高速公路的做法正确的是什么？

A. 提前开启右转向灯

B. 驶入减速车道

C. 按减速车道规定的时速行驶

D. 加速直接驶离高速公路

答案：ABC

66. 关于在高速公路匝道路段行驶，以下说法正确的是什么？

A. 从匝道驶入高速公路，应当开启右转向灯

B. 驶离高速公路进入匝道时，应当开启右转向灯

C. 可在匝道上超车

D. 驶入错误的匝道后，可倒车驶回高速公路

答案：B

67. 驾驶机动车在高速公路上行驶，遇有能见度小于100米的气象条件时，如何安全行驶？

A. 与前车保持50米以上的距离

B. 车速不得超过40千米/小时

C. 开启危险报警闪光灯

D. 在应急车道行驶

答案：ABC

68. 如图所示，驾驶机动车在暴雨天气条件下行驶，当刮水器无法刮净雨水影响行车安全时，以下做法正确的是什么？

A. 减速行驶

B. 集中注意力谨慎驾驶

C. 注意观察，减速靠边停车

D. 以正常速度行驶

答案：C

69. 以下这个标志的含义是什么？

A. 设有电子不停车收费（ETC）车道的收费站

B. 停车领卡标志

C. 服务区标志

D. 紧急停车带

答案：A

70. 如图所示，驾驶机动车驶入减速车道后最高时速不能超过多少？

A.60千米/小时　　B.50千米/小时

C.40千米/小时　　D.30千米/小时

答案：C

71. 驾驶机动车驶离高速公路进入匝道时，应当加速驶离。

答案：×

72. 驾驶机动车通过短而陡的上坡坡道时，采用加速冲坡的方法，在接近坡顶时应提前松开加速踏板，利用惯性冲过坡顶。

答案：√

73. 驾驶机动车遇浓雾或沙尘暴时，行驶速度不要过慢，避免后方来车追尾。

答案：×

74. 驾驶机动车在高速公路意外碰撞护栏时，应迅速向相反方向转向修正。

答案：×

75. 在冰雪路面制动时，发现车辆偏离方向，以下做法正确的是什么？

A. 连续轻踩轻抬制动踏板
B. 用力踩制动踏板
C. 停止踩制动踏板
D. 以上做法都不对

答案：C

76. 为什么大雪天气，在有雪泥的路上超车危险？

A. 雪泥可以增加轮胎的附着力
B. 飞起的雪泥使视线不好
C. 雪泥下的路面更容易打滑
D. 遇紧急情况制动距离长

答案：BCD

77. 大雾天行驶，以下做法正确的是什么？

A. 可以紧急制动
B. 可以紧急制动，但是需要停到紧急停车带上
C. 不可以紧急制动，因为会造成后面的车辆追尾
D. 以上说法都不对

答案：C

78. 在这样的雾天跟车行驶，以下说法不正确的是什么？

A. 加大跟车间距　B. 注意前车动态
C. 降低行车速度　D. 缩小跟车距离

答案：D

79. 雾天行车开启雾灯是因为雾灯放射的灯光具有更好的穿透力，更容易让道路中其他驾驶人注意到自己的车辆。

答案：√

80. 浓雾中行车听到对方车辆鸣喇叭时，只要视野中看不到，可不必理会。

答案：×

81. 机动车雾天在道路中抛锚不能移动，应该采取什么措施？

A. 立即打开危险报警闪光灯
B. 在车后设置危险警告标志，警告来往车辆
C. 车内所有人员立即下车远离事故车辆
D. 立即拨打交通事故报警电话122请求援助

答案：ABCD

82. 大风沙尘天气行车，以下做法正确的是什么？

A. 降低行驶速度　B. 注意观察路面情况
C. 关紧车窗　D. 握稳转向盘

答案：ABCD

83. 大风天行车需要注意什么？

A. 注意车辆的横向移动
B. 尽量减少超车
C. 尽量避免制动
D. 关紧车窗

答案：ACD

84. 车辆在泥泞路上发生侧滑时，以下做法正确的是什么？

A. 向侧滑的一侧转动转向盘适量修正
B. 向侧滑的另一侧转动转向盘适量修正
C. 迅速制动减速
D. 迅速制动停车

答案：A

85. 在泥泞路段行车，要平稳地转动转向盘，避免由快速转动转向盘而引起侧滑。

答案：√

86. 车辆在泥泞路段起步或者陷住时，切忌选择急加速。

答案：√

87. 车辆在泥泞路段发生侧滑时，要向车尾侧滑方向缓打转向盘修正。

答案：√

88. 通过泥泞道路时，以下做法正确的是什么？

A. 停车观察前方道路
B. 避免使用行车制动器
C. 尽量避免中途换挡
D. 提前换入低速挡

答案：ABCD

89. 驾驶机动车在雾天行车可以不开启雾灯。

答案：×

90. 驾驶机动车在山区道路不能紧跟前车之后行驶。

答案：√

91. 在这种能见度的情况下起步要开启近光灯。

答案：√

92. 驾驶机动车遇到团雾时，以下做法不正确的是什么？

A. 提高行驶速度尽快通过

B. 开启远光灯

C. 缩短跟车距离，保持通行效率

D. 开启雾灯

答案：ABC

93. 夜间驾驶机动车右转弯之前要稍微向右后方回头观察，主要目的是确认右后方盲区内是否有其他车辆或行人通行。

答案：√

94. 通过山区危险路段，尤其是通过经常发生塌方、泥石流的山区地段，应谨慎驾驶，避免停车。

答案：√

95. 夜间机动车灯光照射距离由远及近，说明机动车可能已到达坡道的低谷。

答案：√

96. 冬季隧道出口路面可能结冰，此时应降低车速行驶，但不得紧急制动。

答案：√

97. 驾驶机动车在高速公路上遇到雨雪天气时，需要降低车速、保持安全距离的原因，以下说法正确的是什么？

A. 能见度下降，驾驶人难以及时发现前方车辆

B. 此类天气条件下的道路上，车辆的制动距离变长

C. 为车辆安全行驶提供足够的安全距离

D. 降低恶劣天气对车辆造成的损害

答案：ABC

98. 驾驶机动车行驶在颠簸路段时，应挂低速挡，缓抬加速踏板。

答案：√

99. 驾驶机动车在下坡路段停车制动要比平路时提前。

答案：√

100. 驾驶机动车通过立交桥时，应该怎样右转弯？

A. 过桥前向右转弯　B. 过桥后向右转弯

C. 过桥前向左转弯　D. 过桥后向左转弯

答案：A

101. 驾驶机动车通过立交桥时，应该怎样左转弯？

A. 过桥前向右转弯　B. 过桥后向右转弯

C. 过桥前向左转弯　D. 过桥后向左转弯

答案：B

102. 驾驶机动车在隧道行驶时，眼睛的明暗适应过程不会影响行车安全。

答案：×

103. 车辆在冰雪路面紧急制动易产生侧滑，应低速行驶，可利用发动机制动进行减速。

答案：√

104. 在隧道内行车时，如果前方发生突发情况，与前车保持足够的安全车距可以让驾驶人有足够的反应时间和避让空间。

答案：√

105. 驾驶未安装防抱死制动装置（ABS）的机动车，在冰雪路面制动时，应轻踩或间歇踩下制动踏板。

答案：√

106. 驾驶车辆进入高速公路加速车道后，必须尽快将车速提高到60千米/小时以上，以防汇入车流时影响主线车道上行驶的车辆。

答案：√

107. 如图所示，机动车遇到这种情况，A车应当主动减速让行。

答案：√

108. 驾驶机动车在高速公路上行驶，遇有雾、雨、雪、沙尘、冰雹等低能见度气象条件下，能见度在100米以下时，应如何行驶？

A. 车速不得超过60千米/小时

B.车速不得超过40千米/小时
C.与同车道前车至少保持30米的距离
D.与同车道前车至少保持50米的距离
答案：BC

109.驾驶机动车通过环岛时应在距离环岛多少米处减速慢行？
A.50米至100米　B.100米
C.150米　D.150米以上
答案：A

110.驾驶小型机动车倒车时，转向盘的转动方向与倒车方向一致。
答案：√

111.上车前，驾驶人应该如何绕车一周进行安全检查？
A.顺时针绕车一周
B.逆时针绕车一周
C.任意方向绕车一周均可
D.可直接上车
答案：B

112.驶近坡道顶端无法看清前方路口时，正确的做法是什么？
A.加速冲过坡顶　B.减速慢行
C.鸣喇叭示意　D.快速通过
答案：BC

113.驾驶机动车在高速公路行驶，雨天发生“水滑”现象时，以下做法错误的是什么？
A.双手握稳转向盘　B.迅速转向调整
C.逐渐降低车速　D.急踩制动踏板减速
答案：BD

114.泥泞道路的特点及对安全行车的影响有哪些？
A.路面松软、黏稠
B.行驶阻力大、附着力减小
C.车轮极易滑转和侧滑
D.容易陷车
答案：ABCD

115.高速公路长时间行车，驾驶人容易出现注意力分散、知觉减弱、反应迟钝、放松警惕、昏昏欲睡的“高速催眠”现象，因此要间歇到服务区休息调整。
答案：√

116.恶劣气象条件对安全行车的影响是什么？
A.影响驾驶人视线视野
B.机动车油耗增加
C.增大驾驶人控车难度
D.险情增多
答案：ACD

117.驾驶机动车通过仅能单车通行的窄隧道时，应注意什么？
A.提前减速　B.开启前照灯
C.开启远光灯　D.确认安全后通过
答案：ABD

118.黄昏时分，光线若明若暗，容易产生视觉误差，驾驶机动车应提前打开什么灯以便被其他驾驶人发现？
A.示廓灯　B.远光灯
C.近光灯　D.前雾灯
答案：A

119.驾驶机动车在高速公路行驶途中，车辆后轮突然发生爆胎，凭借经验将车辆安全停下后应怎么办？
A.留在车内等待救援
B.下车拦截其他车辆请求帮助
C.站在机动车后方
D.驾乘人员转移至右侧路肩上或应急车道内
答案：D

120.驾驶机动车在窄路直线行驶时，下列说法错误的是什么？
A.注意观察车辆前方的动态
B.注意观察前方路段是否有对向车辆，提前做好判断
C.前方路段有对向来车时要注意礼让
D.前方路段有对向来车时要迅速交会
答案：D

121.驾驶机动车行至隧道出口遭遇横风时，驾驶人应如何处理？
A.双手握紧转向盘
B.向来风的一侧适当修正
C.紧急制动
D.减速行驶
答案：ABD

122.刚开始下雨时的路面比大雨过后的路面更容易打滑。
答案：√

123.驾驶机动车遇到上陡坡的弯道时，要在坡底减速减挡，保持不换挡能一口气爬到坡顶的动力。
答案：√

124. 驾驶机动车涉水行驶中，要注意减速慢行，要注视水流的变化，避免中途停留。

答案：×

125. 夜间驾驶机动车在窄桥与非机动车会车时，以下做法正确的是什么？

A. 交替使用远近光灯

B. 开启危险报警闪光灯

C. 使用远光灯，减速避让

D. 使用近光灯，减速避让

答案：D

126. 驾驶机动车遇到沙尘、冰雹、雾、雨、雪等低能见度条件时，应持续鸣喇叭使其他交通参与者知道自己的位置。

答案：×

解析：相关法律、法规规定，机动车在夜间没有路灯、照明不良或者遇有雾、雨、雪、沙尘、冰雹等低能见度情况下行驶时，应当开启前照灯、示廓灯和后位灯，但同方向行驶的后车与前车近距离行驶时，不得使用远光灯，机动车雾天行驶应当开启雾灯和危险报警闪光灯。

127. 夜间驾驶机动车通过连续弯道时，应怎样做？

A. 交替使用远近光灯示意

B. 使用远光灯示意

C. 注意观察弯道尽头

D. 适时调整行驶方向

答案：ACD

128. 冬季桥面会先于路面结冰，一定要减速慢行，防止车辆发生侧滑。

答案：√

129. 夜间驾驶机动车驶近坡顶时，应开启远光灯加速冲过坡顶。

答案：×

130. 夜间驾驶机动车通过坡道时，怎样使用灯光？

A. 开启车上所有灯光

B. 上坡路段时交替使用远近光灯

C. 驶近坡顶时使用远光灯

D. 下坡行驶时使用远光灯

答案：BD

131. 夜间驾驶机动车通过连续弯道时，应开启远光灯并且适时调整行驶方向，确保安全通过。

答案：×

解析：夜间通过连续弯道时，应该交替使用远近光灯，并且注意观察弯道的尽头，适时调整行驶方向，确保安全。

132. 车辆不慎陷入泥泞中不能前进时，可挂入低速挡，利用发动机的冲力驶出。

答案：√

133. 在有积雪的道路行车，驾驶员可以佩戴墨镜。

答案：√

134. 驾驶机动车在狭窄的坡道会车，下坡车已行至中途而上坡车未上坡时，上坡车先行。

答案：×

135. 遇紧急情况避险时，要沉着冷静，坚持什么样的处理原则？

A. 先避人后避物　　B. 先避物后避车

C. 先避车后避人　　D. 先避物后避人

答案：A

136. 在高速公路上遇到紧急情况避险时需注意什么？

A. 采取制动措施减速　　B. 向左侧转向避让

C. 迅速转动转向盘躲避　　D. 向右侧转向避让

答案：A

137. 车速较高，前方发生紧急情况时，要先转向避让，再采取制动减速，以减小碰撞损坏程度。

答案：×

解析：先制动后转向。

138. 机动车在高速行驶时，前面扬起的飞石或是遗撒物将风窗玻璃击裂，造成视线模糊不清的状况下，驾驶人要逐渐降低车速，开启危险报警闪光灯，并将机动车移至不妨碍交通的地点。

答案：√

7.5 紧急情况下避险常识

1. 在高速公路上行驶时，车辆左前轮突然爆胎，必须第一时间紧握转向盘，然后轻踩制动踏板进行减速，并将车停靠在紧急停车带上，这样做的原因是什么？

A. 爆胎后，车辆行驶方向易发生变化，必须握紧转向盘

B. 爆胎后，车辆自身开始减速，所以只需轻踩制动踏板

C.爆胎后，紧急制动容易引起侧翻

D.轻踩制动踏板进行减速是为了保护轮胎

答案：AC

2.驾驶机动车在高速公路行驶，如果发生转向失灵，不能紧急制动。

答案：√

3.驾驶机动车在高速公路行驶，雨天发生“水滑”现象时，以下做法正确的是什么？

A.双手握稳转向盘 B.迅速转向调整

C.逐渐降低车速 D.急踩制动踏板减速

答案：AC

4.驾驶机动车时，为了预防行车中突然起火造成的危险，应随车携带以下哪项物品？

A.安全帽 B.灭火器

C.安全锤 D.冷冻液

答案：B

5.驾驶机动车在高速公路行驶，遇意外情况需紧急停车时，可在行车道上直接停车。

答案：×

6.以下哪项能够引起爆胎？

A.轮胎磨损严重 B.轮胎气压过高

C.尖锐物体刺伤轮胎 D.车辆超载超员

答案：ABCD

7.驾驶机动车行驶过程中发动机着火，以下做法错误的是什么？

A.迅速关闭发动机 B.用覆盖法灭火

C.开启发动机舱盖灭火 D.用灭火器灭火

答案：C

8.驾驶机动车在高速公路行驶，发现前方有动物突然横穿时，可以采取急转向的方式避让。

答案：×

9.机动车在高速公路上发生故障时，车上人员应当迅速转移到故障车前方躲避。

答案：×

10.驾驶机动车在高速公路行驶遇到横风时，应握紧转向盘，减速行驶。

答案：√

11.驾驶机动车突然发生倾翻时，以下做法正确的是什么？

A.迅速跳车逃生 B.双手握紧转向盘

C.双脚勾住踏板 D.背部紧靠椅背

答案：BCD

12.机动车在夜间发生故障时，以下做法正确的是什么？

A.选择安全区域停车

B.开启危险报警闪光灯、示廓灯和后位灯

C.按规定设置警告标志

D.给朋友打电话，坐在车内等待救援

答案：ABC

13.行车过程中遇到以下情况，正确的做法是什么？

A.鸣笛并继续直行

B.减速并随时准备停车

C.转向道路左侧并继续行驶

D.匀速驶过该区域

答案：B

14.当驾驶人驶出隧道时，出现下图所示的“明适应”现象时，以下做法正确的是什么？

A.加速驶出隧道

B.减少与前车的距离，利用前车挡住强光

C.与前车保持安全距离，切忌盲目加速

D.变更至车辆较少的车道，迅速驶出隧道

答案：C

15.驾驶机动车途经这个路段时，以下关于潜在风险的说法正确的是什么？

A.坡顶可能停放一辆车
B.对面驶来的车辆可能占用你的车道
C.前方道路可能有障碍物
D.前方道路可能有弯道
答案：ABCD

16.看到对面有车辆超车时，应该如何应对？
A.减速，并向右侧避让
B.保持原有驾驶方向和速度行驶
C.加速，并向左侧越线行驶
D.减速，并向左侧避让
答案：A

17.逃离隧道火灾现场时，需要向烟雾流相同方向逃跑。
答案：×

18.机动车在隧道内因故障无法继续行驶时，应开启什么灯？
A.交替使用远光灯　B.危险报警闪光灯
C.远光灯　D.近光灯
答案：B

19.隧道内发生火灾时，驾乘人员应当留在车内。
答案：×

20.行车中当驾驶人意识到车辆爆胎时，下列做法正确的是什么？
A.紧急制动　B.轻踩制动踏板
C.缓慢减速　D.控制方向
答案：BCD

21.驾驶机动车需要从车窗逃生时，要用安全锤敲击玻璃的哪个部位？
A.四个角落　B.中心部位
C.任意部位　D.中下部位
答案：A

22.驾驶机动车在高速公路上，因故障不能离开行车道时，可在行车道上迅速抢修。
答案：×

23.机动车在高速公路上发生故障时，为获得其他车辆的帮助，可将警告标志放置在其他车道。
答案：×

24.驾驶机动车，遇前方停驶的油料运输车起火冒烟，以下做法错误的是什么？
A.为减少交会时间，加速通过
B.立即停车，上前查看是否有被困人员
C.停车后围观
D.立即停车，尽量远离，拨打报警电话
答案：ABC

25.在车速较高可能与前方机动车发生碰撞时，驾驶人应采取先制动减速，后转向避让的措施。
答案：√

26.如遇隧道内发生车辆起火时，以下做法正确的有哪些？
A.利用尖利物品砸碎侧窗逃生
B.走“人行横洞”
C.若视线不清，可以用手机手电筒照明
D.打电话报警求助
答案：ABCD

27.驾驶机动车发生财产损失事故车辆可以移动时，下列哪些情形在当事人报警并对现场拍照或标记位置后，可以将车辆移动至不妨碍交通的地方等待处理？
A.机动车无号牌　B.碰撞建筑物
C.载运危险物品的车辆
D.当事人对事实或者成因有争议的
答案：ABCD

28.图中标志的含义是什么？

A.疏散标志　B.紧急避难场所
C.行人专用通道　D.生活服务区
答案：A

29.紧急破窗逃生时，应首选侧面车窗。
答案：√

30.在高速公路驾驶机动车意外碰撞护栏时，要稳住方向，应适当向碰撞一侧转向，不可乱打或急打转向盘。
答案：√

31.图中标志的含义是什么？

A.消防设备箱标志　B.油箱标志

C.加油站标志　　D.灭火器标志

答案：A

32.如图所示，驾驶机动车遇到这种情况时，应鸣喇叭提醒行人注意避让，加速通过。

答案：×

33.驾驶机动车行驶过程中发动机着火，应立即打开发动机舱盖检查着火原因，便于及时灭火。

答案：×

34.驾驶机动车突然发生倾翻时，以下做法错误的是什么？

A.迅速跳车逃生　　B.双手握紧转向盘

C.双脚勾住踏板　　D.背部紧靠椅背

答案：A

35.机动车转弯时速度过快，离心力变大，容易发生侧滑。

答案：√

36.机动车燃油着火时，可以用于灭火的是什么？

A.路边沙土　　B.棉衣

C.工作服　　D.水

答案：ABC

37.在机动车与非机动车、行人混杂的城市快速路或国道上，可采取边转向躲避边制动的方式避免碰撞。

答案：√

38.牵引故障机动车时，被牵引的机动车除驾驶人外不得载人，可以拖带挂车。

答案：×

39.驾驶机动车遇后轮爆胎时，以下做法的正确顺序是什么？①收油减挡缓慢制动，通过后视镜观察后方车辆情况，避免追尾②握紧转向盘③安全驶离行车道④停车后开启危险报警闪光灯，在来车方向设置警告标志，车上人员迅速撤离到安全地点报警求助。

A.③②①④　　B.②①③④

C.①②③④　　D.①③②④

答案：B

40.避免爆胎的正确做法是定期检查轮胎，及时清理轮胎沟槽里的异物，更换掉有裂纹或有损伤的轮胎。

答案：√

41.驾驶人紧急破窗逃生时，应首选敲碎前风窗玻璃。

答案：×

42.驾驶机动车通过山区弯道时，可能出现的险情有哪些？

A.高速行驶，车辆容易发生侧翻

B.可能存在落石及停驶的故障车等障碍

C.可能有对向车辆占道行驶

D.可能对向来车占道超车

答案：ABCD

43.低速行车时，如果发现转向盘向一侧偏转，可能该侧车轮存在漏气现象。

答案：√

44.行车中，若车辆撞击的位置不在驾驶人一侧或撞击力量较小时，驾驶人正确的应急措施是什么？

A.握紧转向盘　　B.迅速离开转向盘

C.身体紧靠座椅　　D.两腿向前蹬

答案：ACD

45.导致车辆倾翻的原因主要有哪些？

A.车速过快　　B.发生碰撞

C.车辆驶离路面　　D.高速行驶时急打转向

答案：ABCD

46.机动车燃油着火时，应第一时间用水进行灭火。

答案：×

47.行车中发现轮胎漏气或气压过低时，应立即紧急制动，迅速靠边停车。

答案：×

48.两辆机动车发生轻微剐蹭事故后，为保证理赔，必须等保险公司人员到场鉴定后方可撤离现场。

答案：×

49.被保险人故意制造道路交通事故的，造成受害人的财产损失，保险公司不承担赔偿责任。

答案：√

50.车辆因故障等原因需要被牵引时，以下说法错误的是什么？

A.两车均应开启危险报警闪光灯

B.所有车辆都应让行

C.两车尽量快速行驶

D.不受交通信号限制

答案：BCD

51. 机动车制动时，若后轮抱死容易出现什么现象？
A. 爆胎　　B. 跑偏
C. 甩尾　　D. 转向失控
答案：C

52. 大风天气行车，由于风速和风向往往不断地发生变化，当感到转向盘突然“被夺”时，驾驶人要怎样做？
A. 逆风向转动转向盘
B. 顺风向转动转向盘
C. 采取紧急制动
D. 双手握稳转向盘
答案：D

53. 机动车涉水后，以下做法正确的是什么？
A. 保持低速行驶
B. 擦干被水浸湿部位
C. 间断轻踩制动踏板
D. 持续重踩制动踏板
答案：ABC

54. 驾驶没有配备ABS的车辆在发生侧滑时，可将制动踏板踩到底减速。
答案：×

55. 驾驶机动车在下坡行驶中制动突然失效时，在不得已的情况下，可用车身碰擦护栏减速停车。
答案：√

56. 在车辆发生倾翻稳定后，以下做法正确的是什么？
A. 第一时间将发动机熄火
B. 迅速解开安全带
C. 留在车内等待救援
D. 从车门或破碎的车窗逃出
答案：ABD

57. 行车中，当车辆撞击无法避免时，驾驶人应当尽力避免正面碰撞。
答案：×

58. 在交叉路左转弯时，要注意预防的险情有哪些？
A. 对向车道车辆侧方可能有行人被遮挡
B. 对向车道右转弯车辆可能不让行
C. 其他车道的车辆可能超越自己抢先左转弯
D. 车辆左侧立柱盲区内可能有非机动车
答案：ABCD

59. 在接近绿灯亮的路口时，驾驶人应预测到的危险情况有哪些？
A. 前方可能会有非机动车、行人违法横穿
B. 前方车辆可能会突然变道
C. 对向来车可能会抢先左转弯
D. 左右车道车辆可能会抢行
答案：ABCD

60. 如图所示，机动车倒车时遇到这种情况，应主动停车避让。

答案：√

61. 如图所示，驾驶机动车遇前车行驶缓慢时，可加速超越前车。

答案：×

7.6 交通事故救护及常见危化品处置常识

1. 驾驶机动车发生交通事故后，应注意是否有燃油泄漏、管路破裂的情况，避免意外情况出现。
答案：√

2. 驾驶机动车遇车辆燃烧，应迅速离开车内，以免对呼吸道造成伤害或发生窒息。
答案：√

3. 抢救有害气体中毒伤员时，应第一时间将伤员移送到有新鲜空气的地方，脱离危险环境，防止吸入更多有害气体。
答案：√

4. 交通事故中急救中毒伤员，以下做法错误的是什么？

A. 尽快将中毒人员移出毒区
B. 脱去接触有毒空气的衣服
C. 用清水清洗暴露部位
D. 原地等待救援
答案：D

5. 在交通事故现场，一旦遇到有毒有害物质泄漏，一定要第一时间疏散人员，并立即报警。
答案：√

6. 因交通事故造成有害气体泄漏后，进入现场抢救伤员时，抢救人员必须佩戴空气呼吸器或用湿毛巾捂住口鼻。
答案：√

7. 紧急情况下避险始终要把人的生命安全放到第一位。
答案：√

8. 成人心肺复苏时，胸外按压频率是多少？
A.80 ~ 100次/分　B.60 ~ 80次/分
C.100 ~ 120次/分　D.120 ~ 140次/分
答案：C

9. 现场救护应遵循什么原则？
A. 安全原则
B. 避免二次伤害原则
C. 先救命后治伤原则
D. 争取时间原则
答案：ABCD

10. 救助烧伤伤员时，当伤口已经起泡的情况下，可用什么覆盖在水泡上进行保护？
A. 手帕　B. 围巾
C. 塑料袋或保鲜膜　D. 卫生纸
答案：C

11. 对于没有救护知识或经验的人员，不得盲目施救，这样是为了避免二次伤害。
答案：√

12. 对于烫伤进行处理时，应首先考虑用常温清水持续冲洗烫伤部位。
答案：√

13. 驾驶机动车载运危险化学物品，应当经哪个部门批准后，按指定的时间、路线、速度行驶，悬挂警示标志并采取必要的安全措施？
A. 公安机关　B. 道路运输管理机构
C. 城市管理部门　D. 环保部门
答案：A

14. 腐蚀品着火时，应用水柱向高空喷射形成雾状覆盖火区。
答案：√

15. 伤员上肢或小腿出血，且没有骨折和关节损伤时，可用加压包扎止血法止血。
答案：×

7.7 违法行为综合判断与案例分析

1. 张某驾驶的车辆在高速公路上发生故障不能移动，开启危险报警闪光灯后下车，联系朋友李某驾驶私家车帮忙拖曳到应急车道，李某拖曳故障车的过程中，刘某驾驶货运车辆以110千米/小时的速度驶来，导致三车相撞。这起事故中的违法行为有哪些？
A. 张某疲劳驾驶
B. 李某用私家车拖曳故障车辆
C. 刘某超速行驶
D. 未在故障车辆后设置警示标志
答案：BCD

解析：张某未在故障车辆后设置警示标志；李某用私家车拖曳故障车辆；机动车在高速公路上发生故障或者交通事故，无法正常行驶的，应当由救援车、清障车拖曳、牵引；刘某货车超速行驶。相关法律、法规规定，在高速公路上行驶的小型载客汽车最高车速不得超过120千米/小时，其他机动车不得超过100千米/小时，摩托车不得超过80千米/小时。

2. 贾某驾车在高速公路上行驶，遇到大雾，能见度小于50米，贾某开启了雾灯、示廓灯、危险报警闪光灯，以40千米/小时的速度行驶，并与同车道前车保持50米距离，经过三个出口驶离高速公路。贾某的主要违法行为是什么？
A. 未按规定开启相应的灯光
B. 超速行驶
C. 与同车道前车距离不足
D. 未及时从最近的出口驶离高速公路
答案：ABD

解析：雾天能见度小于50米时，要开启雾灯、近光灯、示廓灯、前后位灯和危险报警闪光灯，车速不得超过20千米/小时，并从最近的出

口驶离高速公路。

3.某日夜间下雨，陈某驾驶小型汽车与李某（未系安全带）一同回家，当陈某以120千米/小时的车速行驶至城市主干路（限速80千米/小时）的某一路段时，车辆突然发生侧滑，导致与道路左侧护栏相撞后翻车。陈某的主要违法行为是什么？

A.超速行驶　　B.操作不当

C.疲劳驾驶　　D.未系安全带

答案：A

4.某日晚刘某与朋友相约玩麻将，一直玩到次日凌晨4时，然后驾驶小型汽车回家，刚开一会儿就感觉头脑发沉，但因离家也就十分钟的路程了，刘某坚持继续驾驶，当车辆行驶至接近某路口时，刘某的车与前方一辆正常行驶的出租车相撞，造成两车损坏。这起事故中的主要违法行为是什么？

A.刘某超载驾驶　　B.出租车超速行驶

C.刘某疲劳驾驶　　D.出租车未及时避让

答案：C

5.某日晚上8点多，王某和4名同事一起去KTV唱歌喝酒狂欢，大家都喝得很开心，狂欢至晚上11点多结束后，王某驾驶小型汽车载着4名同事返回单位，4名同事很快就睡着了，王某驾车在经过某一路口时，车辆失控撞向道路右侧绿化带，事故造成王某和4名同事均受重伤。此事故主要是由王某饮酒后驾驶造成的。

答案：√

6.某日夜间23时，马某驾驶一辆运渣土的大货车，由南向北经过某一路口时闯红灯，此时刘某正驾驶一辆小型汽车由东向西正常通过绿灯亮的路口，大货车撞在了小汽车的左侧，刘某当即被撞身亡，小汽车直接报废。造成此起事故的主要原因是马某路口闯红灯。

答案：√

7.黄某（驾驶证被扣留）驾驶小型客车（号牌被遮挡）沿某国道行驶至某处时跨双黄实线掉头，与对向车道王某驾驶的重型自卸货车相撞，造成5人死亡、2人受伤，事故发生后黄某驾车逃离事故现场。该起事故中的违法行为是什么？

A.王某超速行驶

B.黄某在驾驶证被扣留期间驾驶机动车上道路行驶

C.黄某故意遮挡机动车号牌

D.黄某驾驶机动车跨双黄实线掉头

答案：BCD

解析：王某驾驶重型自卸货车正常行驶，无违法行为；黄某存在的违法行为有驾驶证被扣留期间驾驶机动车，机动车号牌被故意遮挡，跨双黄实线掉头。

黄某的多种违法行为是导致事故的主要原因，而且黄某造成事故后逃逸了，这将导致黄某被从重处罚。相关法律、法规规定，驾驶机动车上道路行驶，应当悬挂机动车号牌，放置检验合格标志、保险标志，并随车携带机动车行驶证；机动车号牌应当按照规定悬挂并保持清晰、完整，不得故意遮挡、污损；机动车驾驶人在机动车驾驶证丢失、损毁、超过有效期或者被依法扣留以及暂扣期间记分达到12分的，不得驾驶机动车。

8.陈某驾驶小型普通客车行驶至某县道转弯路段时，在结冰湿滑路面上以63千米/小时的速度超越前方李某驾驶的小型面包车（行驶速度28千米/小时）时两车剐碰后坠翻，造成6人死亡、1人受伤。该起事故中的主要违法行为是陈某超速行驶和违法超车。

答案：√

下册

汽车驾考+驾驶手册

王淑君 编著

化学工业出版社

·北京·

前言

随着国民经济的快速发展，私家车进入百姓家庭的步伐不断加快，学习汽车驾驶技术的人也越来越多。为了帮助学习汽车驾驶的朋友更快、更好地学习和掌握汽车驾驶基本知识和技术要领，在化学工业出版社的组织下，特编写了《汽车驾考+驾驶手册》一书。

本书分为上下两册分别介绍。

上册为汽车驾考手册，主要介绍机动车驾驶员学车考驾照相关知识点，涉及科目一（道路交通安全法律、法规和相关知识）、科目二（基础驾驶技能+场地驾驶技能）、科目三或科目四（道路驾驶技能）考试的驾驶训练、考试攻略、应考技巧等。内容涵盖最新考试规定各科目考试内容，申请驾驶员考试的程序和合格标准，道路交通安全法律、法规和规章，交通信号；驾驶基础知识和基本操作，倒车入库、坡道定点停车和起步、侧方停车、曲线行驶、直角转弯的考核目的、考场布局及评判标准、操作要求及相应的考试攻略；上车准备，起步，直线行驶，加减挡位操作，变更车道，靠边停车，直行通过路口、路口左转弯、路口右转弯，通过人行横道、学校区域和公共汽车站，会车，超车，掉头，夜间行驶的考核目的、评判标准及相应的考试攻略；安全文明驾驶应注意的一般问题，安全文明驾驶基本礼仪，恶劣气象条件下的安全驾驶，复杂道路（连续急弯山区道路、隧道、环岛、铁道路口、立交桥、高速公路）条件下的安全驾驶，紧急情况下的临危处置方法以及发生交通事故后的处置方法。全书依据2020年11月20日起实施的道路交通安全法律法规及新驾考相关规定编写而成，并配套全国通用理论考试题库。

下册为汽车驾驶手册，主要针对即将走出驾校的准驾驶员以及刚刚走出驾校不久的驾驶新手们，介绍汽车驾驶基本技术和驾驶技巧，帮助他们快速提高驾驶技能。书中以培养新手实际道路安全驾驶技能为出发点，结合笔者多年驾校教学和培训经历以及自身驾驶经验，对新手上路行车过程中可能遇到的种种情况加以归纳、研究、总结，提炼出一系列行之有效的方法、技巧和要领，并按照驾车前的必要准备—驾驶时的心态调整—行驶时的视觉观察与判断—汽车驾驶基本技术——般道路驾驶—高速公路驾驶—复杂道路驾驶—恶劣天气驾驶—不同场地安全停车的顺序编排，涵盖驾驶员日常行驶如何快速汇入车流、控制车速、紧急制动、跟车、会车、超车、让车、变道、转弯、倒车、掉头、交叉路口通行、坡道行驶、窄路行驶、环岛通行、立交桥通行、高速公路驾驶、铁道路口通行、隧道通行、夜间驾驶、山区道路驾驶、涉水驾驶、恶劣天气驾驶、不同场地安全停车等方方面面。内容翔实、通俗易懂。

本书在编写过程中，贯彻少而精、理论联系实际的原则，尽可能“用图说话”，全书均以精美的彩色图片和简洁的语言文字进行介绍，较复杂、难于掌握的驾驶操作内容配套3D MP4动画演示视频讲解，扫描书内相应章节的二维码即可观看，轻松阅读、直观易懂。此外，本书还利用新颖的“纸电同步”技术，超值赠送全套电子书，纸书和电子书有机结合，仿佛身临其境一般，学习效率事半功倍。

学习驾驶并不难，难的是在任何时候、任何场合都能严格地自觉遵守交通法规，以规范的驾驶行为保护自己和同车的乘客，不存一丝侥幸心理。希望通过本书的学习，朋友们不仅能掌握正确的驾驶技术，顺利通关，还能养成良好的驾驶习惯，使汽车成为你手中得心应手的交通工具和好朋友。

由于笔者水平所限，书中疏漏之处在所难免，恳请广大读者批评指正。

编著者

目录

CONTENTS

一般道路安全驾驶

第12章 CHAPTER

高速公路安全驾驶

第13章 CHAPTER

文明礼让通行

第14章 CHAPTER

铁道路口通行

第15章 CHAPTER

第23章 CHAPTER 纵向停车场安全停车

第24章 CHAPTER 路边临时停车

第25章 CHAPTER 立体车库停车

第26章 CHAPTER 地下停车场安全停车

第27章 CHAPTER 不同车型停车方法对比

扫码领取
☆配套动画视频
☆图解驾考要点
☆全国通用题库
☆在线模拟试题

《汽车驾驶手册》
配套动画演示视频

序号	视频内容	页码
1	起步前绕车一周	006
2	手动挡汽车过减速带	011
3	自动挡汽车过减速带	013
4	实际道路险情预测	017
5	为什么要不时地看后视镜	024
6	过限宽门	033
7	过井盖	036
8	汇入车流	039
9	跟车	044
10	会车	049
11	超车	051
12	让超车——应对对方错误判断超车时机	051
13	让超车——应对不知危险的夹塞超车者	053
14	变道	053
15	公路掉头	061
16	街道掉头地段的选择	064
17	过路口的基本操作要领	065
18	过路口的注意事项	067
19	狭窄路口通行	077
20	环岛通行——环岛单车道	082
21	环岛通行——环岛双车道	082
22	立交桥通行——无引导车道匝道通行	084
23	立交桥通行——有引导车道匝道通行	084
24	潮汐车道行驶	091
25	单行道通行	093
26	起伏路驾驶	093
27	可变导向车道行驶	094
28	高速公路驾驶	095
29	铁道路口通行	104
30	隧道通行	108
31	垂直停车场停车	124
32	斜线停车场停车	137
33	纵向停车场停车	140
34	立体车库停车	148
35	上升降机平台	151
36	地下停车场停车	152
37	小轿车与 SUV 停车对比	155
38	三厢车与两厢车停车对比	156

第1章

驾车前的必要准备

1.1 带上必要的证件和设备

带上驾驶证、行驶证、保险单、IC交通卡、三角警示牌、备胎、灭火器、电筒等。还可以买个家用急救包带上。其中，灭火器和锤子应放在后备厢内；备胎应是随时能够使用的好胎，因此要经常检查备胎的气压是否正常。

1.2 驾车前的车内外安全检查

1.2.1 车外检查项目

（1）检查轮胎情况

❶ 目测胎压是否正常。如图1-1所示。

❷ 检查轮胎上有无异物。如图1-2所示。

❸ 行驶一定里程时，应检查轮胎的磨损程度。如图1-3所示。

❹ 检查车轮附近有无异物。如图1-4所示。

(a) 胎压正常

图 1-1

(b) 胎压过低

(c) 胎压过高

图 1-1　目测胎压是否正常

图 1-2　检查轮胎上有无异物

图 1-3　检查轮胎的磨损程度

图 1-4　检查车轮附近有无异物

❺ 预防爆胎。要按厂家规定的值充气。充气压力不可过高，也不可过低，要保证轮胎气压平衡，要避开地面上的尖锐物体，必要时下车排除，要按说明书的规定定期进行轮胎换位，磨损到规定位置时一定要更换轮胎。

（2）检查后视镜情况

❶ 检查后视镜的清洁情况。如图 1-5 所示。

❷ 检查后视镜位置是否需要调整。如图 1-6 所示。

图 1-5　检查后视镜是否清洁

(a) 检查左后视镜

(b) 检查右后视镜

(c) 检查车内后视镜

图 1-6　检查后视镜的方法

(3) 检查车窗玻璃情况

驾车时要经常通过车窗玻璃观察车外的情况，以保证行车安全，如图1-7所示。

(4) 检查灯罩、灯光情况

各种车灯也是必须例行检查的项目之一，如图1-8所示。

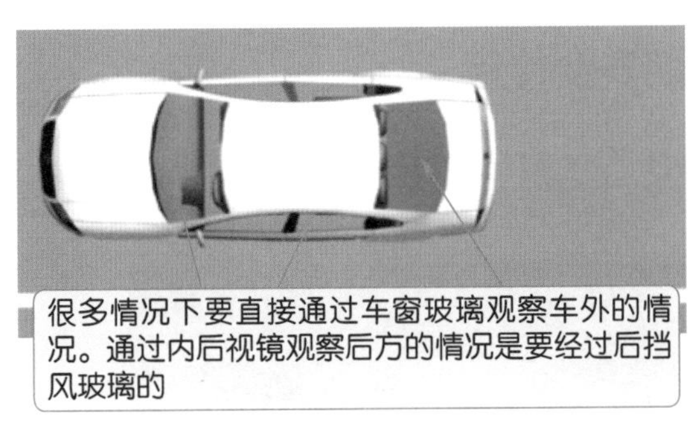

图 1-7　通过车窗玻璃观察车外情况

图 1-8　检查灯罩、灯光情况

1.2.2　车内检查项目

(1) 检查车内仪表、指示灯

具体检查方法见图1-9。

（2）检查踏板

检查各踏板附近有无异物。起步后试验制动性能。如图1-10所示。

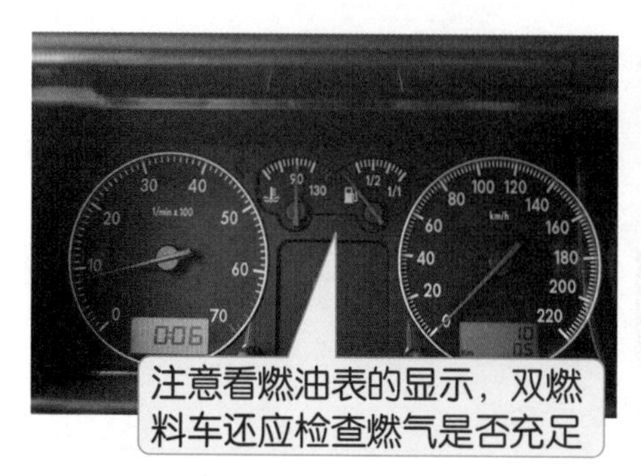

图1-9　检查车内仪表、指示灯是否工作正常

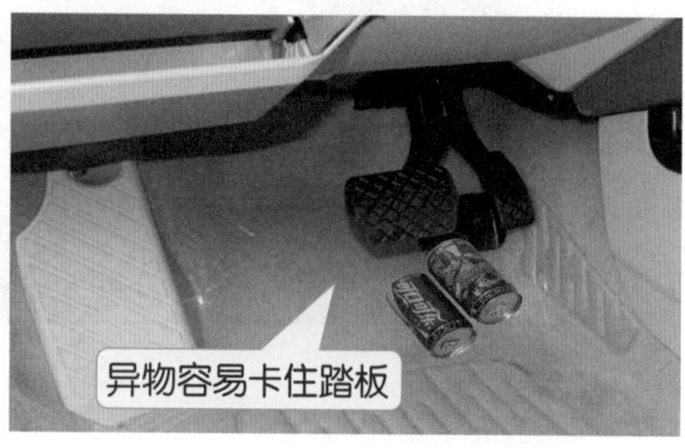

图1-10　检查踏板附近有无异物

（3）检查转向盘

起步后左右转动转向盘，略走S形，如图1-11所示。

图1-11　检查转向盘的工作状况

1.3　车况定期安全检查

每隔一段时间要进行一次车况检查，可以一两周检查一次。检查项目如图1-12所示。

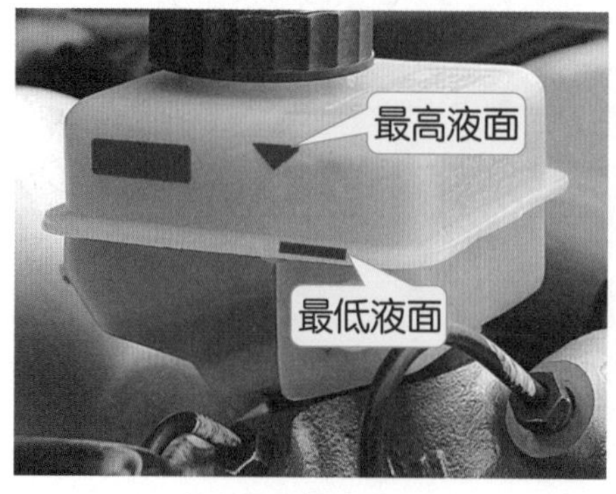

(a) 检查制动液储量是否正常

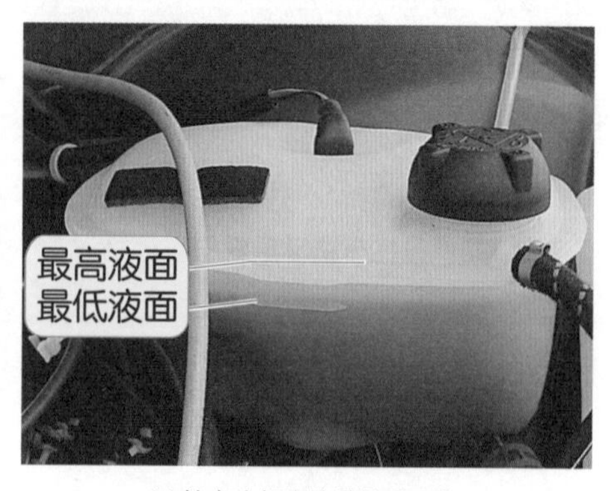

(b) 检查冷却液储量是否正常

(c) 检查机油储量是否正常

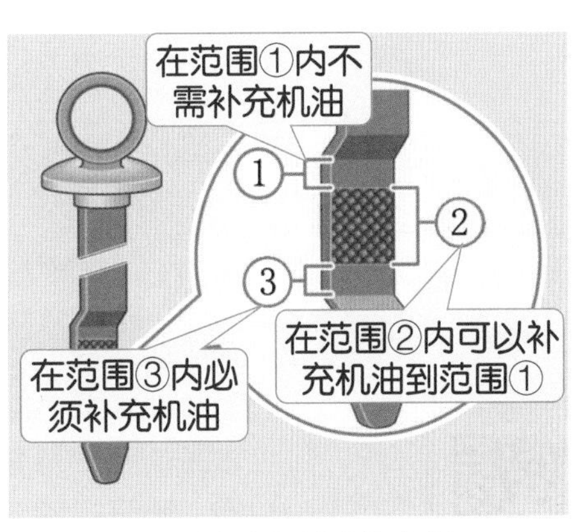

(d) 检查机油液面高度是否正常

(e) 检查挡风玻璃清洗液储量是否正常

(f) 检查转向助力液储量是否正常

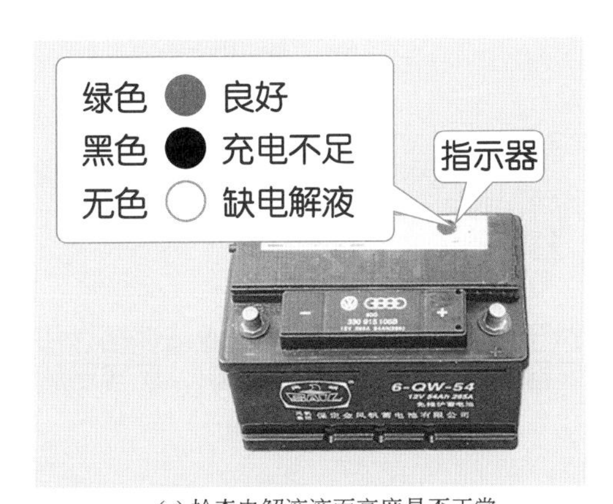

(g) 检查电解液液面高度是否正常

图 1-12　车况定期检查项目

1.4 上下车前确认安全

上下车前一定要确认安全！这里的“安全”指的是驾驶方面的安全。如图1-13所示。

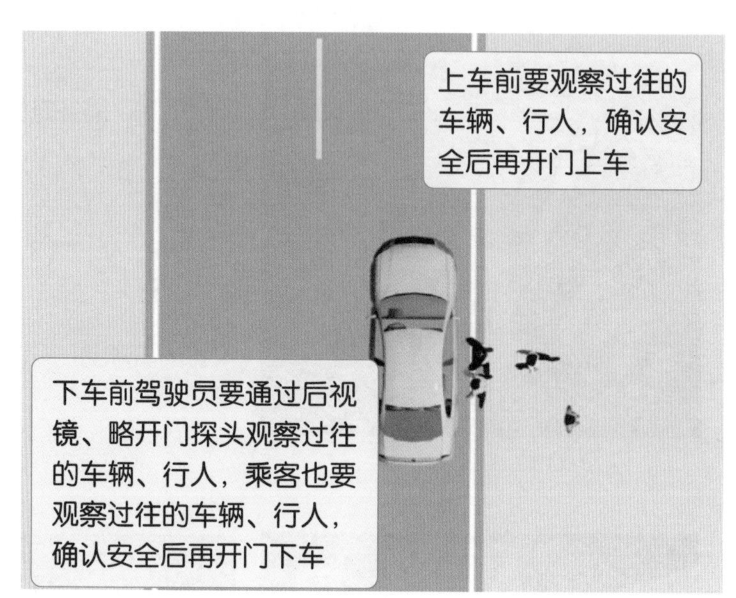

图 1-13 注意上下车安全

1.5 保持正确的驾驶姿势

图1-14列出三种驾驶姿势，其中图1-14（c）为正确姿势。

(a) 过于后仰容易疲劳

(b) 过于前倾容易疲劳

(c) 正确姿势不易疲劳

图 1-14 不同驾驶姿势对比

1.6 仪表与符号识别

不论什么车型，仪表都大同小异。如图 1-15 所示。

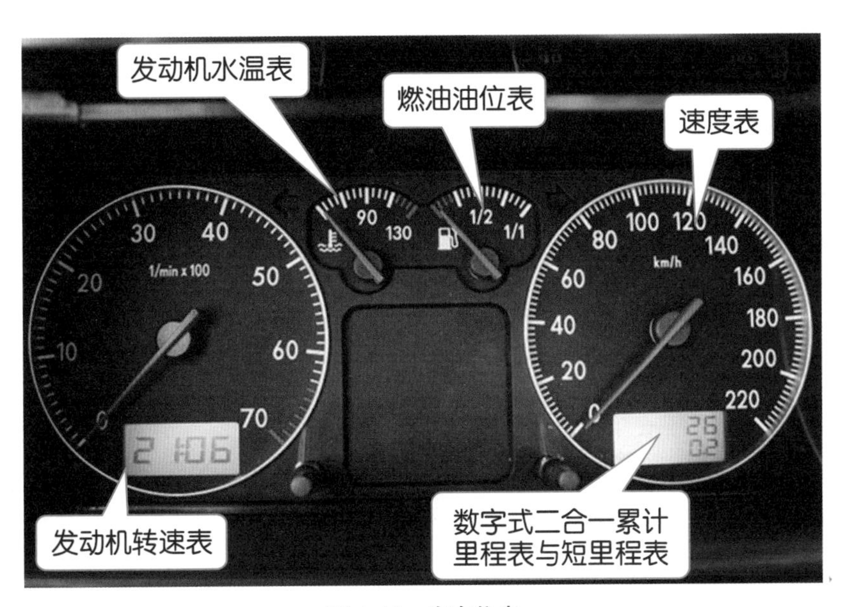

图 1-15 汽车仪表

❶ 累计里程表。累计行驶的总里程。

❷ 短里程表（短程表）。累计到一定里程自动归零，重新累计。比如到了 999 千米，自动回零，然后重新累计。

❸ 仪表板上有各种指示灯，常见的如表 1-1 所示。

表 1-1　仪表板上的常见指示灯

车内各类仪表指示灯		
 发动机指示灯 该指示灯用来显示车辆发动机的工作状况。当打开钥匙门，车辆自检时，该指示灯点亮后自动熄灭。如常亮则说明车辆的发动机出现了故障，需要维修	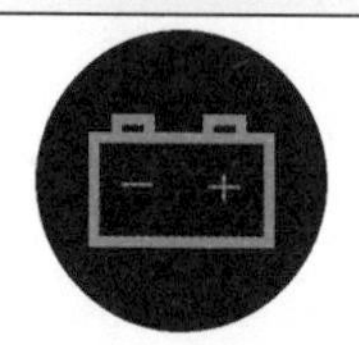 电瓶指示灯 该指示灯用来显示电瓶使用状态。打开钥匙门，车辆开始自检时，该指示灯点亮，启动后自动熄灭。如果启动后电瓶指示灯常亮，说明该电瓶出现问题，需要更换	 机油指示灯 该指示灯用来显示发动机内机油的压力状况。打开钥匙门，车辆开始自检时，指示灯点亮，启动后熄灭。若该指示灯常亮，说明该车发动机机油压力低于规定标准，需要维修
 车门指示灯 该指示灯用来显示车辆各车门状况。任意车门未关上，或者未关好，相应的车门指示灯都会点亮，提示驾驶员车门未关好。当车门关闭或关好时，相应车门指示灯熄灭	 油量指示灯 该指示灯用来显示车辆内储油量的多少。当钥匙门打开，车辆进行自检时，该油量指示灯会短时间点亮，随后熄灭。如启动后该指示灯点亮，则说明车内油量已不足	 玻璃水指示灯 该指示灯是用来显示车辆所装玻璃清洁液的多少，平时为熄灭状态。该指示灯点亮时，说明车辆所装玻璃清洁液已不足，需添加玻璃清洁液。添加玻璃清洁液后，指示灯熄灭
 安全带指示灯 该指示灯用来显示安全带是否处于锁止状态，当该灯点亮时，说明安全带没有及时扣紧。有些车型会有相应的提示音。当安全带被扣紧后，该指示灯自动熄灭	 气囊指示灯 该指示灯用来显示安全气囊的工作状态。当打开钥匙门，车辆开始自检时，该指示灯自动点亮数秒后熄灭。如果常亮，则安全气囊出现故障	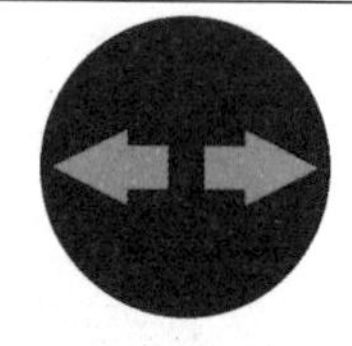 转向灯指示灯 该指示灯是用来显示车辆转向灯的工作状态。通常为熄灭状态。当驾驶员点亮转向灯时，相应方向的转向指示灯会同时被点亮，转向灯熄灭后，该指示灯自动熄灭
 远光指示灯 该指示灯是用来显示车辆远光灯的工作状态。通常情况下该指示灯为熄灭状态。当驾驶员点亮远光灯时，该指示灯会同时被点亮，以提示驾驶员，车辆的远光灯处于开启状态	 雾灯指示灯 该指示灯用来显示前后雾灯的工作状况。当前后雾灯点亮时，该指示灯相应就会点亮。关闭雾灯后，指示灯熄灭	 示宽指示灯 该指示灯是用来显示车辆示宽灯的工作状态，平时为熄灭状态。当示宽灯打开时，该指示灯随即点亮。当示宽灯关闭或者关闭示宽灯打开大灯时，该指示灯自动熄灭

续表

车内各类仪表指示灯		
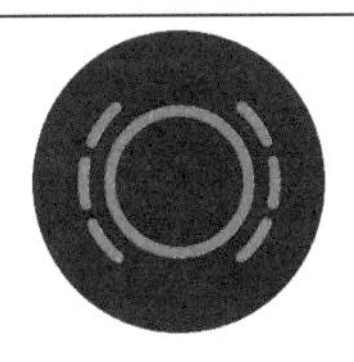 刹车盘指示灯 该指示灯用来显示车辆刹车盘磨损状况。一般，该指示灯为熄灭状态，当刹车盘出现故障或磨损过度时，该灯点亮，修复后熄灭	 手刹指示灯 该指示灯用来显示车辆手刹的工作状态，平时为熄灭状态。当手刹被拉起时，该指示灯自动点亮。手刹被放下时，该指示灯自动熄灭。有的车型在行驶中未放下手刹会伴随有警告音	 ABS 指示灯 该指示灯用来显示 ABS 工作状况。当打开钥匙门，车辆自检时，ABS 灯会点亮数秒，随后熄灭。如果未闪亮或者启动后仍不熄灭，表明 ABS 出现故障
 水温指示灯 该指示灯用来显示发动机内冷却液的温度。钥匙门打开，车辆自检时，会点亮数秒后熄灭。若水温指示灯常亮，说明冷却液温度超过规定值，需立刻停止行驶。水温正常后熄灭	 内循环指示灯 该指示灯是用来显示车辆空调系统的内循环工作状态，平时为熄灭状态。当按下内循环按钮，空调系统进入内循环状态时，该指示灯自动点亮。内循环状态关闭时熄灭	 TCS 指示灯 该指示灯是用来显示车辆 TCS（牵引力控制系统）的工作状态。当该指示灯点亮时，说明 TCS 系统已被关闭
 EPC 指示灯 打开钥匙门，车辆开始自检时，EPC 灯会点亮数秒，随后熄灭。如车辆启动后仍不熄灭，说明车辆机械与电子系统出现故障	 VSC 指示灯 该指示灯是用来显示车辆 VSC（电子车身稳定系统）的工作状态。当该指示灯点亮时，说明 VSC 系统已被关闭	 O/D 挡指示灯 该指示灯用来显示自动挡的 O/D 挡（Over-Drive，超速挡）的工作状态，O/D 挡指示灯闪亮，说明 O/D 挡已锁止。此时加速能力获得提升，但会增加油耗
车内功能按键		
 油箱开启键 该按键用来在车内遥控开启油箱盖。装有该按键的车辆，驾驶员可以通过这个按键将油箱盖子从车内打开。不过油箱的关闭需要在车外手动控制	 ESP 开关键 该按键用来打开或关闭车辆的 ESP 系统。车辆的 ESP 系统默认为工作状态，为了享受更直接的驾驶感受，驾驶员可以按下该按键关闭 ESP 系统	 倒车雷达键 该按键用来打开或关闭车上的倒车雷达系统。驾驶员可以按下该按钮手动控制倒车雷达的工作

续表

车内功能按键		
	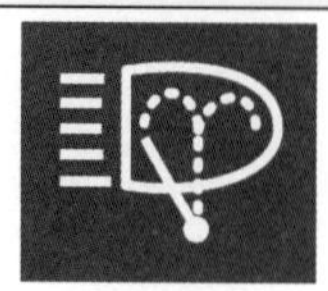	
中控锁键	前大灯清洗键	后遮阳帘键
该按键是车辆中控门锁的控制按钮。驾驶员可以通过按下该按钮，同时打开或是关闭各个车门的门锁	该按键是用来控制前大灯的自动清洗功能。在装有前大灯清洗的车辆上，驾驶员可以通过按下这一按键开启前大灯清洗装置，对车辆的前大灯进行喷水清洗	该按键是用来控制车内电动后遮阳帘的打开与关闭。在装有电动后遮阳帘的车内，驾驶员可以通过按下这一按键开启后窗的电动遮阳帘，用来遮挡阳光

1.7 调整座椅并系好安全带

图 1-16 调整座椅的位置

❶ 驾驶员座椅的位置对形成正确的坐姿有着重要的影响。因此，应调整座椅到合适的位置，具体方法如下。

双手紧握转向盘，把离合器踏板踩到底（自动挡汽车是把制动踏板踩到底），如果腰部能顶紧靠背，腿部还略有弯曲时，座椅的位置就调整合适了。见图 1-16。

❷ 发生前后撞击或突然刹车，安全带能起到缓冲作用，所以一定不要忘记系上安全带。

有些车辆的座椅不但能够调整前后，还能调整高低和靠背的弯曲度。

1.8 启动与熄火操作

图 1-17 点火开关的四个位置

1.8.1 点火开关的四个位置

点火开关一般有四个位置，如图 1-17 所示。

❶ LOCK：点火开关断开，拔出钥匙，然后转动转向盘，可以锁住转向盘。插入钥匙后，如果转向盘在锁止状态，钥匙不能转动时可以左右轻轻转动转向盘同时旋转钥匙。

❷ ACC：附属电子系统开启，例如收音机，CD之类。

❸ ON：所有电子系统开启，如照明、仪表盘灯和点火线路，车

辆开始自检。

❹ START：起动机工作，从而启动发动机。启动后松开钥匙，自动回到ON位置。

1.8.2　发动机启动操作

将钥匙插入锁芯先由位置LOCK顺时针转动到位置ACC，附属电子系统电源接通，再顺时针转动到位置ON，所有电子系统电源接通，待电子系统自检完毕后，再顺时针转动到START位置即可启动发动机。

启动发动机时，每次不要超过5秒；如一次无法启动，连续两次启动需间隔15秒以上。发动机启动后应立即松开点火开关。如果钥匙不能转动可来回轻转转向盘。

1.8.3　自动挡汽车熄火操作

踩住制动踏板不放，换入N挡，拉紧手刹，置P挡，逆时针拧钥匙熄火，再将钥匙完全回位，拔出即可。

1.8.4　手动挡汽车熄火操作

❶ 汽油发动机熄火只需关闭点火开关。就是将点火开关由位置ON逆时针转回位置ACC。在关闭点火开关前，不应猛轰空油，这样做不仅增加发动机的磨损，还会浪费燃油。若发动机温度过高，熄火前应怠速运转1 ~ 2min，待机件均匀冷却后，再关闭点火开关，使发动机熄火。

❷ 柴油发动机熄火应拉出熄火拉钮，待发动机完全停熄后再推入熄火拉钮（有的是自动回位）。如发生开锅，不要立即熄火，应保持怠速运转，耐心等待温度降低。温度降低后，做好防止冷却液喷出措施后，开盖加液。

1.9　手动挡汽车基本操作方法

扫一扫
看动画
演示视频

手动挡汽车
过减速带

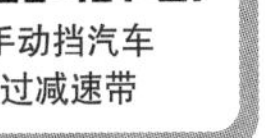

这里主要介绍手动挡汽车平稳起步的关键和换挡时机的选择。

1.9.1　平稳起步的关键

在半联动状态，稍停顿，根据道路阻力右脚适当踩下加速踏板，保证不熄火，然后左脚继续稍慢松开离合器踏板，同时右脚继续平稳踩下加速踏板，车辆即可平稳起步。

起步后左脚彻底松开离合器踏板，并移到离合器踏板下方，继续加速行驶。

如果离合器踏板松得过快，当油门过小时可能直接发生熄火现象，或者窜行后熄火；当油门过大时，则可能发生窜行现象。

1.9.2 加挡时机确定方法

❶ 踩加速踏板提速，可以瞟一眼转速表，对于一般车辆来说，发动机转速在2500r/min左右时，加挡比较合适，注意听此时发动机的声音，记在心里。以后听发动机声音换挡即可。

❷ 换挡后声音小而轻快，没有沉闷的突突声，说明加挡时机合适。

❸ 如果车速提得过高，换入高一级挡位，松开离合器踏板时，油又没有跟上，车辆会出现顿挫的现象。

1.9.3 减挡方法

❶ 首先要通过减油把车速降到适合换入低一级挡位的速度，再减挡。若速度没有降下来就减入低一级挡位，会产生猛烈的发动机制动现象，车辆会猛顿挫一下，对机件不好。

❷ 如果车速高，减挡的距离比较短，可以通过适度踩制动踏板的方法先降低车速，速度合适时再换挡。

❸ 踩制动踏板时不要踩下离合器踏板，换挡时再踩。有一定速度时，适度踩下制动踏板，车辆是不会熄火的。速度不太快时，急刹车才会造成熄火。

❹ 行驶中也不要空挡制动。

1.10 自动挡汽车基本操作方法

不同自动挡汽车驾驶操作大同小异，这里简单介绍些一般知识。如图1-18 ~ 图1-21所示。

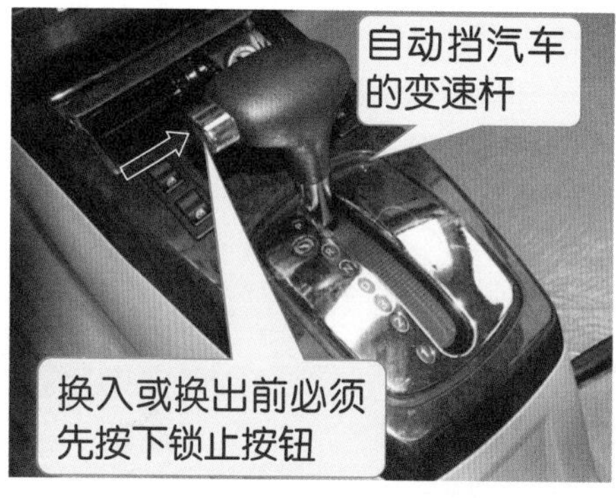

图 1-18 自动挡汽车的变速杆

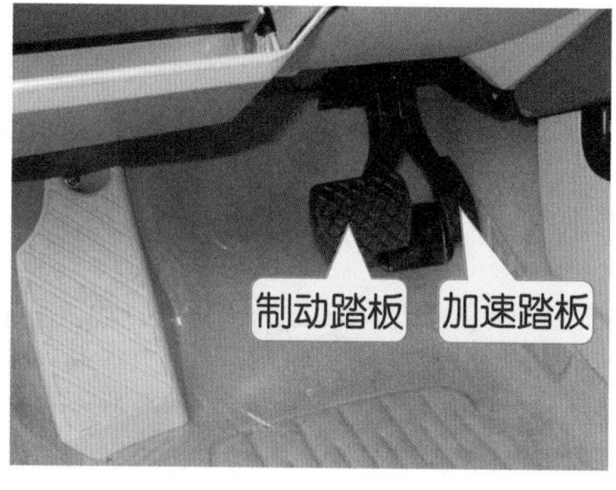

图 1-19 自动挡汽车的踏板

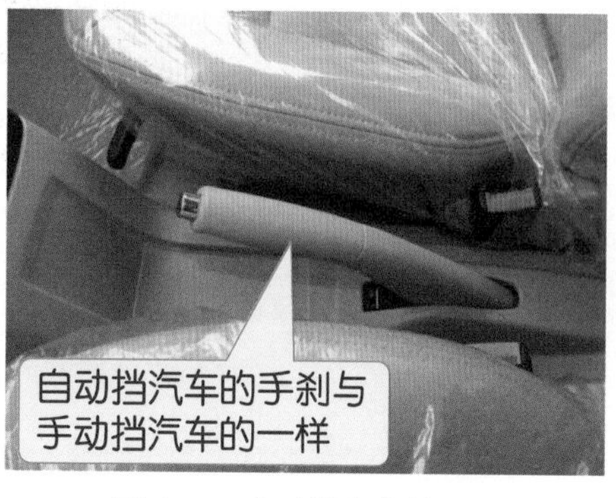

图 1-20 自动挡汽车的手刹

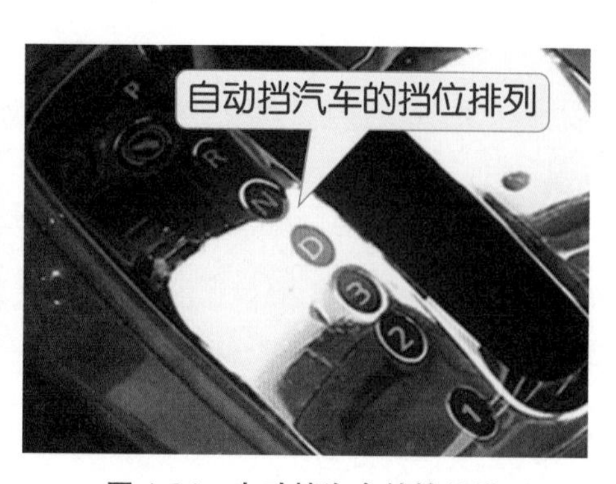

图 1-21 自动挡汽车的挡位排列

1.10.1 各挡位的作用与操作方法

P—驻车锁止挡。只有在汽车静止时才可以换入。在换入或换出前必须先按下锁止按钮。若发动机已启动，换出前还要踩下制动踏板。

N—空挡。车速低于5km/h或汽车静止且发动机已启动时，必须按下锁止按钮并踩下制动踏板才能从N挡换出。

D—行车挡。一般道路上使用这个挡位。在这个挡位下变速器会根据油门和车速自动在1 ~ 4四个前进挡之间进行高挡或低挡的切换。

3、2、1各挡位是指强制把变速器限制在某一挡以下。比如3就是把变速器强制限制在4挡以下。具体来说：

3—用于丘陵等起伏的路段。此时4挡被锁止，汽车只能在1、2、3挡之间自动升挡或降挡。可以在松开加速踏板时提高发动机的制动作用。

2—用于长山路行驶。此时3、4挡被锁止，汽车只能在1、2挡之间自动升挡或降挡。可以在松开加速踏板时提高发动机的制动作用。

1—用于陡峭山路行驶。此时2、3、4挡被锁止，汽车只能在1挡行驶，这时候可以获得发动机的最大制动作用。要想换入这个挡位必须按下变速杆上的锁止按钮。

手动可以换入3、2、1挡。

R—倒挡。只有在汽车静止且发动机怠速运转时才能换入。必须按下锁止按钮并踩下制动踏板才能从P或N位置换入倒挡R。

1.10.2 自动挡汽车驾驶要诀

扫一扫
看动画
演示视频

（1）起步

等发动机怠速下降并稳定，水温表指示正常以后，踩下制动踏板，选择挡位R（倒挡，倒车用）、D、3、2、1之一，松手刹，等到变速器已经换挡且驱动轮产生附着力之后，再踩下加速踏板即可起步。

（2）行驶

行驶中踩加速踏板加速，踩制动踏板减速，如前所述挡位可自动变换。行驶中还可根据道路状况选择D、3、2、1之一。

小技巧

自动挡踩一下松一下可以实现提前升挡。驾驶车辆起步后，很快挡位升入2挡，再稍微重踩加速踏板，当发动机转速超过2000转/分，速度约40千米/小时时，稍微松一下加速踏板，变速箱就会提前升入3挡，再踩下加速踏板至转速2000转/分，速度达到60千米/小时时，松开加速踏板，变速器就会提前升入4挡。

自动变速器会根据踩加速踏板的程度来决定是否降挡，例如超车时，可以先松开加速踏板再一脚踩下去，这时变速器会自动降1挡甚至2挡来满足你的动力要求，完成超车后松开加速踏板，挡位又会回到你当前速度合适的挡位，所以光用加速踏板来控制就可以了。

（3）停车

踩下制动踏板，停车后拉紧手制动，并把变速杆置于P挡。

若是临时停车，如遇红灯时，不必将变速杆换入N挡（空挡），只需踩制动即可。记住这种情况下千万不要拉手刹松制动，否则将对汽车产生损伤。而且这种情况下也只能通过踩制动保持静止状态。注意临时停车时，若不换入N挡，必须踩制动踏板使汽车转入并保持静止状态，这时不能使用手刹维持静止状态，否则在松开行车制动踏板时及以后，将对汽车产生“疲劳损伤”，因为即使是怠速运转时驱动力也没有完全中断。

1.11 手自一体汽车基本操作方法

对于手自一体车型，也可采用手动模式行车，即将操作杆拨向右侧，根据车速向“+”号推升挡，向“-”号推降挡。如图1-22所示。

(a) 手自一体汽车变速杆

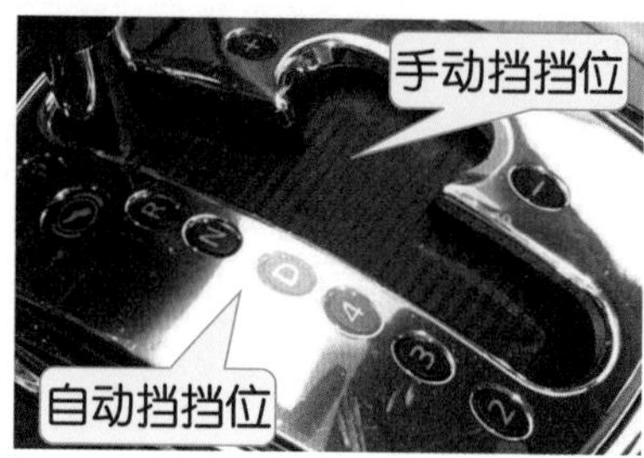

(b) 手动挡挡位和自动挡挡位

(c) 换挡方法

图1-22 手自一体汽车驾驶要诀

1.12 上路前规划好行驶路线

上路前预先规划好行驶路线很重要。一般情况下，应选择最短的路线走，但也不是一成不变的。如图1-23所示，从A到B可以有多种走法，比如沿实线走就要经过三个红绿灯，可能会比沿虚线走更费时间。所以规划行驶路线很重要。此外，路程相当时应尽量选择避开拥堵路段行驶。

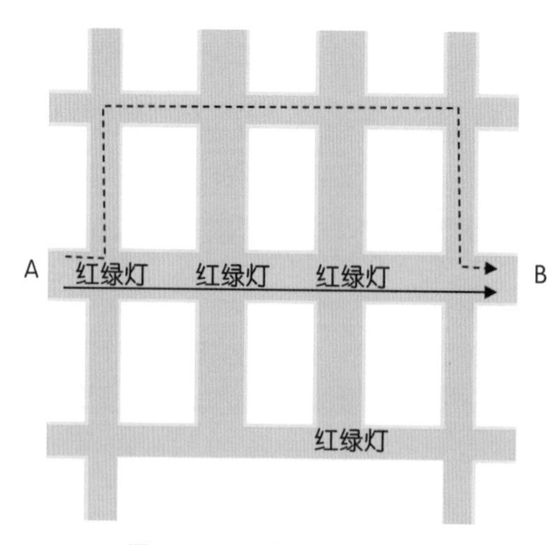

图1-23 行驶路线规划方案

第2章

2 驾驶时的心态调整

2.1 消除恐惧心理

（1）产生恐惧心理的因素

❶ 不熟悉机件就上路，操作手忙脚乱，而实际道路上的车流状态又复杂多变，不能集中精力观察交通状况，有顾不过来的感觉，因此心里容易发慌。

❷ 速度感、空间方位感没有很好地建立起来，不能准确观察、预判自己和其他交通参与者下一时刻的位置，也是造成紧张心理的一个重要因素。

（2）消除方法

❶ 熟悉车辆。对常用装置操纵得越熟练，在复杂的交通流中行进时就越从容。拿到一辆不熟悉的车后，应在空旷或车少人稀的地方适当练习一下。可找驾车老手把你带到那里。实在没有条件的最好在原地练习操作。主要练习使用的装置有变速杆、离合器踏板、加速踏板、制动踏板、灯光开关、雨刮器开关，还要练习通过看后视镜判断车体的位置。

❷ 培养速度感、空间方位感。在车少人稀的路段以不同的速度驾驶车辆，建立准确的速度感，体会不同速度下制动距离的长短，熟练后随车流行进时会感到轻松自如。准确判断车辆所处的位置，就不会因看到“路比车窄”“车太近”而感到害怕了。判断车距的方法见本书后续跟车部分的相关内容。

有了以上熟练的基础后，操作已经进入“自动化”状态了，这时候不会因为基本操作而分散注意力了，注意力自然就集中在观察和判断交通流上了，恐惧心理也就随之消失了。你会发现：在复杂环境中驾驶也不过如此！

2.2 主观上适应客观存在的交通流

必须适应客观存在的交通流。交通流是随时变化的，是动态的，是客观的。因此，应当主动适应交通流，要随交通流的变化而变化。

此外，应考虑不影响他人的正常驾驶，如图2-1所示。

切记：让交通流适应自己的想法是不可取的，很容易发生事故！

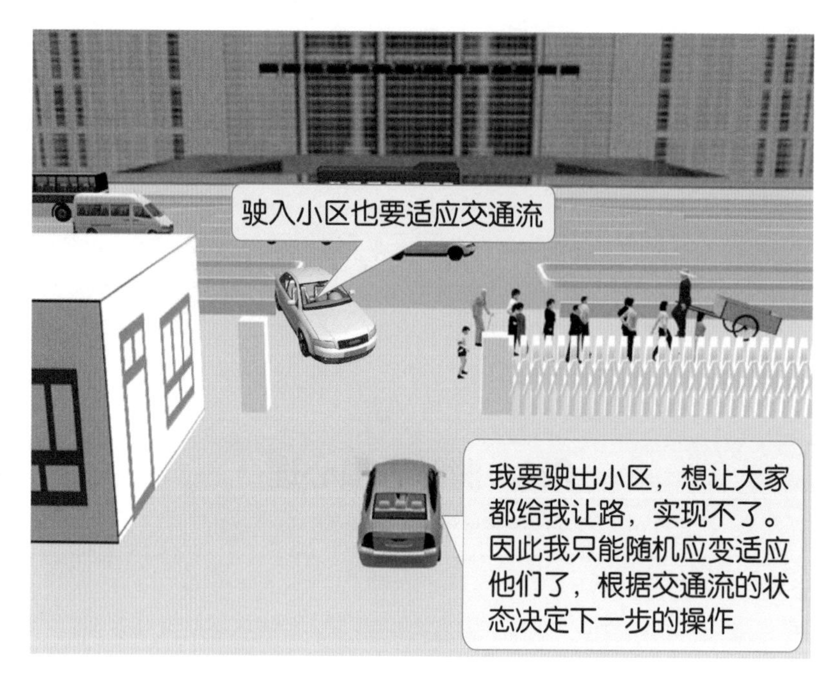

图 2-1 主观上适应客观存在的交通流

2.3 克服急躁情绪

突然横穿马路的行人、其他车辆的违法行为、不文明驾驶行为等突发情况，都可能产生危险，也许会引起驾驶员的急躁情绪，如图 2-2 所示。

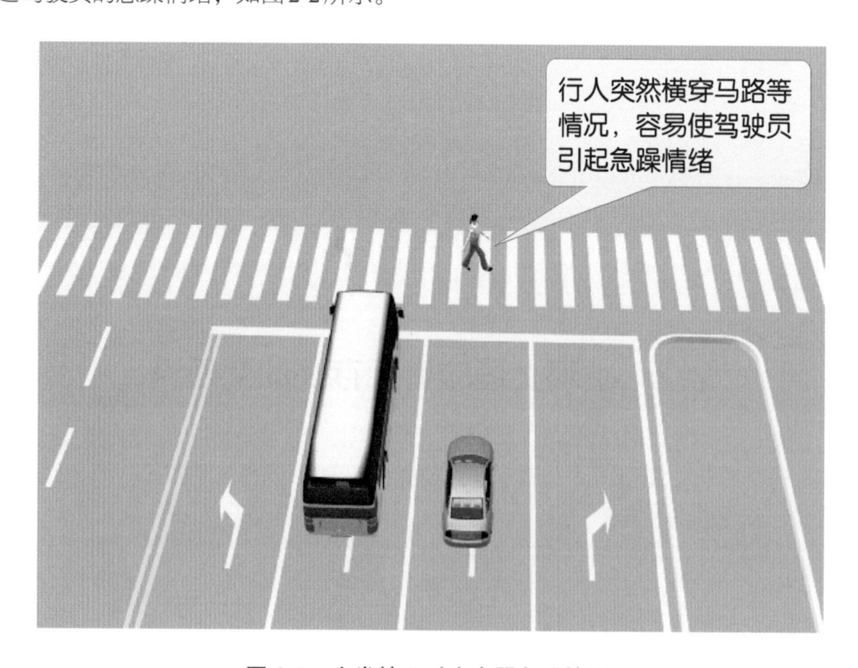

图 2-2 突发情况时应克服急躁情绪

此时必须冷静，一定要牢记：礼让为上，安全第一！如果一味地指责他人，甚至把生活中的压力发泄在路上，很容易造成恶性循环，可能会造成交通堵塞等更为严重的后果，反而会带来更多的麻烦。

2.4 防范错觉意识

（1）周围景物影响易产生错觉

由于周围景物的影响，驾驶过程中，上坡路可能被误认为是下坡路，反之下坡路被误认为是上坡路。遇到这种情况，不能仅依赖主观判断，否则可能造成上坡减油、下坡加油的错误操作。此时，可通过听发动机的声音或看转速表、速度表等来判断是上坡还是下坡。如果发动机声音变低沉，说明是在上坡，应适当加油；如果发动机声音变轻快，说明是下坡，应适当减油，必要时制动或减挡。

（2）物体客观成像规律易产生错觉

为了扩大反射景物的范围，汽车后视镜一般都做成凸面镜。凸面镜的成像规律是：物体距凸面镜越远所成的像越小。凸面镜的镜面越凸，这种现象就越明显。因此，当车身与路的边线平行时，驾驶员在后视镜中看到的影像实际上并不平行，而是前宽后窄。我们将在后续倒车驾驶操作相关章节详细分析，这里不再赘述。

（3）夜间行车易产生错觉

夜间在两侧树林茂密的公路上行驶时，会产生在夹道或隧道中行驶的感觉，当两旁树木变矮或消失后可能产生道路变宽的错觉，容易酿成事故。此时，可以道路边缘、道路标线作为判断车辆位置的主要依据，树木等作为次要依据。

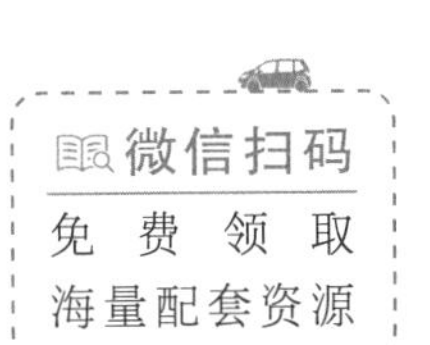

第3章

汽车驾驶盲区

3.1 常见的盲区

常见的盲区大致可分为五种，如图3-1所示。

(a) 大型车辆遮挡产生的盲区

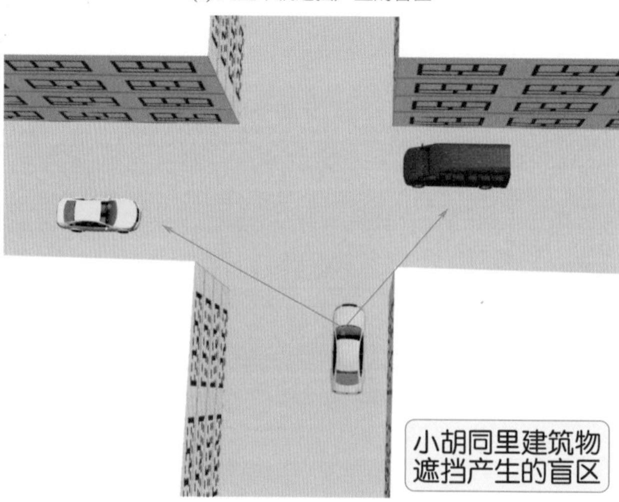

(b) 小胡同里建筑物遮挡产生的盲区

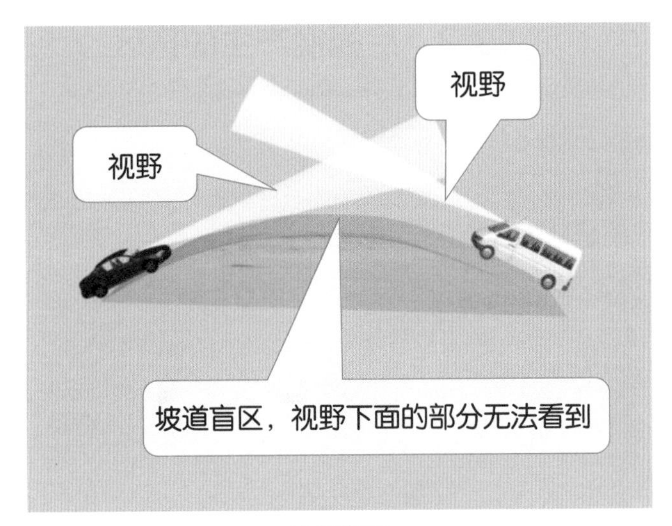

(c) 坡道盲区

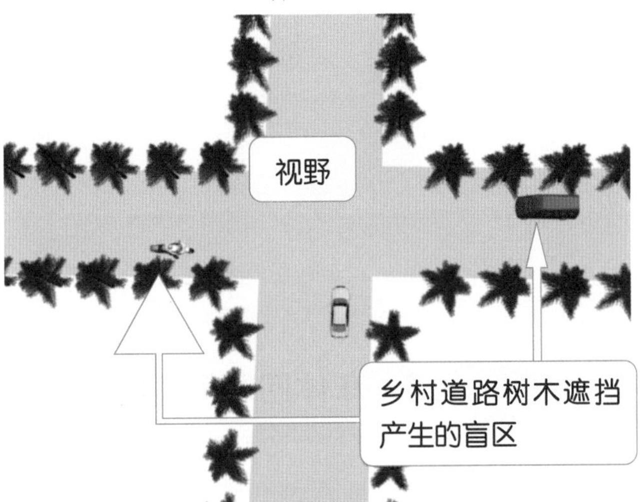

(d) 乡村道路树木遮挡产生的盲区

(e) 盘山路山体遮挡产生的盲区

图 3-1 常见的盲区

3.2 后视镜产生的盲区

后视镜也有盲区，如图3-2所示。

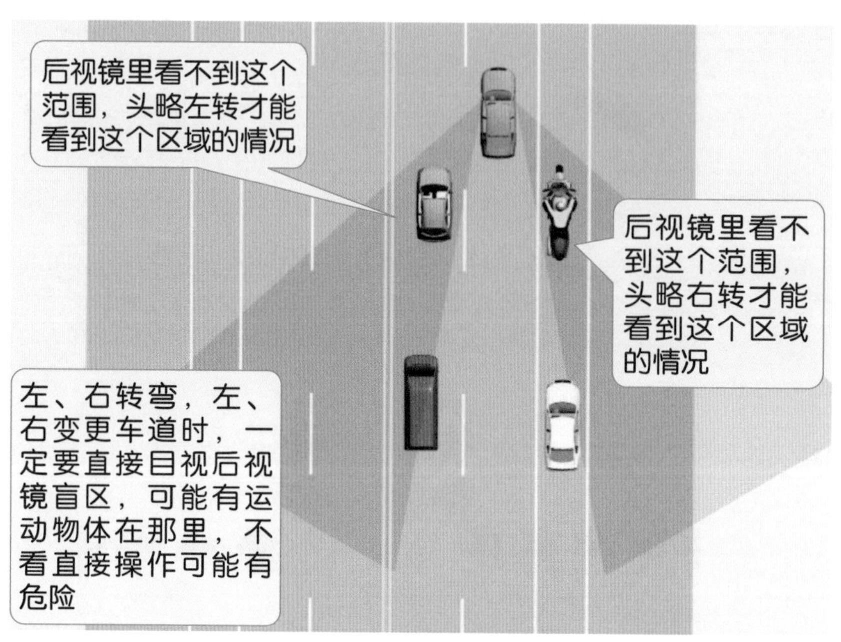

图 3-2 后视镜产生的盲区

3.3 车体四周的盲区

由于车头、驾驶室的遮挡，车体在它的四周也会产生盲区。如图3-3所示。

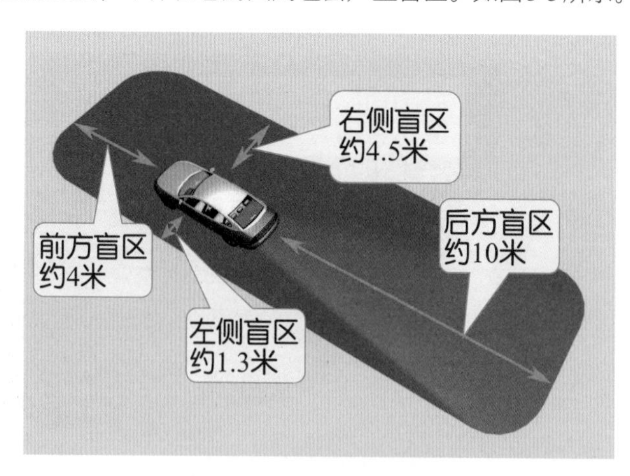

图 3-3 车体四周的盲区

自己的车头遮挡前车尾部的高度越高，车距越近。跟在大型车辆（如货车）的后面，千万不能以遮住后轮的高度来判断，如果这样可能会钻到前车车厢底下去。

对一般的长头小型汽车来说，被车头遮住的高度每增加约15厘米时，车距会缩短约1米。

第4章

正确判断车距

4.1 正常行驶时车距判断

一般道路正常行驶时判断车距的方法可分为以下两种情况。

4.1.1 两车前后距离的判断

两车前后距离的判断方法如图4-1 ~图4-3所示。

(a) 目测距离

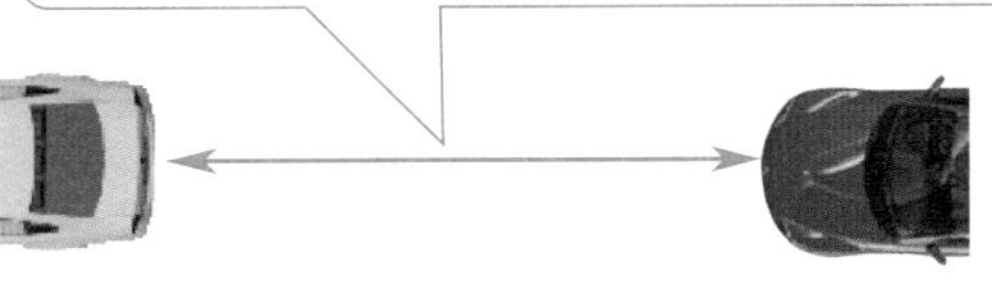

(b) 实际距离

图4-1 与前车距离4米左右

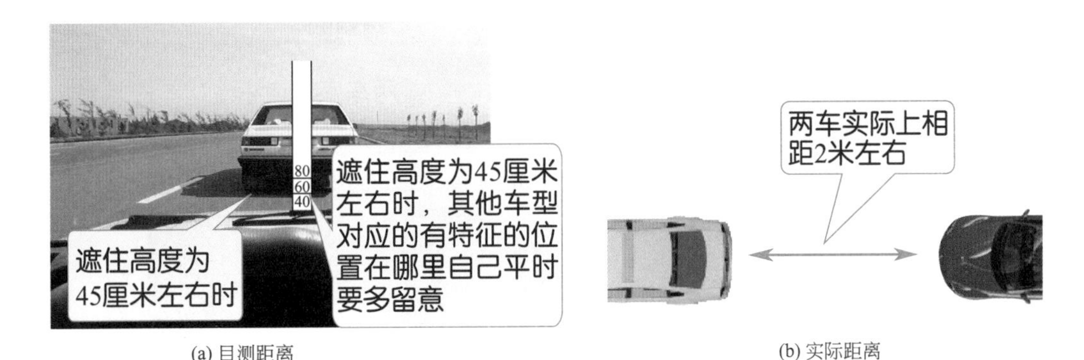

(a) 目测距离

(b) 实际距离

图4-2 与前车距离2米左右

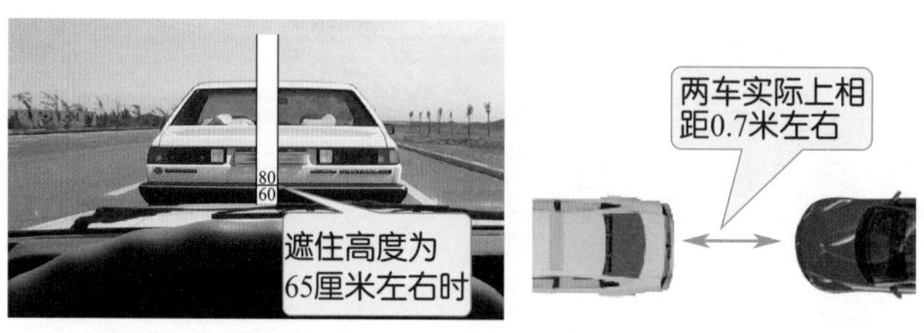

(a) 目测距离　　(b) 实际距离

图 4-3　与前车距离 0.7 米左右

4.1.2　两车左右距离的判断

两车左右距离的判断方法如图4-4 ~ 图4-7所示。

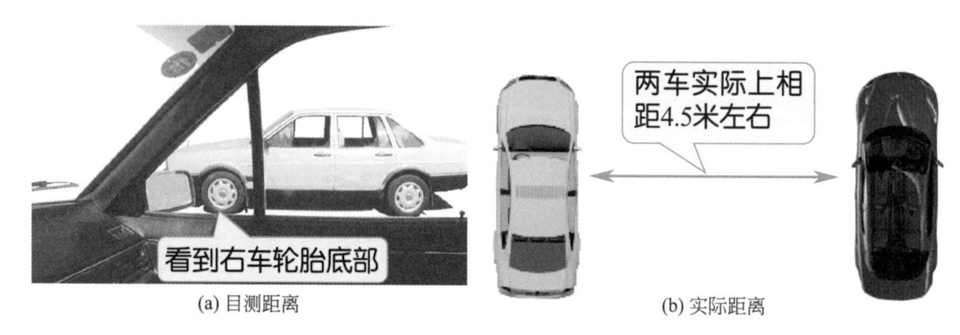

(a) 目测距离　　(b) 实际距离

图 4-4　与右车距离 4.5 米左右

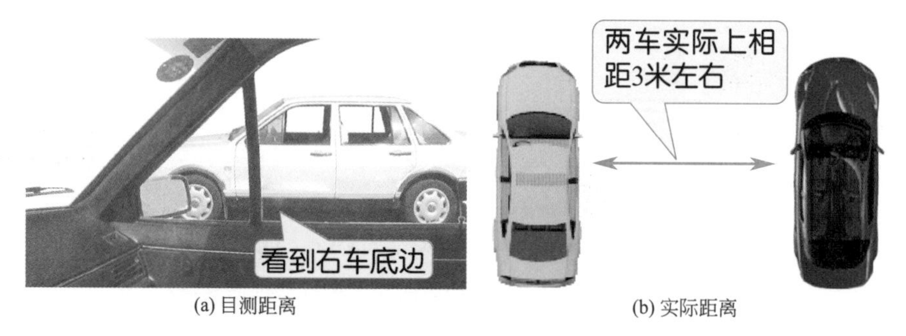

(a) 目测距离　　(b) 实际距离

图 4-5　与右车距离 3 米左右

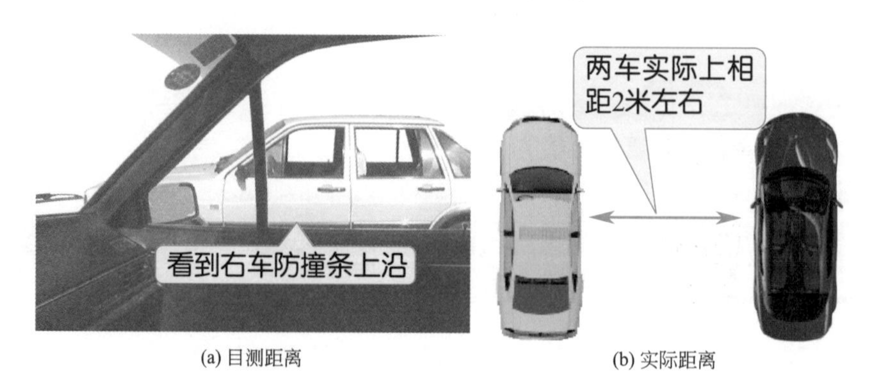

(a) 目测距离　　(b) 实际距离

图 4-6　与右车距离 2 米左右

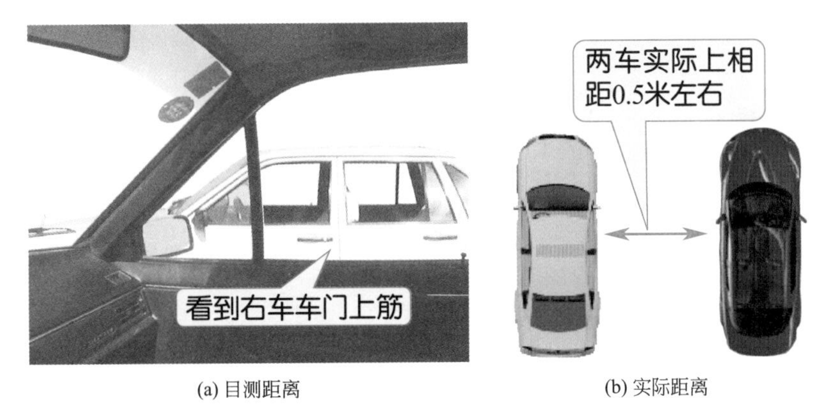

(a) 目测距离　(b) 实际距离

图 4-7　与右车距离 0.5 米左右

4.2　高速行驶时车距判断

缓慢行驶、近距离跟车或停车入位时可以按前面介绍的方法判断车距，高速行驶时就没有必要了，因为安全距离要求在几十甚至上百米。高速行驶只要判断车在车道中央行驶即可，目光必须看远处，附近的情况只能用余光观察。*只看近处方向极易发生偏离，很危险！*

高速行驶判断车辆横向位置有以下两种方法。

❶ 向前看远处，视线与左车道线相距1米左右，车基本上在道路中间行驶。如图4-8所示。

❷ 余光看到左车道线在挡风玻璃左下角时，车基本上在道路中间行驶。如图4-9所示。

图 4-8　高速行驶判断车辆横向位置方法 1

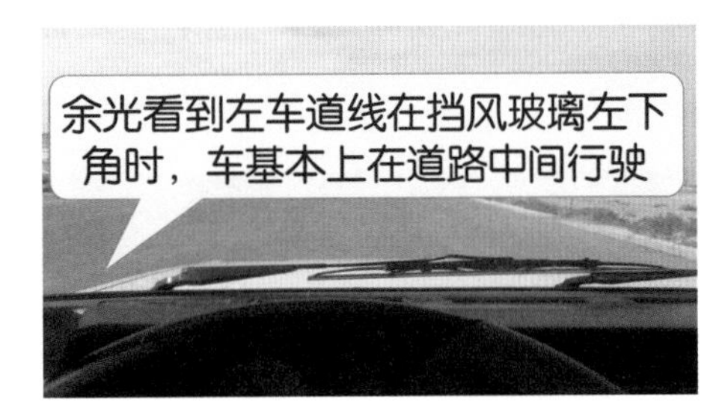

图 4-9　高速行驶判断车辆横向位置方法 2

不同的车略有差别，不同的人看到的位置也略有差别，可通过看后视镜中车尾的位置把车“摆在”路中间，然后确定你看到的左框与左车道线相交的位置，以后用余光直接判断即可。

第5章

5 行驶时的观察要领

驾驶时应集中注意力观察，但并不是说只盯住某些目标观察，而是要观察整个“立体空间”，要自然地、不断扫视或通过后视镜观察这个空间范围的环境变化，如图5-1所示。

图 5-1 行车时的观察要领

5.1 直行观察

道路直行时的观察要领如图5-2所示。

图 5-2 直行时的观察要领

直行通过路口时的观察要领如图5-3所示。

(a) 直行通过小区路口

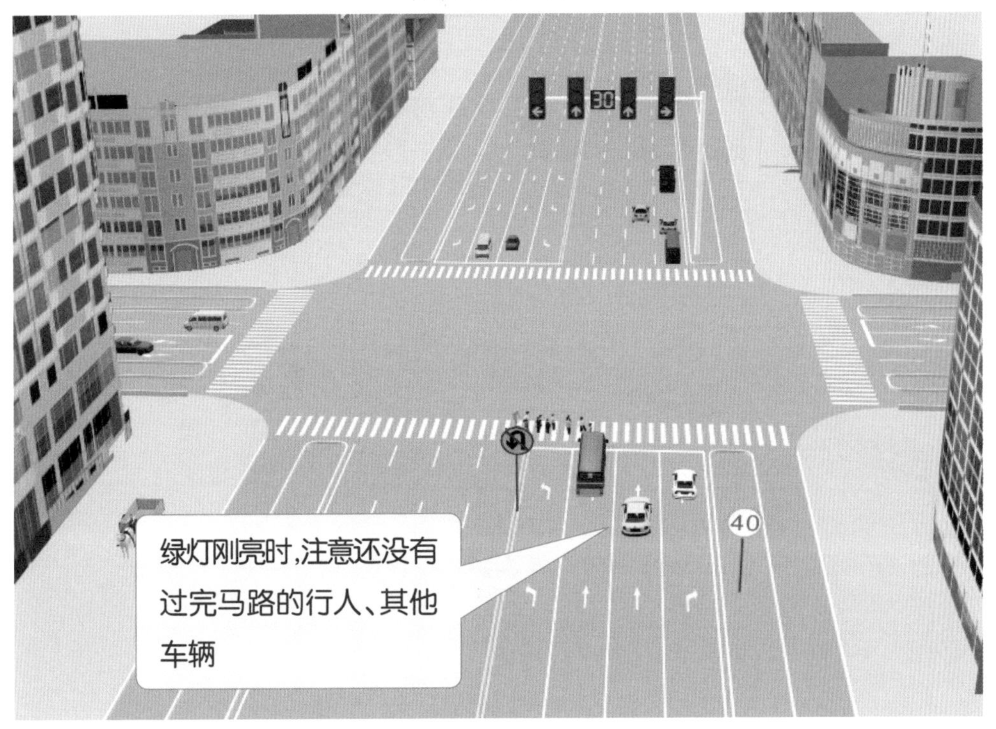

(b) 直行通过十字路口

图 5-3 直行通过路口时的观察要领

5.2 转弯观察

转弯时的观察要领如图5-4所示。

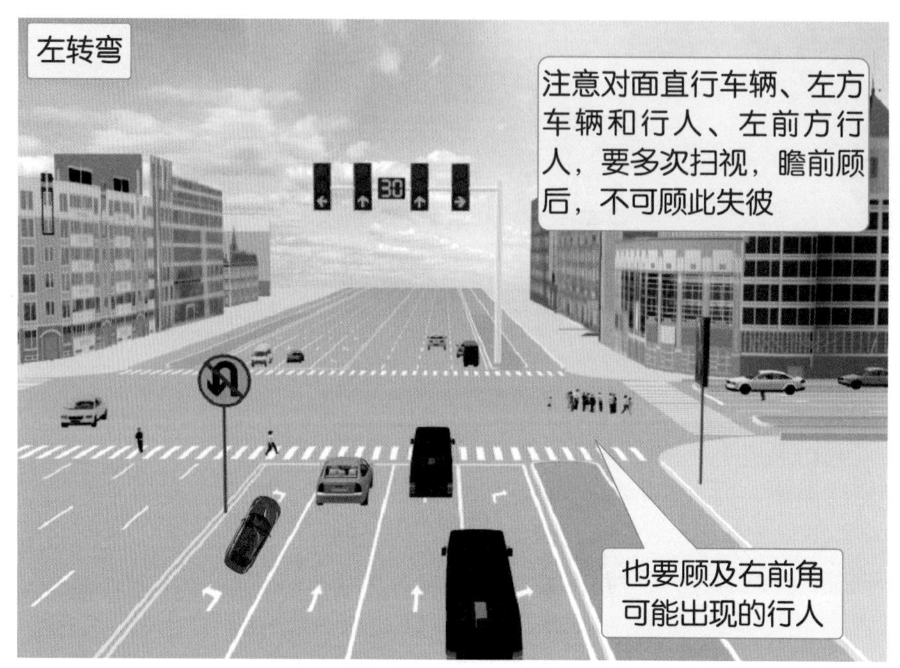

(a) 左转弯

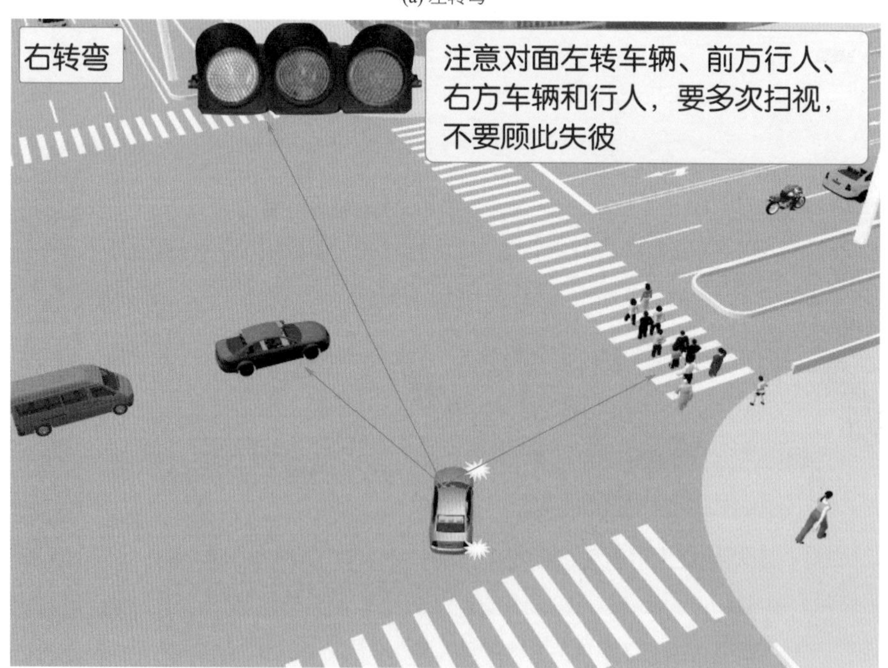

(b) 右转弯

图5-4　转弯时的观察要领

5.3 变道观察

变更车道时的观察要领如图5-5所示。

图5-5 变更车道时的观察要领

5.4 掉头观察

掉头时的观察要领如图5-6所示。

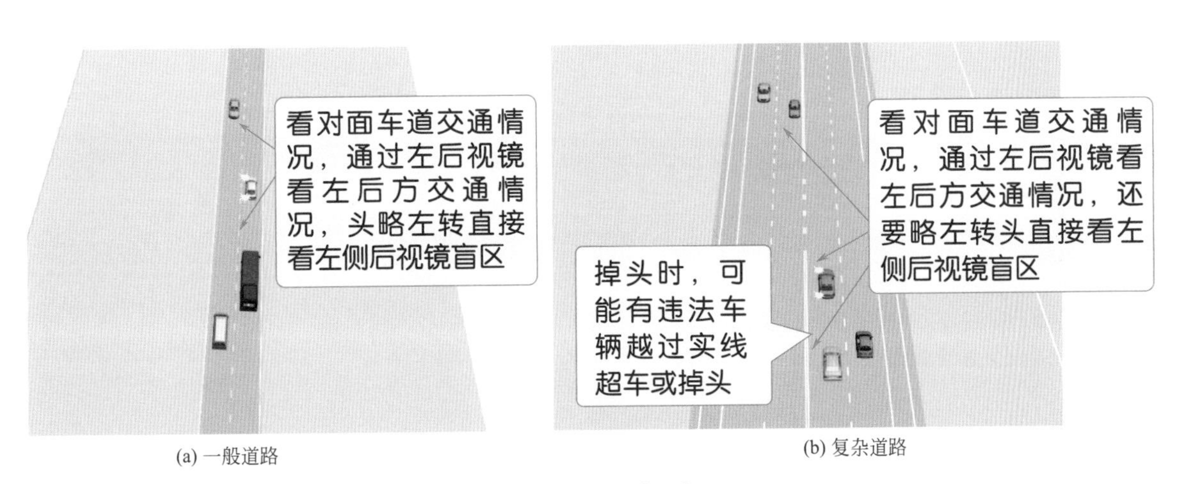

(a) 一般道路　(b) 复杂道路

图5-6 掉头时的观察要领

5.5 弯道观察

弯道行驶时的观察要领如图5-7所示。

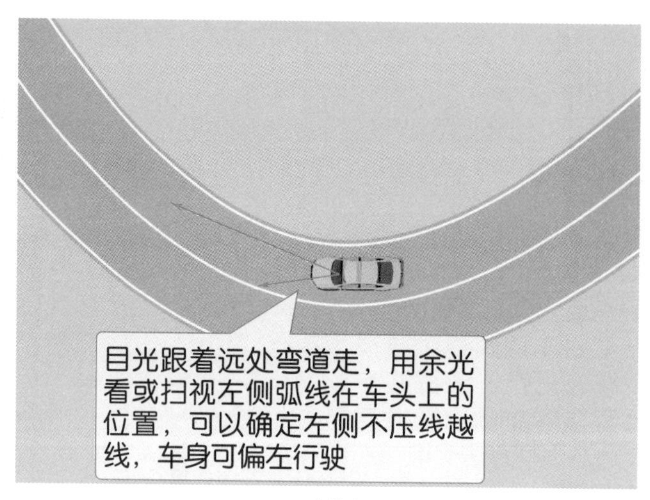

(a) 右转弯

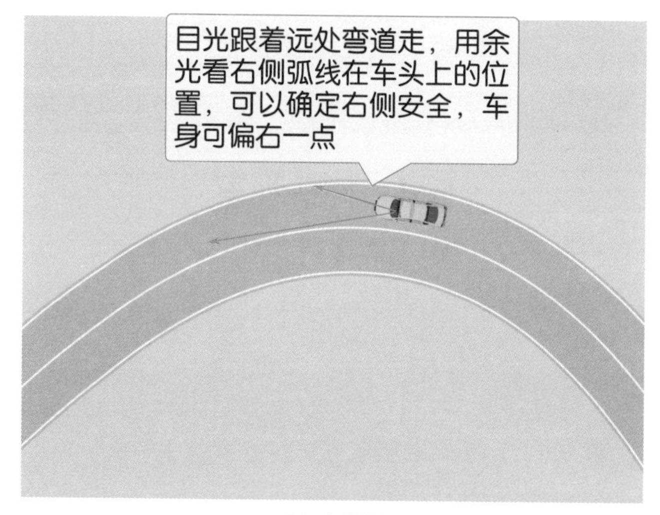

(b) 左转弯

图5-7 弯道行驶时的观察要领

第6章

路面停车要领

从图6-1 ~图6-3可以看出，车身右侧离路边线越远，在车头上的交线也就越靠右。对一般小车来说，当道路的右边线和车头中间相交时，右轮基本上就压在右边线上了。

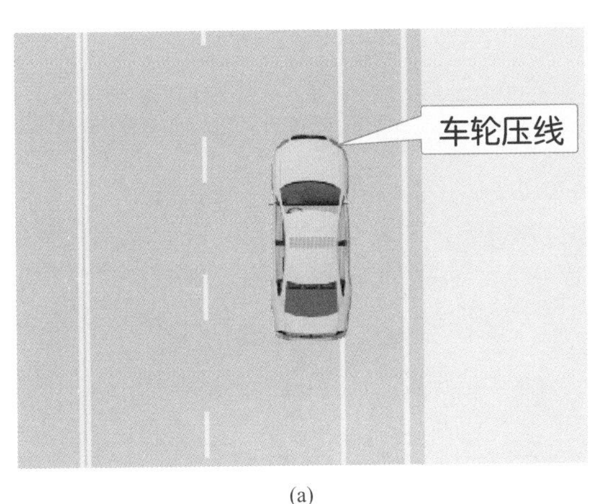

(a)

(b)

图 6-1　车轮压线（不正确）

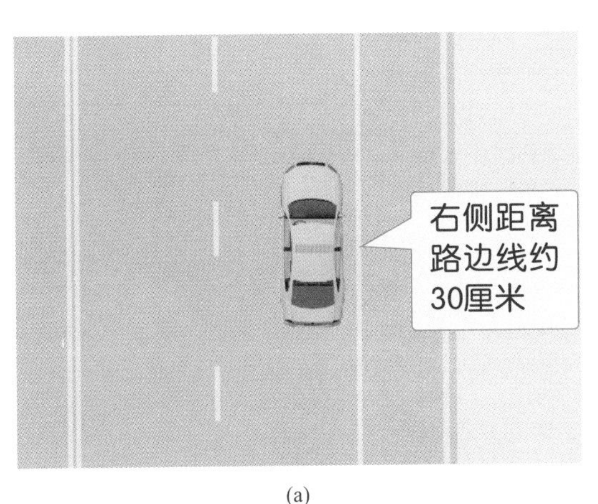

(a)

(b)

图 6-2　合适距离（正确）

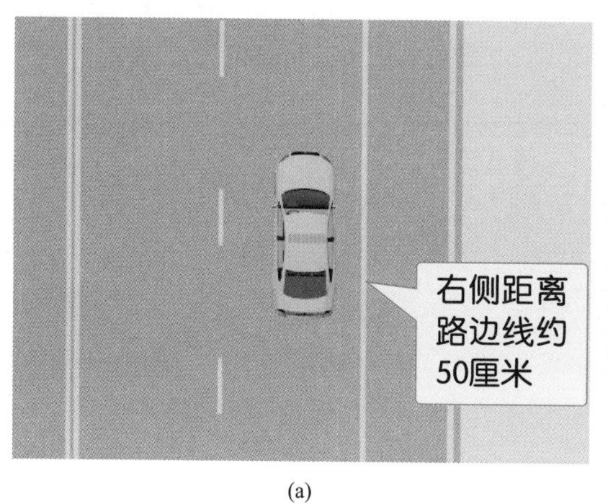

(a)

(b)

图 6-3 距离太远（不正确）

小技巧

有个近似规律，在车上看路的右边线和车头的交点每向右移动一段距离，如5厘米，则车身右侧和道路右边线的距离将增加约3倍，即15厘米。

扫码领取

☆配套动画视频

☆图解驾考要点

☆全国通用题库

☆在线模拟试题

第7章 弯道与拐角通行技巧

7.1 弯道通行

弯道通行时，当车身与右侧道路边线的距离加大时，弯曲道路边线、直线道路边线和发动机盖上的交点都在右移。为便于比较说明，图7-1 ~图7-3给出了不同距离时车内观察点位置的变化情况。

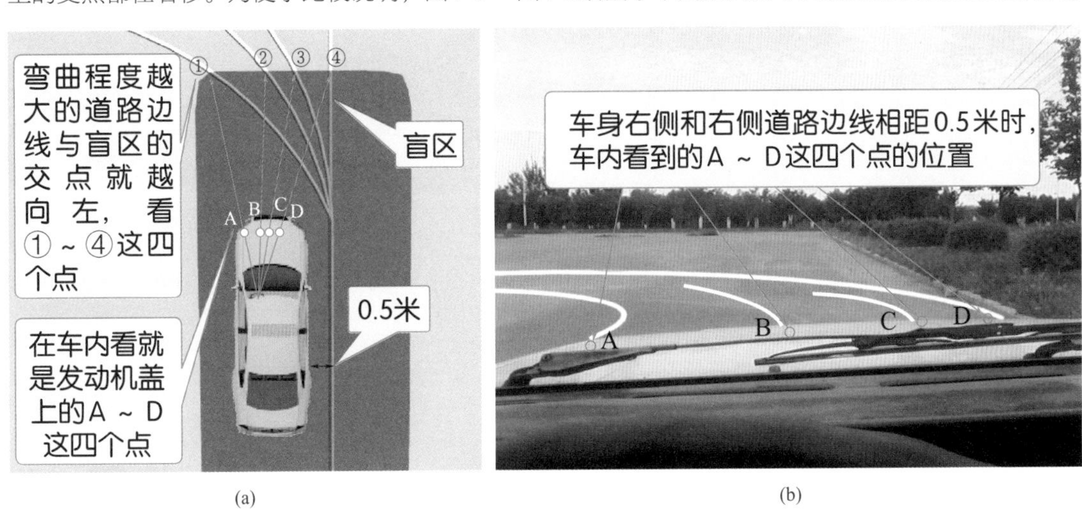

(a) (b)

图7-1　车身右侧和右侧道路边线相距0.5米时的情况

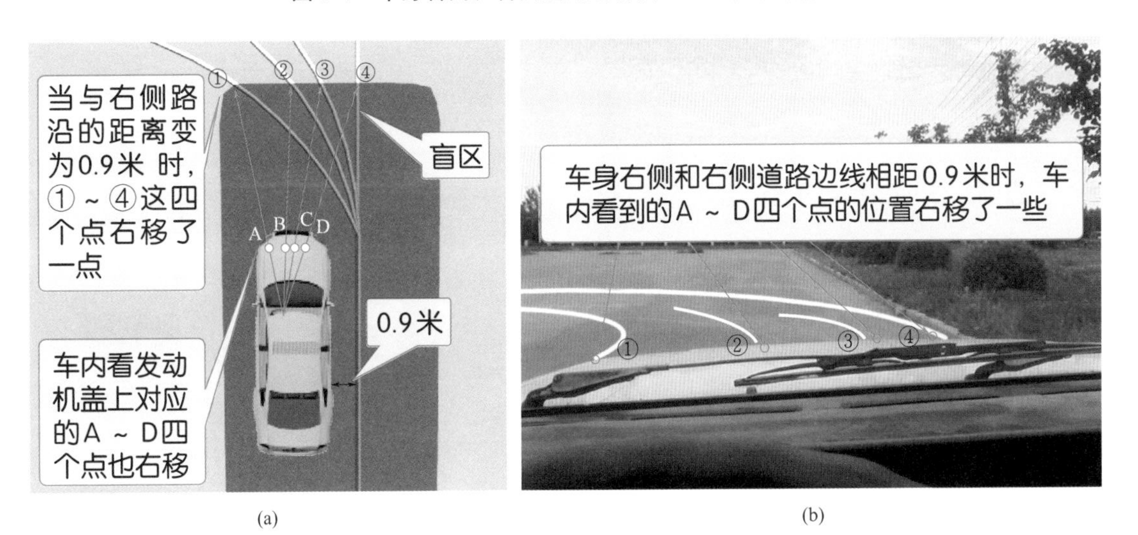

(a) (b)

图7-2　车身右侧和右侧道路边线相距0.9米时的情况

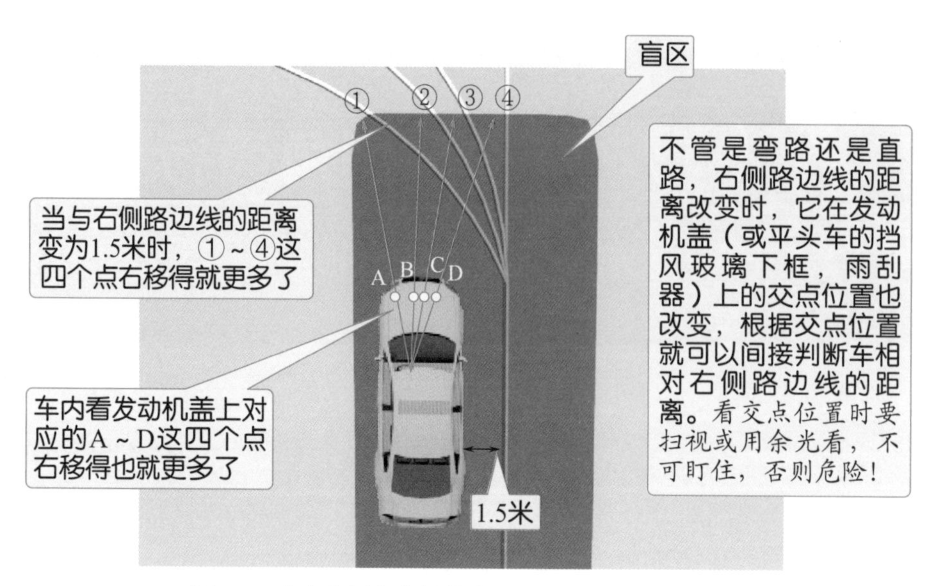

图 7-3　车身右侧和右侧道路边线相距 1.5 米时的情况

7.2　通过拐角

通过狭窄拐角时的位置判断方法及路线选择要领如图 7-4 所示。

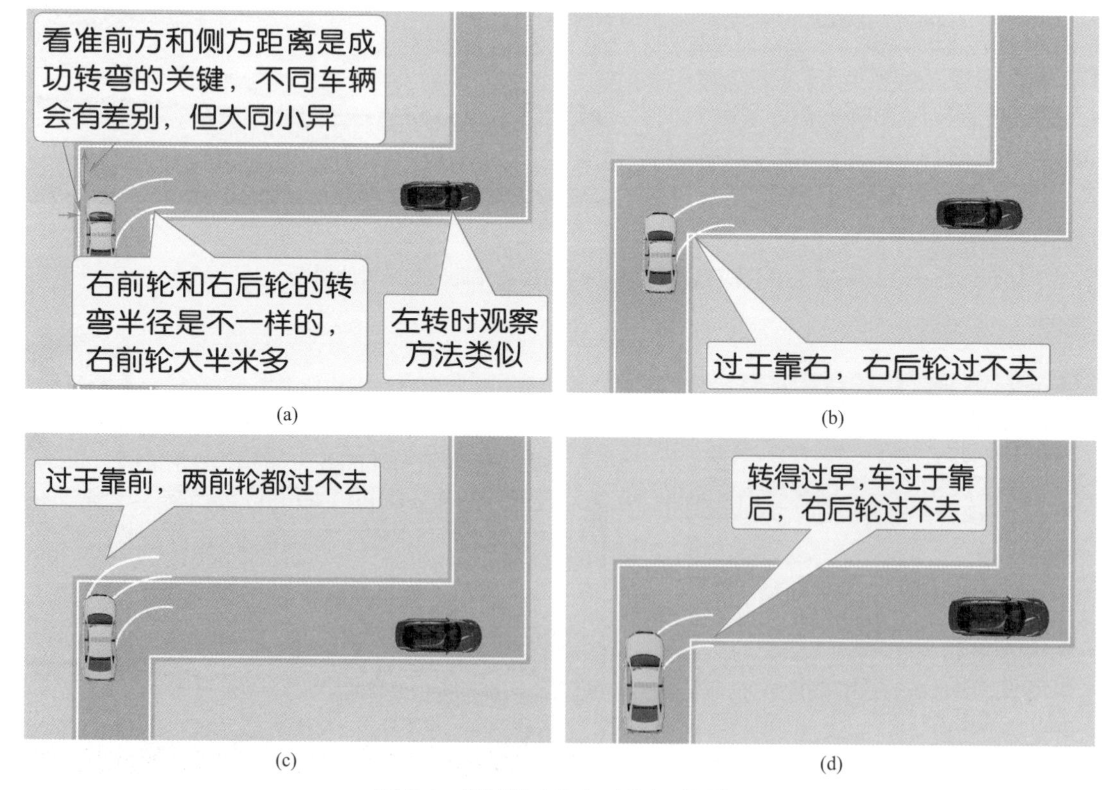

图 7-4　通过狭窄拐角时的行驶要领

第8章 窄路通行技巧

8.1 通过无中心线的窄路

无中心线、路幅狭窄的道路，行车时的位置判断方法及路线选择要领如图 8-1 和图 8-2 所示。

图 8-1 对面有来车时稍靠右行驶

图 8-2 对面无来车时居中偏右行驶

8.2 通过有中心线的单车道

有中心线（虚线）、单向一个车道的道路，行车时的位置判断方法及路线选择技巧如图 8-3 所示。

图 8-3 有中心线（虚线）、单向一个车道时的行车要领

8.3 通过有中心线的多车道

有中心线（实线）、多车道的道路，行车时的位置判断方法及路线选择技巧如图 8-4 所示。

图 8-4 有中心线（实线）、多车道时的行车要领

第9章

9 正确判断路面状况

出入小区，通过有下水井的路面、坑洼路、乡间道路、积水路、积雪路、施工路段等，都要适当慢行，在仔细观察的基础上选择合适的行驶路线。

9.1 路面颜色与路面状况的关系

柏油路、砂石路、土路、积水路、戈壁路、盐碱路、雨后表面干燥的盐碱路、沼泽路，不同道路表面的颜色和亮度是不一样的。结有薄冰的路，路中的坑洞处，失去井盖的下水井口，被挖断或大水冲断处等，颜色、亮度和正常路面也都不一样。如图9-1所示。

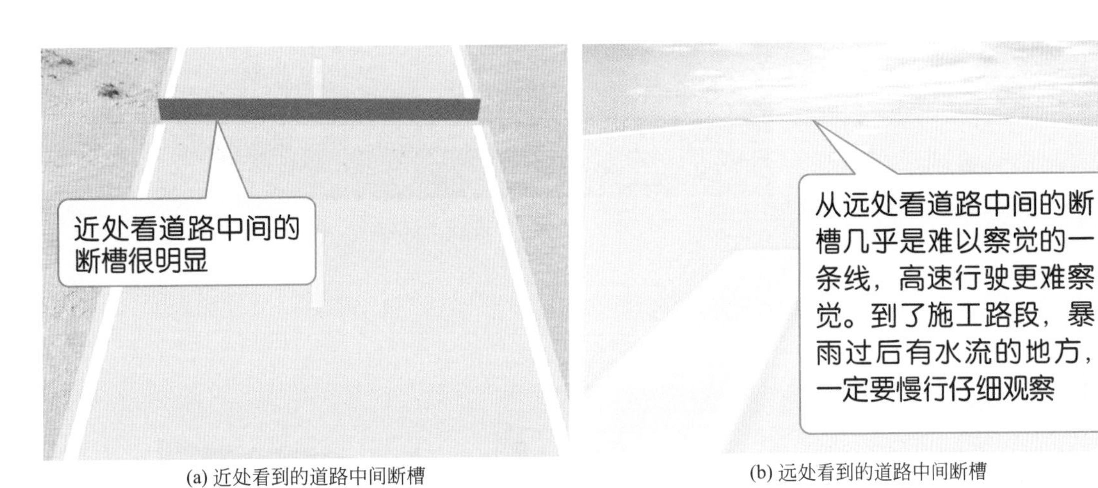

(a) 近处看到的道路中间断槽　　(b) 远处看到的道路中间断槽

图9-1　远近不同观察到的道路断槽对比

在正常行驶的过程中，不论白天还是黑夜，如果发现前方路面颜色与通常路面颜色不同，说明路面状况发生了变化，要立即降低车速，仔细观察，可看同方向车辆驶过的情况，必要时可以停车下来观察，以免发生意外。

所以行车安全，需要最大限度地调动驾驶者的五官，尤其是眼睛。一个安全的司机必须“眼观六路”。行人横穿马路、车与车碰撞前，路面有异常时，都会有先兆。

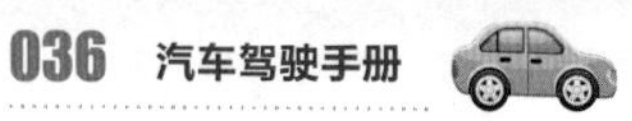

老手和新手的最大区别，不在于开得有多快，而在于如何看懂先兆并提前做好应对准备。

9.2 异常路面安全驾驶注意事项

（1）防止被卡住

起伏大的地段容易卡住底盘，严重的将导致无法行驶，所以一定要仔细选择行驶路面，必要时可下车查看。如图9-2所示。

（2）防止压垮松软的路面

松软的路面容易被压垮，要尽量避开。如图9-3所示。

图 9-2　起伏大的路面

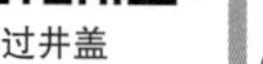

图 9-3　松软的路面

第10章 熟悉城乡道路的差别

10.1 城市道路的特点

城市道路的特点如图10-1所示。

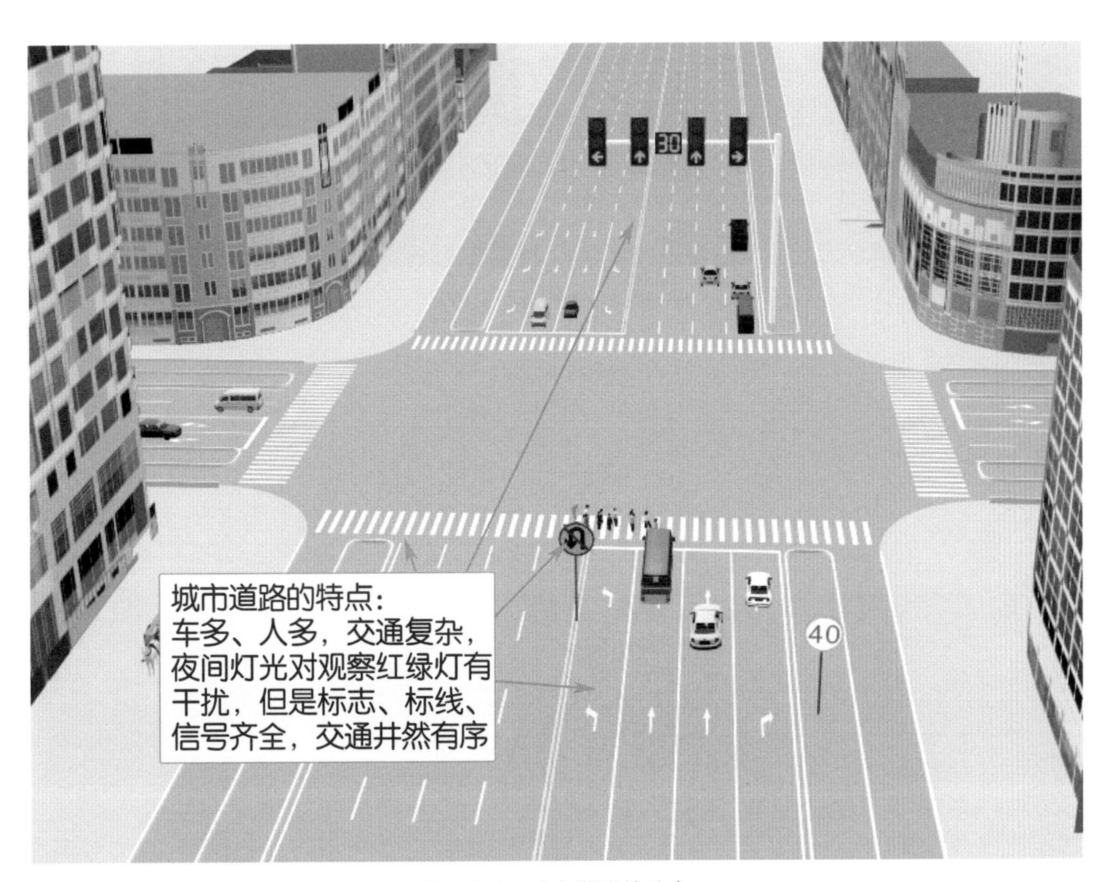

图10-1 城市道路的特点

10.2 乡村道路的特点

乡村道路的特点如图 10-2 所示。

图 10-2 乡村道路的特点

第11章 汽车驾驶基本技术

11.1 汇入车流

扫一扫
看动画
演示视频

汇入车流

下面以出小区为例，说明汇入车流的方法。左转汇入车流的方法如图11-1所示。右转汇入车流的方法如图11-2所示。

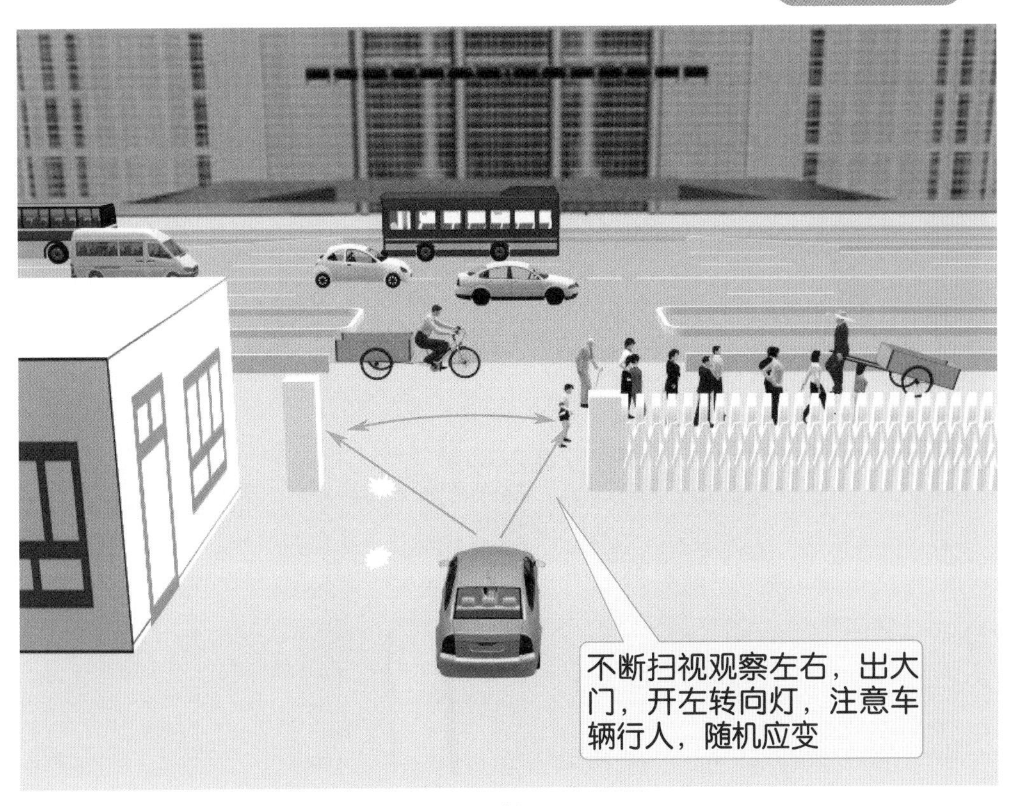

(a)

图 11-1

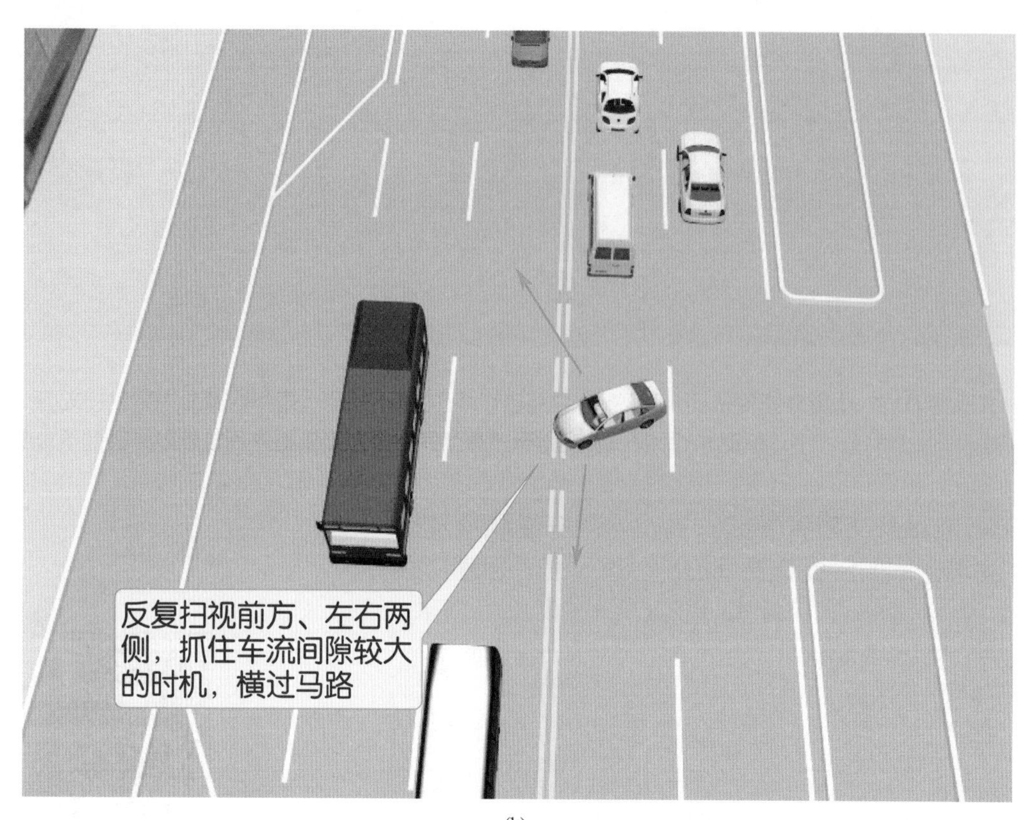

(b)

(c)

图 11-1　左转汇入车流

(a)

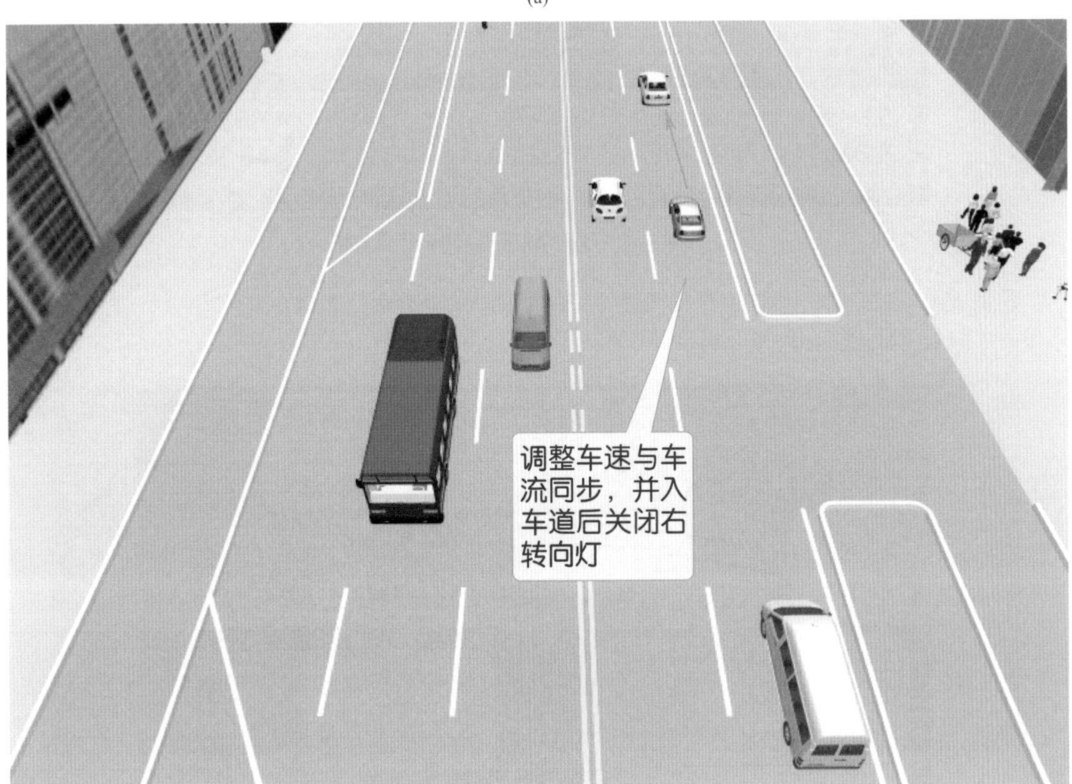

(b)

图 11-2　右转汇入车流

11.2 控制车速与紧急制动

调整车速范围不大时，只需通过控制油门来完成。速度改变较大时应换挡。

一般情况下控制车速的方法如下。

❶ 在拥挤的城市道路上，以下情况往往需要踩制动踏板，如图 11-3 所示。

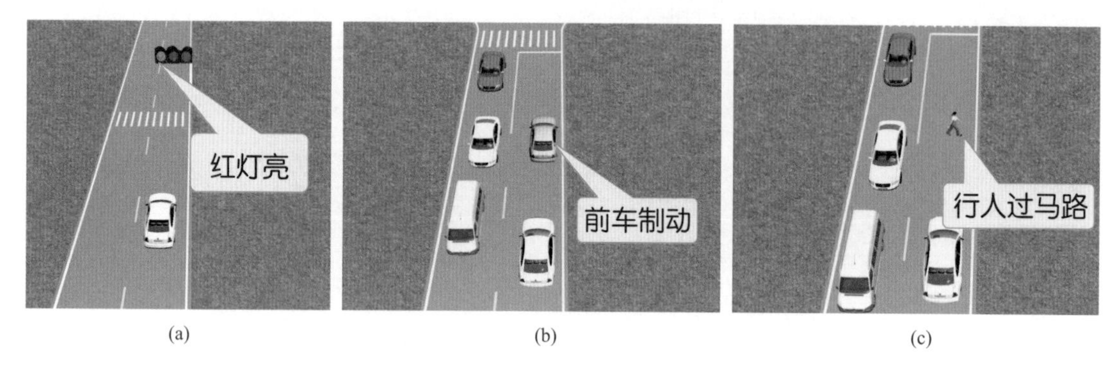

(a) (b) (c)

图 11-3 低速行驶时需及时踩制动踏板的情况

遇以上这些情况需要将车速降得较低时，没有 ABS 的车辆，可按图 11-4 所示的方法控制车速。

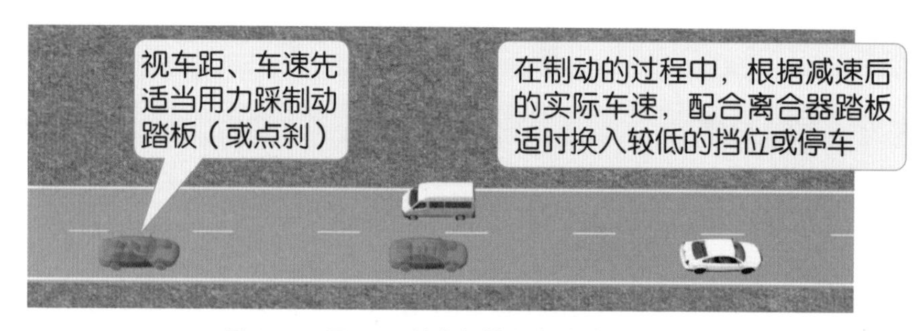

图 11-4 无 ABS 的车辆控制车速的方法

❷ 中低速行驶遇紧急情况时也需要紧急制动，紧急制动方法如图 11-5 所示。该方法对装备 ABS 系统的车辆和没有装备 ABS 系统的车辆都是适用的。

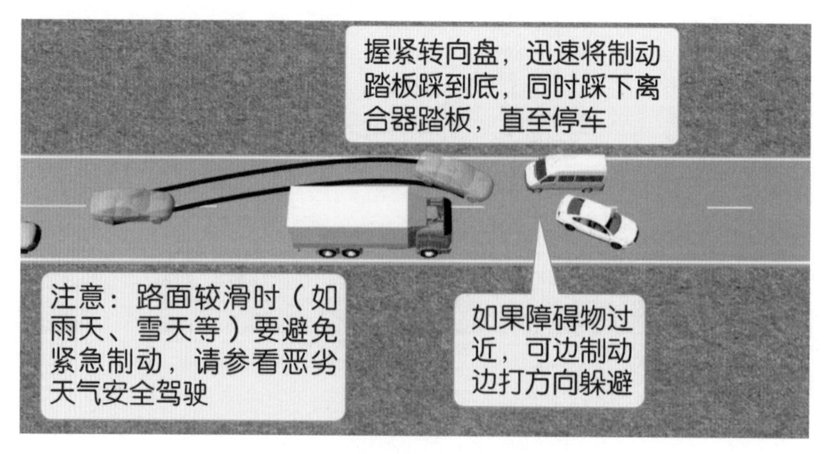

图 11-5 车辆中低速行驶时的紧急制动方法

❸ 没有装备ABS系统的车辆高速行驶时（车速高于60km/h）应采用图11-6所示的方法制动。

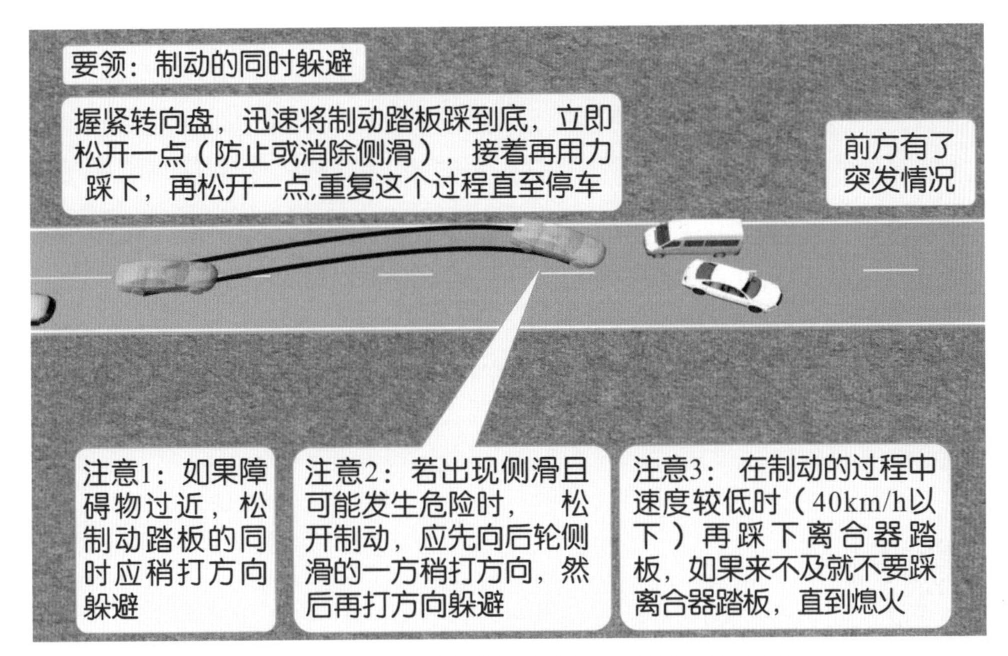

图 11-6　无 ABS 系统的车辆高速行驶时的紧急制动方法

行车中使用行车制动器有以下注意事项。

❶ 对于没有装备ABS系统的车辆，点刹（反复踩一下松一下）在任何时候都能使用，只是不同情况下“点”的力量和频率不同而已。车速快可“点”得重些、频率高些，车速慢可“点”得轻些、频率低些。若是装备ABS系统的车辆遇到紧急情况时必须一次性用力把制动踏板踩到底，而且不要松开，同时注意控制好方向，千万别用点刹，否则ABS不仅不发挥作用，还容易发生危险。一般情况下视车速车距适当用力踩住制动踏板不放松或点刹即可。装备ABS系统的车辆制动时会发出正常的噪声且制动踏板踩不下去还会震颤，这都是正常的，不必害怕。操纵装有ABS系统的车辆不要随意急转弯、快速变道、猛打方向、反复制动，否则会发生危险。

注意

注意：ABS系统的主要作用是防止车轮在紧急制动时抱死或打滑，它不能缩短制动距离。而且装备ABS的车辆在松软或者凹凸不平的路面（如土、砂、积雪路面）上制动距离有可能比没有ABS的车辆更长。所以不管驾驶什么样的车辆，都必须与其他车辆保持足够的安全车距。

❷ 要尽量避免紧急制动。紧急制动易造成后车追尾，可能引起连锁反应导致塞车。路滑、高速行驶（速度在60km/h及以上）时还易引起侧滑或甩尾，所以要提前做好预防，尽量避免紧急制动。

尽量避免紧急制动的方法：准确观察并预见交通流下一时刻的状态，提前做好思想准备（不是提前做动作），该慢的时候一定要慢，该快的时候一定要快，根据道路状况（交通流的状况，路面摩擦力等）保持相应的安全跟车距离，可以最大限度地避免紧急制动。比如过路口前，要提前减速并观察其他交通参与者的行驶动态，有盲区时应想到可能有人或车或其他物体出现，雨雪天适当增加跟车距离，一定要慢行，从而给制动或避让留下充足的时间或空间，这样遇情况时自然就会从容不迫了。

❸ 请牢记：遇紧急情况时应先制动后打方向（躲避）。

❹ 进入弯道前要提前制动，使车速降至安全速度以下，不要在转弯时制动，以免发生侧滑驶出路面，必须制动时只能轻踩制动踏板或使用点刹。

❺ 除紧急制动外平时也要注意练习踩制动踏板的力度。理想的制动力度是由轻变重，然后由重变轻，反复进行，到达目标前逐渐减轻踩踏力度，待车辆停止的瞬间，让制动力度刚好变为零，停的瞬间再立即踩下。上下坡停车应在车辆停稳的瞬间立即踩死制动踏板。

11.3 跟车

扫一扫
看动画
演示视频

跟车时的观察方法如图 11-7 所示。跟车距离如图 11-8 所示。

图 11-7　跟车时的观察要领

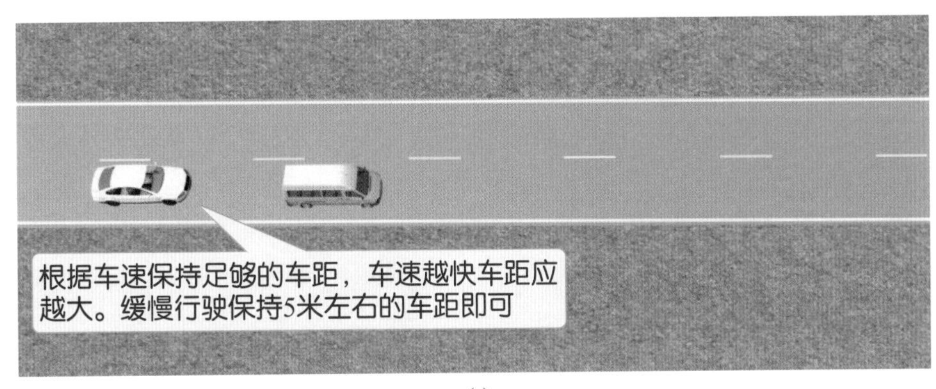

(a)

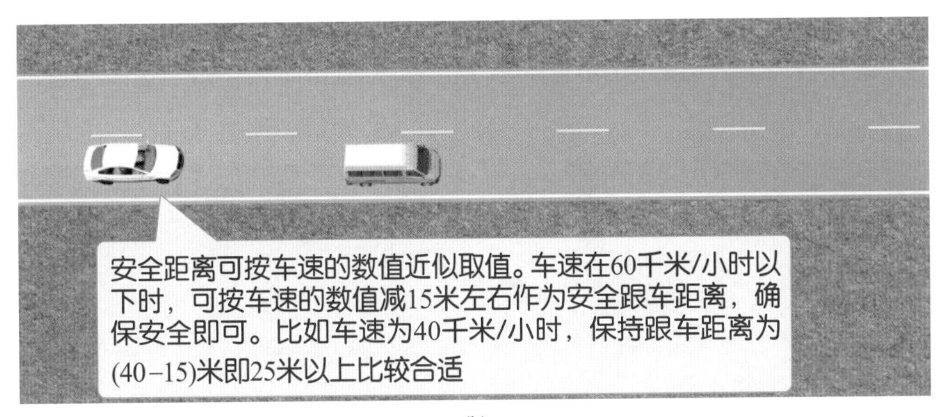

(b)

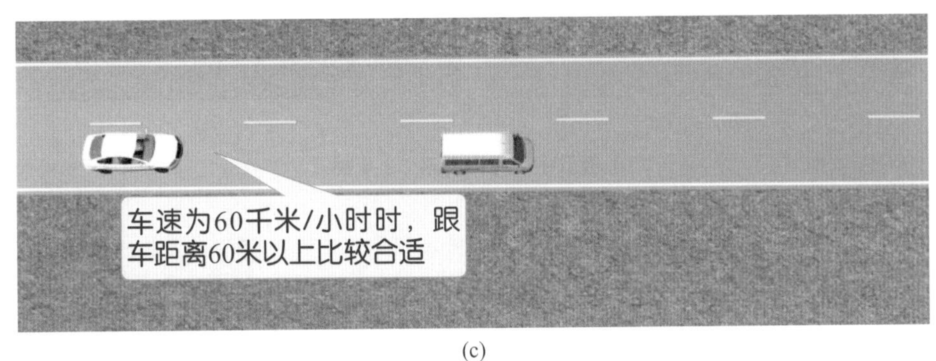

(c)

(d)

图 11-8 跟车距离

跟车速度如图11-9所示。跟在大型车辆、公交车、出租车之后应注意的问题如图11-10 ~ 图11-12所示。跟车时的横向安全距离如图11-13所示。

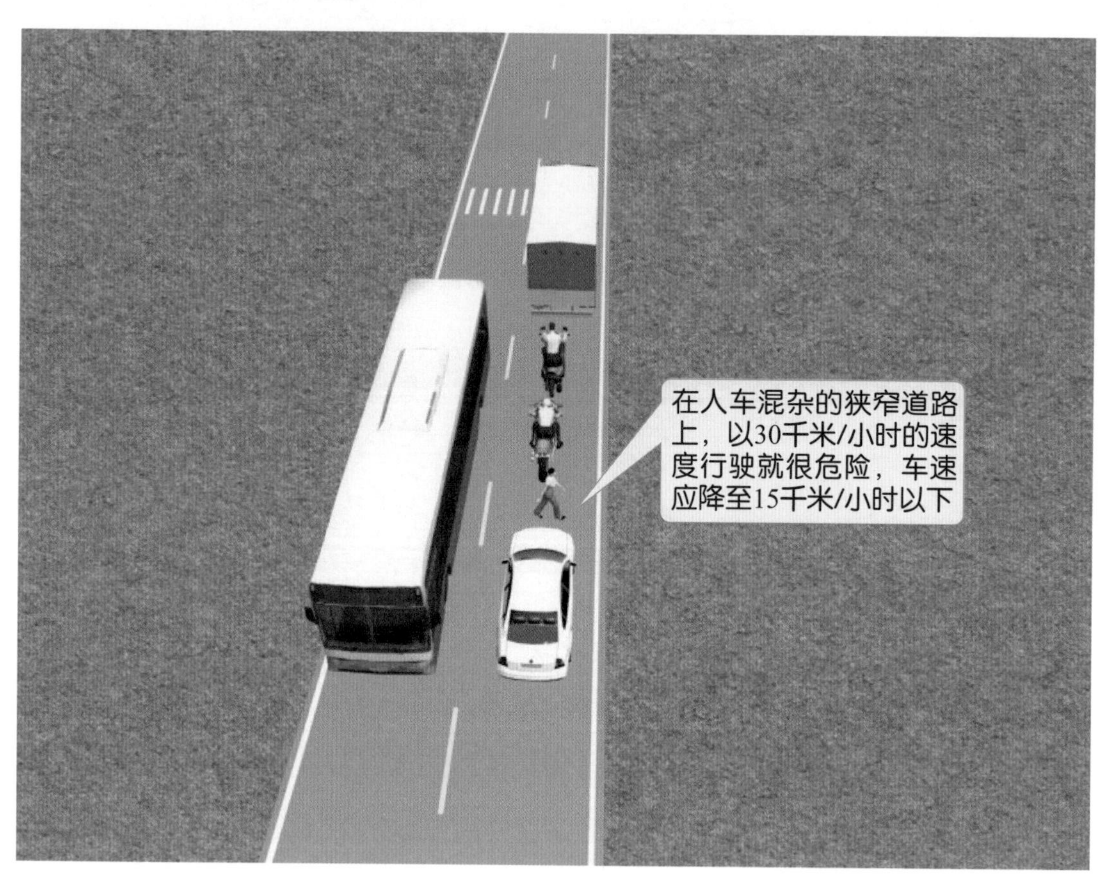

图 11-9 跟车速度

图 11-10 跟在大型车辆后应注意的问题

(a)

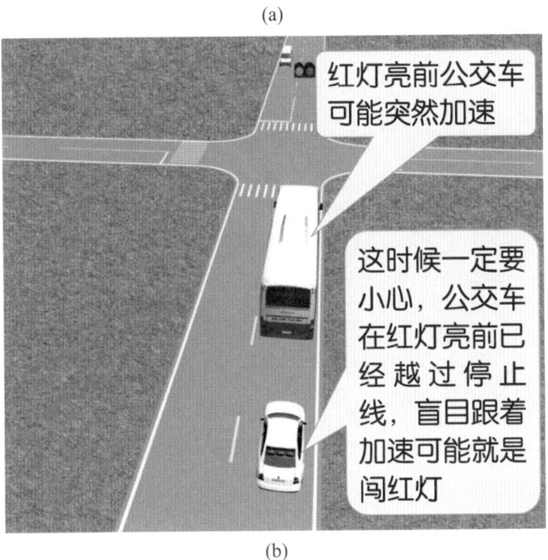

(b)

图 11-11　跟在公交车后应注意的问题

图 11-12　跟在出租车后应注意的问题

(a)

(b)

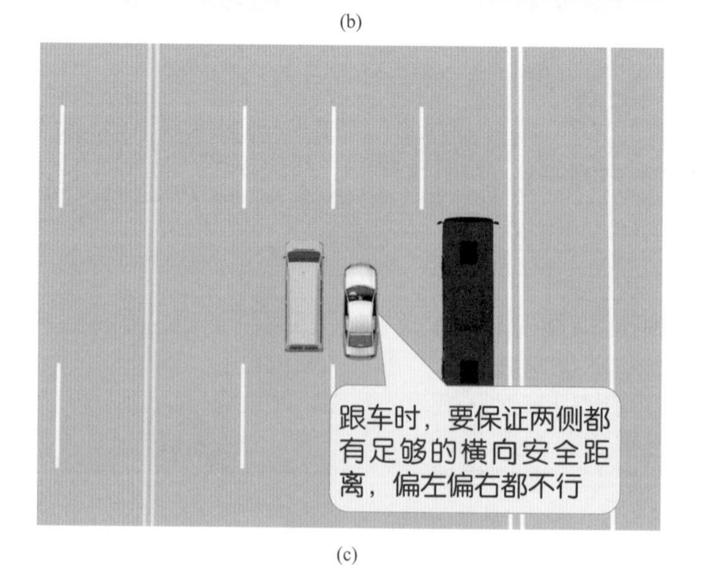

(c)

图 11-13　跟车时的横向安全距离

11.4 会车

会车地点的选择方法如图11-14所示，与大型车辆会车及在人车混行道路上会车应注意的问题如图11-15和图11-16所示。

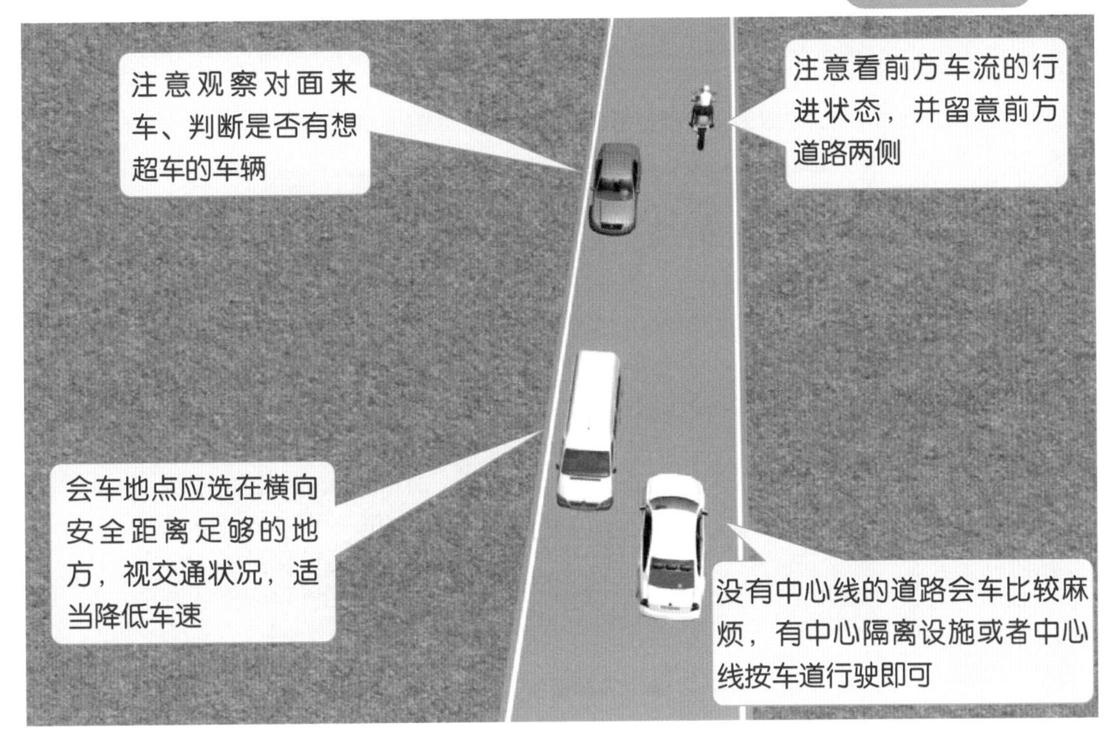

图11-14 会车地点的选择

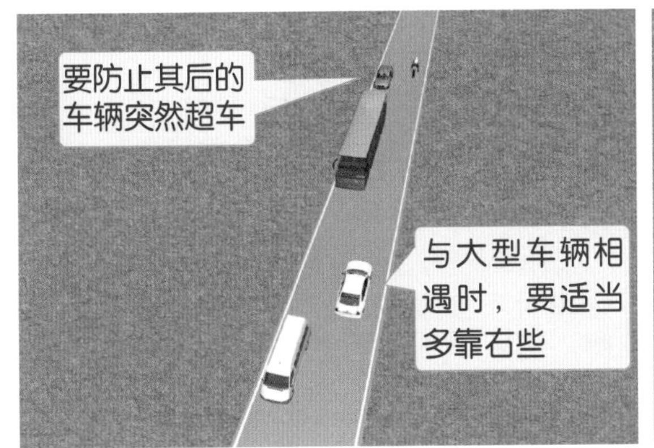

(a)

(b)

图11-15

(c)

图 11-15　与大型车辆会车时应注意的问题

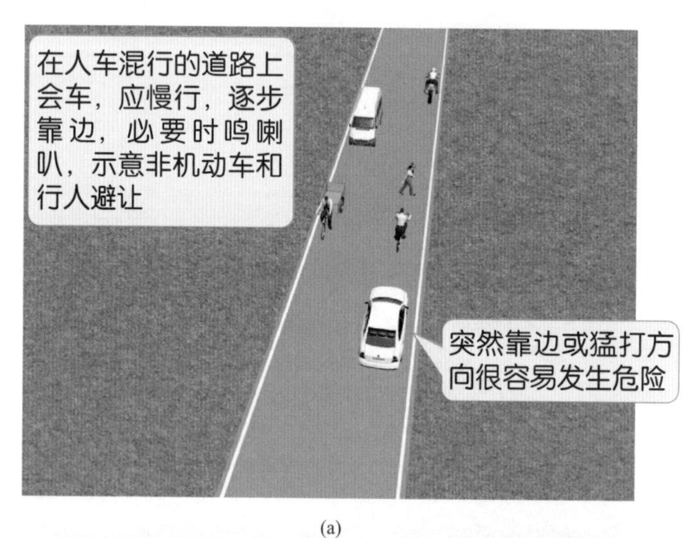

(a)

(b)

图 11-16　人车混行道路上会车时应注意的问题

11.5 超车

在城市道路上，作为新手，应以跟车为主，一般不要超车，除非超车条件特别好。

一般公路上的超车方法和步骤如图 11-17 所示。

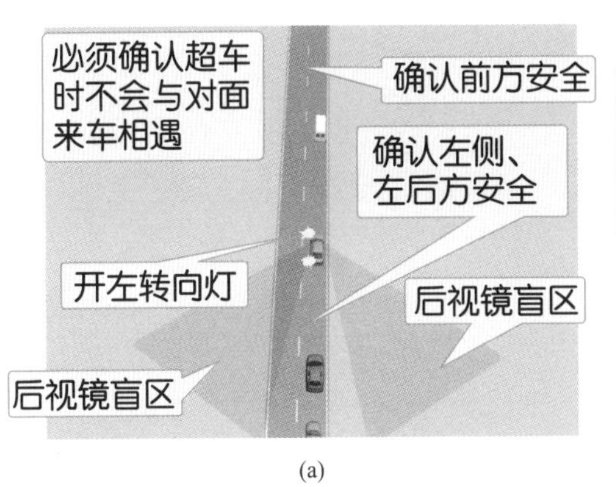

(a)

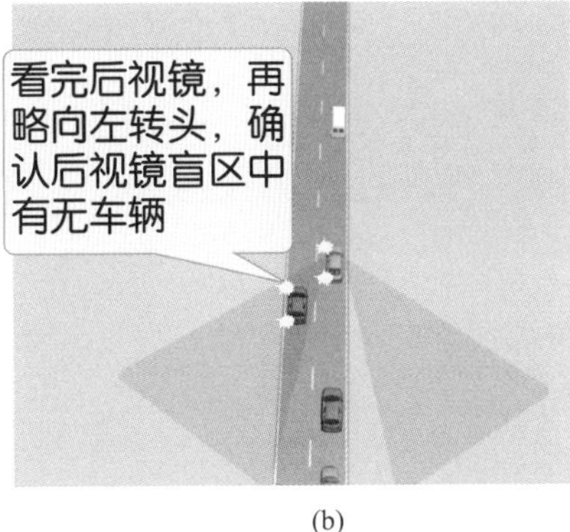

(b)

(c)

(d)

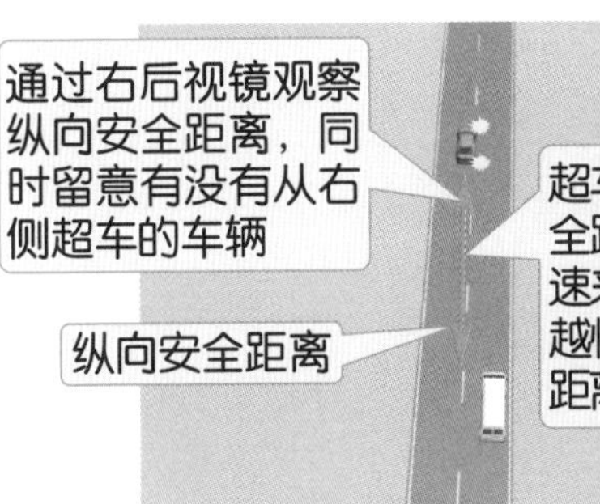

(e)

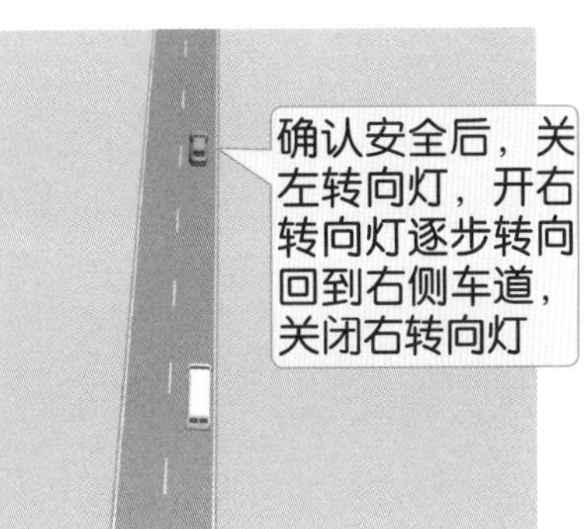

(f)

图 11-17　超车的方法和步骤

超车时应注意以下几个问题，如图11-18所示。

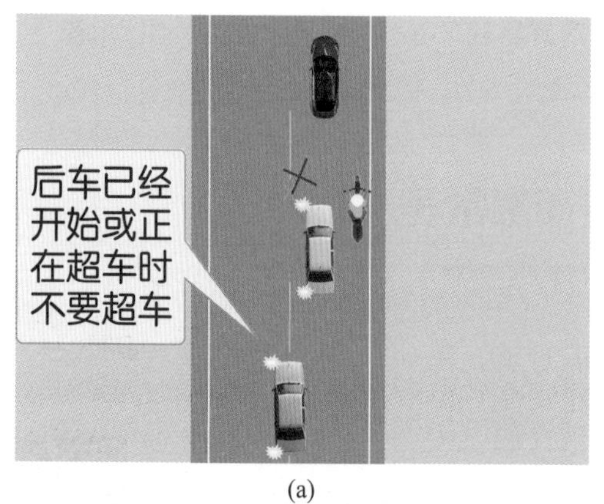

(a)

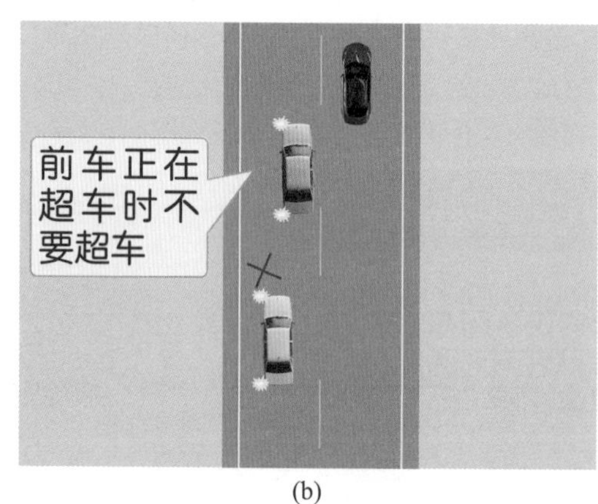

(b)

(c)

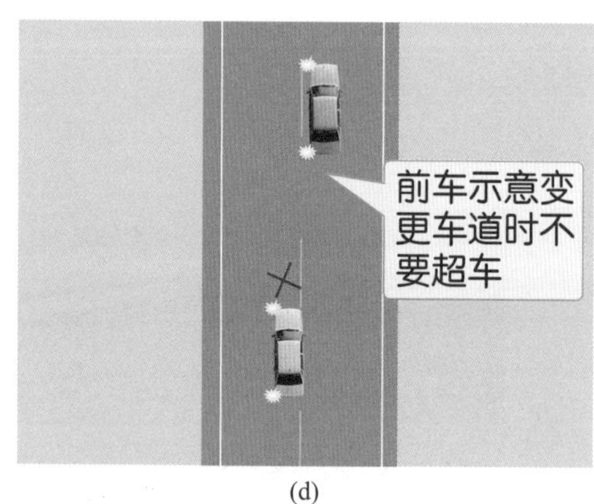

(d)

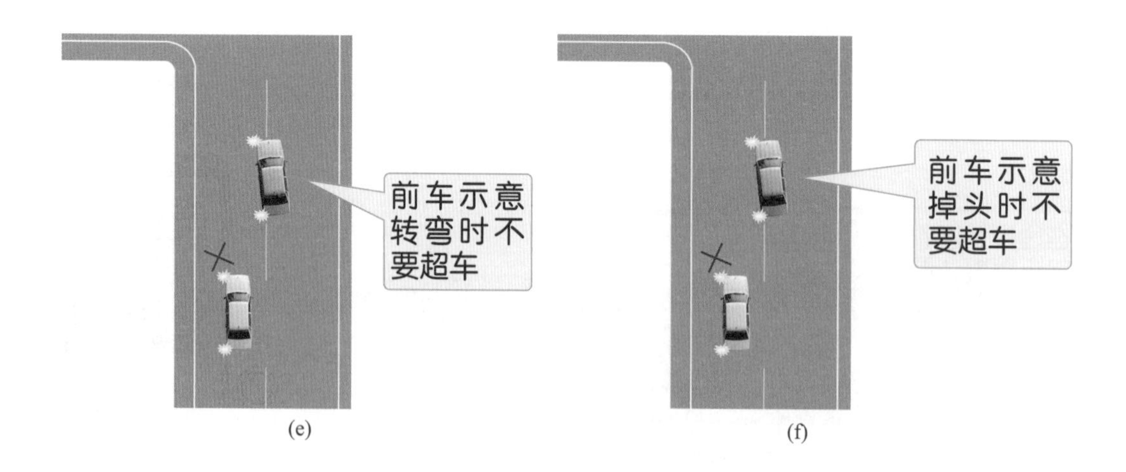

(e)

(f)

(g)

图 11-18　超车时应注意的问题

11.6　变道

以向左侧车道变道为例进行说明，如图11-19所示。图11-20给出了连续变道的时机和变道方法。

(a)

图 11-19

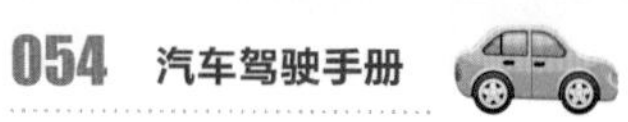

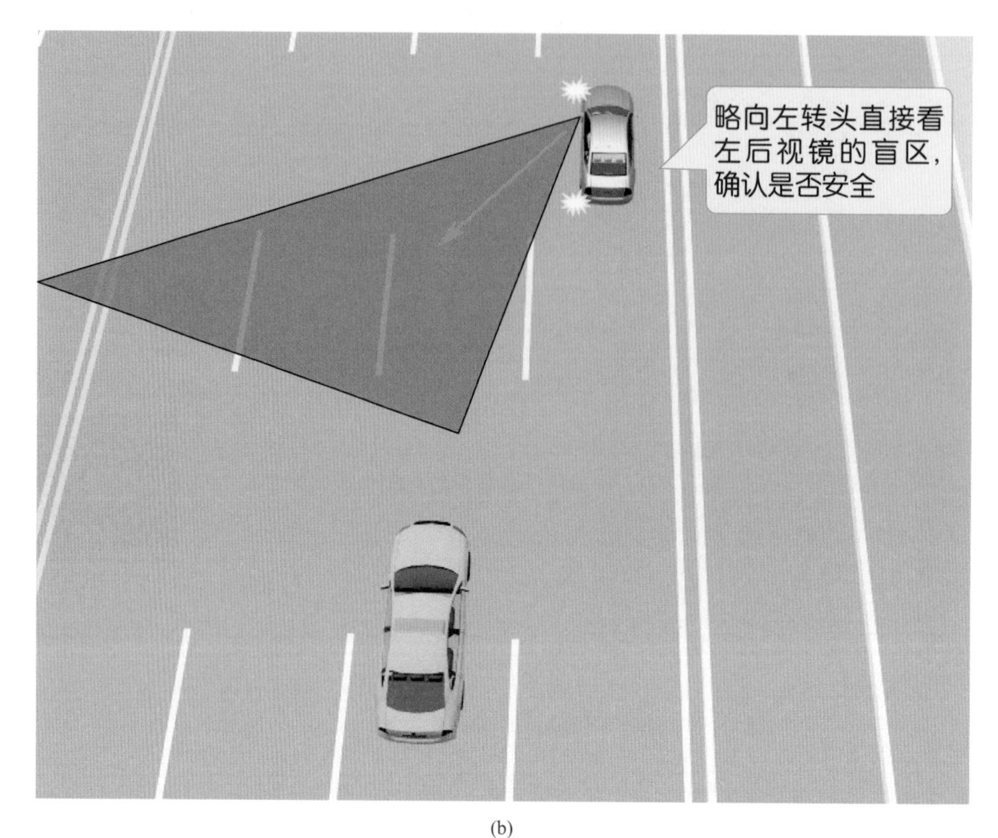

(b)

(c)

图 11-19　向左侧车道变道的方法

(a)

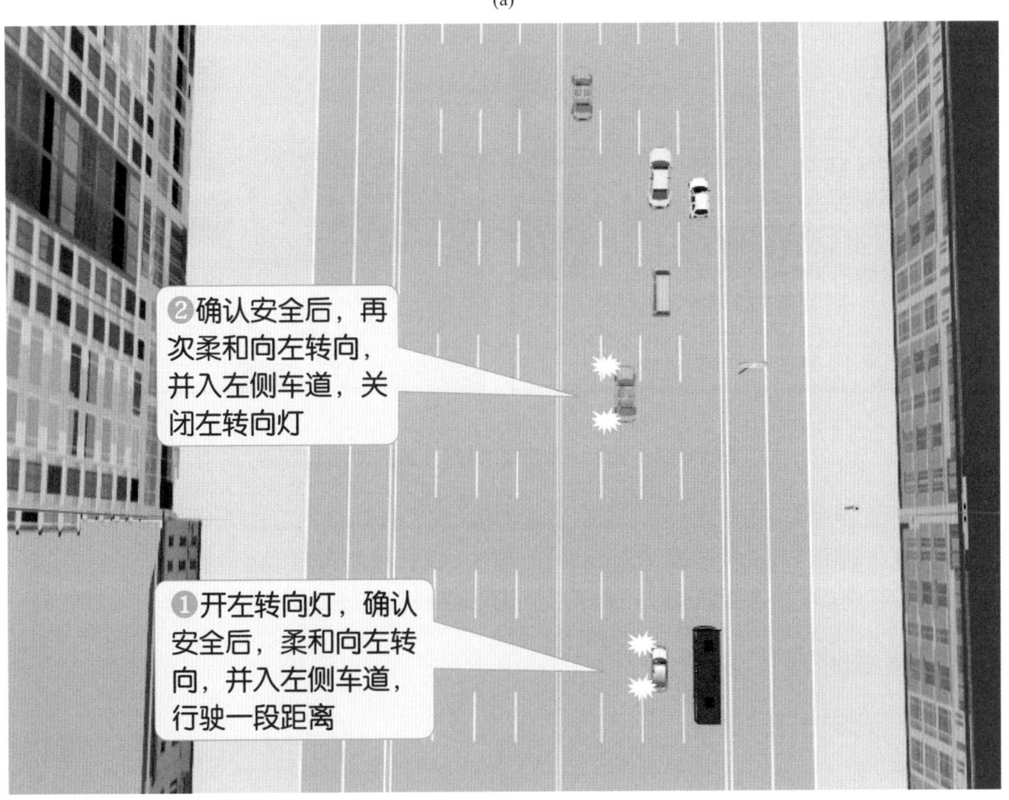

(b)

图 11-20　连续变道的时机和变道方法

11.7 倒车

注意

不同的身高，同一人不同的坐姿观察到的位置都会有差别，这里只是示范方法，不要照搬，可结合自身情况进行适当调整。

看后视镜确定车尾位置的方法和步骤如图11-21所示。

(a)

(b)

(c)

(d)

图11-21 看后视镜确定车尾位置的方法和步骤

如果在后视镜里看不到白线，可以适当调整后视镜，直到看到后方的白线为止。

倒车方法大致可分为三种：看后车窗倒车、伸出头看左后方倒车和看后视镜倒车。

倒车时应挂倒挡，配合半联动以控制车速，车速不要超过5km/h。

11.7.1 直线倒车

直线倒车方法如图11-22所示。

看后车窗倒车时，为了保证沿直线后倒，注视后车窗倒车时要选好后方的参照点。如路沿、路面实线、虚线等和后挡风玻璃下边的交点。在其他情况下，车库门边框、路边树木等都可选作参照物，以方便、安全为选取原则。

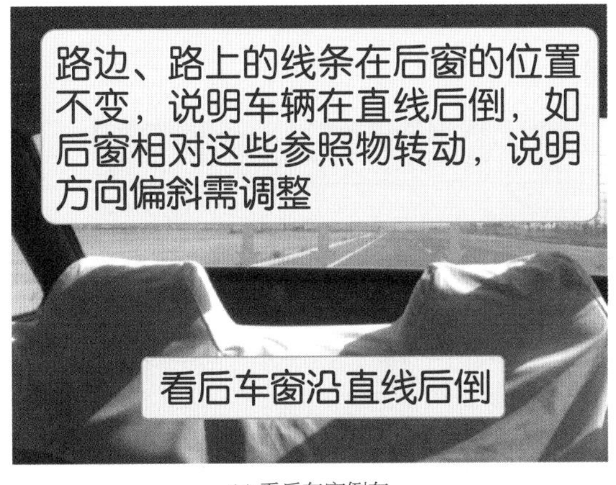

(a) 看后车窗倒车

(b) 伸出头看左后方倒车

(c) 看后视镜倒车

图 11-22　直线倒车方法

注意

当路上的线条、路边沿和车身平行时，在左或右后视镜中看到的影像并不平行，而是车身前面的路面略宽，车尾的路面略窄，如图11-23所示。后倒时，如果车身相对它们不旋转，说明车身和它们是平行的。

图 11-23　后视镜中看到的影像

11.7.2 右转弯倒车

右转弯倒车的方法及正误对比如图11-24所示。

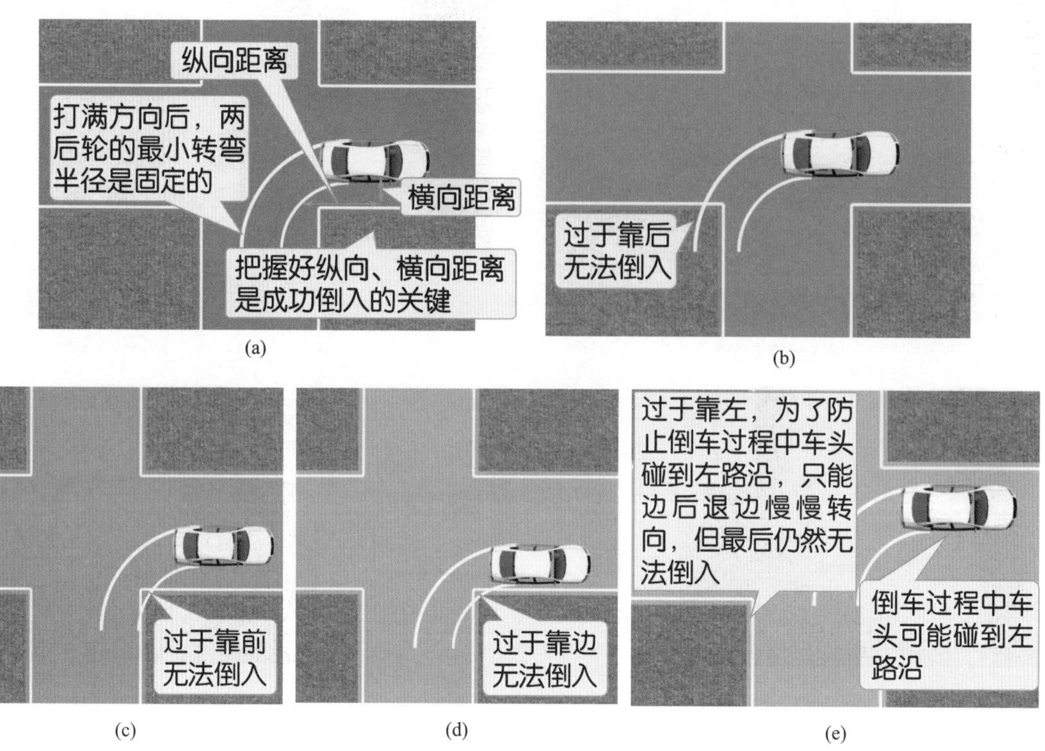

图 11-24 右转弯倒车方法及正误对比

后视镜只能看到后方景物中很窄的一部分，在转弯倒车的过程中后视镜中的景物也在不停地变化，容易看错，因此必须仔细观察，弄不清是地面的什么位置时要立即停车，不要乱打方向，盲目后倒，以免发生事故。

图11-25所示是右转弯倒入路口时观察后视镜中景物变化的实例。

(a)

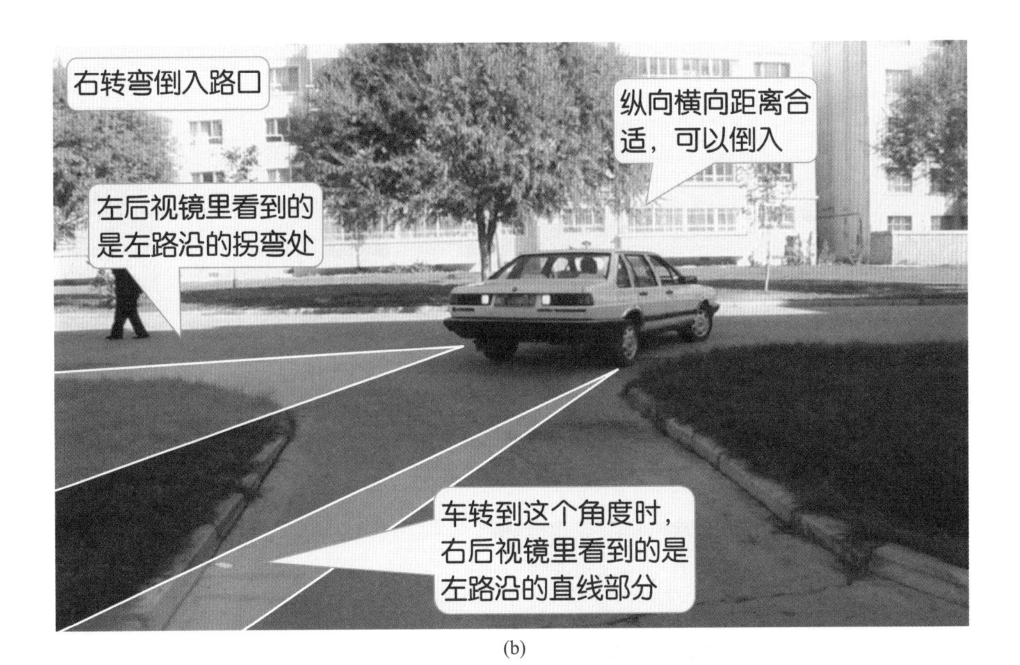

(b)

(c)

(d)

内后视镜是看不到左路沿的

(e)

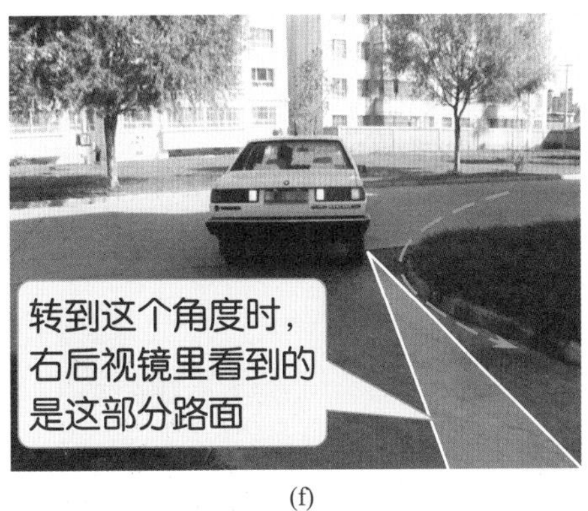

(f)

图 11-25　右转弯倒入路口时的观察要领

11.7.3　左转弯倒车

左转弯倒车的方法及观察要领如图 11-26 所示。

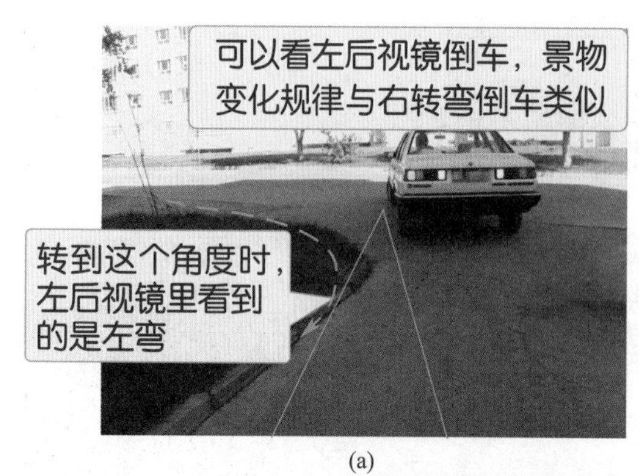

(a)

(b)

(c)

图 11-26　左转弯倒车方法及观察要领

当在左后视镜中看到左路沿相对于车身的位置后面略宽前面略窄时，就应回方向；当前面略宽后面略窄时，稳住方向。如果车尾相对左路沿不再转动，说明已在直线后倒；若旋转，可转动转向盘调整方向，要少打少回。

看后视镜倒车，情况复杂时要反复看左、内、右三后视镜。倒车时应该注意的其他情况如图11-27所示。

(a)

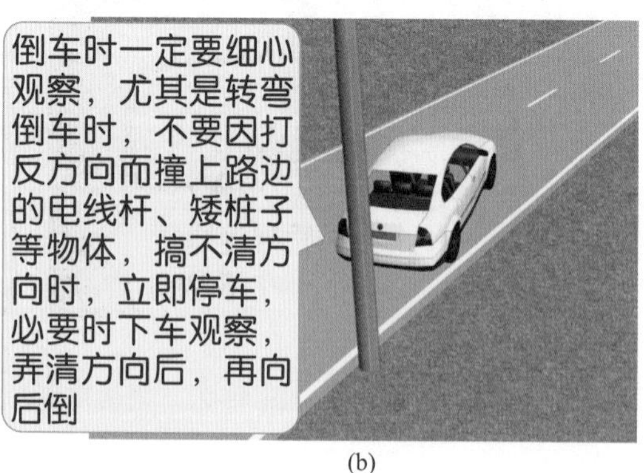

(b)

图 11-27　倒车时应注意的其他情况

11.8 掉头

在宽阔路段掉头的方法如图11-28所示。

道路宽度过窄时，可通过多次前进和后退的方法完成掉头。

狭窄公路掉头中进退时判断车轮既靠近路边又不驶出路面是减少进退次数的关键。对一般小型车辆来说，双车道公路，两进一退就可以完成掉头。

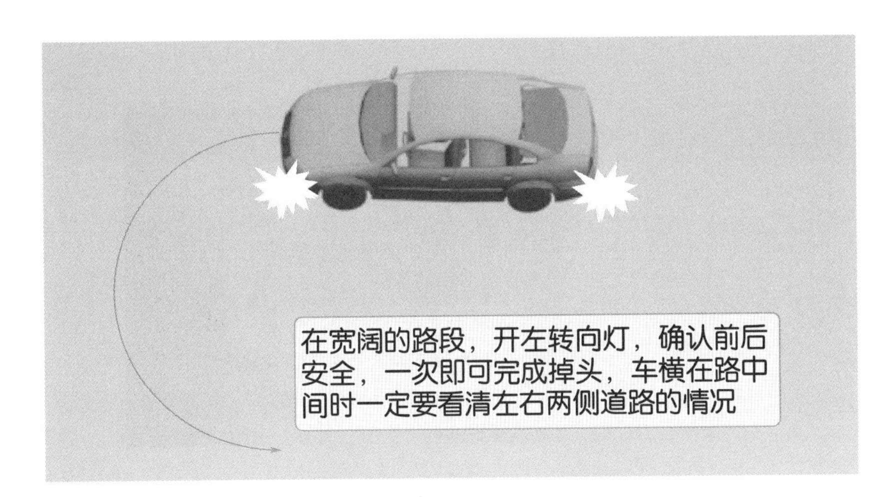

图 11-28 宽阔路段的掉头方法

下面是通过三进二退完成6米窄路掉头的方法和步骤。如图11-29所示 [如有倒车可视系统，只需按图11-29（a）~（f）所示步骤进行，再借助倒车可视系统确定车尾位置即可顺利完成掉头操作]。

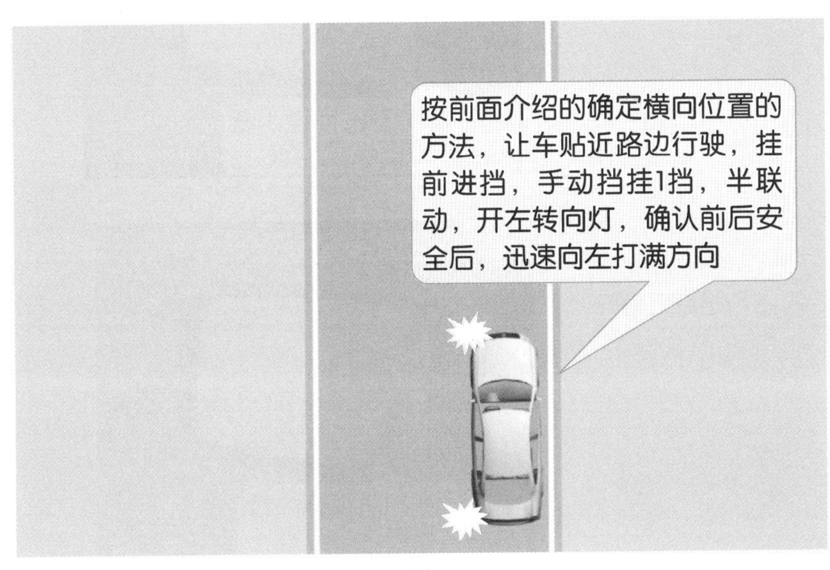

(a)

图 11-29

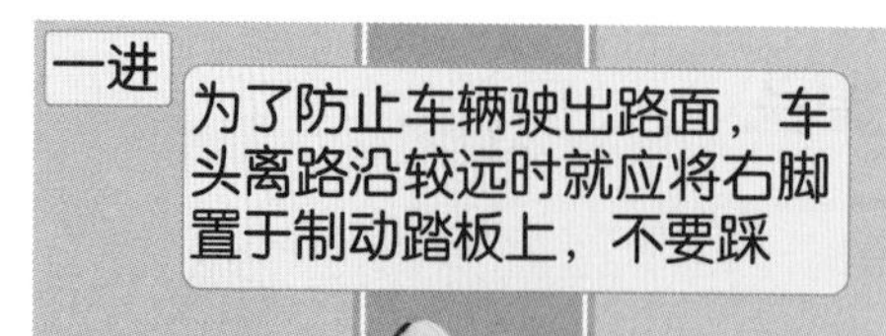

(b)

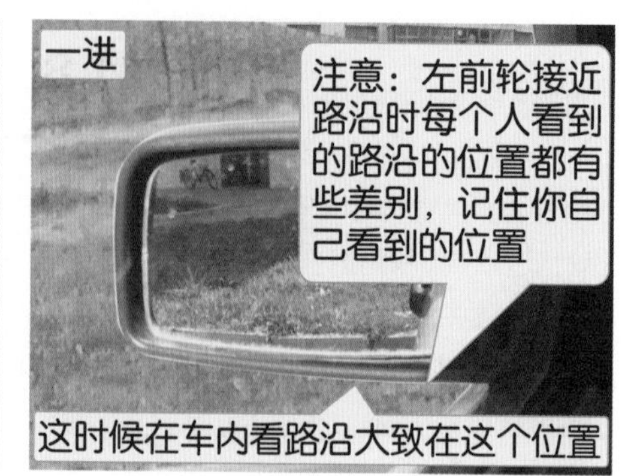

(c)

(d)

(e)

(f)

一退
注意：右后轮接近路沿时每个人在右后视镜内看到的路沿的位置都有些差别，记住你自己看到的位置
这时候在右后视镜内看路沿大致在这个位置

(g)

一退
右后轮贴近路沿时停车

(h)

一退
这时候在右后视镜内看路沿大致在这个位置

(i)

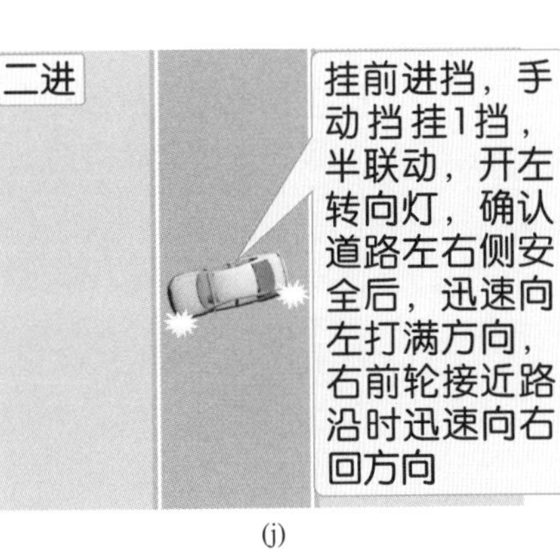

(j)

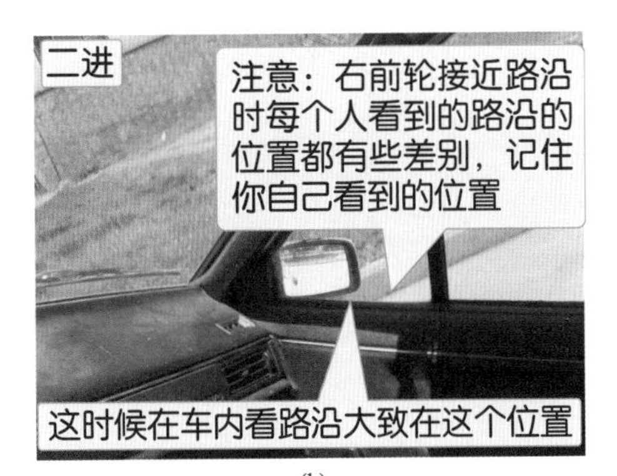

(k)

二进

右前轮贴近路沿时停车

(l)

(m)

二退

挂倒挡，手动挡半联动，起步后迅速向右打满方向，左后轮接近路沿时迅速向左回方向

(n)

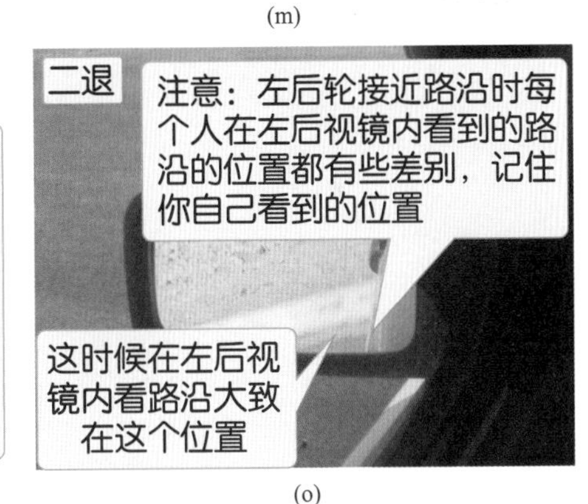

(o)

二退

左后轮贴近路沿时停车

(p)

(q)

图 11-29

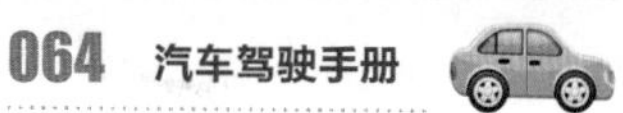

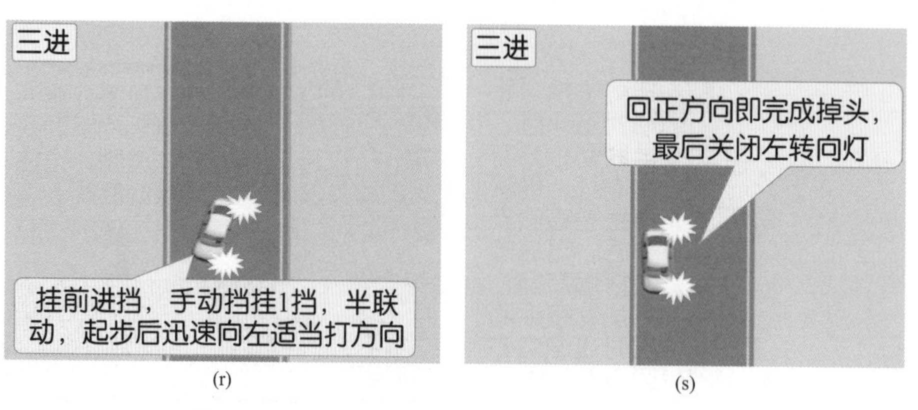

图 11-29　三进二退完成 6 米窄路掉头的方法和步骤

扫一扫
看动画
演示视频

第12章

一般道路安全驾驶

12.1 交叉路口通行技巧

扫一扫
看动画
演示视频

12.1.1 交叉路口通行注意事项

通过交叉路口时的一般注意事项如图 12-1 所示。

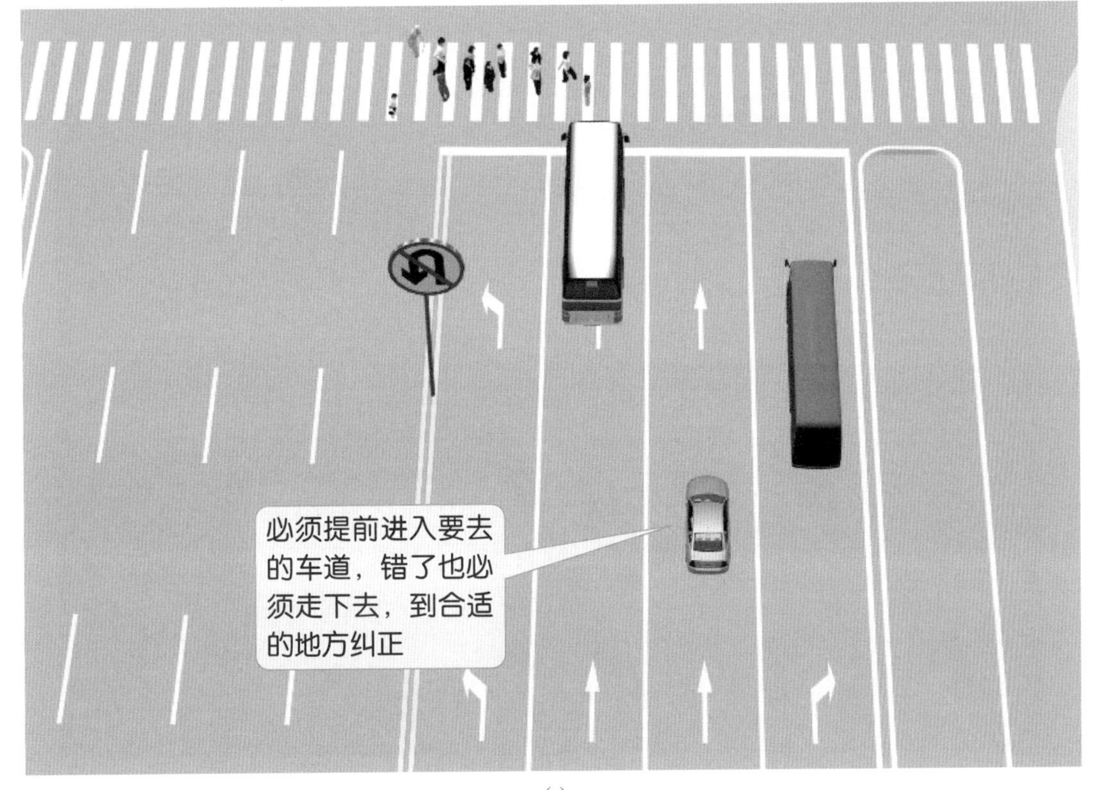

(a)

图 12-1

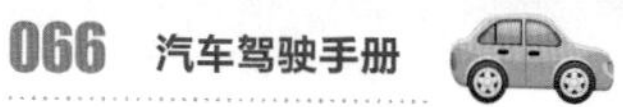

(b)

(c)

图 12-1　通过交叉路口时的一般注意事项

12.1.2 通过有信号灯控制的交叉路口

(1)直行

直行通过有信号灯控制的交叉路口应注意的问题如图12-2所示。

(a)

(b)

图12-2

(c)

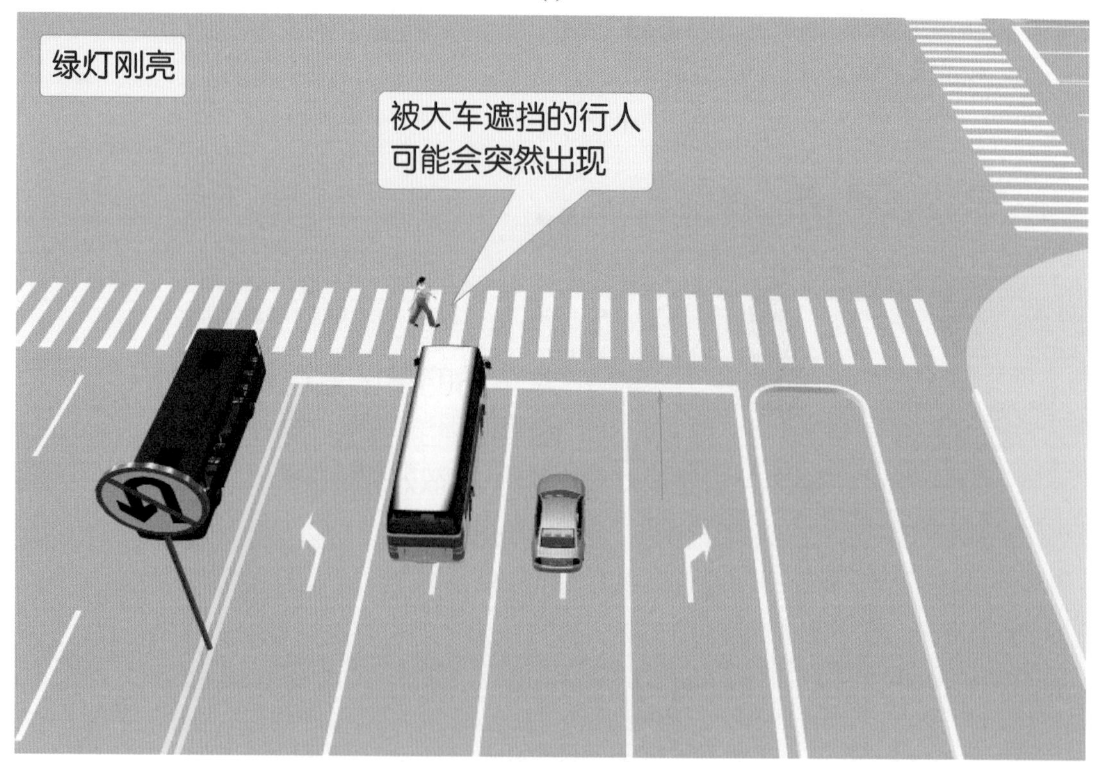

(d)

图 12-2　直行通过有信号灯控制的交叉路口

（2）右转弯

如果有右转弯车道信号灯，则应按车道信号灯的控制进行右转；没有右转弯车道信号灯控制的路口，绿灯、红灯都可以右转。下面分别介绍绿灯亮时和红灯亮时的右转方法。

❶ 绿灯亮时的右转方法如图 12-3 所示。

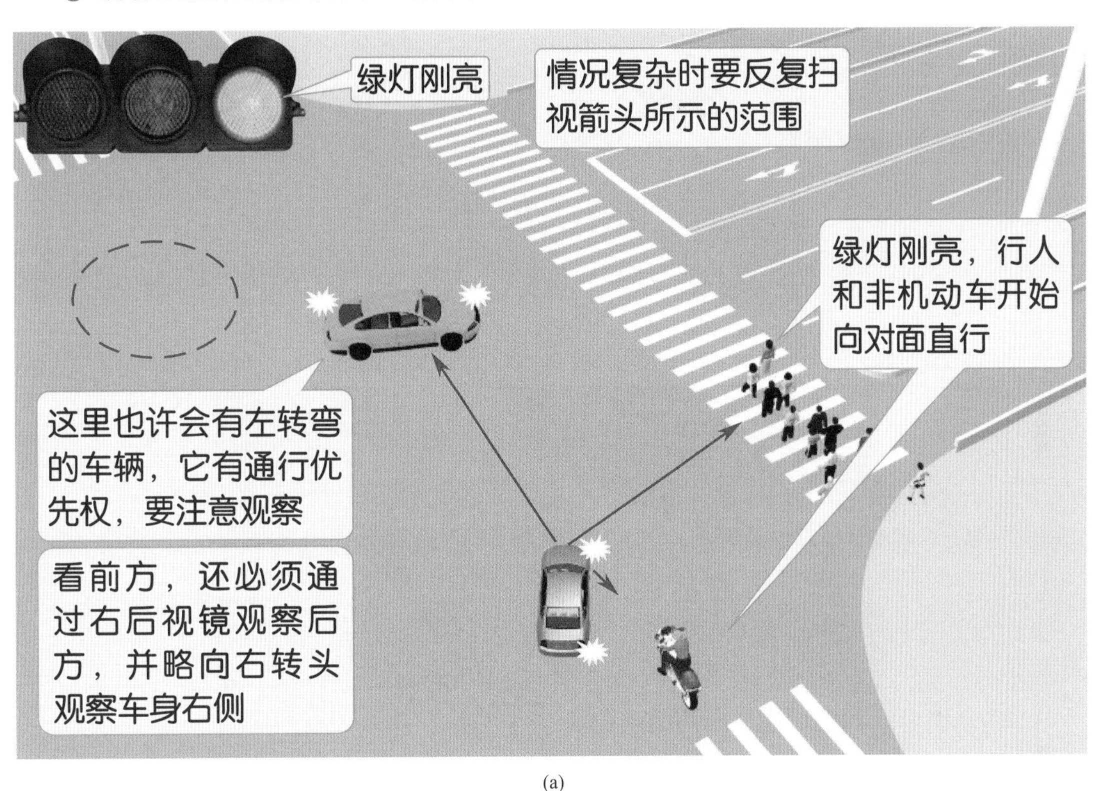

(a)

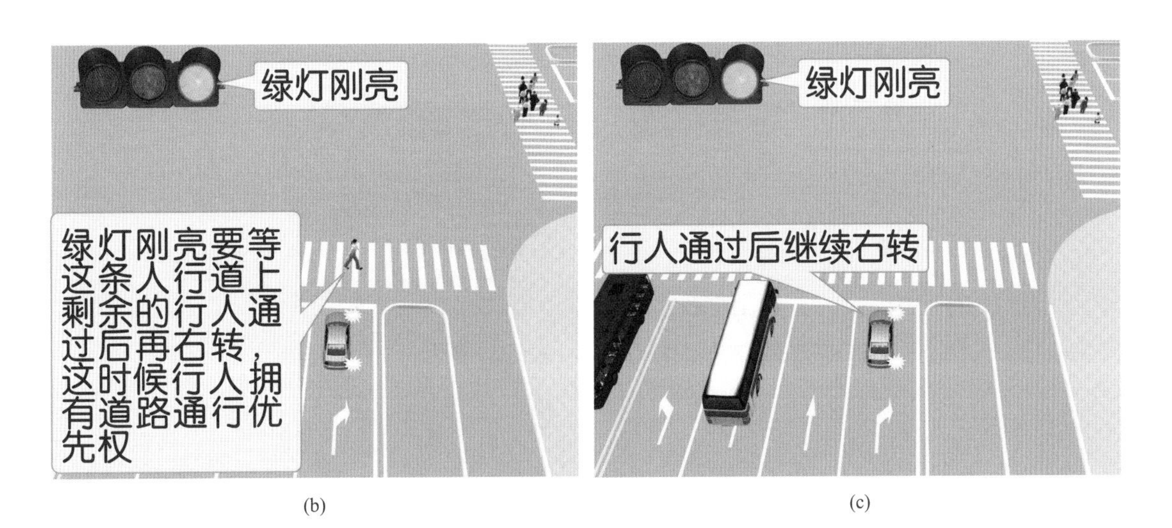

(b) (c)

图 12-3 绿灯亮时的右转方法

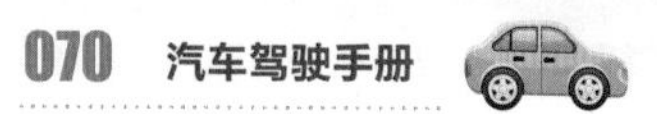

❷ 红灯亮时的右转方法如图12-4所示。

(a)

(b)

(c)

图12-4 红灯亮时的右转方法

（3）左转弯

无论有没有车道信号灯的控制，只有绿灯亮时才能左转弯。左转弯的方法和步骤如图12-5所示。

(a)

(b)

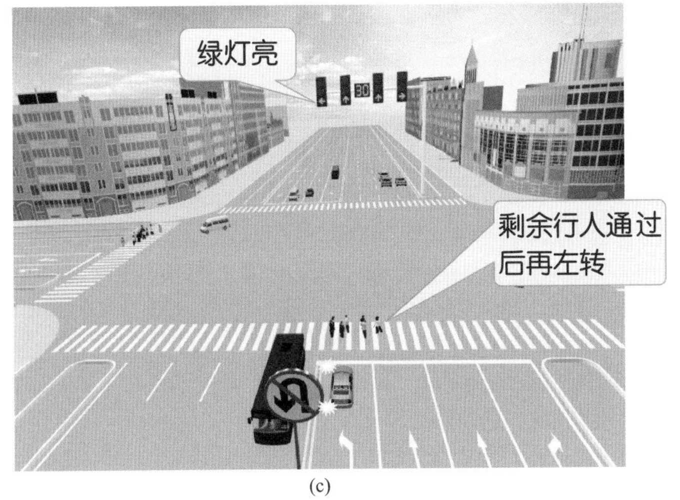

(c)

图 12-5

(d)

(e)

(f)

(g)

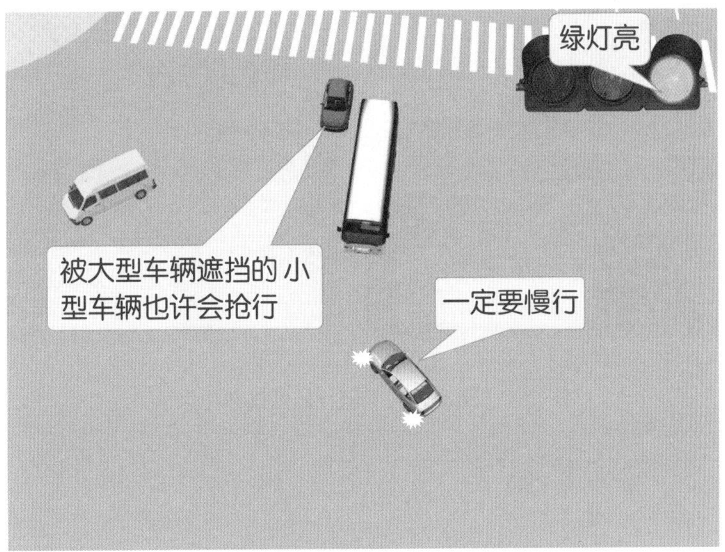

(h)

(i)

图 12-5 左转弯的方法和步骤

如果有车道信号灯控制，即使分配了专门的左转弯通行时间，也要仔细观察，不要因“其他方向一定不会有其他人通过”的想法而疏于观察，一旦有违法车辆、行人通过，可能会酿成恶果。

（4）预测信号灯

预测信号灯的方法和注意事项如图12-6所示。

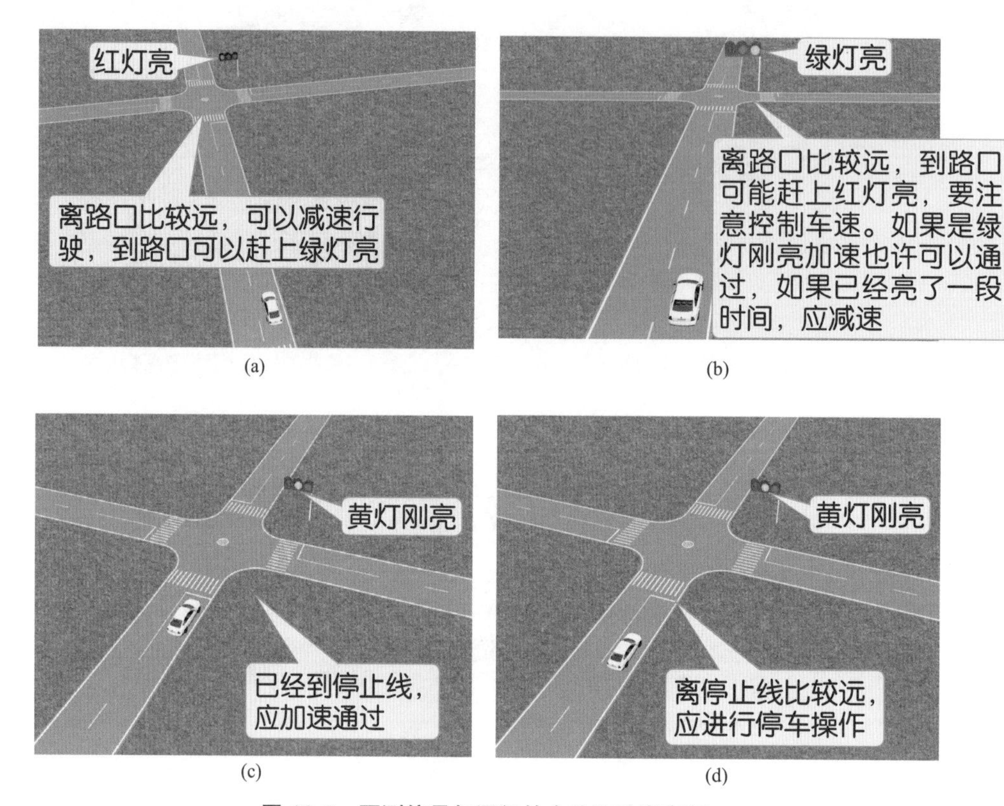

图12-6 预测信号灯通行的方法和注意事项

（5）过路口还需要注意的其他问题

❶ 遇到堵车的情况如图12-7所示。

图12-7 遇到堵车的情况

❷ 通过复杂路口的方法如图12-8所示。

图 12-8 通过复杂路口的方法

12.1.3 通过无信号灯控制的交叉路口

通过无信号灯控制路口的观察方法如图 12-9 所示，右转弯方法如图 12-10 所示。

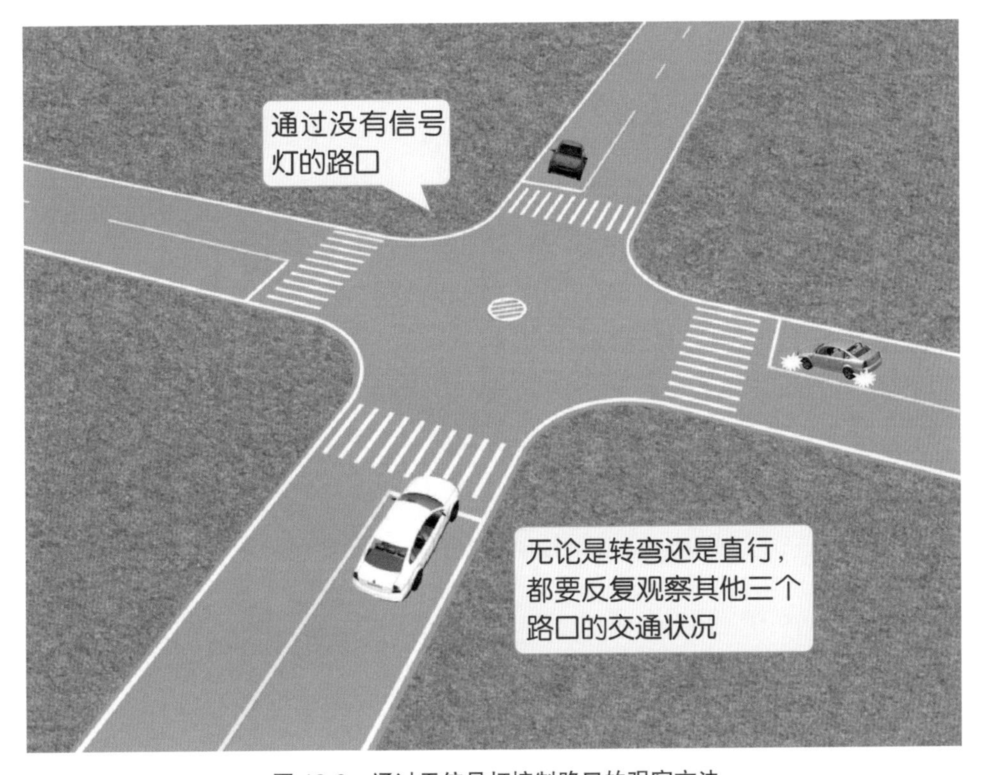

图 12-9 通过无信号灯控制路口的观察方法

(a)

(b)

图 12-10 在无信号灯控制路口右转弯的方法

12.2 狭窄路口通行

通过狭窄路口时有以下一些注意事项，如图12-11所示。

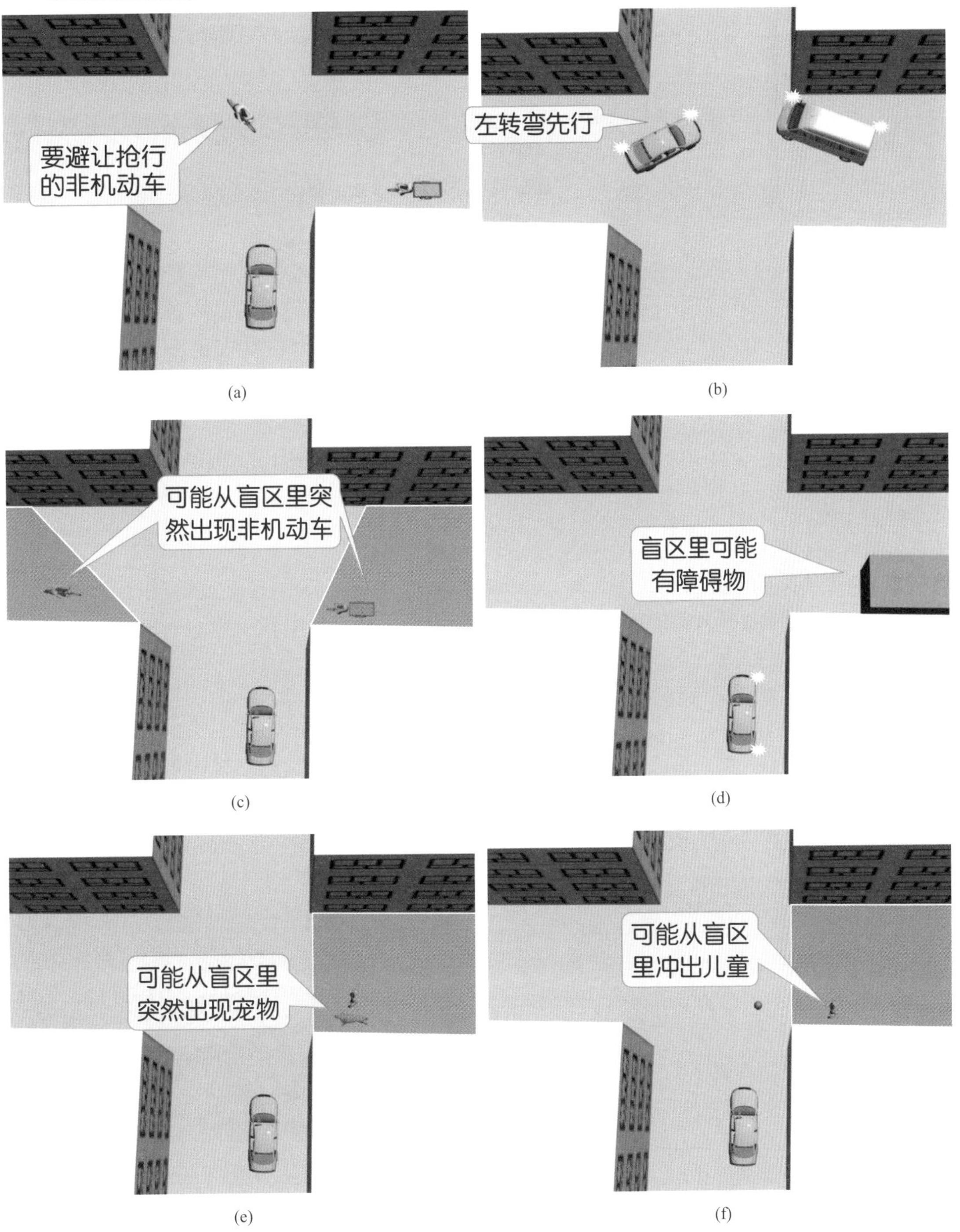

(a) (b) (c) (d) (e) (f)

图 12-11

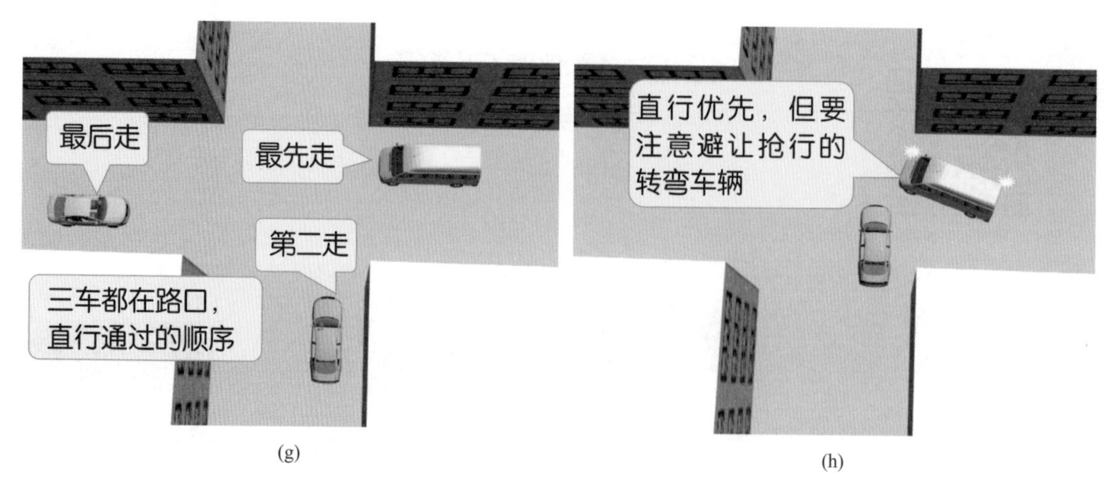

(g)　(h)

图 12-11　通过狭窄路口应注意的问题

12.3　坡道通行

12.3.1　坡道起步

（1）上坡起步操作顺序

❶ 踩下离合器踏板；

❷ 挂1挡；

❸ 开左转向灯；

❹ 看前方和三后视镜；

❺ 松开离合器踏板至半联动，快要熄火时稳住，松手刹，车是不会溜的（坡度过大时为防止熄火，到半联动稳住离合器踏板时可立即边加油边松手刹），根据坡度适当加油；

❻ 起步后完全松开离合器踏板；

❼ 起步后关左转向灯。

踩下离合器踏板、制动踏板临时停车后，向上坡方向起步或倒车起步，不用手刹的方法：松开离合器踏板至半联动，快要熄火时稳住，松制动踏板，车是不会溜的，将右脚移到加速踏板上，根据坡度适当加油，起步后完全松开离合器踏板。

（2）下坡起步操作顺序

下坡起步按平路起步的操作顺序进行即可。

❶ 踩下离合器踏板；

❷ 挂1挡；

❸ 开左转向灯；

❹ 看前方和三后视镜；

❺ 松开离合器踏板至半联动，根据坡度，不加油或适当加油；

❻ 松手刹，完全松开离合器踏板；

❼ 起步后关左转向灯。

图 12-12　下坡起步

如图12-12所示，下坡时，汽车有下滑的趋势，所以下坡起步时还应注意以下几点。

❶ 视坡度的大小，挂入合适的挡位进行起步，坡度小挂低速挡，坡度大挂中速挡，严禁空挡滑车起步。

❷ 下坡起步时，松开手刹后车辆就会下溜自动起步，所以松抬离合器踏板可稍快且平稳，油门不可太大，有时可以不加油。

❸ 如需控制车速，可适当踩制动踏板。如果需要以很慢的速度行车，如通过地下停车场的入口通道时，可将离合器踏板踩到底，只用行车制动器控制行车速度，这时候半联动无法实现很慢速度的控制，快到坡底时再慢慢放松离合器踏板至半联动，然后视车速减轻踩制动踏板的力量，到平路上再彻底松开制动踏板，靠半联动控制行车速度。

（3）坡道行车注意事项

❶ 在坡道转弯处要减速鸣喇叭，靠右行驶。

❷ 下坡不能熄火或空挡滑行。

❸ 不要跟车太近。上坡时跟车距离要适当加大，下坡应更大些。

❹ 在下坡路的尽头如有桥梁应提前降低车速，平稳通过。

12.3.2 坡道换挡

坡道换挡，即上下坡加减挡，与平路换挡操作步骤一样，只是在换挡时机的把握、机件操作与配合、换挡速度上要求更高而已，所以最好在平路换挡熟练的基础上进行这些训练。尽量不要在坡道上换挡，尤其是不熟练时。

（1）上坡加挡

实际驾驶中要尽量避免上坡时换挡，应提前换好。这里主要用于训练。

对于不陡的坡如果动力充足可以加挡。上坡加挡除了按一般的加挡要领操作外，要特别注意以下几点。

❶ 上坡阻力大，冲车要比平路大，加挡应尽量选择坡中平缓地段进行。

❷ 冲车虽大但要适当，挂空挡加挡要快。换挡动作慢，会造成加挡后动力损失多，换入新挡位将无法继续行驶。

❸ 挂挡后，离合器踏板应迅速抬至半联动位置，随即踩下加速踏板，然后再慢抬离合器踏板，使车辆平稳上坡。

（2）上坡减挡

汽车上坡前，视交通道路情况，应提前加速冲车。当感觉动力不足时，必须提前换入低一级挡位。上坡减挡应注意以下问题。

❶ 换挡时机要准确。上坡减挡时机过早，会造成动力浪费，过晚会造成动力不足，甚至需要停车重新起步。可通过“听”和“看”来确定：当听到发动机声音变低沉，车速迅速减慢时，表明动力不足，应及时减挡。遇有陡坡或满员上坡，减挡时机要提前，稍感动力不足，就应减挡，宁早勿晚。

❷ 踩离合器踏板、摘空挡、挂入低一级挡位三个动作，要迅速准确。

（3）下坡加挡

下坡加挡除按一般的加挡要领操作外，要特别注意以下几点。

❶ 冲车要小。下坡加挡冲车要小于平路，较陡的坡路不需冲车，为防止踩下离合器踏板后车速过快而不易操作，必要时还要稍踩制动。

❷ 动作要快、准。

(4) 下坡减挡

下坡时，如果道路情况复杂，应用低速挡行驶。其操作要领为：右脚踏下制动踏板，使车速逐渐降低到低一级挡位所需行驶速度的最低值，然后踏下离合器踏板，迅速挂入空挡，再换入所需的挡位，最后根据道路、交通情况松抬离合器踏板或踩制动踏板。

12.3.3 坡道停车

(1) 上坡停车

上坡停车操作要领与平路停车基本一致，但应注意：

❶ 车速较快时，可在松开加速踏板后，先踏下离合器踏板，待车将要停下时，踩下制动踏板将车停住。拉紧手刹后挂空挡，慢慢放松制动踏板。如果松开制动踏板时车辆有向后溜的现象，应马上再踩下制动踏板，重新拉紧手刹后，再慢慢松抬制动踏板。如图 12-13（a）所示。

❷ 如果车速较慢，应在踏下离合器踏板的同时，踩下制动踏板，再拉紧手刹，挂空挡，以防车辆后溜，如图 12-13（b）所示。

(a) 上坡车速较快时的停车操作

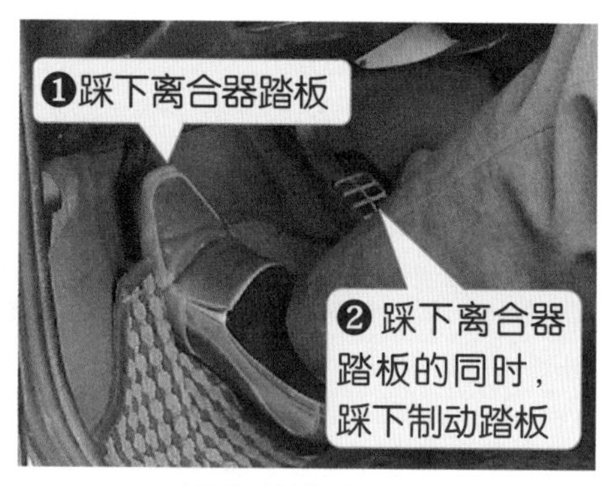

(b) 上坡车速较慢时的停车操作

图 12-13 上坡停车操作要领

(2) 下坡停车

下坡停车时，先适当踏制动踏板使车速减慢，车将停下时再踏下离合器踏板，并继续踏下制动踏板使车停住，再拉紧手刹，挂空挡。如图 12-14 所示。

(3) 坡道停车注意事项

一般情况下是不允许将车辆停在坡道上的，如果确实要在坡道上停车，而且时间较长，应在发动机熄火后，将变速杆挂入低速挡（上坡停车）或倒挡（下坡停车），还应用三角木或石块等塞在后车轮的后面（上坡停车），或前面（下坡停车），以防手制动未到位或失灵造成事故。

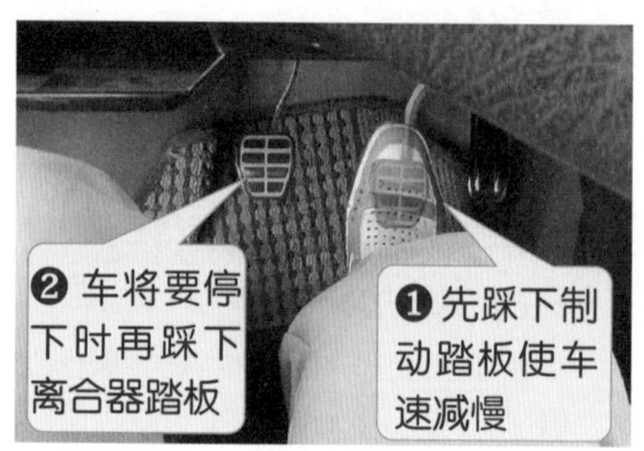

图 12-14 下坡停车操作要领

12.3.4 坡道倒车

(1) 沿上坡方向倒车

倒车方向沿坡面向上，如图 12-15 所示。

沿上坡方向倒车的方法与上坡起步的操作方法类似，不同之处是这里需要挂倒挡。当然应使离合器踏板、加速踏板、手刹的操作配合好，避免熄火或沿斜坡向下冲。起步后适当加油后倒即可。具体操作参看“坡道起步”部分。倒至预定位置后，在踩下离合器踏板的同时，踩下制动踏板，即可使车辆平稳停住，拉紧手刹，挂空挡。踩离合器踏板要略快，防止熄火。

（2）沿下坡方向倒车

倒车方向沿坡面向下，如图12-16所示。

图12-15 沿上坡方向倒车

图12-16 沿下坡方向倒车

沿下坡方向倒车，需要挂倒挡。松开制动后车辆会向后溜滑，起步一般不需要加油。可先踏下行车制动踏板，然后放松手刹，接着松抬离合器踏板至半联动，根据坡度大小松抬制动踏板，起步后完全松开离合器踏板，并利用行车制动器控制倒车速度。也可采用松离合器踏板的同时松手刹的方法起步，起步后再利用行车制动器控制倒车速度。倒至预定位置后，在踩下制动踏板的同时，踏下离合器踏板，即可使车辆平稳停住，拉紧手刹，挂空挡。如果车轮刚好处于坡道的洼坑处，不加油无法起步时，可采用坡道起步的方法起步，起步后一旦驶出洼坑右脚应迅速松开加速踏板并移到制动踏板上，适当踩踏以控制倒车速度。

如果需要以很慢的速度倒车，可将离合器踏板踩到底，只用行车制动控制倒车速度。

12.4 弯道通行

弯道通行时的驾驶技巧和要领如图12-17所示。

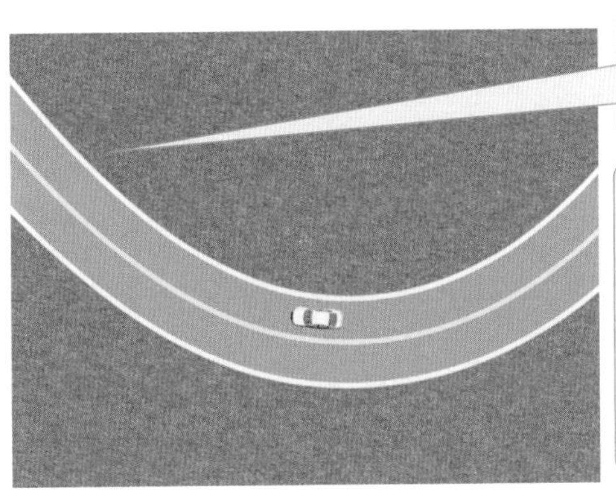

眼睛要看远处弯路，用余光判断车的横向位置

按第7章中介绍的判断方法，把握好车的位置，可以偏左行驶，但不要越过实线，转弯前提前减油减速或制动减速，必要时减挡，尽量不要在转弯时制动

(a) 右转弯

图12-17

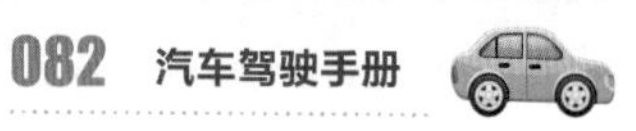

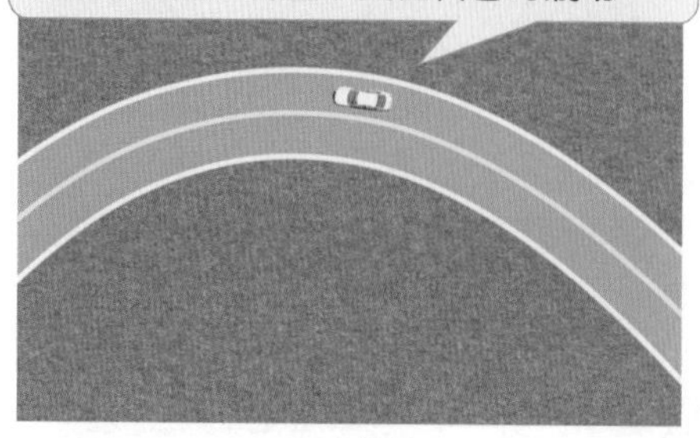

(b) 左转弯

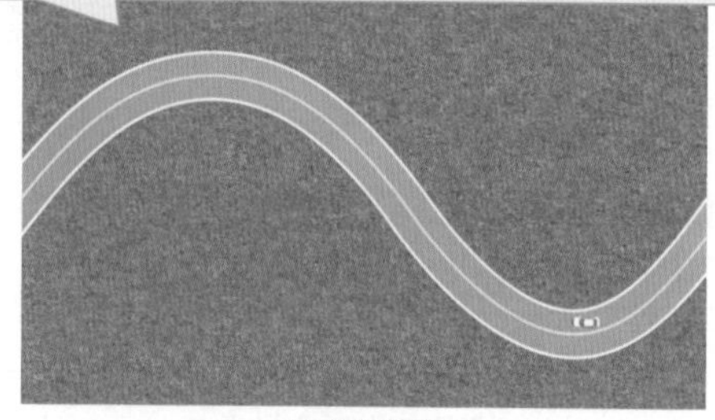

(c) 连续转弯

图 12-17　弯道通行驾驶技巧和要领

12.5　环岛通行

12.5.1　环岛的类型

环岛大致可以分为以下几种形式，如图12-18所示。

扫一扫
看动画
演示视频

扫一扫
看动画
演示视频

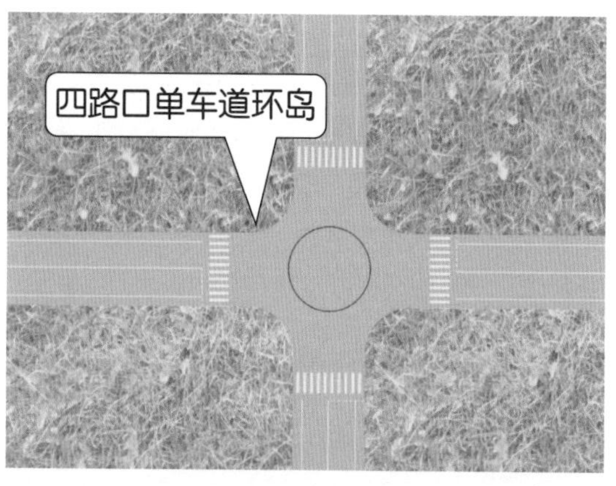

(a)

(b)

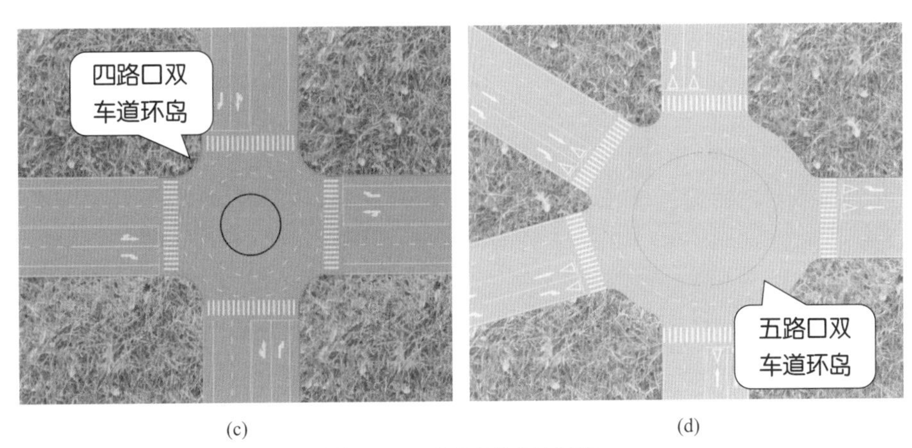

(c) (d)

图 12-18 不同形式的环岛

12.5.2 环岛通行规定

入岛的车辆要让岛内的车辆先行。

转向灯的使用：右转弯时右灯进、右灯出，其他路口则是左灯进、右灯出。

对于双车道环岛：小车可以直接进入内侧车道。

12.5.3 环岛通行方法

下面以驶向右转以外的路口说明环岛通行方法。如图12-19和图12-20所示。

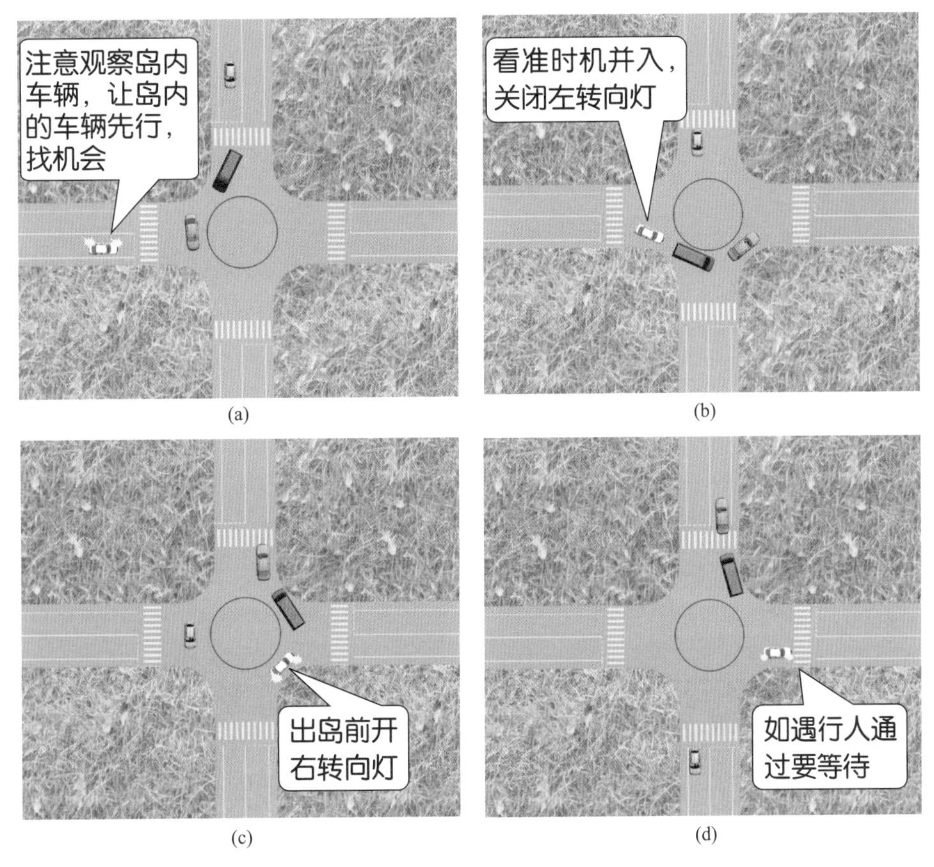

(a) (b) (c) (d)

图 12-19

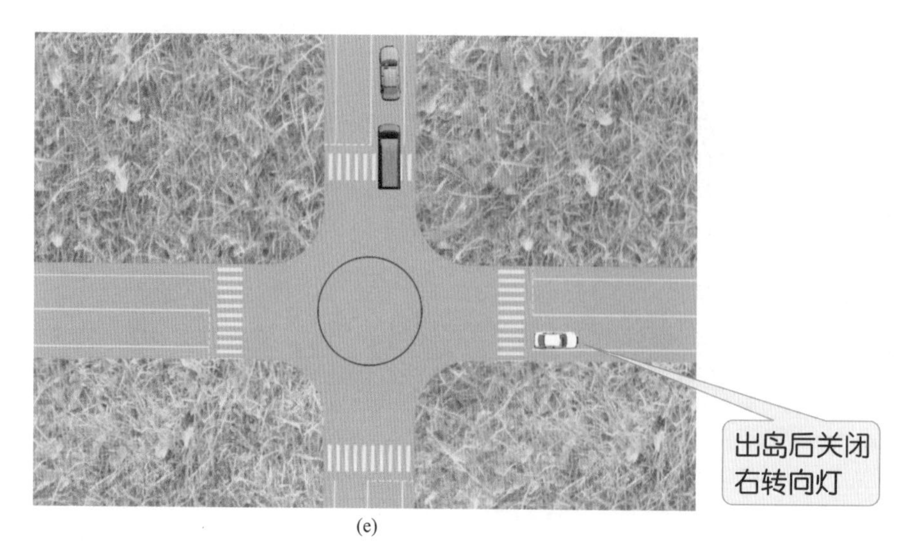

(e)

图 12-19　四路口单车道环岛通行方法

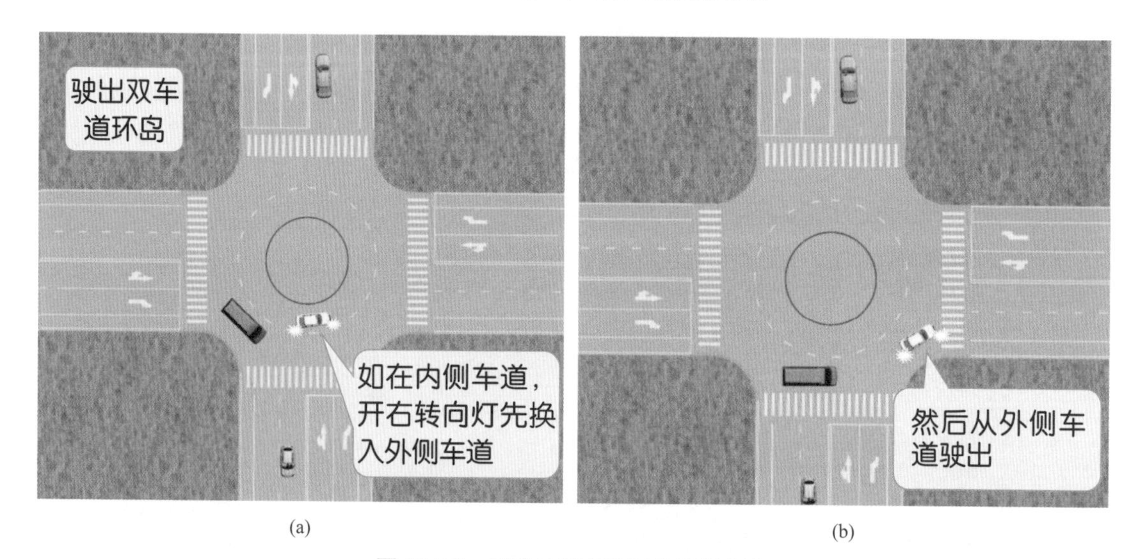

(a)　　(b)

图 12-20　四路口双车道环岛通行方法

12.6　立交桥通行

12.6.1 常见的立交桥及通行方法

常见的立交桥及通行方法如图12-21所示。

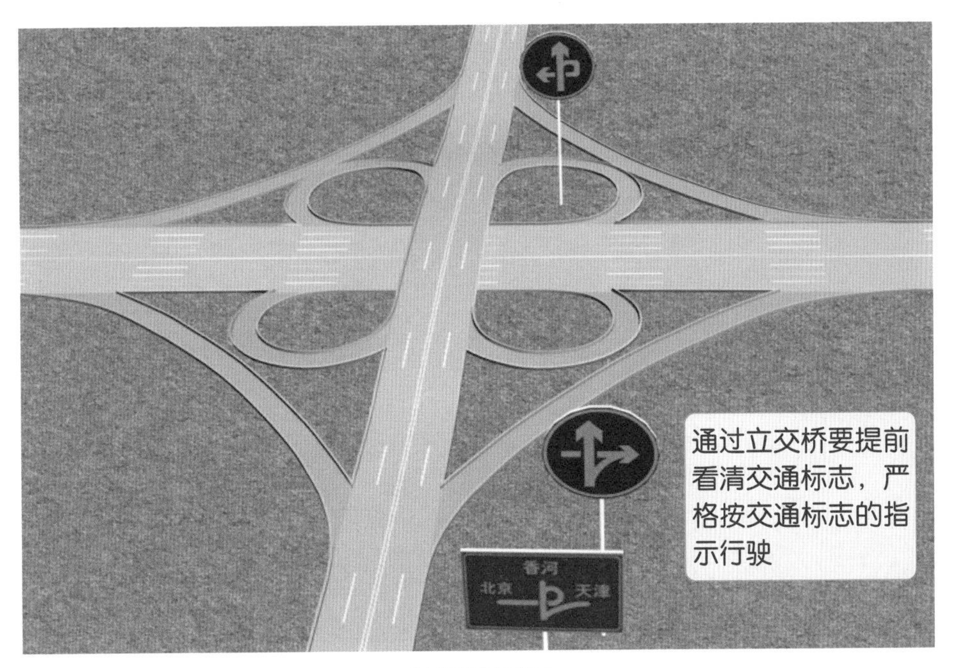

(a) 注意交通标志

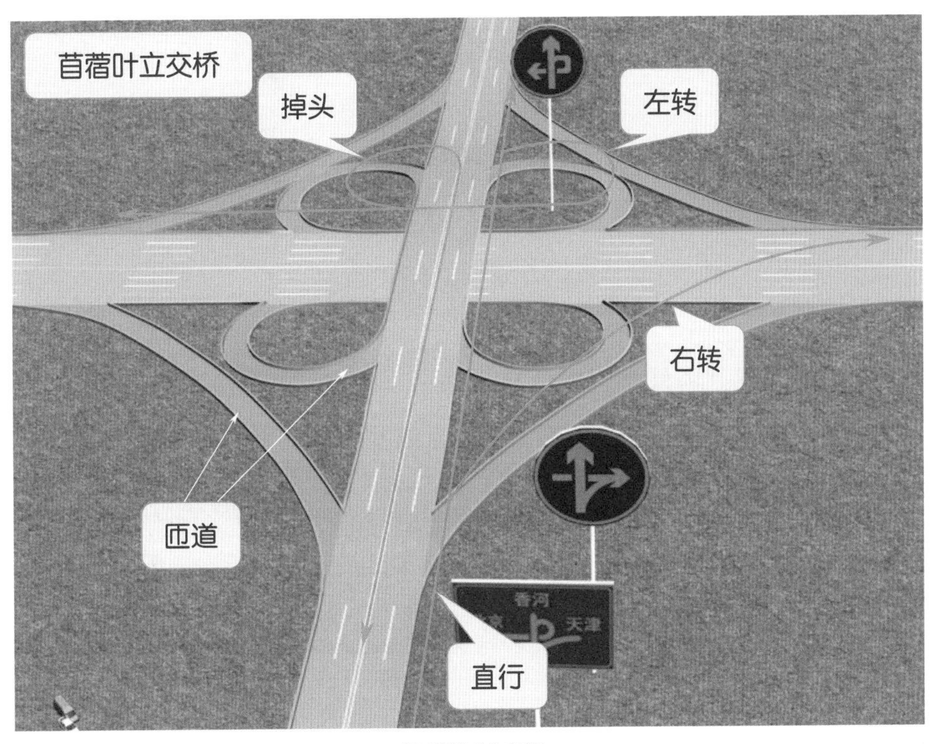

(b) 苜蓿叶立交桥

图 12-21

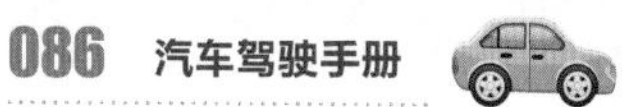

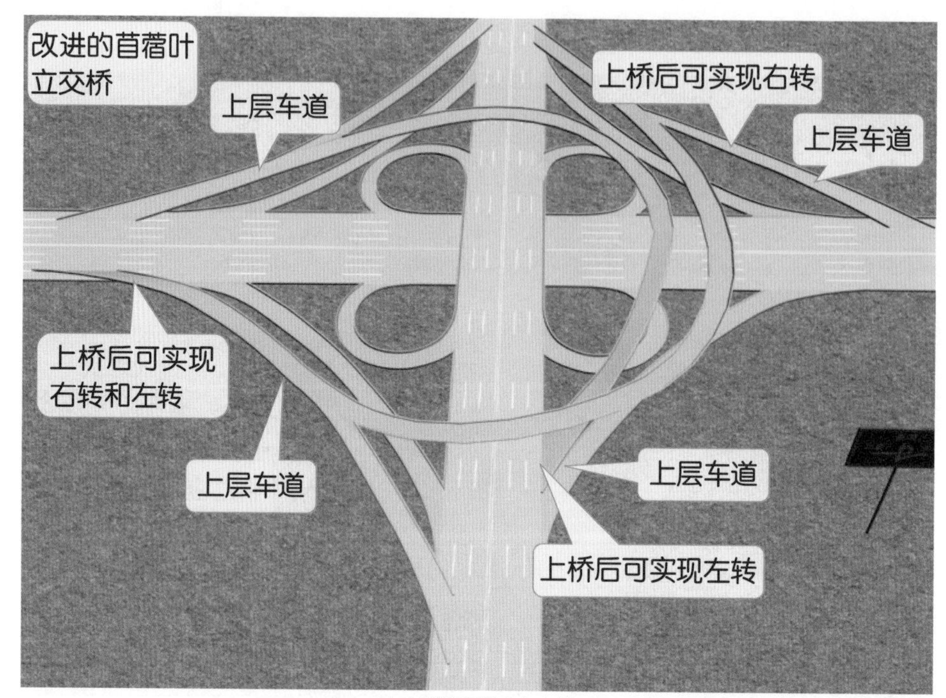

(c) 改进的苜蓿叶立交桥

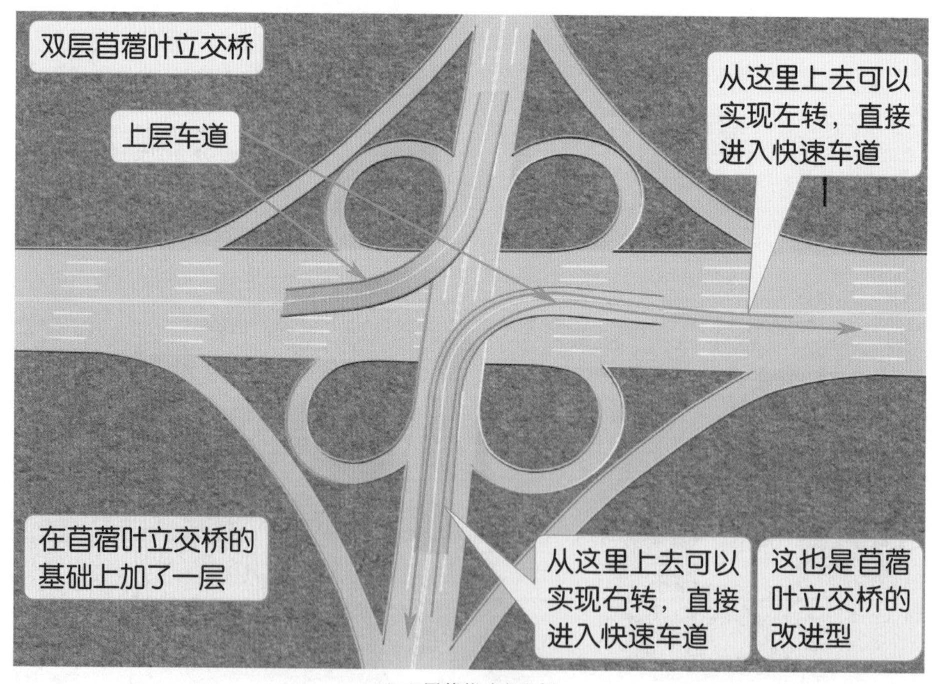

(d) 双层苜蓿叶立交桥

图 12-21 常见的立交桥及通行方法

12.6.2 匝道行驶

进出立交桥或高速公路需要通过匝道来完成，为了安全，进出匝道前要开转向灯3秒以上。

（1）无引导车道时匝道通行方法

❶ 无引导车道时由匝道驶入的方法如图12-22所示。

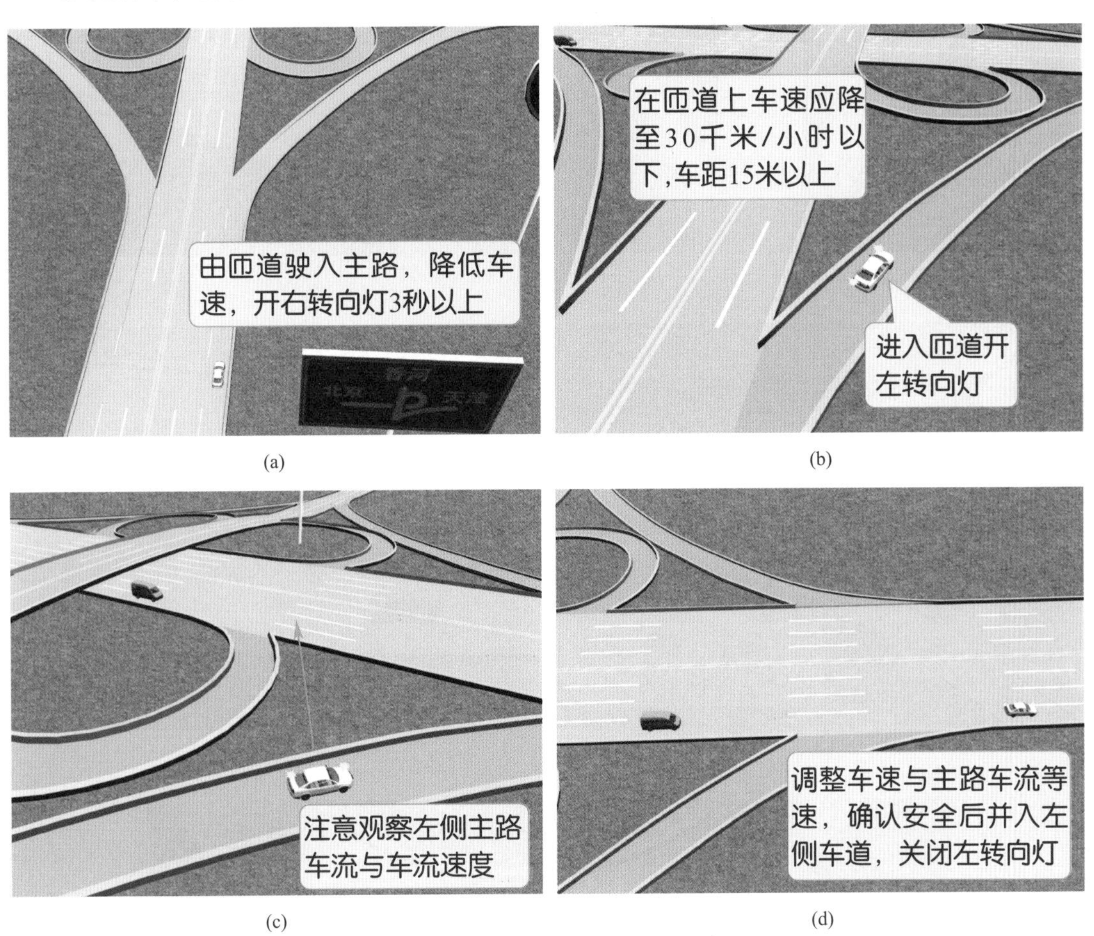

(a) (b) (c) (d)

图12-22 无引导车道时由匝道驶入的方法

❷ 无引导车道时由匝道驶出主路的方法如图12-23所示。

(a) (b)

图12-23

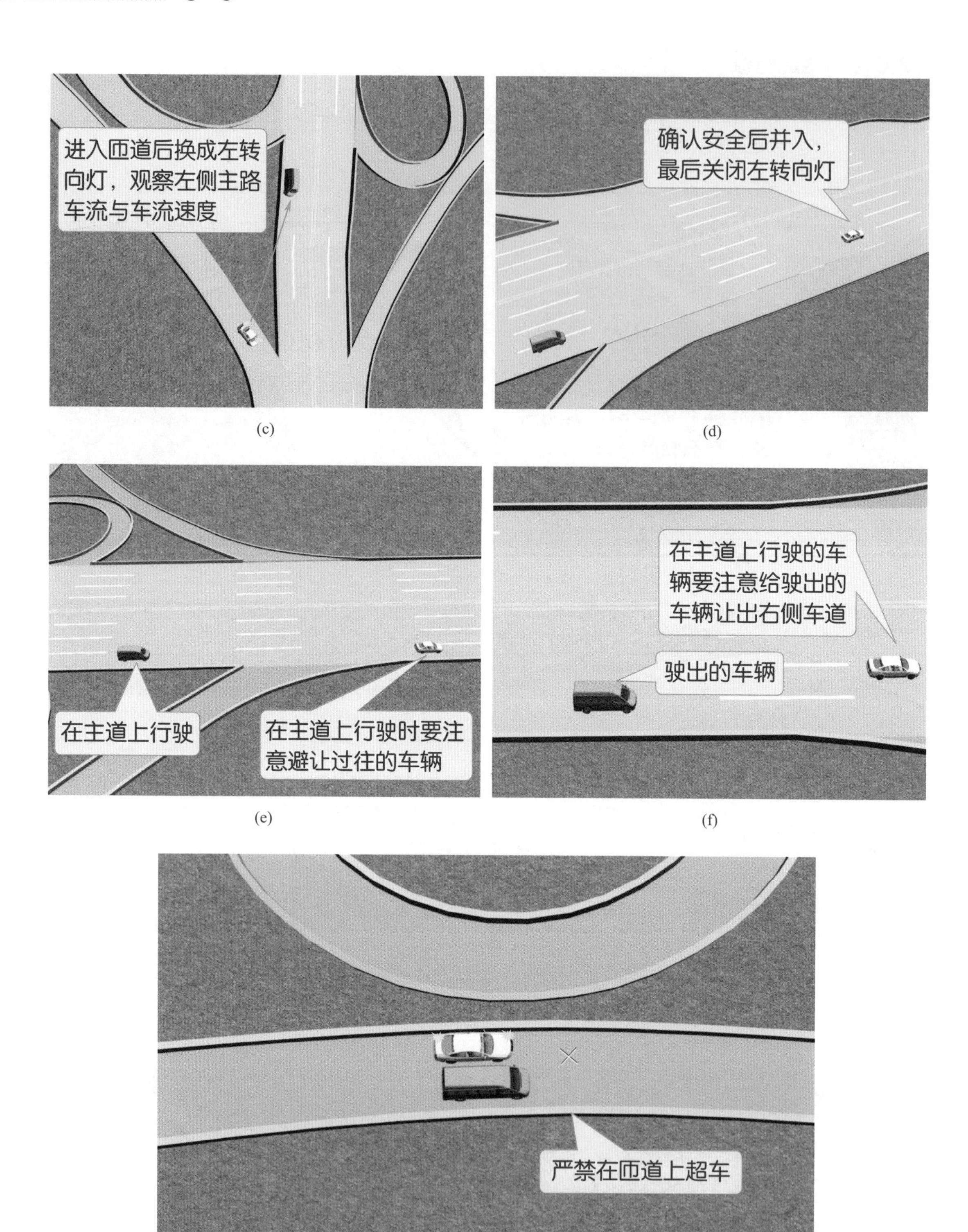

图 12-23　无引导车道时由匝道驶出主路的方法

（2）有引导车道时匝道通行方法

有引导车道的匝道，除在引导车道上的驾驶有差别外，其他路段的驾驶注意事项与前面所述一样。如图12-24和图12-25所示。

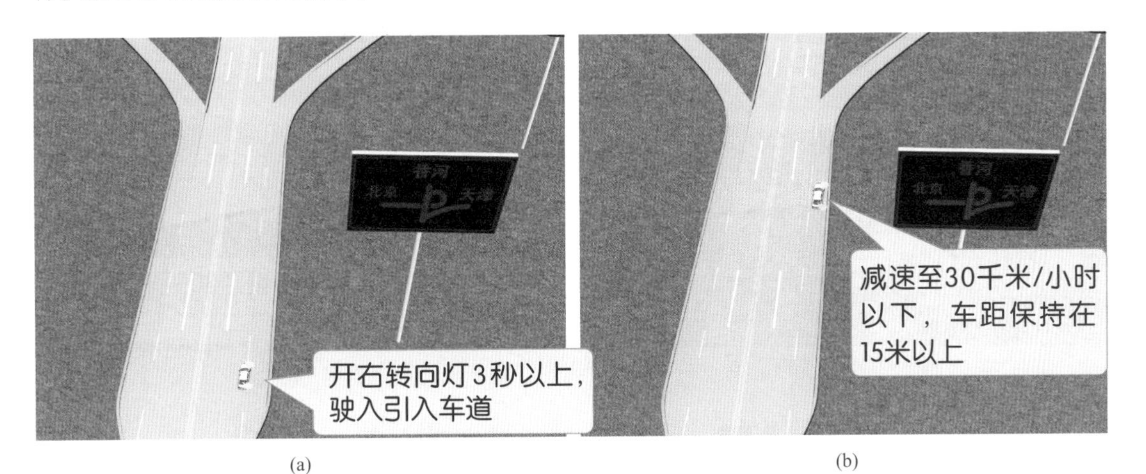

(a) (b)

(c)

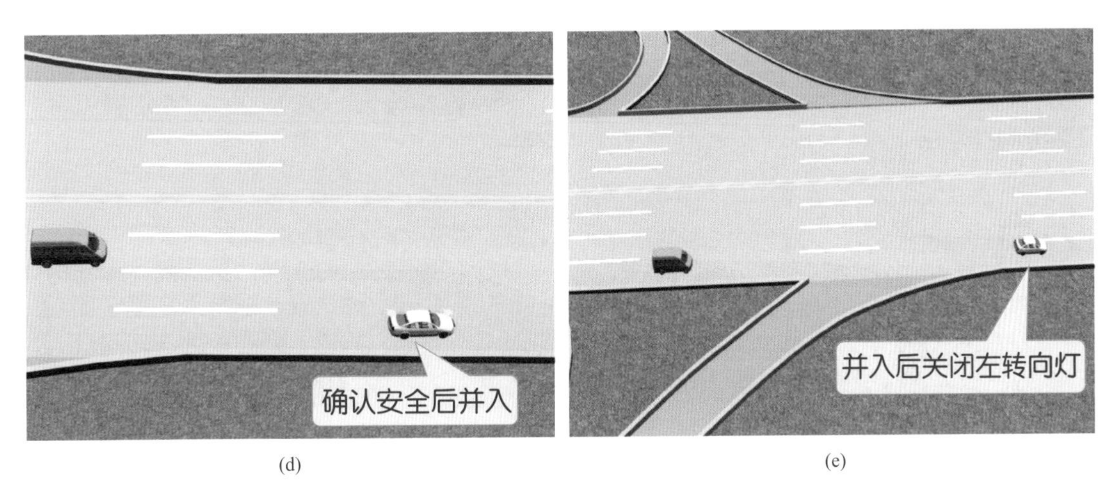

(d) (e)

图12-24 有引导车道匝道通行的方法

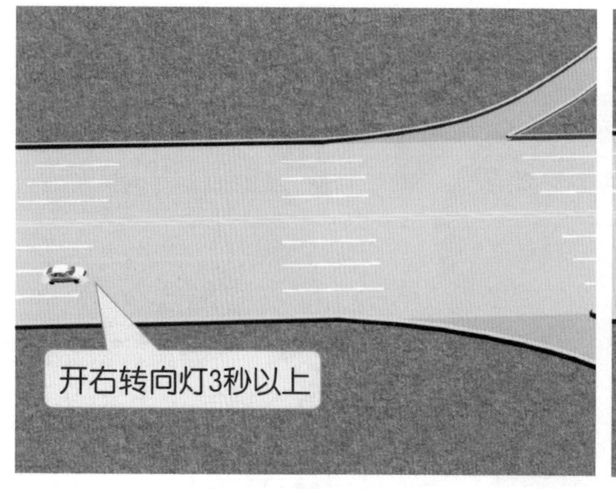

(a)

(b)

(c)

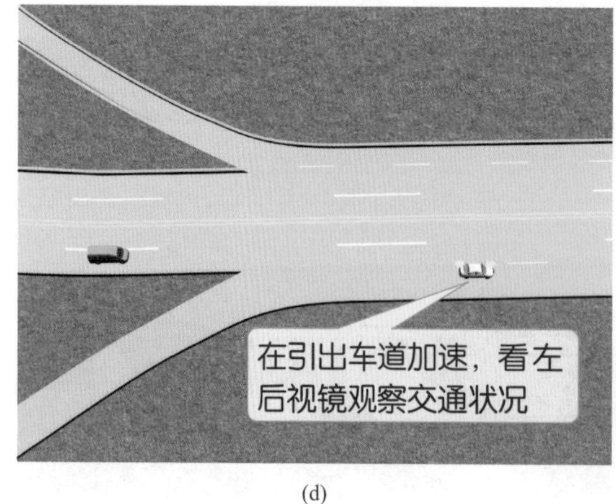

(d)

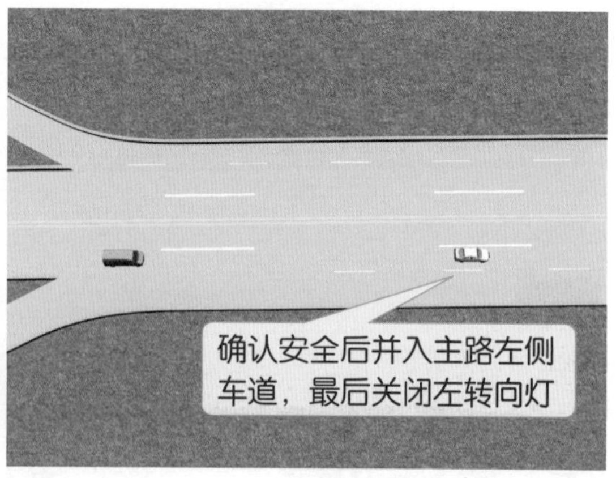

(f)

图 12-25　驶出有引导车道匝道的方法

12.6.3 其他形式的立交桥通行方法

下面是另外两种立交桥的通行方法，与前面大同小异，可举一反三，如图12-26所示。

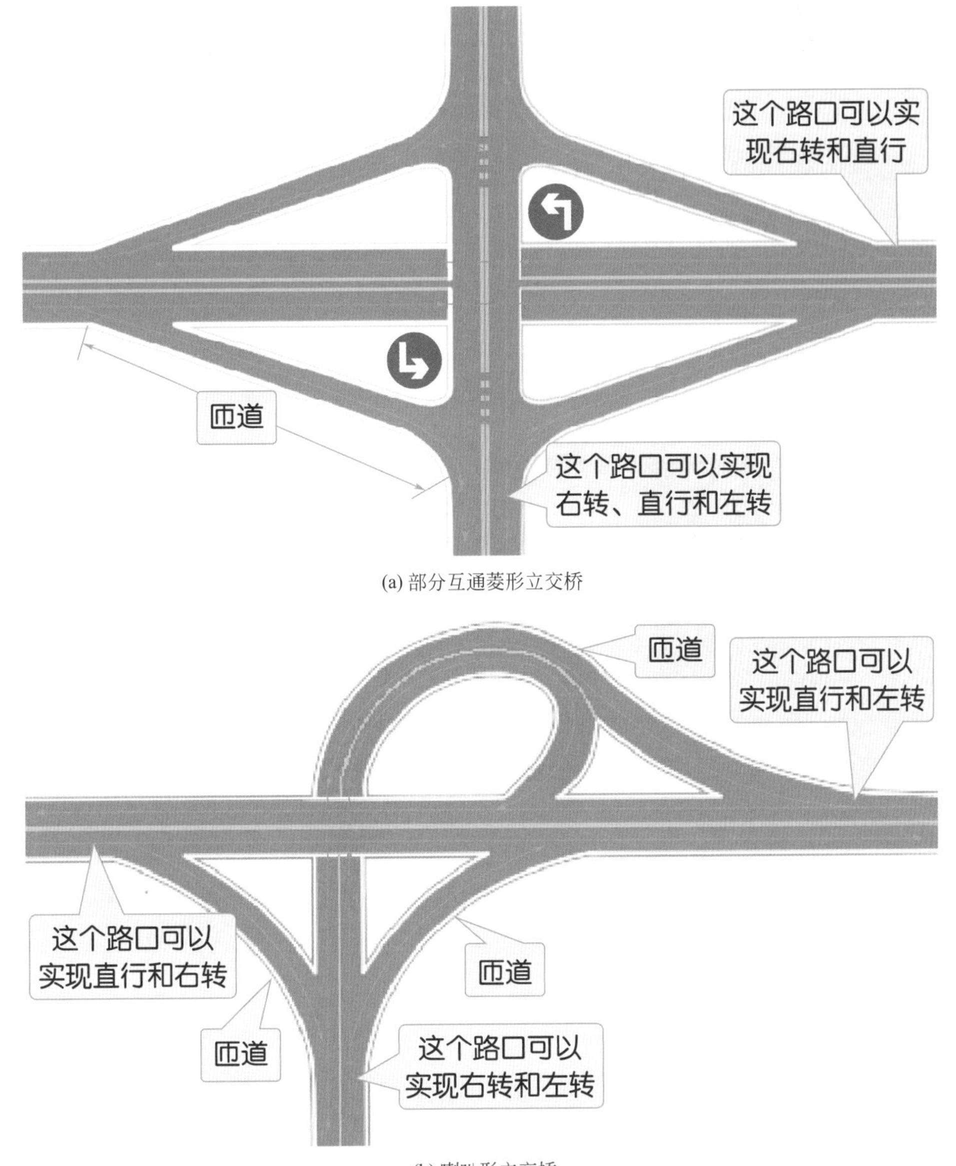

(a) 部分互通菱形立交桥

(b) 喇叭形立交桥

图 12-26 其他形式的立交桥通行方法

扫一扫
看动画
演示视频

12.7 潮汐车道行驶

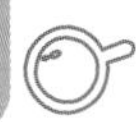

12.7.1 潮汐车道通行规定

潮汐车道在不同的时间段，行驶方向是不同的。要看交通标志或者交通信号灯确定是否能够驶入，否则就是逆行。

如果看到潮汐车道的绿色箭头灯亮，则可以通行，如图12-27（a）所示；如果是叉形红灯亮，则不能进入，如图12-27（b）所示。

（a）

（b）

图 12-27　潮汐车道通行规定

图 12-28　潮汐车道指示牌

有的潮汐车道是用如图12-28所示的指示牌提示的，图中标识牌表示0:00-18:00向前行驶，18:00-24:00则应反方向行驶。

12.7.2　潮汐车道通行注意事项

（1）盯紧红绿信号灯

在潮汐车道上行驶，一定要看好红绿灯，尤其是主路上的红绿灯。当直行的信号灯变为绿灯时，这时潮汐车道指示牌上的信号灯也会变为绿色，这时就可以驶入潮汐车道通行了。

（2）留意潮汐车道启停时间段

潮汐车道不全是全天通行的，一般的都会指定时间段（如上午7：00--9：00），因此走潮汐车道要看好是否有行驶时段，要按照规定时间段行驶。

（3）潮汐车道行驶时不要随意掉头

在设有潮汐车道的路段，往往可以提前掉头，以避免过多的拥堵。但是有些地方掉头反而影响交通，因此会有禁止掉头的指示牌，在行驶时要注意看交通指示牌。

（4）误闯潮汐车道挽救措施

如果不小心误闯了潮汐车道，即不该驶入时驶入了，这时对面会驶来大量车辆。此时不要慌张，应立即停车，不要继续逆行或者后退，并开启闪光警报信号灯，然后等待潮汐车道信号灯变化后再继续正常行驶。

扫一扫
看动画
演示视频

单行道通行

12.8　单行道通行

如图12-29所示的标志，表示对面车道是单行道，一旦驶入就是逆行。如图12-30所示，有的单行道是分时间段的，某段时间不能驶入（如

8：00-10：00），在这个时间段之外可以驶入。

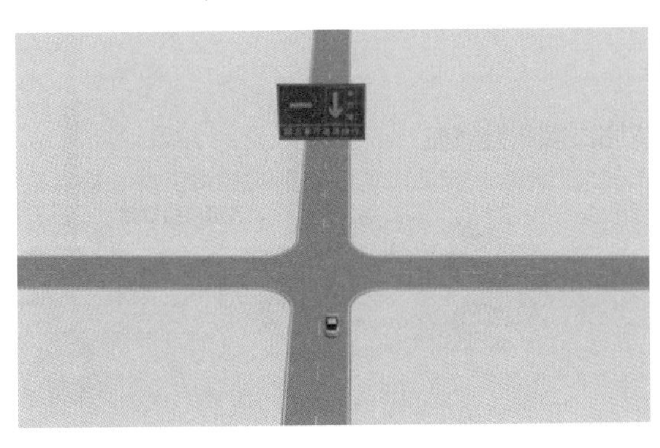

图 12-29 单行道

图 12-30 分时间段的单行道

如果遇到如图12-31所示的两种标志之一，表示任何时候这条路都是单行道，只能沿指示方向行驶。

图 12-31 全天均为单行道

12.9 起伏路驾驶

手动挡车与自动挡过起伏路的方法相同，只是控制车速的方法不同。自动挡车通过制动踏板和加速踏板控制车速即可，手动挡车要相对繁琐些。这里以手动挡车为例进行介绍。

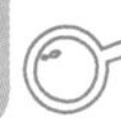

（1）过凸路面

如图12-32所示，看到车头距凸路面约15米时（车头实际距凸路面约20米），制动减速至20千米/小时以下，换1挡并配合半联动控制车速。

❶ 当车头上抬时，保持半联动，适当踩点加速踏板，前轮即可平稳上坡；当车头下沉时，松开加速踏板，配合半联动，前轮即可平稳通过。然后视具体车速情况决定是否加油（一般不需加油）。

❷ 当车尾上升时，保持半联动，适当踩点加速踏板（如果上一步已加油，稳住加速踏板即可），后轮即可平稳上坡；当车尾下沉时，松开加速踏板，配合半联动，后轮即可平稳通过。

（2）过凹路面

如图12-33所示，看到车头距凹路面约15米时（车头实际距凹路面约20米以），制动减速至20千米/小时以下，换1挡并配合半联动控制车速。

❶ 当车头下沉时，保持半联动，松开加速踏板，前轮即可平稳下坡；当车头上抬时，保持半联动，适当踩点加速踏板，前轮即可平稳通过。然后视具体车速情况决定是否加油。

❷ 当车尾下沉时，保持半联动（若上一步加了油，则松开加速踏板），后轮即可平稳下坡；当车尾上抬时，保持半联动，适当踩点加速踏板，后轮即可平稳通过。

图 12-32　过凸路面

图 12-33　过凹路面

12.10　可变导向车道行驶

可变导向车道有左转、掉头、直行、右转四种行驶方向或者其中的某几个行驶方向。

可变导向车道是有时段限制的，不是任何时候都可以随意选择通行方向，需要按照指示牌或者电子标志牌指示的方向在对应的时间段内行驶。如图 12-34（a）所示标志提示，可变车道在早晚高峰时行驶方向是直行的，其他时间段才能左转；而如图 12-34（b）所示标志提示，上午 6:30-9:00，中午 11:00-13:30，下午 17:00-19:00，为左转车道，这些时间段内均不能右转和直行。

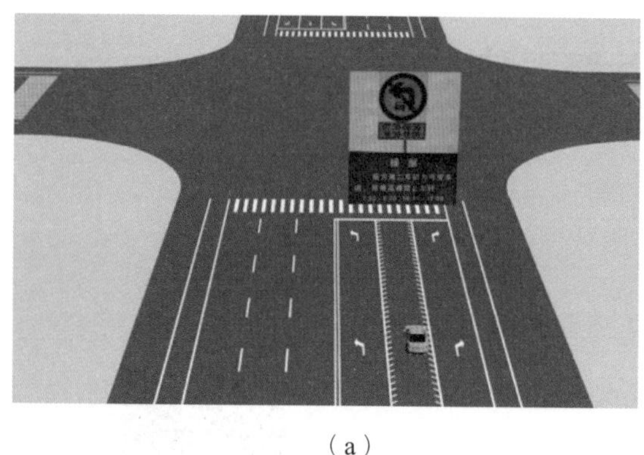

（a）

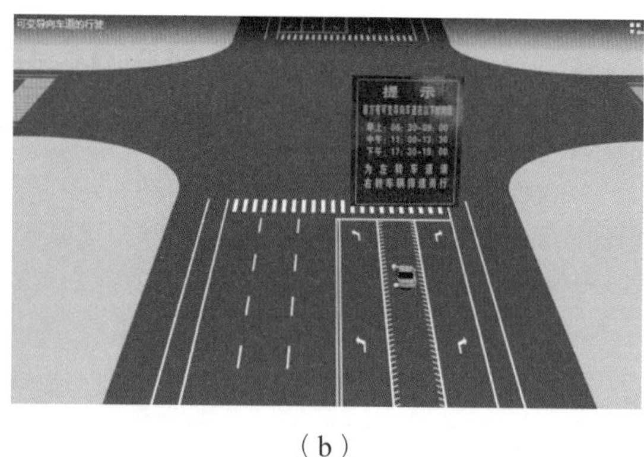

（b）

图 12-34　可变导向车道限制时间段

扫一扫
看动画
演示视频

在安装电子标志牌的路段，只需按照电子标志牌指示的方向行驶即可。

如果遇到可变引导车道上没有提示，车道上也没有标志线，则该可变车道既可以直行，也可以向左或向右变道。可放心行驶。

第13章

高速公路安全驾驶

13.1 高速公路的特点

扫一扫
看动画
演示视频

高速公路上都有交通信息牌，还有监控测速设备。高速公路交通标志大且完备。具体特点如图 13-1 所示。

(a)

(b)

(c)

(d)

图 13-1

(e)

(f)

(g)

(h)

图 13-1　高速公路的特点

13.2　高速公路的行驶规定

高速公路上行驶速度快，车道规定明确。不同车道行驶速度规定如图13-2所示。

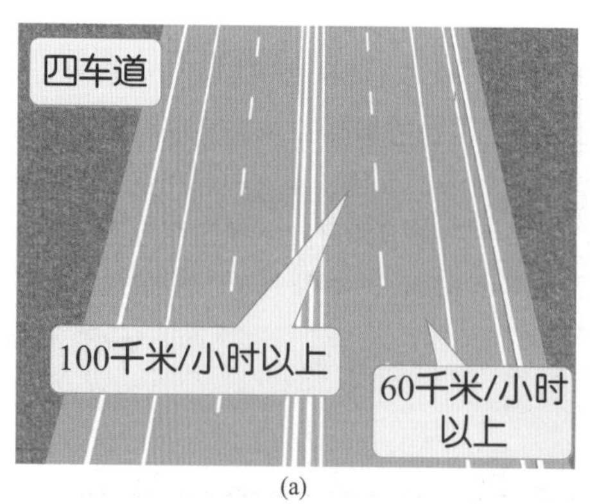

(a)

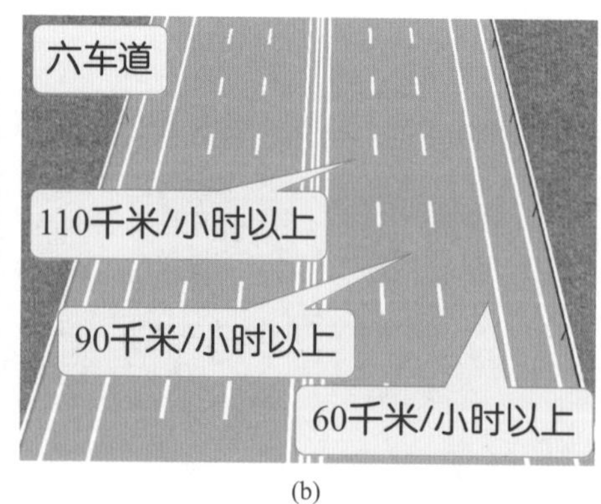

(b)

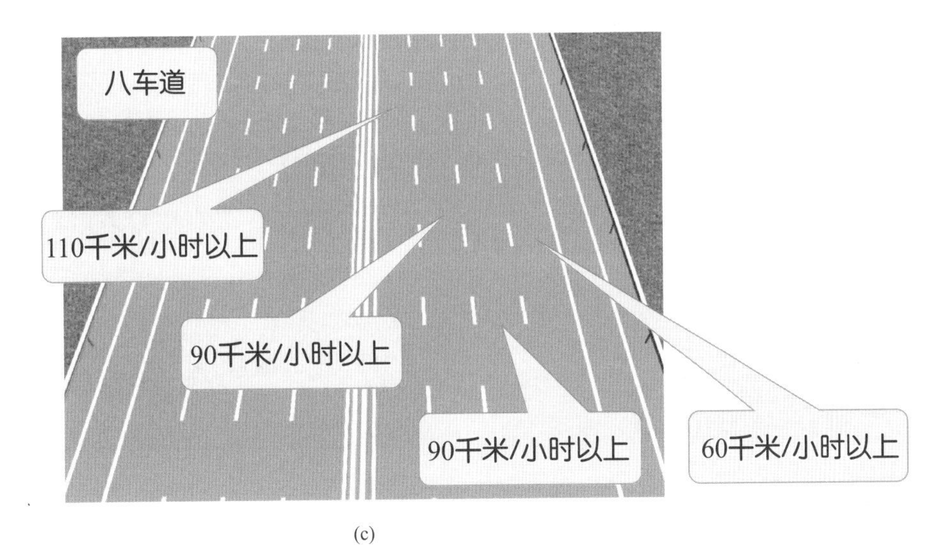

(c)

图 13-2 高速公路不同车道行驶速度

13.3 上高速公路前的准备

❶ 检查机油、冷却液、制动液、助力液是否正常。
❷ 加满燃油。
❸ 检查轮胎有无裂纹，是否夹有异物；胎压是否正常，不正常则要按说明书上的要求给轮胎充气。
❹ 要带上灭火器、常用随车工具等。
❺ 有条件还可以带上医务包。

13.4 安全驶入高速公路

安全驶入高速公路的方法和步骤如图 13-3 所示。

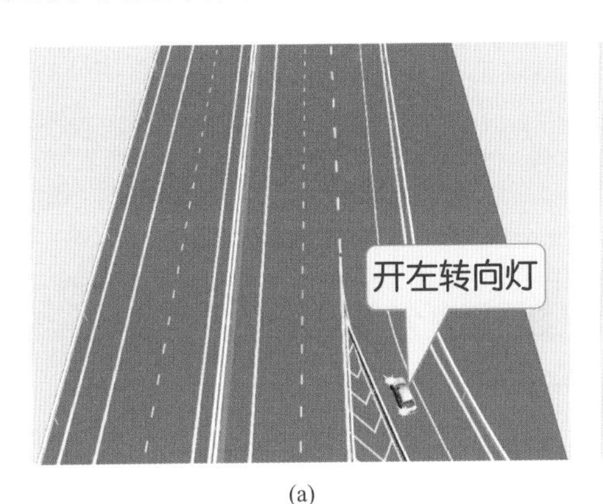

(a)

(b)

图 13-3

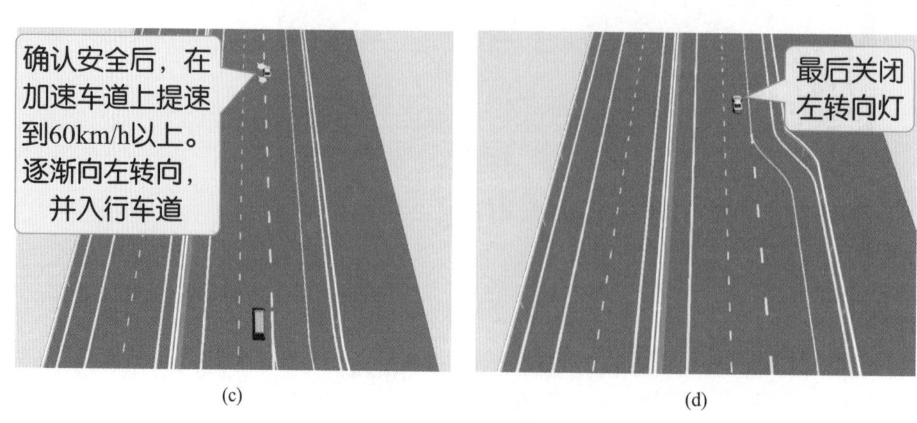

(c) (d)

图 13-3 安全驶入高速公路的方法和步骤

13.5 高速公路行车道行驶

在高速公路行驶时主要应注意图13-4所示的问题。

(a) (b)

图 13-4 高速公路行车道行驶

除图13-4所示情况外，在高速公路行驶进收费站时，要进绿灯亮的车道，因为红灯亮的车道没有工作，不能通行。

13.6 安全驶离高速公路

应按路边的驶出标志安全驶离高速公路，具体方法和步骤如图13-5所示。

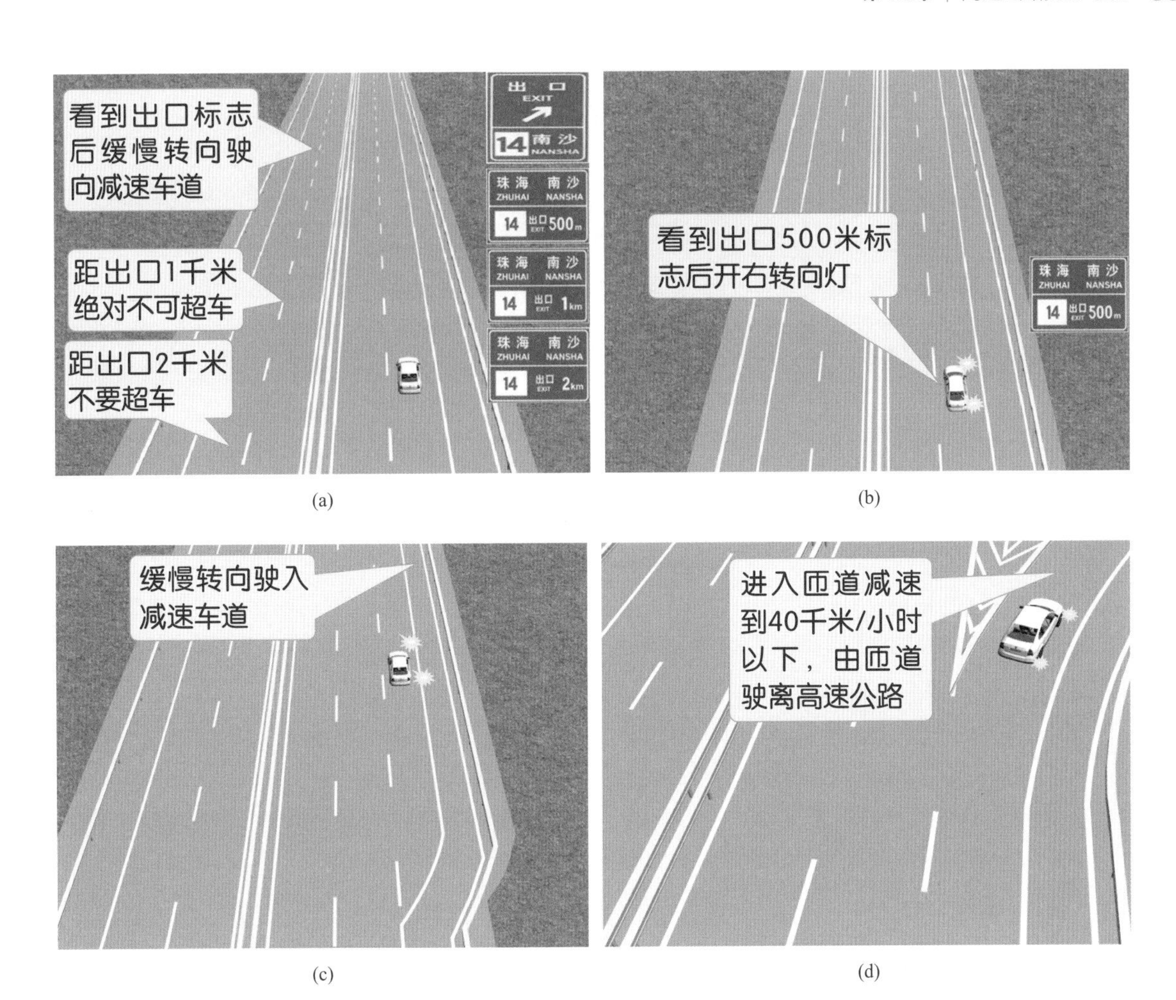

图 13-5　安全驶离高速公路的方法和步骤

第14章

14 文明礼让通行

14.1 礼让行人

礼让行人的一般原则如下。

❶ 在市区内行驶时，要降低车速，注意观察，胆大心细，随时准备应付突然出现的行人等。

❷ 在市区内禁止鸣喇叭地段，应降低车速。在其他地段，可适当使用喇叭。

❸ 过积水路面时，要慢行，防止泥水溅到行人身上。

❹ 必须进入人行道时，要慢行，注意观察前方和后视镜。

遇到以下几类行人，避让时一定要有耐心，要慢行、适当鸣喇叭并做好随时停车的准备。遇小孩奔跑时，要立即减速或停车，等安全之后再前进。

❶ 老年人反应迟钝，行动缓慢，如图14-1所示。

图14-1 礼让行人

❷ 儿童、中小学生对汽车的性能和交通法规知之甚少，走路、玩耍时可能会不顾周围的一切。

❸ 低头沉思、情绪异常的人也会忘记周围的一切。

❹ 残疾人行动不便。在残疾人中，聋哑人外表不易与常人区分，需要注意判断，如果按喇叭没有反应或是对周围的声音没有反应，这些人可能是聋哑人。

❺ 正常行人可能由于某种原因突然跑上公路或突然转向、逆行。

14.2 礼让非机动车

驾车行驶时，应注意礼让非机动车辆，如图14-2所示。尤其应注意以下情况。

(a)

(b)

图 14-2 礼让非机动车

❶ 与自行车或行人保持1米以上的安全间距。要防止剐、擦自行车所带物品。
❷ 要警惕骑车人突然从车头横越。
❸ 不抢行，适当降低车速，随时做好停车准备。
❹ 如发现骑车人摇晃，应进一步减速或停车，以防碰撞。
❺ 要防止乘坐自行车的儿童突然跳车造成骑车人摔倒而导致碾压事故发生。

❻ 超越自行车时，用喇叭示意后，如无其他情况，则保持一定间距缓慢超越。切忌冒险穿挤和鸣号催促让道。

❼ 在狭窄道路上超越或与自行车并行时，要小心自行车突然摔倒，或被汽车凸起部分剐倒、挤倒，酿成严重车祸。

❽ 遇畜力车、畜群时要提前做好准备，适当鸣喇叭，以防牲畜受惊而发生意外，要边仔细观察边慢慢超越。

14.3 礼让公共汽车

经过公交车站时，应注意如图14-3所示的情况。

图 14-3 经过停站的公共汽车时应注意的情况

14.4 礼让特种车辆

❶ 堵车时车速慢，走走停停，这时候也不能麻痹大意，尤其是转弯、换车道的时候，不要忘记观察右侧或是左侧。如果不观察，一旦有行人、非机动车、摩托车穿插抢行，很容易发生事故。

❷ 特种车辆执行任务时一般都会开警报器，必要时还会鸣喇叭。因此，一般机动车都要注意避让，具体方法如图14-4所示。

(a)

(b)

图 14-4　避让特种车辆的方法

第15章

铁道路口通行

15.1 铁道路口通行方法

扫一扫
看动画
演示视频

铁道路口通行

通过铁道路口要做到：一停二判三通过。

（1）一停

进入铁道路口遇红灯及栏杆放下时都要停车，如图15-1所示。

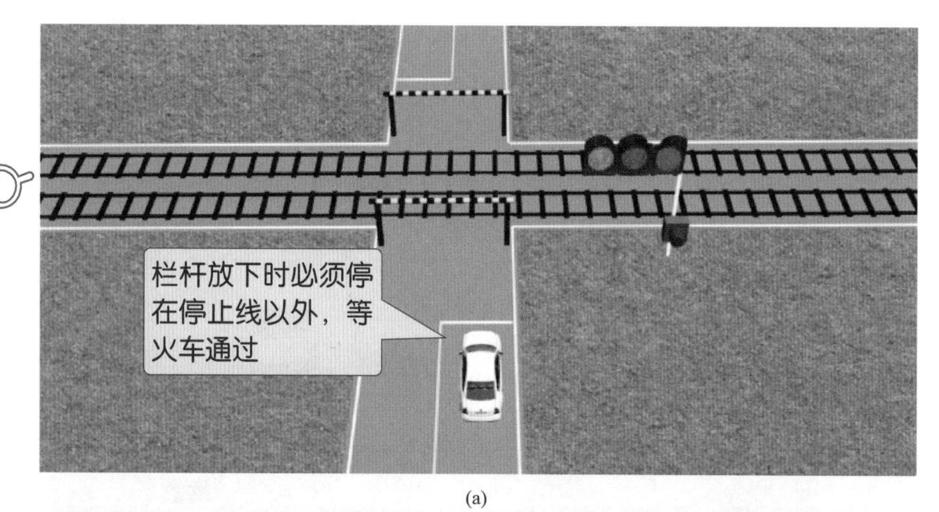

(a)

(b)

图 15-1　进入铁道路口停车

（2）二判

通过眼观耳听判断是否安全。要看清交通标志和信号灯。通过无人值守、无栏杆的铁道路口前，更要提高警惕。

（3）三通过

通过铁道路口的方法如图15-2所示。

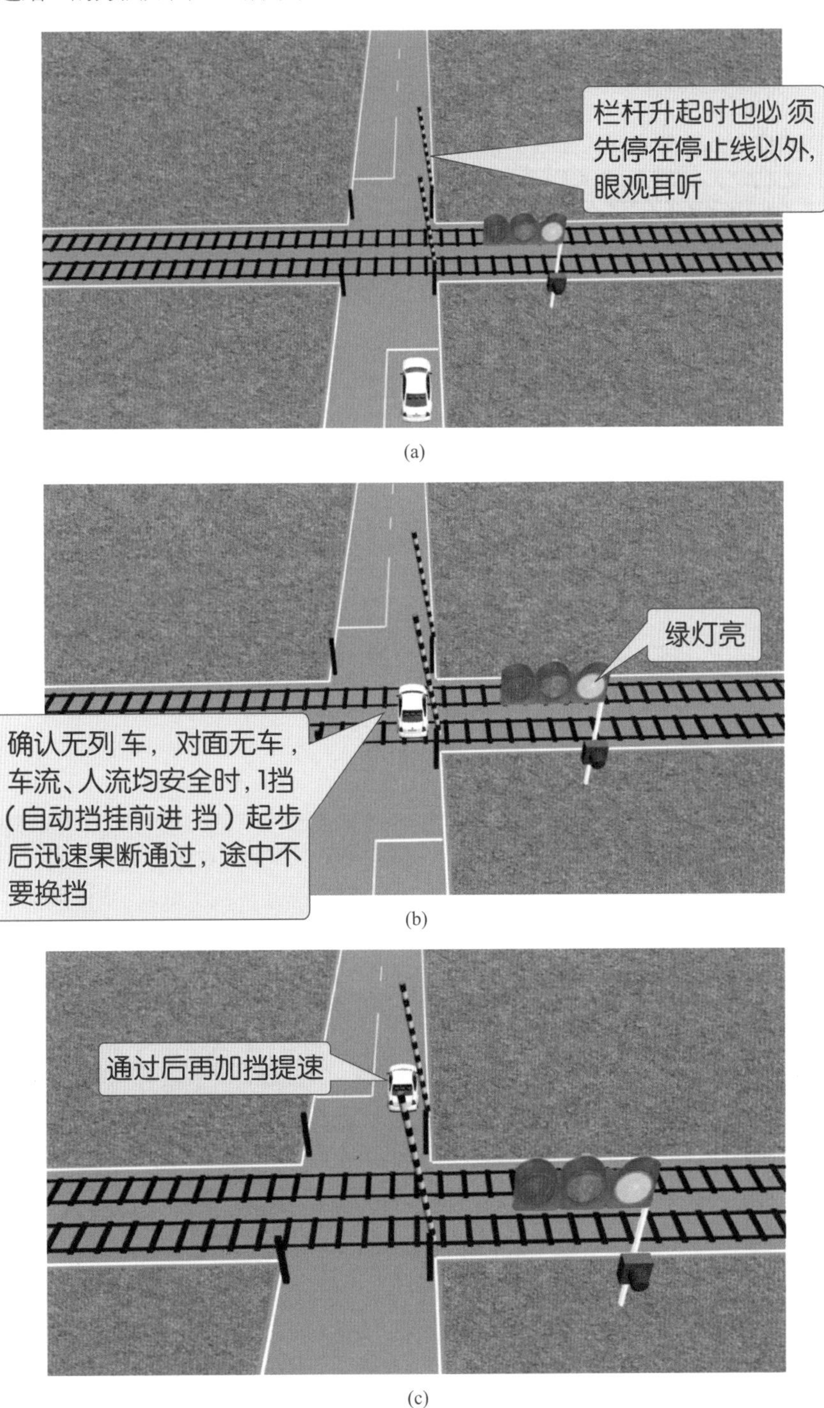

图15-2 通过铁道路口的方法

15.2 铁道路口通行注意事项

通过铁道路口时，应注意如图15-3所示的情况。

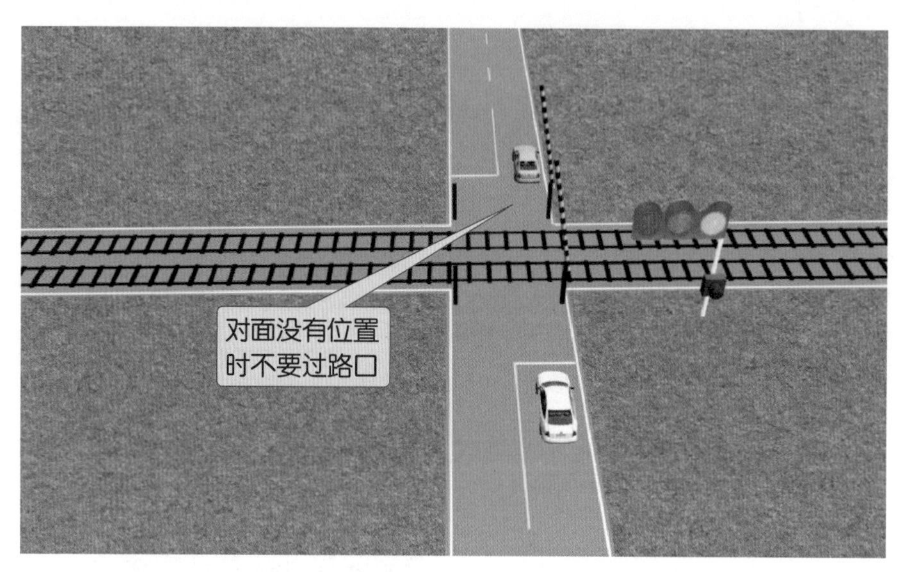

图15-3 通过铁道路口时需注意的情况

15.3 在铁道路口熄火的急救方法

如在铁道路口遇上熄火，可采取如图15-4所示的急救办法。

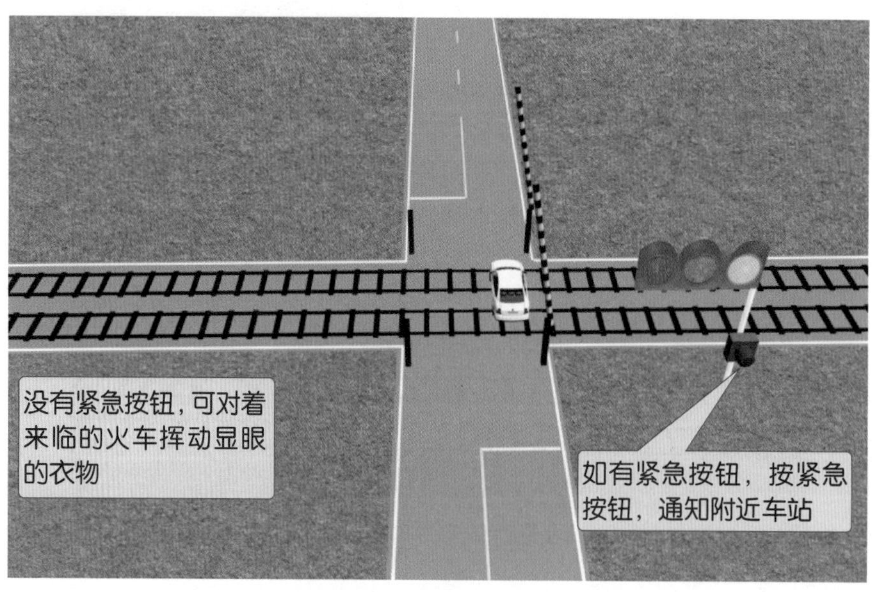

(a)

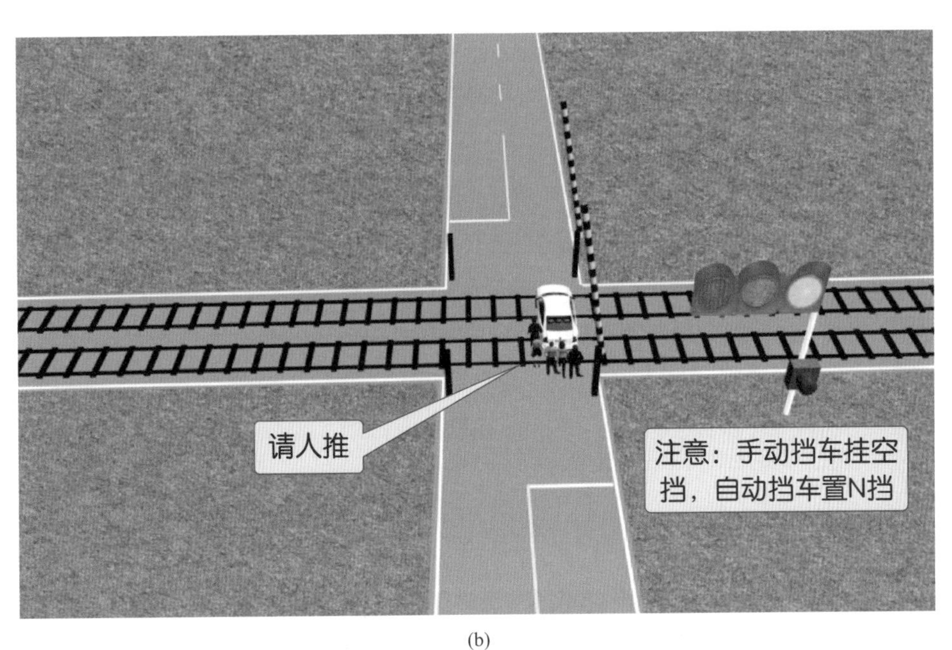

(b)

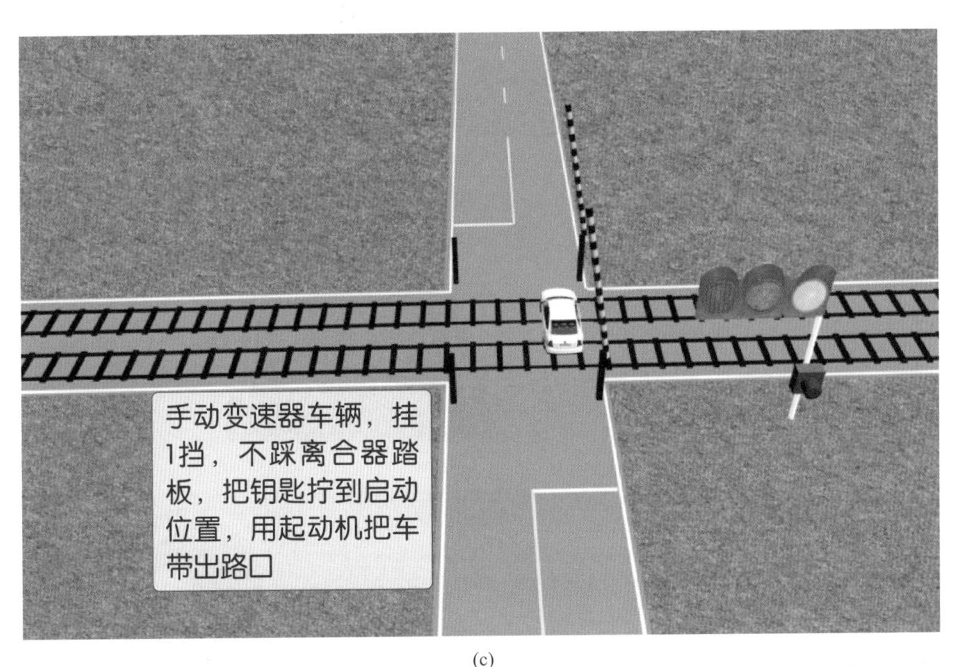

(c)

图 15-4 在铁道路口熄火的急救方法

第16章

隧道通行

安全通过隧道的方法如图16-1所示。

提示

千万不可在隧道内超车，一定要按限速规定行驶。过隧道时高速行驶，是引发事故的主要原因。

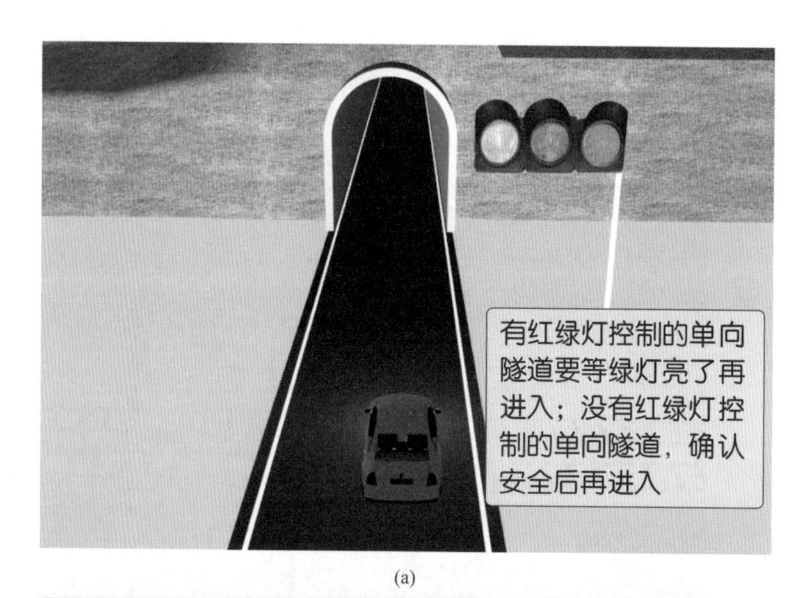

(a)

扫一扫
看动画
演示视频

隧道通行

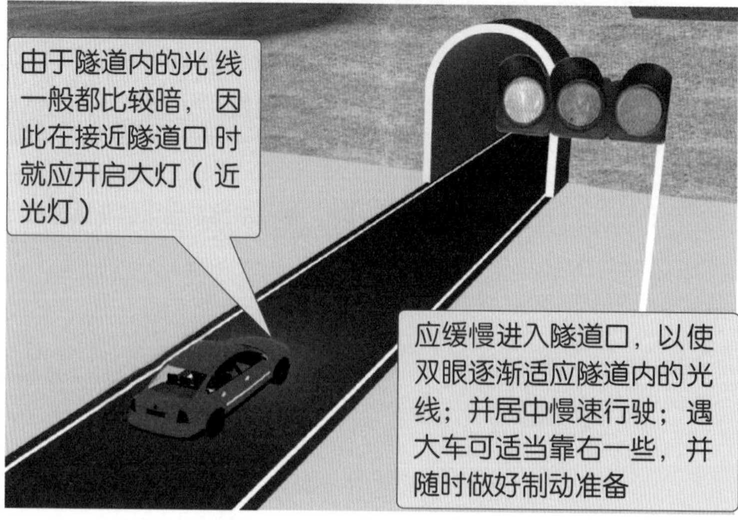

(b)

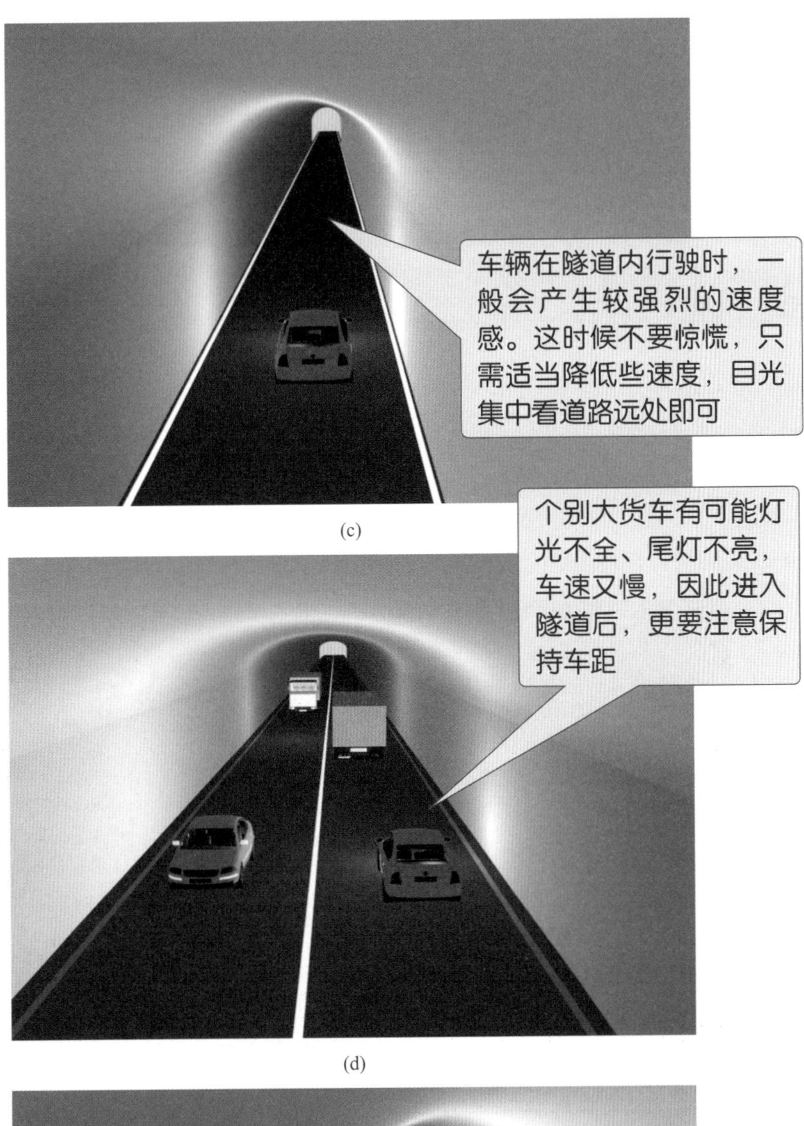

(c)

(d)

(e)

图 16-1　安全通过隧道的方法

第17章 夜间驾驶

17.1 夜间行车的特点

夜间行车比白天更易发生危险，因此应特别谨慎，如图17-1所示。

(a)

(b)

图 17-1 夜间行车的特点

17.2 正确熟练使用灯光

(a)

正确熟练使用灯光是夜间安全驾驶的基础。使用灯光的一般原则如下。

❶ 使用灯光的时间，一般以路灯的开、闭时间为标准。

❷ 夜间应用大灯近光起步。

❸ 起步后在照明良好的街道上应使用大灯近光。

❹ 在照明差或无路灯且车辆稀少的街道上，慢行时应使用大灯近光，快速行驶时应改用大灯远光。

❺ 夜间临时停车应关闭大灯，开启小灯、示廓灯和后位灯。

在如图17-2所示的情况下应当使用近光灯。

在如图17-3所示的情况下应当减速慢行，并交替使用远近光灯示意。此外必要时在非禁止鸣喇叭地段可鸣喇叭示意，如驶近急弯、坡道顶端时可鸣喇叭示意。

(b)

(c)

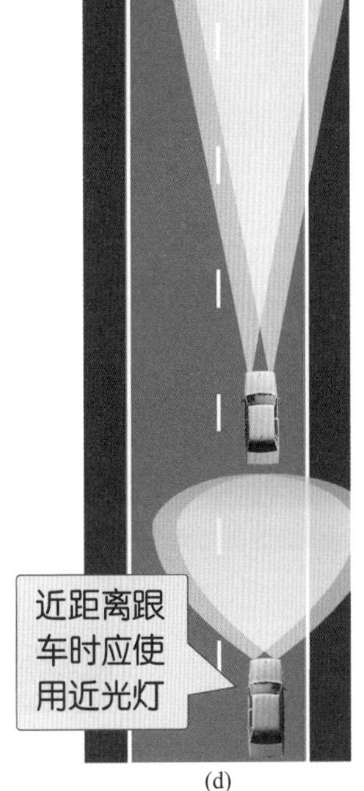

(d)

图17-2 夜间行车应使用近光灯的情况

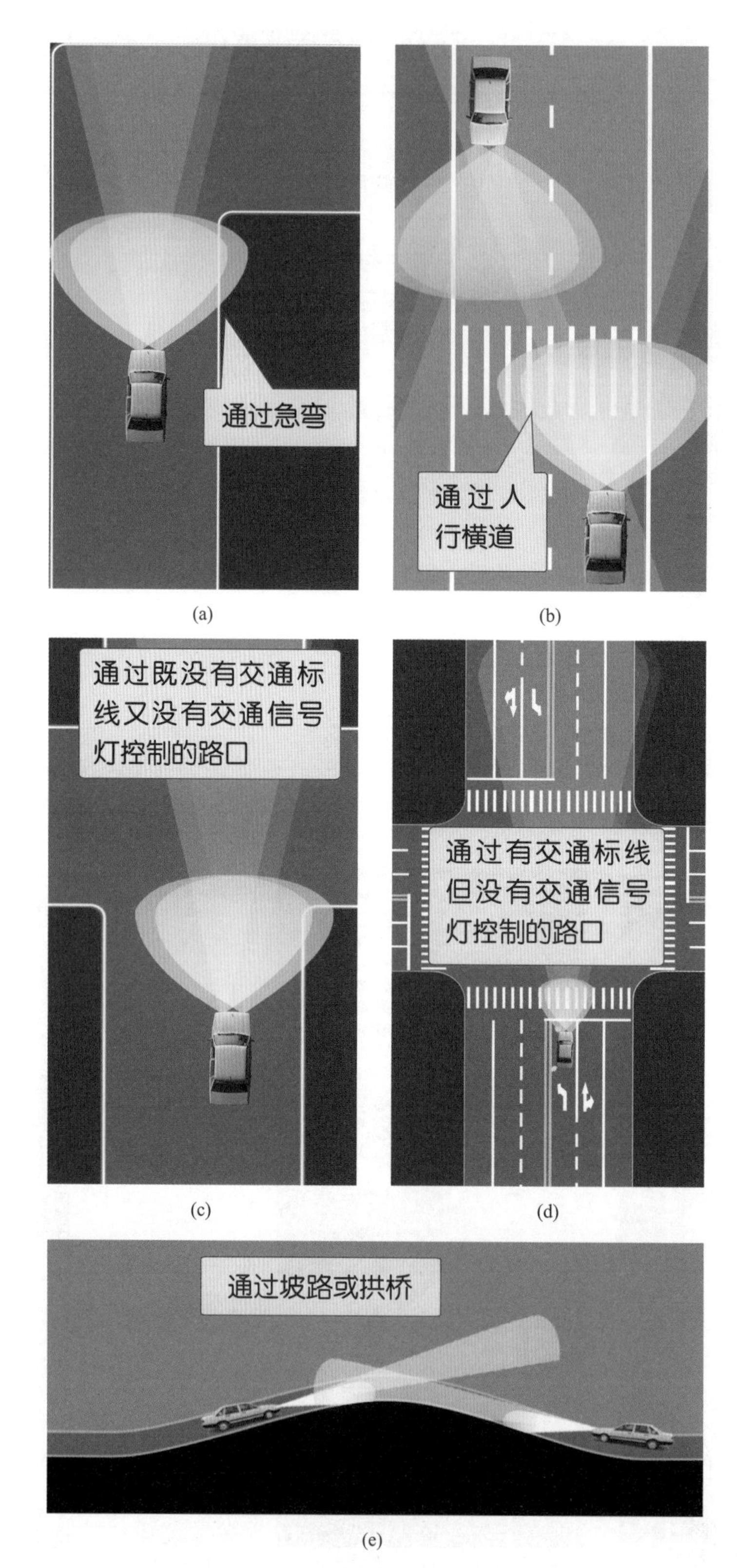

图 17-3　夜间行车应交替使用远近光灯的情况

17.3 对道路和地形的判断

可根据车速和发动机的声音判断地形。当车速自动减慢、发动机声音变沉闷时，说明行驶阻力增大，正在上坡或驶进松软路面；当车速自动加快、发动机声音变高时，说明行驶阻力减小，已进入正常路面或汽车已经下坡。

利用灯光的变化可直观地判断地形。

下面是通过一段连续转弯坡路时灯光的变化情况。如图17-4所示。

(a)

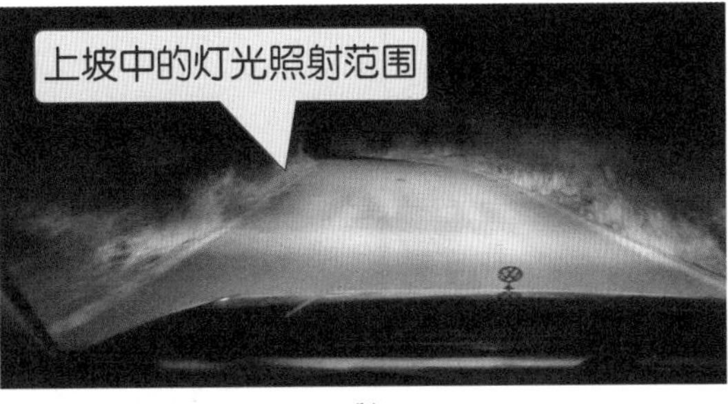

(b)

(c)

(d)

(e)

(f)

(g)

(h)

图 17-4

(i)

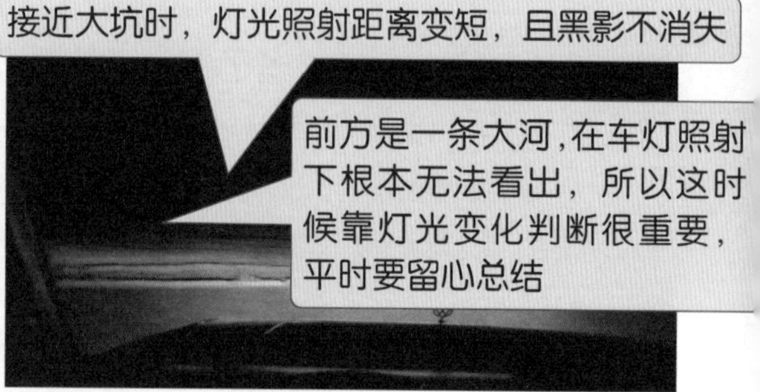

(j)

(k)

图 17-4　夜间通过连续转弯坡路时的灯光变化

17.4　夜间行车注意事项

夜间行驶时，速度、灯光、障碍、行人等都是需要注意的问题，如图17-5所示。

(a)

(b)

(c)

(d)

(e)

(f)

(g)

(h)

会车时，对方不关远光灯难以看清路面情况，要慢行，同时变换远近光灯提醒对方使用近光灯

如果对方始终不关远光灯，这时候要把目光移向道路右前方，以道路右前方标线或路基作为判断车辆位置的依据，并偏右行驶。要注意观察右侧安全，不要过于靠右，因为可能有行人和非机动车。如果需要靠右停车，一定要先确认右侧安全

(i)

图 17-5　夜间行车应注意的问题

夜间变更车道、转弯时，贴了车膜的车更不容易看清左右两侧的情况，所以要比白天慢，要更加仔细才行。

此外在窄桥、窄路与非机动车会车，近距离跟车，通过有交通信号灯控制的交叉路口，转弯时，都应使用近光灯，转弯还应开启转向灯。

通过急弯、坡路或拱桥、人行横道、没有交通标线和交通信号灯控制的路口、有交通标线但没有交通信号灯控制的路口，要交替变换远近光灯示意。

第18章

山区道路驾驶

山区道路坡多、弯多、拐弯处山体形成的盲区多，气候变化无常。除按一般的坡道驾驶要领驾驶外，还应注意：拐弯前减速、鸣喇叭、靠右行驶，充分准备好随车工具，防雨、防寒、防滑物品等。

慢行是安全驾驶的根本。山路行车时，必须根据道路弯曲的程度选择合适的速度。如图18-1所示。

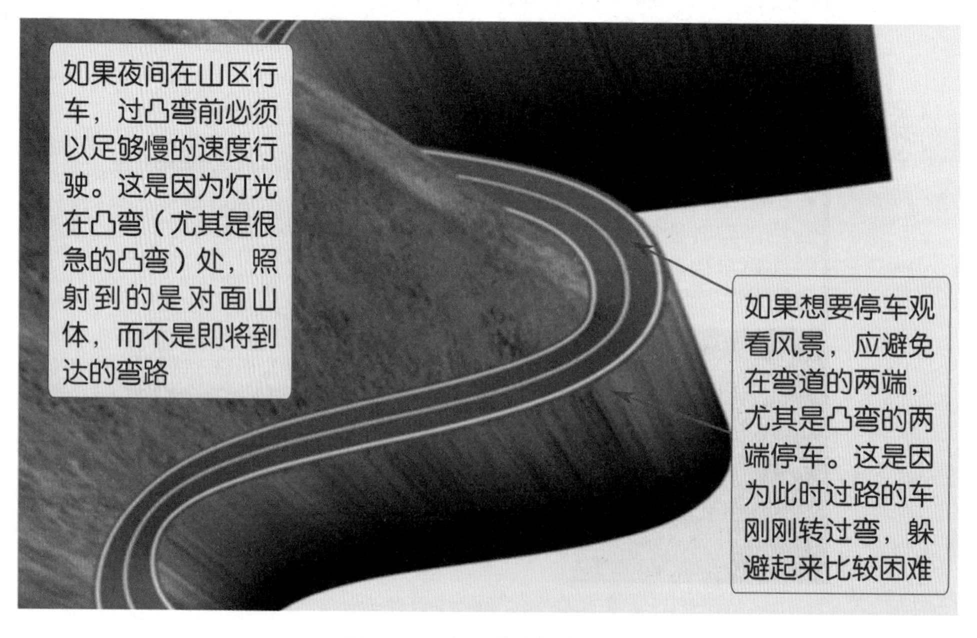

图 18-1　山区道路驾驶要领

18.1　进入山区道路的准备

❶ 山区道路较为复杂，有可能“前不着村后不着店”，所以首先要全面检查车况，发现问题及时修复。

❷ 带上随车工具，防寒、防雨、防滑用具等。

❸ 对沿途路况、饮食、住宿、加油站等所在的位置要做到心中有数，对路途费用也要有一个大概

的预算，这样可以最大限度地节省时间和燃油。

❹ 前方弯道可能正在施工、被冲坏、有成堆的落石堵路，可向当地人了解情况，以免走冤枉路。

❺ 直路时可选择道路偏中间或靠山的一面行驶，转弯时应牢记“减速、鸣笛、靠右行”，随时注意对面来车和路况。

18.2 手动挡汽车山区道路驾驶

考虑到手动挡汽车山路驾驶难度较大，故此处以手动挡汽车为例，介绍山区道路上下坡驾驶技巧。

（1）上坡技巧

遇到上坡应及时正确判断坡道情况，根据车辆爬坡能力提前换中速挡或低速挡。要保持足够的动力，切不可等动力不足，惯性行驶时间不足以保证换挡时间时再换挡，以防熄火或后溜。万一换挡失败造成熄火后溜，不要慌，应立即使用脚刹和手刹将车停住。请牢记熄火后千万不要踩离合器踏板，以免后溜。如果仍然停不住车，应将车尾转向靠山一侧，让车尾抵在山体等天然障碍上使车停下。如图18-2所示。

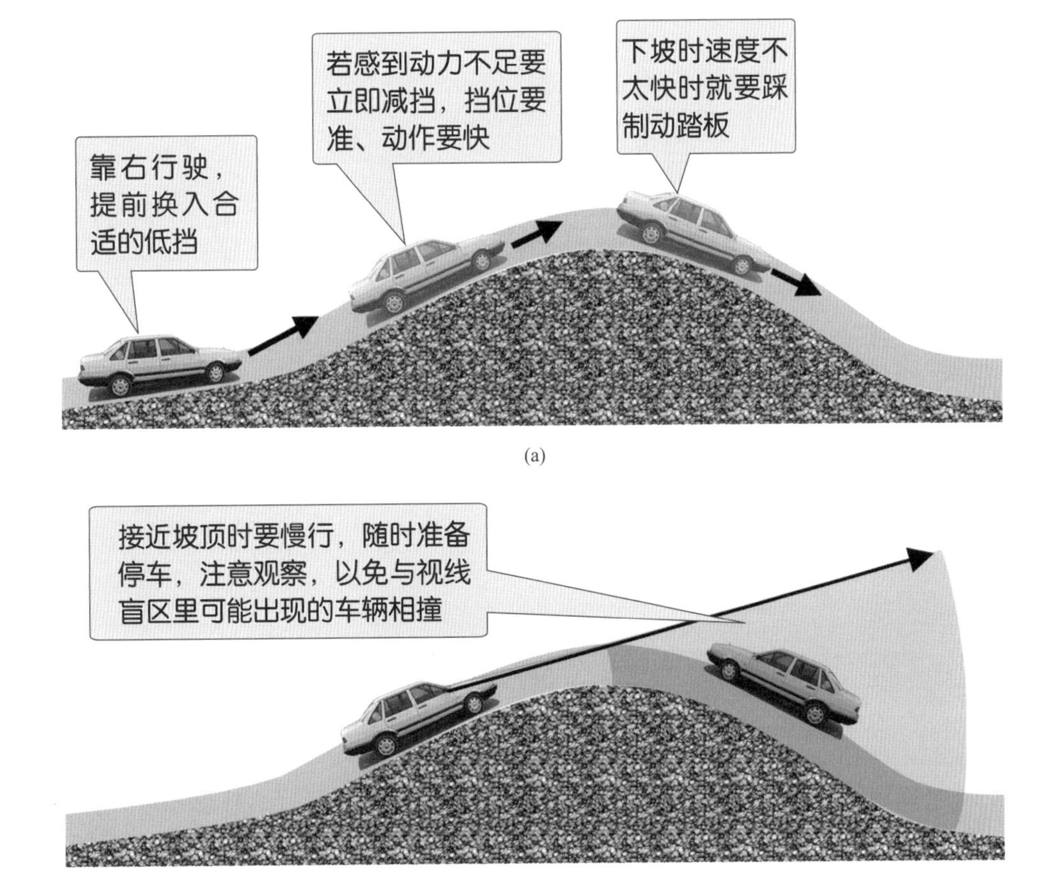

图 18-2 手动挡汽车山路上坡技巧

（2）下坡技巧

下坡时要挂和坡度相适合的低速挡，利用发动机的牵引阻力和脚制动控制车速，切忌空挡滑行。不能长时间使用制动踏板，以免高温引起制动性能下降甚至失灵。如图18-3所示。

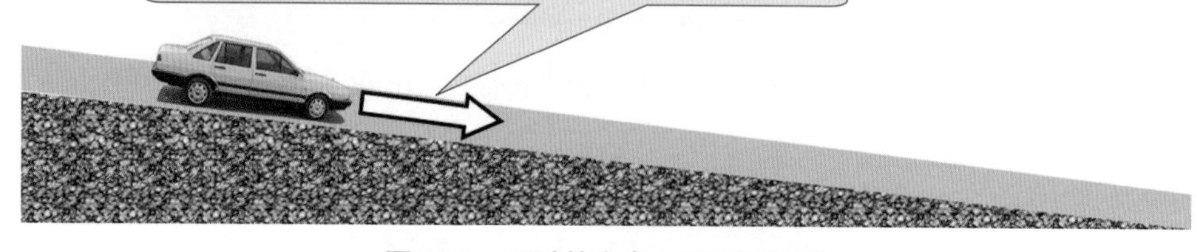

图18-3 手动挡汽车山路下坡技巧

第19章

涉水驾驶

❶ 汽车涉水前，要仔细探明水的深度、流速和水底情况，并根据车辆的性能，确定能否通过。

❷ 选择水浅、底硬、两岸坡缓、水流稳定、距离短的地方涉水。

❸ 当水深接近汽车最大涉水深度时，应采取措施防止电器设备短路、排气口进水等；当水深超过最大涉水深度时，不得冒险涉水。

❹ 涉水时应用低速挡使车辆平稳地驶入水中，眼睛要看远处的固定参照物，避免中途换挡、停车和猛打转向盘。

❺ 若车轮打滑空转，应立即停车，不要勉强进退，更不可加速猛冲，以免越陷越深，也不要熄火，应立即求援。

❻ 市内涉水要认真观察判断，尽量避免压井盖及其附近台阶或路沿。

❼ 涉水后应踩几次制动以蒸发水分，以便恢复正常制动性能。

第20章

20 恶劣天气安全驾驶

在恶劣条件下驾驶除了控制好车速外，要更加仔细观察交通流并由此预知下一时刻交通流的状态，从而从容不迫地进行下一步操作。

20.1 雨天驾驶

行驶前必须检查雨刮器是否能正常工作，雨刮器不能正常工作时，雨水覆盖在前挡风玻璃上将导致无法看清道路交通状况，很危险。应在雨刮器修好之后再上路。如图20-1所示。

图 20-1 雨天驾驶需注意的问题

雨天比平常行车速度要慢，积水越厚速度应越慢，要平缓打方向、平缓使用制动，以发动机控制车速为主，并要适时减挡，不要猛踩、猛松加速踏板。雨天要适当增大跟车距离。

雨天行人和非机动车驾驶者因使用雨具视线受阻，因此驾驶员要更加仔细地观察他们的动向。

连续阴雨天要注意观察路面，以防陷车、坍塌，不要在可能陷车、坍塌的地方行驶、停车。

刚下雨路面有薄积水时，高速行驶会因形成水膜，导致侧滑。发生侧滑时的处理方法：

❶ 松加速踏板，轻点踩制动。

❷ 如果是前轮侧滑，应逆着侧滑的一侧纠正方向；如果是后轮侧滑，应顺着侧滑的一侧纠正方向。

❸ 转向时动作要敏捷柔和。

雨天行车需要关闭车窗，内外温差使前挡风玻璃很容易产生雾气，此时应打开冷气吹向前挡风玻璃；后挡风玻璃出现雾气时，需打开后挡风玻璃加热器，尽快消除雾气。

20.2 雾天驾驶

雾天驾驶应注意以下几点：

❶ 打开前防雾灯、尾灯、示宽灯和近光灯。

❷ 必须降低车速，能见度越低车速应越低。

❸ 在非禁止鸣喇叭路段，可适当鸣喇叭，并注意鸣短促喇叭回应其他车辆。

❹ 能见度不足50米时同时开启后防雾灯。

❺ 尤其要注意的是雾天不要以前车尾灯作为判断车距的依据。遇特大雾时必须找安全的地方停车。

20.3 炎热天气驾驶

炎热天气驾驶，要防止中暑，准备好饮用水和防暑物品，必要时使用空调。还要防止发动机温度过高。此外，还应注意：

❶ 检查冷却液，不足时补充。

❷ 在驾驶中随时注意水温表的指示读数，不要超过95℃。风扇皮带断裂、脱落，电子风扇停止工作，机油严重不足等都是造成发动机温度过高的原因。发动机温度过高时，千万不要向发动机缸体、缸盖上浇凉水降温，以免炸裂，酿成无法修复的恶果。

小知识

若遇开锅不要立即熄火。应保持怠速运转，不要立即开盖加冷却液，应全部打开百叶窗，耐心等待冷却液停止沸腾。冷却液停止沸腾后再用湿毛巾作垫手，先把散热器加液盖拧开一挡，放出蒸气，脸部要避开加液口上方，防止高温冷却液喷出烫伤脸部，稍等片刻再全部打开加液。散热器内几乎无冷却液时必须等机体温度降到手能够长时间触摸时再加冷却液，以免因热胀冷缩不均匀而产生炸裂。

❸ 防止轮胎气压过高，以免爆胎。

若发现胎温、胎压过高时，不可采取放气和泼冷水的方式，应选择阴凉处停车，使轮胎温度、压力自然下降；如遇涉水时，应待胎温适当降低后再涉水，以防轮胎早期损坏。

❹ 黄昏及夜间应注意路边、路中有乘凉散步的行人。

20.4 严寒天气驾驶

严寒天气驾驶车辆应注意以下问题。

❶ 严寒地区驾驶要注意防冻，最好停到车库里，有暖气更好，第二天不愁启动不了。

❷ 一定要使用冬季机油。在严寒地区的冬季，四季机油将造成汽车无法启动。有预热装置的车辆，可预热到启动温度时再启动。

❸ 启动后可立即以怠速或小油门低转速起步，然后换二挡小油门行驶，不要原地热车，这样可以使发动机、变速箱、传动部分都得到“预热”。待发动机温度升高到40℃左右时，再以正常转速行驶。可按说明书的要求操作。

除以上几点外，在冰雪路面上驾驶时，可采取以下技巧。

（1）冰雪路驾驶四大要领

❶ 保持低速行驶，保证足够的安全距离。

❷ 匀速缓慢打方向。

❸ 匀速缓踏、缓松加速踏板。

❹ 匀速轻踩、慢松制动踏板，即使有ABS的车辆也不要猛踩制动踏板，尤其是转弯时。如图20-2（a）所示，在压实的雪路上沿直线高速行驶时猛踩制动踏板尽管不会发生大的侧滑，但是车辆仍会发生左右摆动现象。如图20-2（b）所示，在溜滑的冰路上，ABS、防侧滑系统几乎没有什么作用，猛踩制动踏板照样会导致侧滑、驶出路面现象。必须低速转弯，ABS、防侧滑系统应付不了溜滑的弯路。

(a)

(b)

图 20-2　冰雪路驾驶要领

（2）冰雪路驾驶注意事项

❶ 在冰雪路上，要选择路面宽、积雪少的地段会车。尽量避免在狭窄路段会车。尽量不超车。

❷ 停车时，缓慢轻踩制动踏板，防止甩尾。

❸ 加大跟车距离。跟车距离要比正常路面加大3倍以上，坡道要更长一些，对于短坡应等前车爬过坡顶再爬坡，即使有ABS的车辆也应如此。

❹ 在冰雪路上长时间停车，如果轮胎冻结于地面，要先用铁锹、十字镐挖开轮胎周围冻结的冰雪和泥土后再起步。

❺ 雪地行驶建议使用灰色眼镜以免发生雪盲。

❻ 必要时装上防滑链、防滑罩。

❼ 冰雪天还要特别注意：行人、非机动车驾驶者因穿戴的影响，对交通状况的判断力下降；行人、自行车还可能突然滑倒，因此更要仔细观察，保持足够的纵向、横向安全距离。

❽ 其他注意事项如图20-3所示。

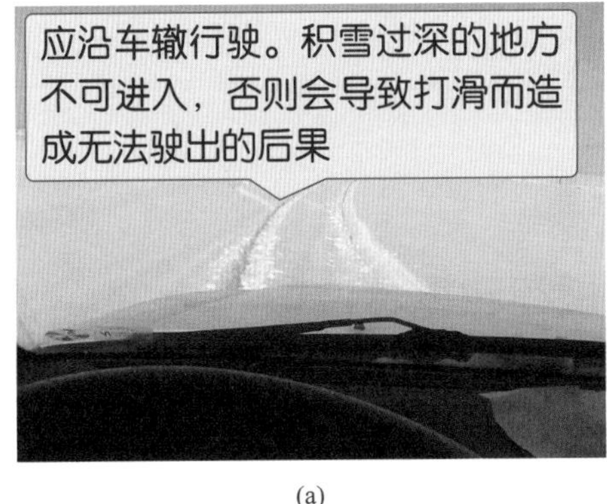

(a)

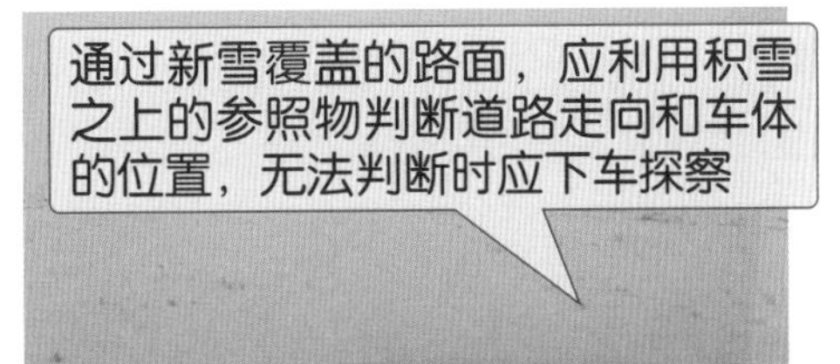

(b)

(c)

图20-3 积雪路段驾驶注意事项

20.5 大风天驾驶

大风会使车辆行驶方向难以控制，甚至将车辆吹离正常行驶路线或吹翻，大风吹起的硬物还可能击碎车窗。因此除慢速行驶外，还应紧握转向盘，控制好行驶方向，风过大时应停车躲避。

第21章

垂直停车场安全停车

21.1 成功入位的规律和基本技巧

因为两后轮的转弯半径是固定的，所以入位前首先要选择合适的起始位置，起始位置不合适将导致无法入位。

说明：以下参考点的位置都是针对标准车位选取的，其他宽度的车位，参考点的位置略有差别。

下面以右倒入位为例说明，左倒入位类似。

❶ 成功倒车入位的规律和基本技巧如图21-1所示。

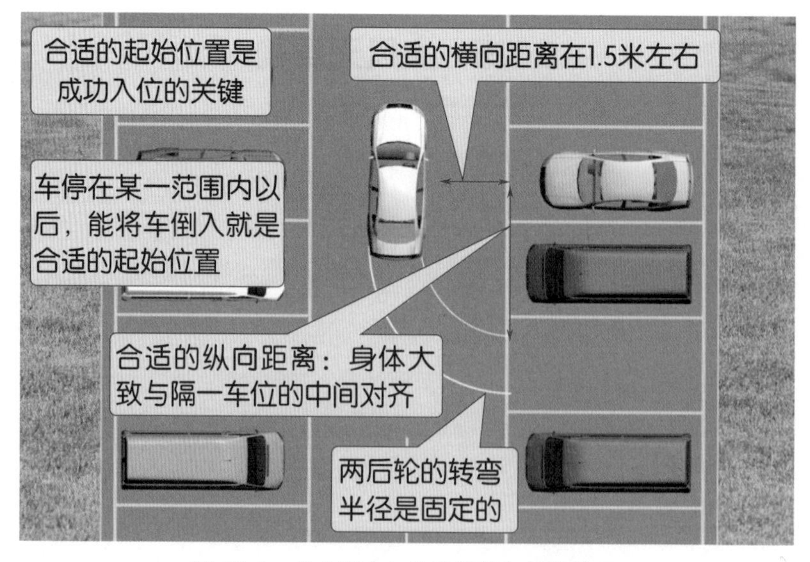

图21-1 成功倒车入位的规律和基本技巧

❷ 在车内观察确定横向、纵向距离的方法如图21-2所示。

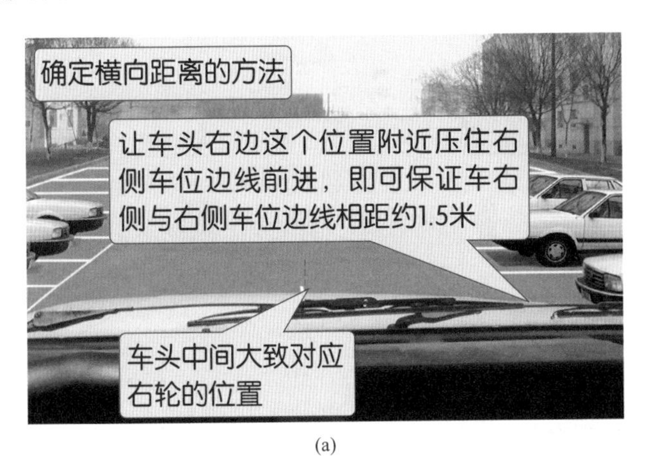

(a)

(b)

图21-2 车内观察确定横向、纵向距离的方法

❸ 试验法确定横向、纵向距离的方法如图21-3所示。

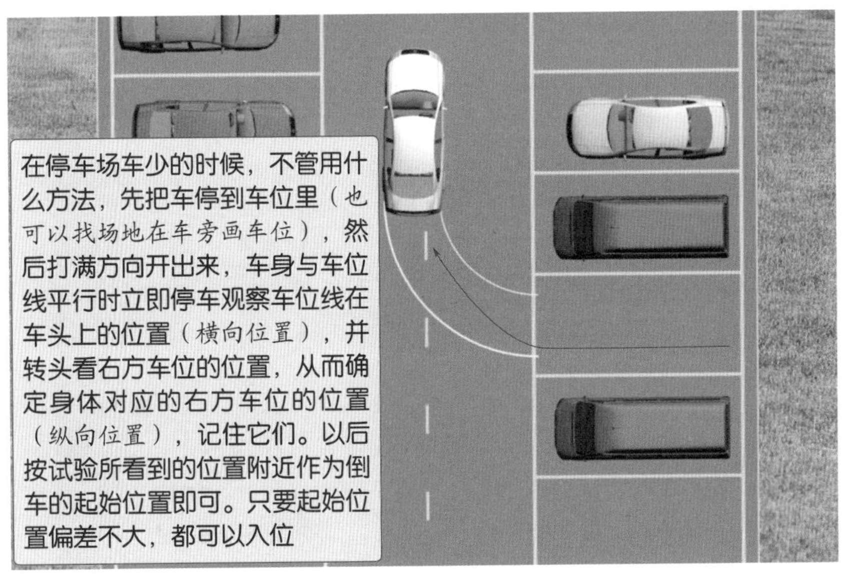

(a)

图21-3

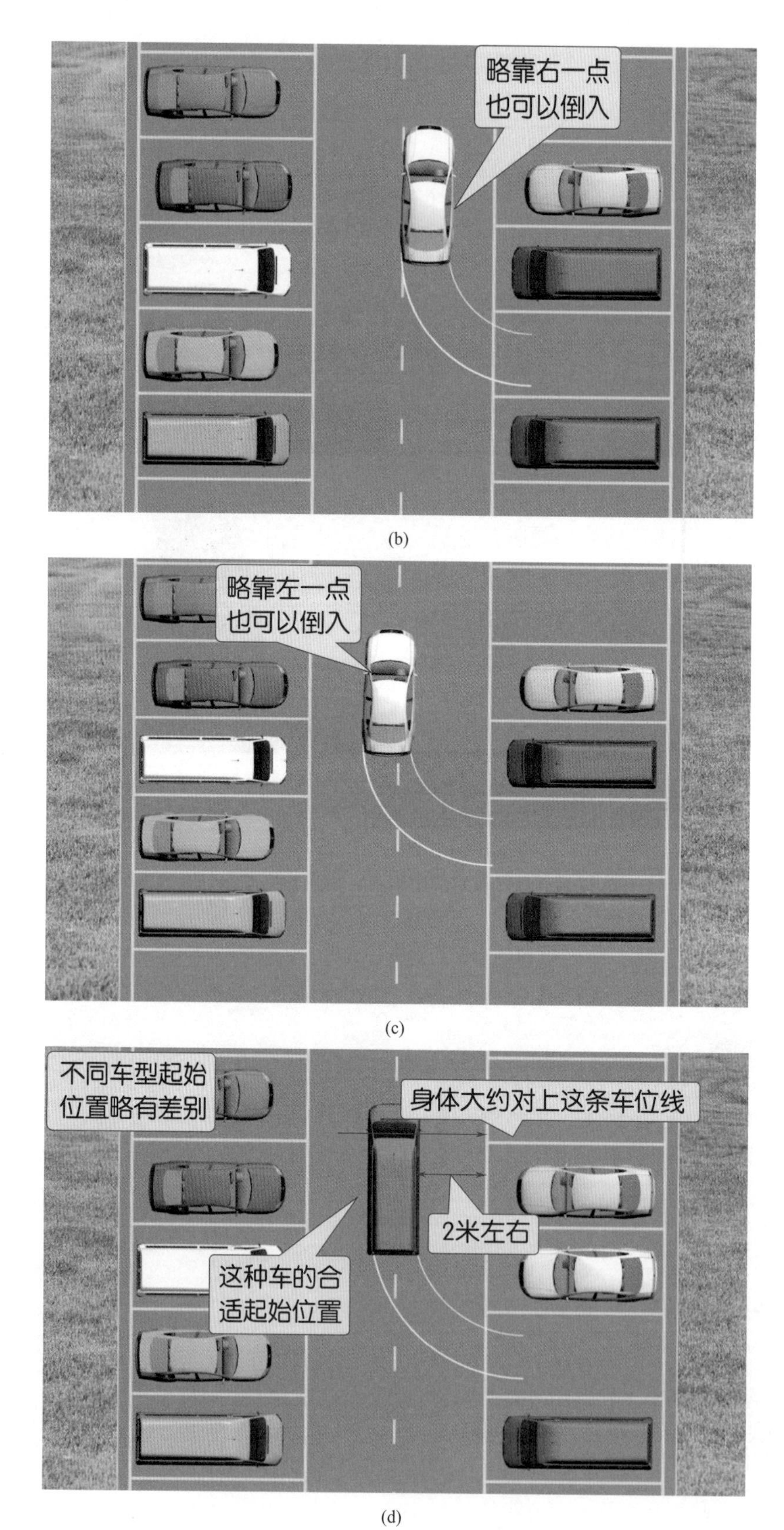

图 21-3　试验法确定横向、纵向距离的方法

21.2 基本右倒停车入位及出位方法

右倒停车入位的操作步骤与技巧如图21-4所示。

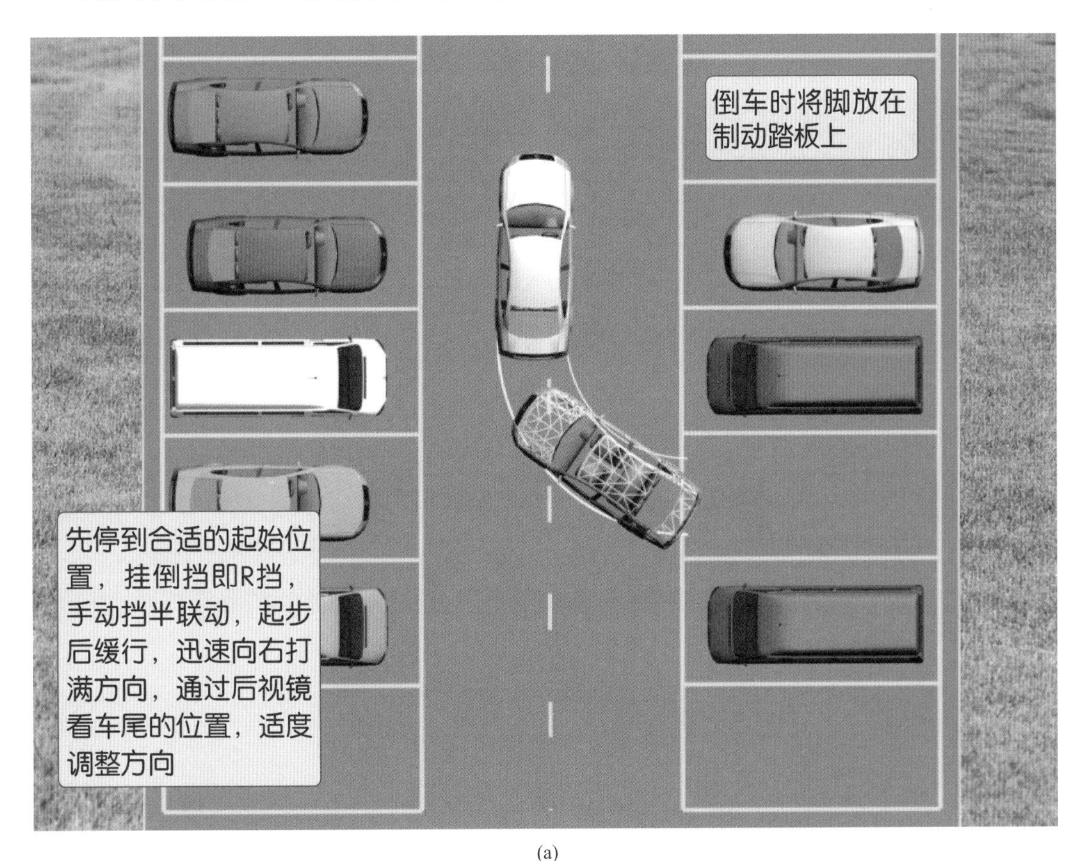

(a)

在整个后倒的过程中都要以看右后视镜为主，同时还要不断看左、内后视镜

车尾转动的方向

车尾进入车位后，向左回方向要看着右后视镜中车尾的位置回

(b)

图21-4

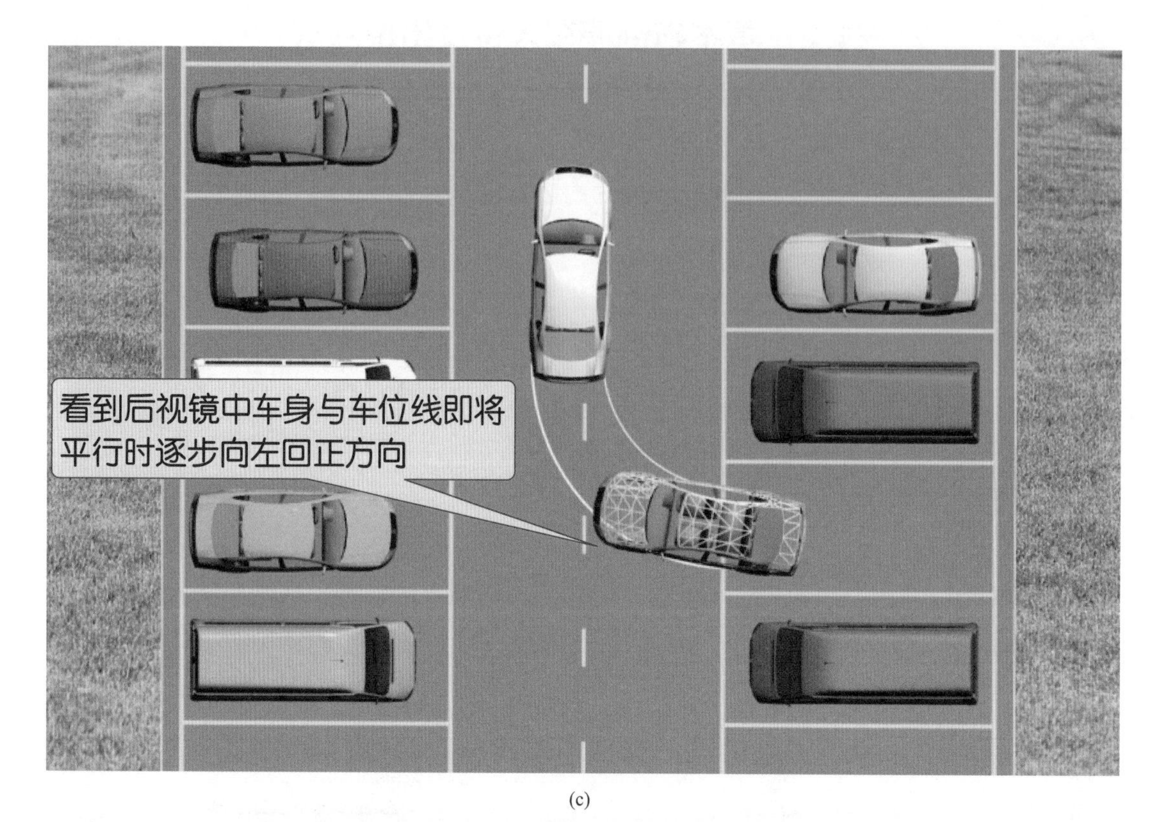

(c)

(d)

(e)

(f)

(g)

图 21-4 右倒停车入位操作步骤与技巧

起始位置不合适是导致无法入位的原因。图21-5给出了入位失败的几种情况，可供参考。

(a)

(b)

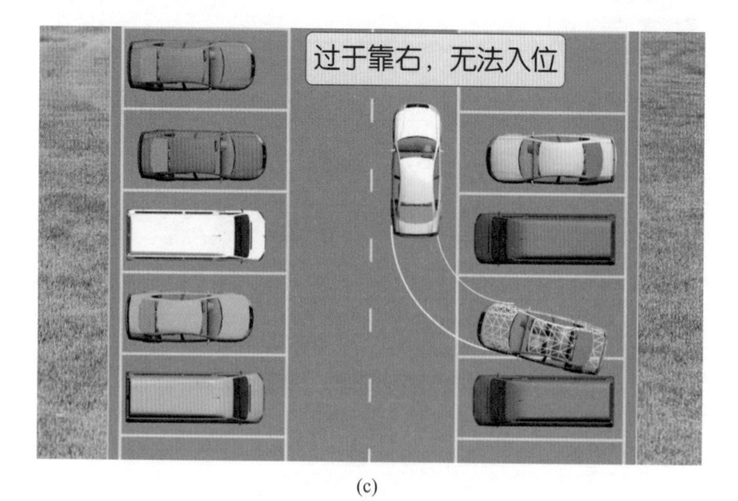

(c)

图 21-5　起始位置不合适导致入位失败

驶出车位的方法和注意事项如图21-6所示。

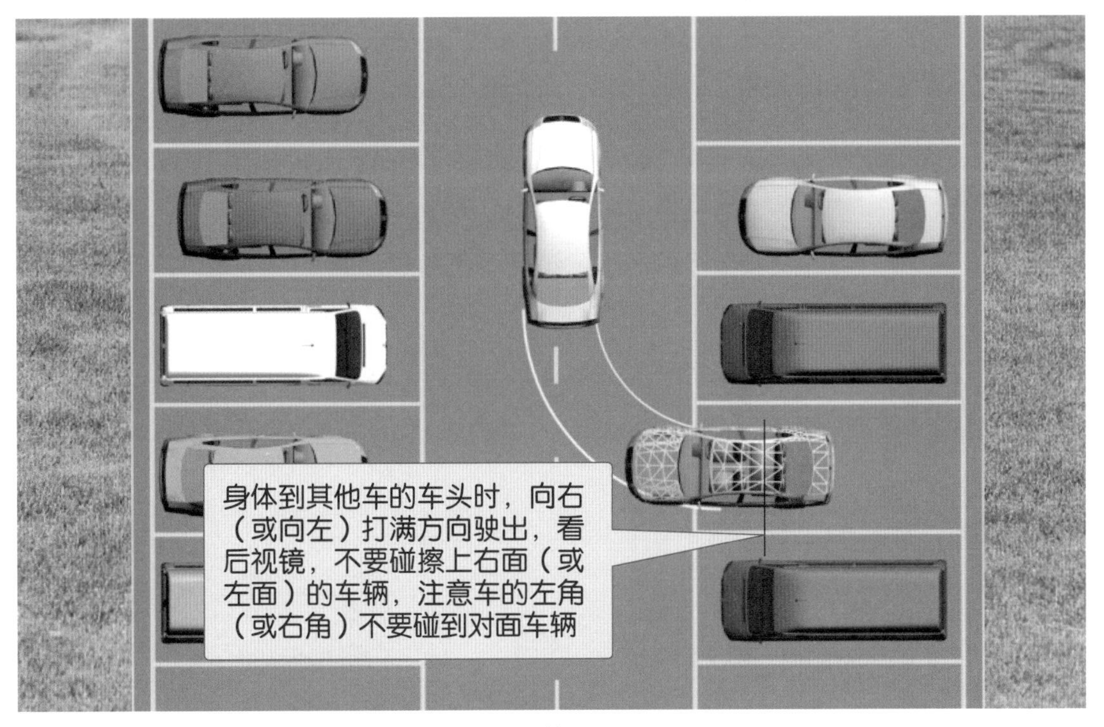

(a)

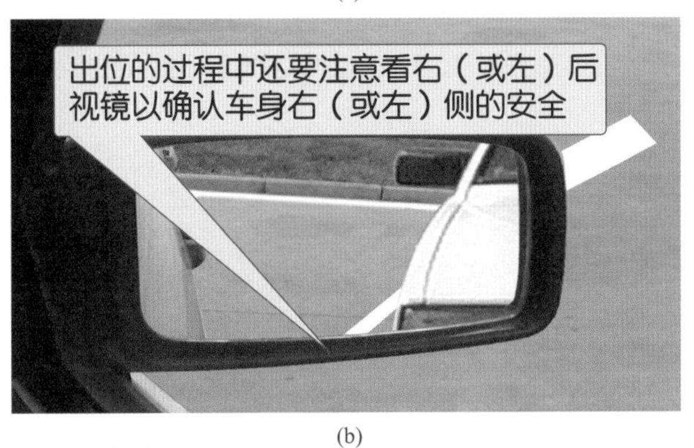

(b)

(c)

图21-6　驶出车位方法和注意事项

21.3 其他倒车入位及出位方法

除了上面介绍的最基本的右倒入位方法外，还可以结合自身驾驶习惯，选择适合自己的停车方法。图21-7给出了另一种停车入位方法，供参考。

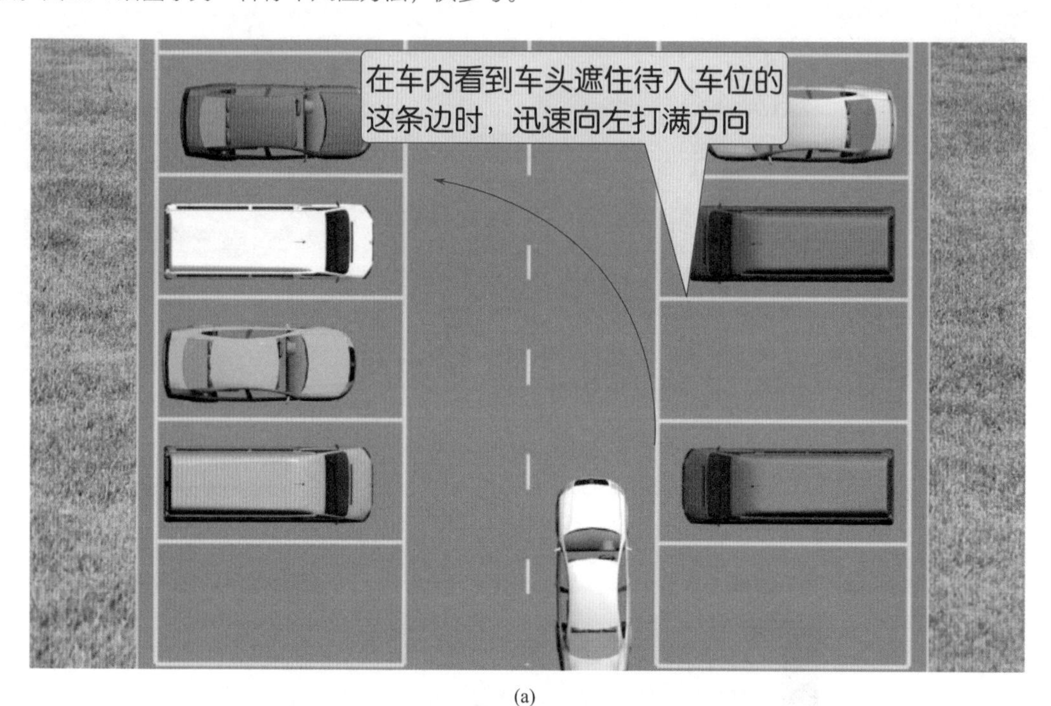

(a)

(b)

图 21-7 停车入位方法

车头向里停车入位的方法和要领如图21-8所示。

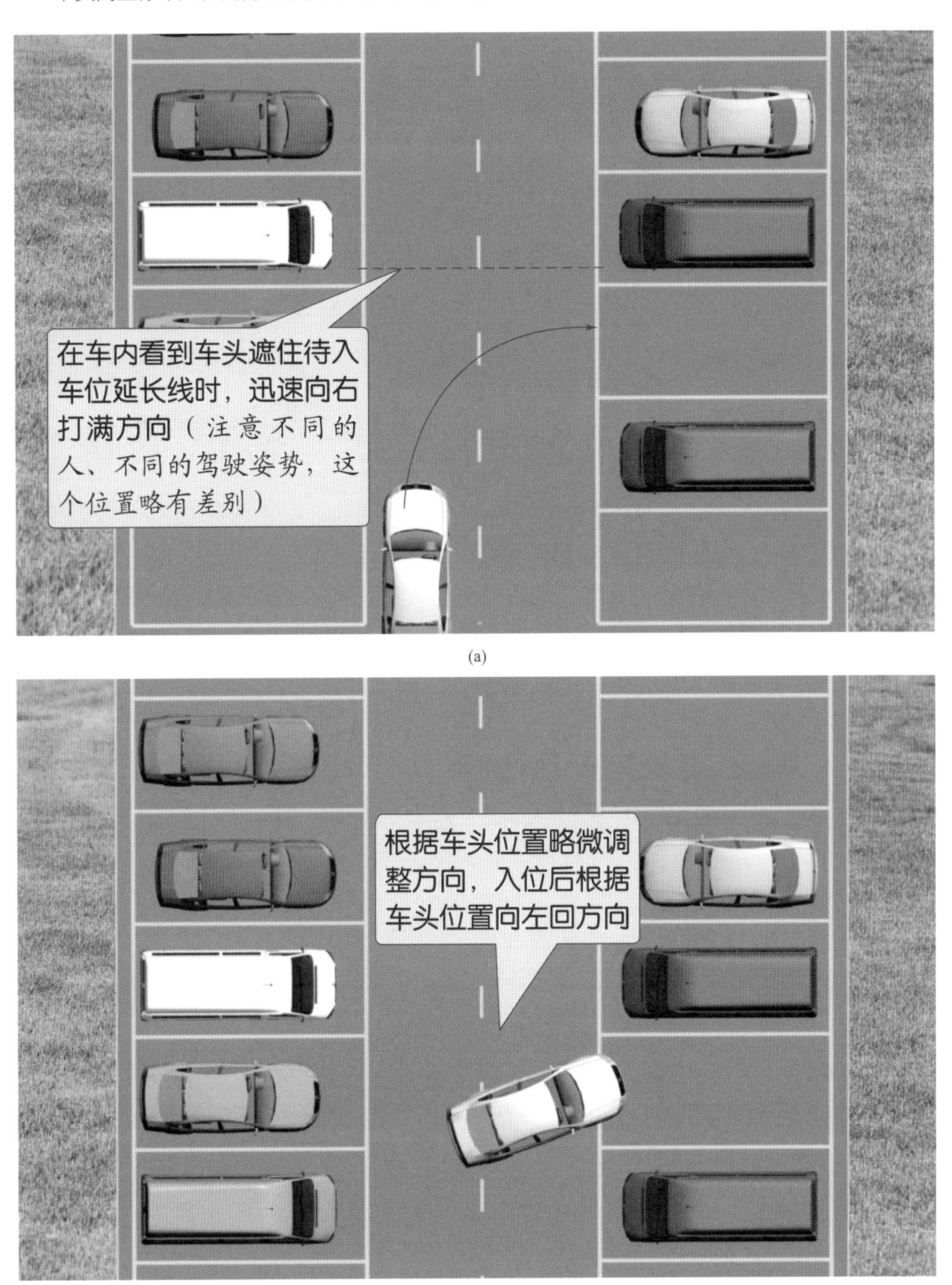

(a)

(b)

图 21-8

(c)

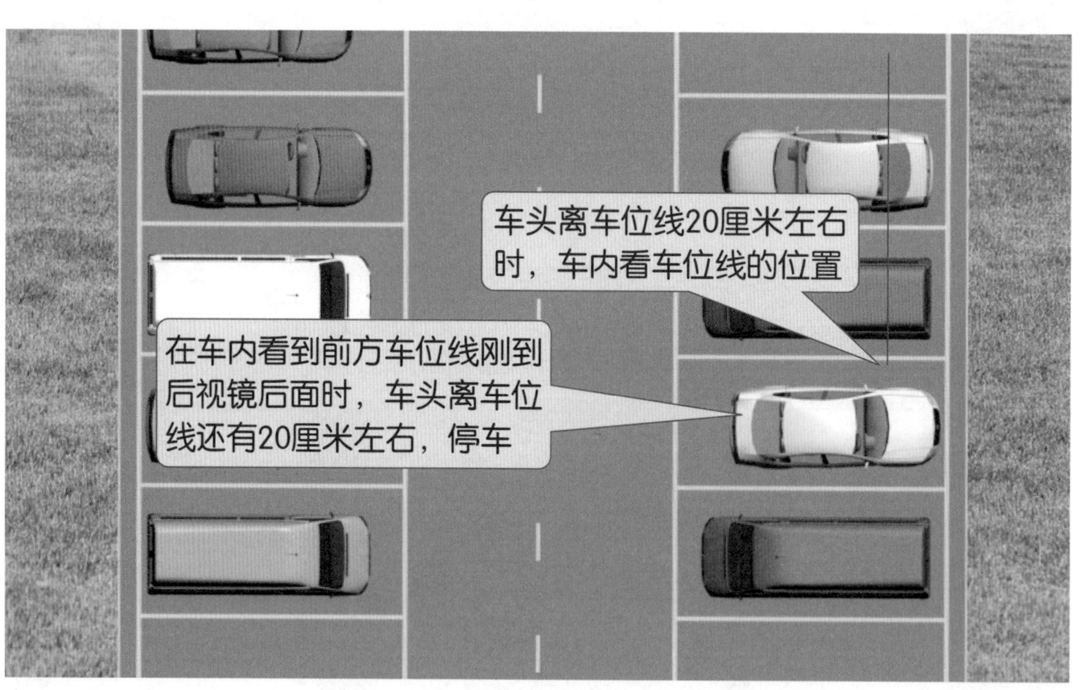

(d)

图 21-8　车头向里停车入位方法和要领

车头向里停车入位后，如果要倒车出位，可按图21-9所示的方法和要领进行操作。

挂倒挡即R挡，手动挡半联动，控制车速，向右打方向，看右、左、中后视镜确定右、左、后方安全，注意看车头左角不要碰上对面车辆

(a)

身体快出车位线时，在确保车头左角、右侧、左侧、后方安全的情况下，打满方向后倒

(b)

图 21-9

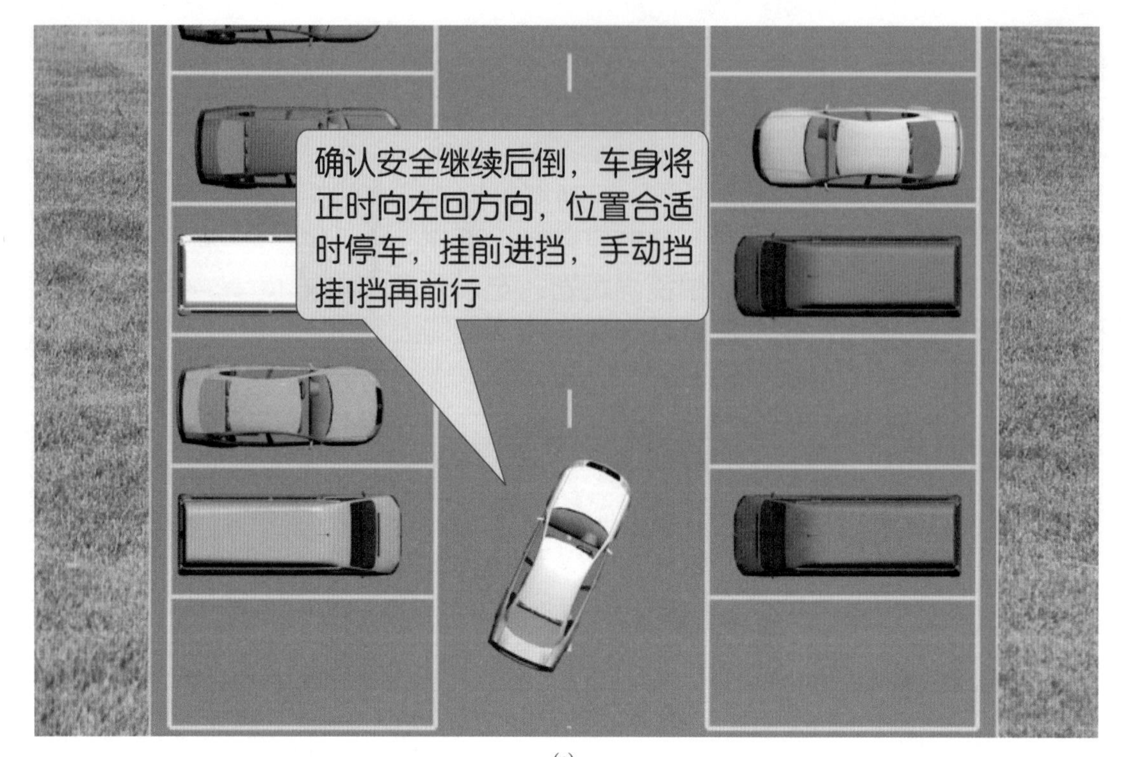

(c)

图 21-9　车头向里入位时倒车出位方法和要领

第22章 斜线停车场安全停车

22.1 基本停车入位方法

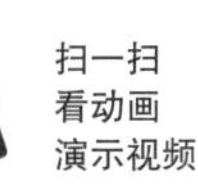

扫一扫
看动画
演示视频

斜线停车场停车入位的基本方法和操作要领如图22-1所示。

(a)

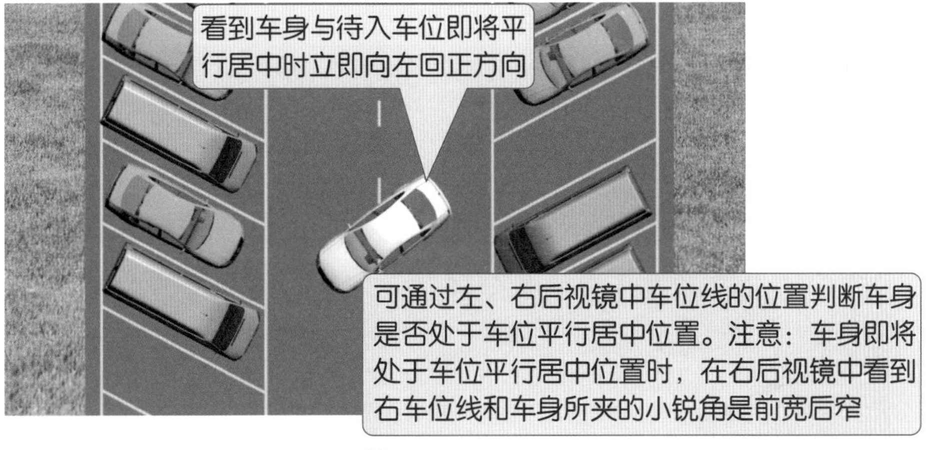

(b)

图22-1

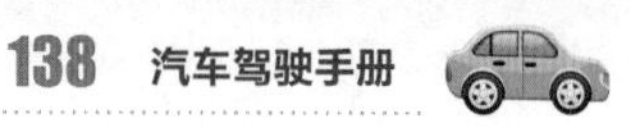

(c)

(d)

(e)

图 22-1　斜线停车场停车入位基本方法和要领

22.2 仿垂直停车入位方法

除上述基本方法外，对于斜线停车场停车，也可以采用仿垂直停车入位方法。操作步骤和要领如图22-2所示。

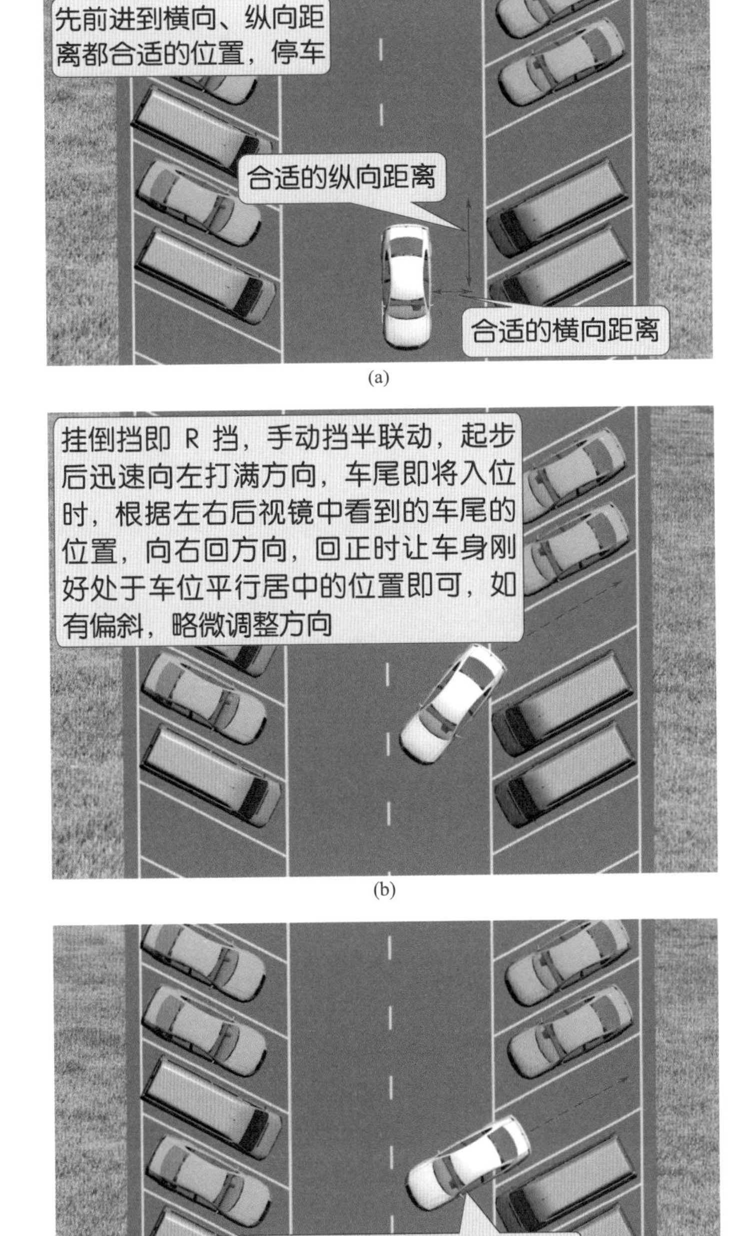

(a)

(b)

(c)

图22-2　仿垂直停车入位方法和要领

第23章 纵向停车场安全停车

纵向停车场的停车入位方法和要领及操作步骤如图23-1所示。

扫一扫
看动画
演示视频

(a)

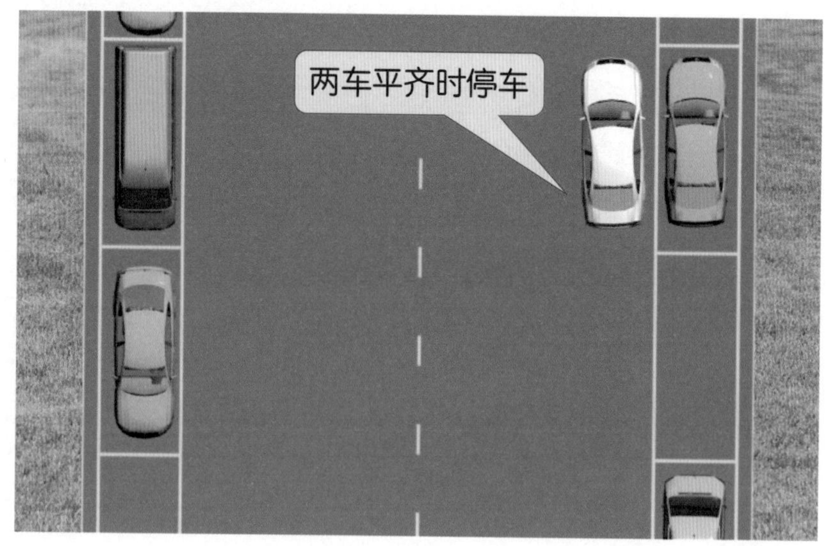

(b)

挂倒挡即R挡，手动挡半联动，起步后，看右后视镜中右车的车尾位置后退，后轮到垂直车位线时，向右打满方向，绕右车车尾后倒，并相距50厘米以上距离。如右方无车，可看车位线后倒
垂直车位线

(c)

在左后视镜中看到待入车位右后角时回正方向，沿直线后退
右后角

(d)

图 23-1

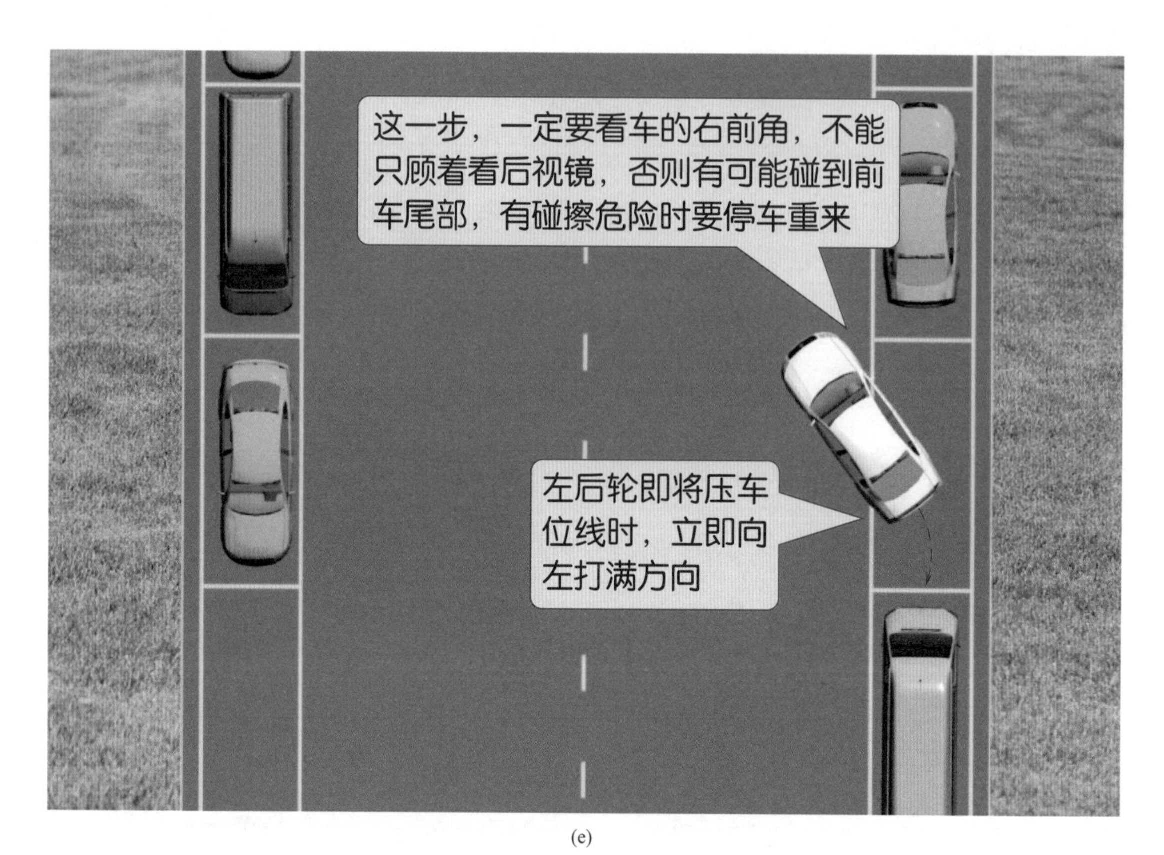
这一步，一定要看车的右前角，不能只顾着看后视镜，否则有可能碰到前车尾部，有碰擦危险时要停车重来
左后轮即将压车位线时，立即向左打满方向

(e)

看左右后视镜中的车位线或后车，车身将正时立即向右回方向

(f)

(g)

(h) (i)

图 23-1　纵向停车场停车入位方法和要领

第24章

路边临时停车

24.1 临时停车的基本规则

❶ 在设有禁停标志、标线的路段，在机动车道与非机动车道、人行道之间设有隔离设施的路段以及人行横道、施工地段，不得停车。

❷ 交叉路口、铁道路口、急弯路、宽度不足4米的窄路、桥梁、陡坡、隧道以及距离上述地点50米以内的路段，不得停车。

❸ 公共汽车站、急救站、加油站、消防栓或者消防队（站）门前以及距离上述地点30米以内的路段，除使用上述设施的以外，不得停车。

❹ 车辆停稳前不得开车门和上下人员，开关车门不得妨碍其他车辆和行人通行。

❺ 路边停车应当紧靠道路右侧，机动车驾驶员不得离车，上下人员或者装卸物品后，立即驶离。

❻ 雨、大雪、夜间临时停车应当开启危险报警闪光灯、示廓灯和后位灯，雾天还应当开启雾灯。一般的雨、雪天临时停车只开启危险报警闪光灯即可。

此外，不要在图24-1所示的地点临时停车，在这些位置停车不仅违反交通法规的规定，而且妨碍他人的通行，也很危险。

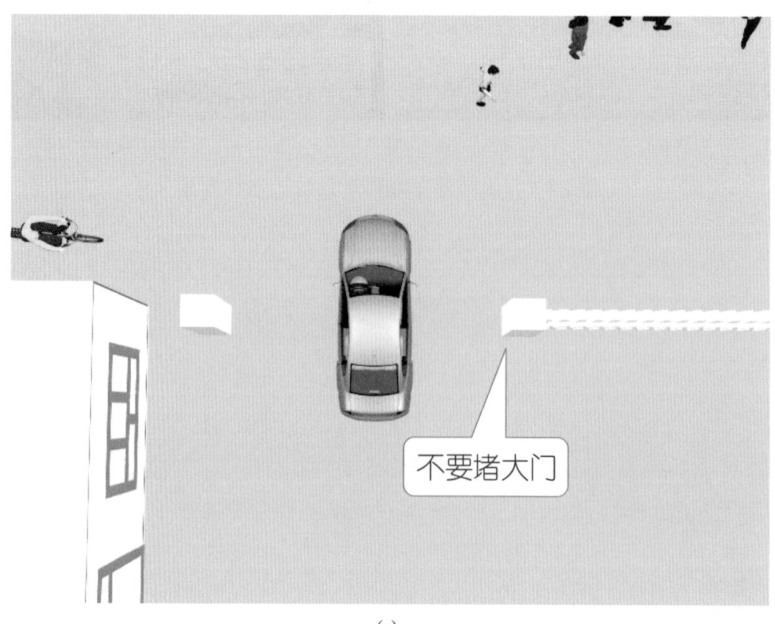

(a)

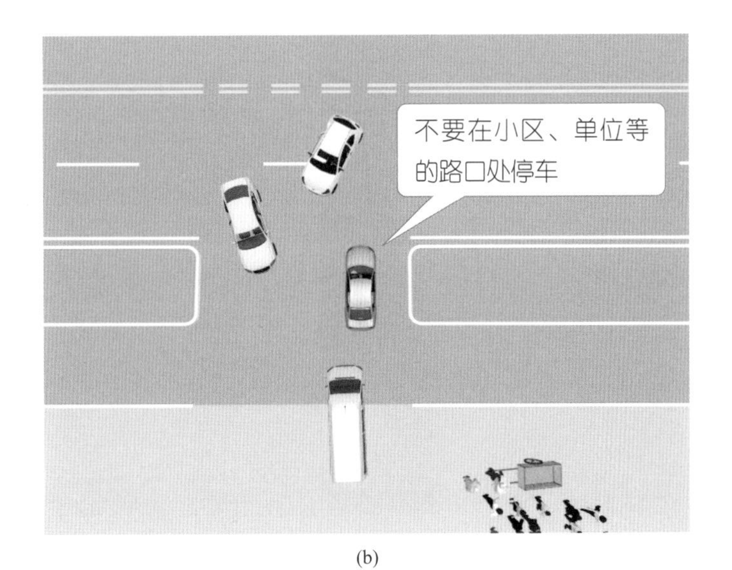

(b)

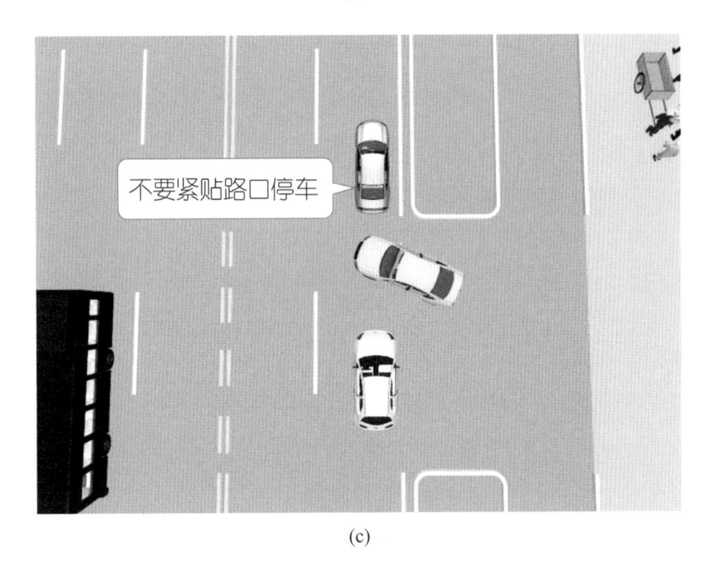

(c)

(d)

图 24-1

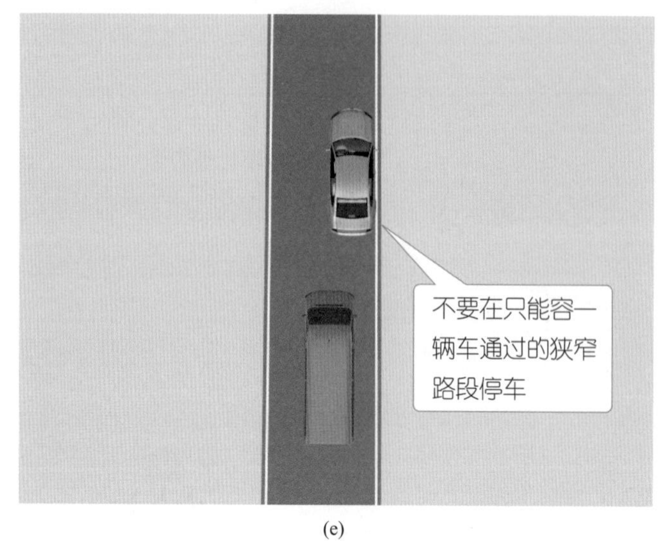

(e)

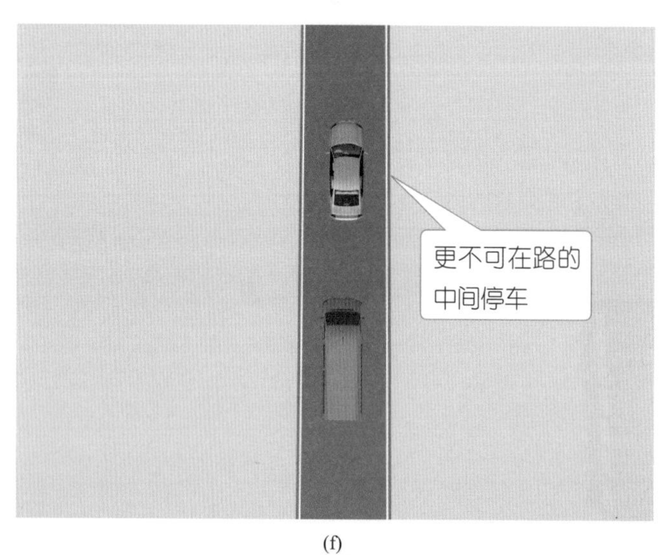

(f)

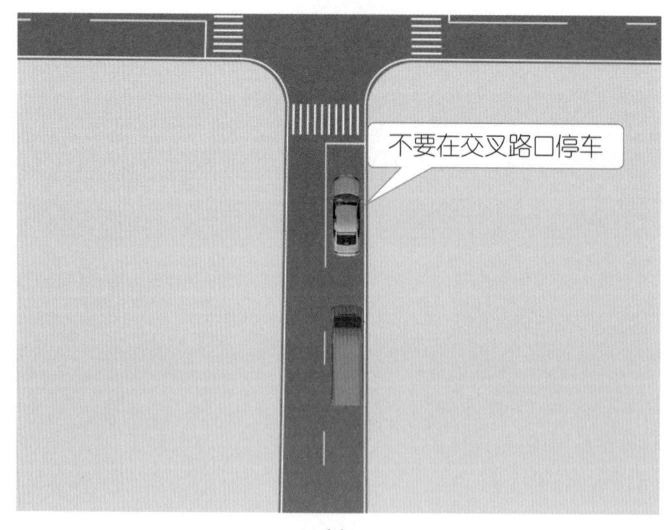

(g)

(h)

窄路停车应尽量靠边，不要斜着停，斜着停占据的路面更宽

(i)

图 24-1　禁止临时停车的地点

24.2　路边临时停车注意事项

❶ 要通过右后视镜，直接目视右侧右后视镜的盲区，防止碰擦右侧行人、非机动车、摩托车、路边树木、垃圾桶等。要防止碰擦车右侧前、后角和车身。不要让车轮触轧路缘石（马路牙子）。

❷ 要通过左后视镜，直接目视左后视镜的盲区，防止碰擦左侧车辆、非机动车、摩托车等，看准时机，要果断起步插入车流。起步时不能猛拐并线，要逐渐并入，也不能只顾看左面的情况而忽视其他情况，应以观察左面情况为主反复扫视前方的情况，并适当顾及右方和右后方的情况。

第25章

立体车库停车

25.1 立体车库及其停车入位原理

25.1.1 立体车库简介

如图25-1所示，立体车库就是在立体空间内存放车辆，具有占地面积小、空间利用率高等优势，可有效缓解城市停车难的现状。现在的立体车库是精密的信息化机电设备，通过刷卡实现停车、取车，开上升降平台即可（对新手来说，开上狭小的平台有一定难度，后面介绍具体的技巧），十分方便。

扫一扫
看动画
演示视频

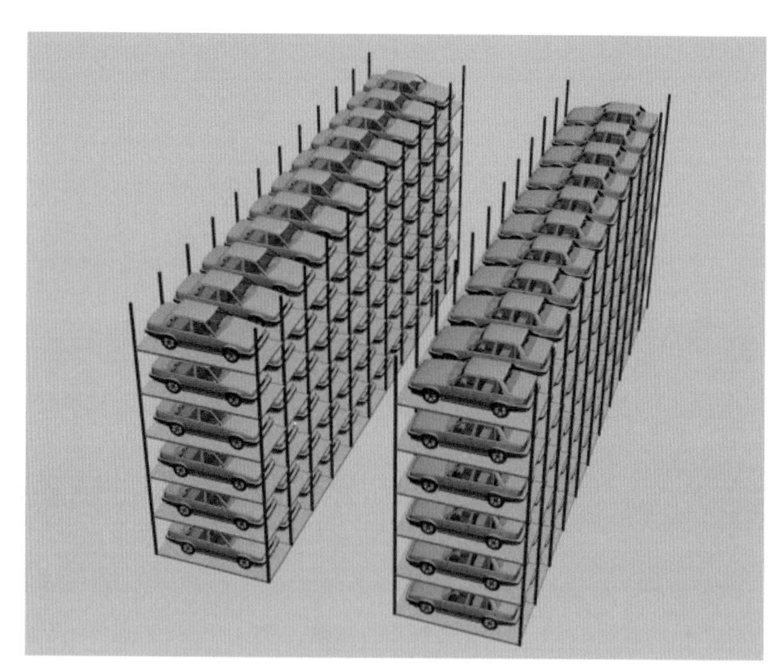

图 25-1 立体车库

立体车库靠自动化机械搬运汽车，实现汽车的停、取。根据机械搬运方式的不同，立体车库一般可分为垂直循环式、多层循环式、水平循环式、升降机式（电梯式）、升降导轨式、车面往复式、组合式几类。立体车库的工作方式驾驶者不需要了解，因此这里不作介绍。不管哪种形式的立体车库，都要通过升降机平台来存车，因此停车方法都是一样的。

25.1.2 立体车库的操作流程

库门前一般都有工作人员帮助驾驶者刷停车卡。按下操作台上的绿色按钮，设备会自动吐出一张停车卡，车库感应门打开，汽车开到升降机平台上停好，车主锁好车门后，在车库门前刷一下停车卡，这时，电脑会出现提示："车内所有乘客，包括宠物是否已经下车？"，按下确认键后，自动停车系统还会使用激光扫描仪对车内进行检查，确保车上确实没有人或任何动物之后，自动停车程序正式启动。停车平台开始缓缓下降，停车平台就像个大圆盘，上面设有轮胎的凹槽。通过全程监控的电子屏幕，可以看到，车辆在短短的几十秒后，自动移入一个像电梯间似的小房子里，外面的屏蔽门合上，5秒后，就可以听到机械设备"轰隆隆"的响声，车子缓缓下降或者上升，操作系统会自动将汽车平移至空车位上，然后返回下一层继续停车。车主取车时，只需持卡到收费处缴费，之后再次在车库门前刷卡，车辆会被自动送入驶出口，并且自动调整为车头向外，车主便可以将车开走了。

每一个升降平台对面都放置有一面大镜子，这是为了帮助驾驶技术不太娴熟的车主观察车辆在升降平台上的位置的。平台入口内侧还标有"请关闭发动机、拉紧手刹、关好车门、收好后视镜、收起电线、锁紧后备厢"等提示。

由于全自动停车库内部完全封闭，实行人库分离，既不需要工作人员协助，也不允许任何人进入车库内部，因此大大提高了车库的安全性。所以没有人能触碰到你的车，也不用再担心丢东西，这里就像是车主的"私家停车场"。

需要注意的是，立体车库对车的尺寸有要求，不同尺寸的车存放在不同的位置，要按尺寸信息提示从相应的入口进入。

所以，在停入立体车库之前，首先是要判断车位的大小，是不是适合自己的爱车。绝大部分立体车库的车位对所停入车辆的长、宽、高以及车重都有明确限制。如果你开的是中小型轿车的话，影响不大，但如果是中大型车的话，需要特别注意车长限制。常见的立体车库车长标准有4.7米、5米和5.2米等，可按需选择。

25.1.3 立体车库停车入位原理

对于个别老式立体车库，停车入位原理和横向停车场停车的原理相同，只是升降平台比较窄，两边只有20厘米左右的间距，倒车入库要求更精确。可以在车辆较少的停车场，让车身贴近一侧20厘米左右练习入库技术。没有条件的，只能在立体车库上直接操作，可以通过多倒几把的方法来倒车入位。停车入位的关键还是起始位置要停合适，停合适了，一次即可顺利倒入。请参看"横向停车场停车"的相关内容，这里不再重复介绍。停好车后最好把后视镜折叠起来。

对于多数立体停车场，驾驶员只需要把车准确开上狭小的升降机平台即可。

25.2 立体车库停车入位操作方法

对于个别老式立体车库，停车入位的操作和横向停车场一样，这里不再介绍。

下面介绍如何准确停上多数立体车库的升降机平台。如图25-2和图25-3所示。

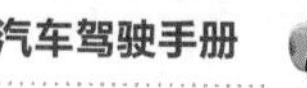

（1）有镜子的升降机平台

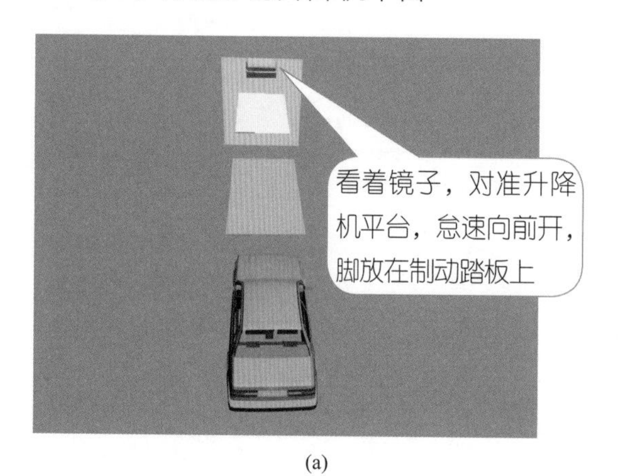

(a)

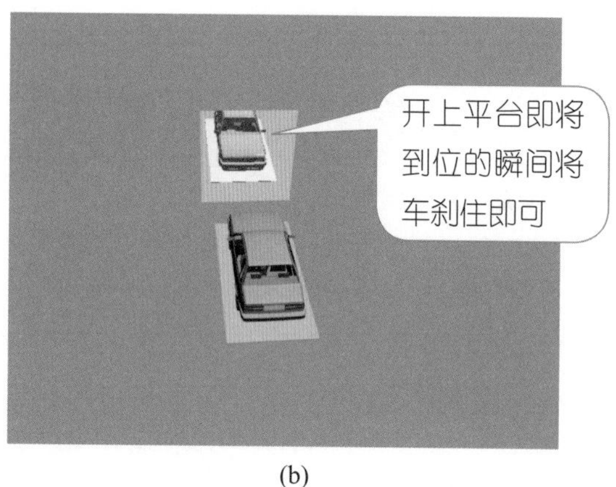

(b)

图 25-2　有镜子的升降机平台入位操作方法

（2）无镜子的升降机平台

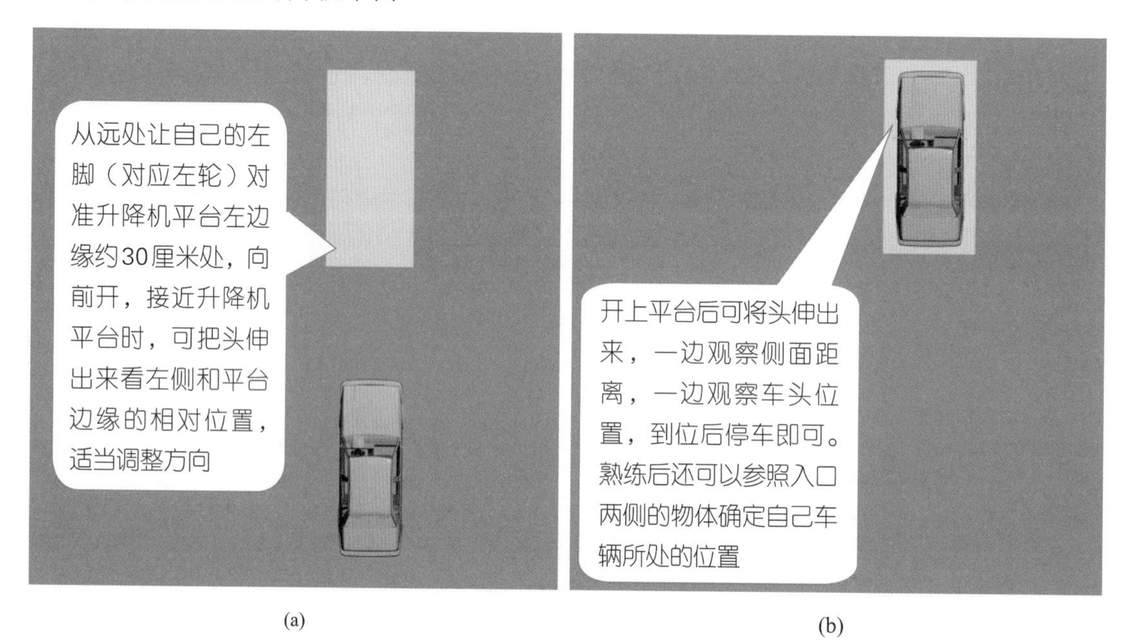

(a)　　(b)

图 25-3　无镜子的升降机平台入位操作方法

如果有停车场工作人员指挥，最好也把头探出来观察，因为指挥毕竟还是不直观，判断车辆位置最终还得靠驾驶员。

25.3　立体车库停车出位操作方法

对于个别老式立体车库，出位的操作和横向停车场一样，这里不再介绍。

现在的多数立体车库，刷完卡取车时，升降机平台自动将车头调整成向外，只需将两个后视镜扳到正常位置，开出车位即可。

25.4 立体车库停车注意事项

立体车库停车时，应注意以下几点。

❶ 上平台一定要慢，手动挡车可利用离合器半联动控制车速，脚放在制动踏板上，随时准备制动；自动挡车可轻踩制动踏板控制车速。脚放在制动踏板上方的好处是，避免误踩加速踏板，到位时一脚踩死制动即可。

❷ 一定要根据立体停车场的车辆尺寸提示信息，进入适合自己车辆尺寸的入口，否则将无法停车。

❸ 下车前一定要检查车上还有没有小孩、宠物，或者是其他人，确认他们都下车后驾驶员再下车。下车前一定要拉紧手刹，带上该带的物品；下车后锁好车门，把后视镜折叠起来，然后刷卡确认。

第26章

地下停车场安全停车

26.1 实际的地下停车场

实际的地下停车场如图26-1所示。

图26-1 实际的地下停车场

扫一扫
看动画
演示视频

26.2 地下停车场停车注意事项

地下停车场停车

在地下停车场内转弯的时候除保持很慢的车速外，由于光线较差，应更加仔细地看车头的两前角和左、右后视镜，一旦有碰擦危险立即停车，必要时下车观察。此外还应注意图26-2 ~图26-4所示的事项。

(a)

(b)

(c)

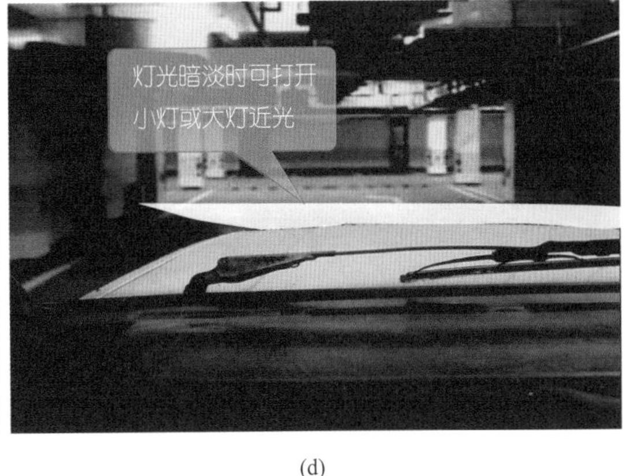

(d)

图 26-2　地下停车场停车注意事项（一）

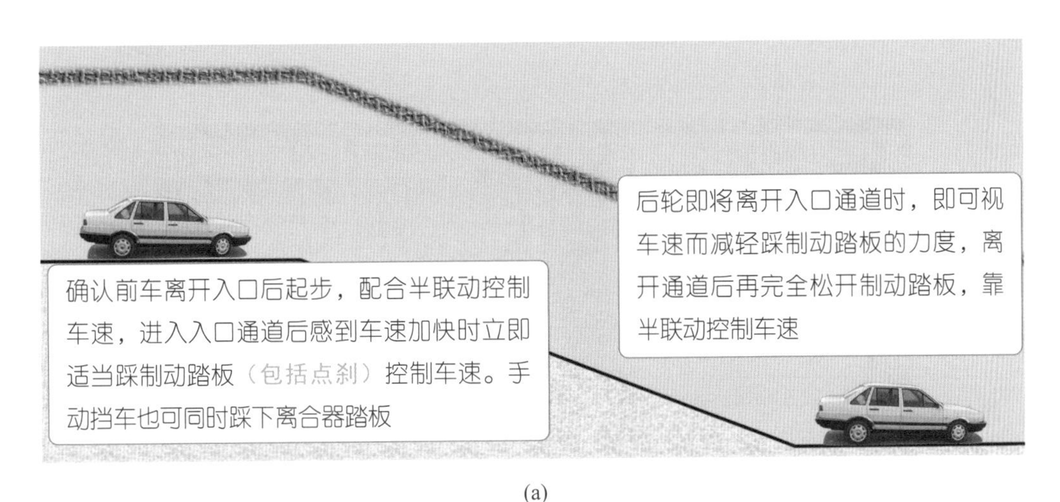

(a)

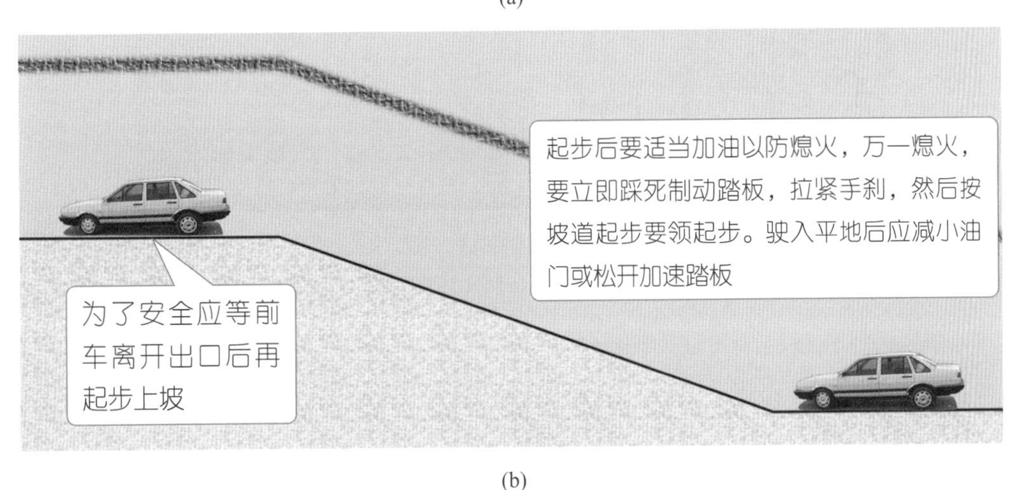

(b)

图 26-3　地下停车场停车注意事项（二）

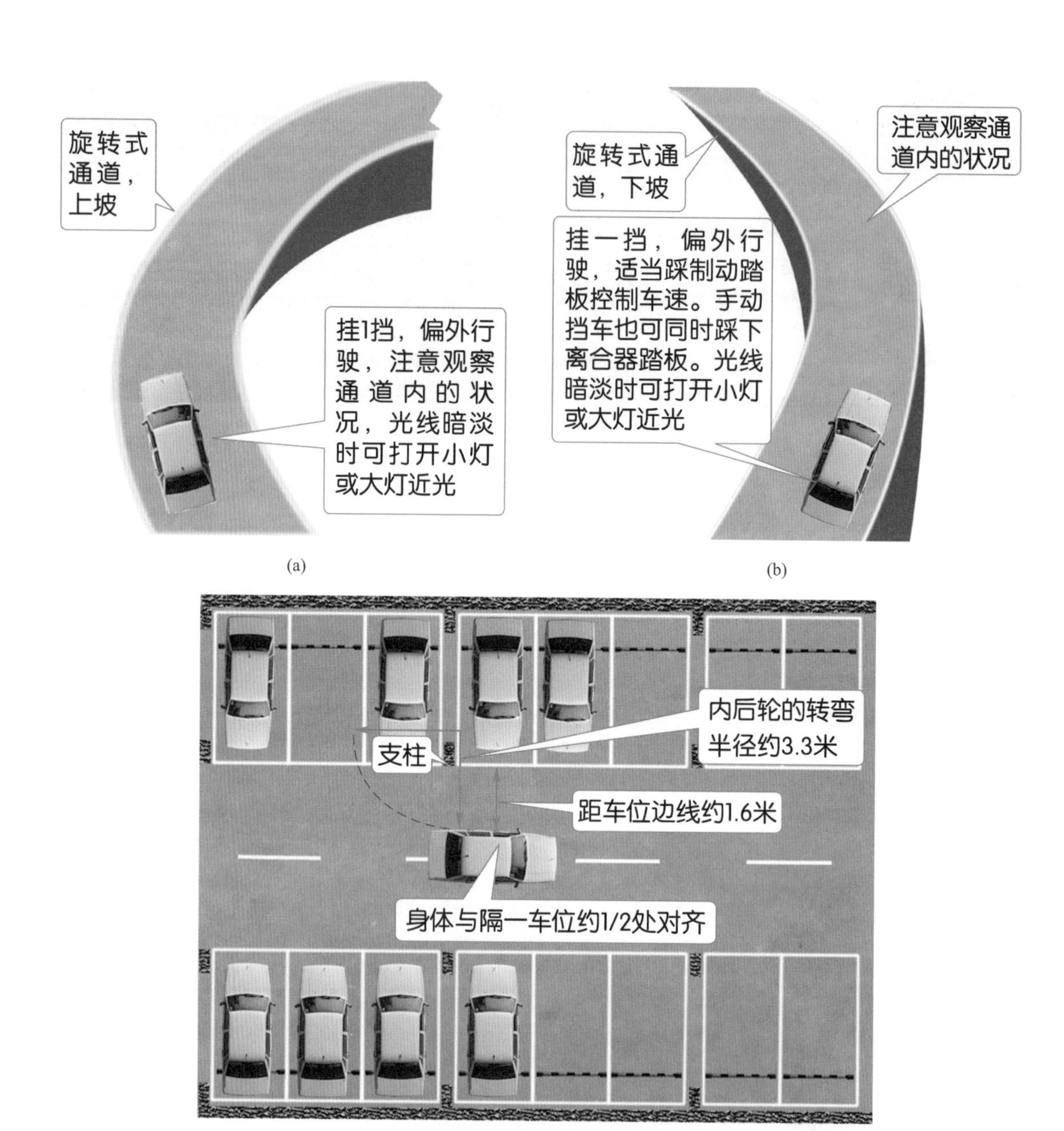

(a) (b) (c)

图 26-4 地下停车场停车注意事项（三）

提示

有些车位间有支柱或墙壁，这时候可将支柱或墙壁作为参照物，确定后倒入位的起始停车位置时要考虑支柱或墙壁的宽度，一般为0.4米。

第27章 不同车型停车方法对比

27.1 小轿车和SUV

不管什么车型，由于斜向停车场、纵向停车场停车基本没有差别，因而不作介绍，这里只介绍差别比较大的横向停车场停车技巧的异同。

现实中经常会遇到这样的问题，一般的车位小轿车可以很轻松地停进去，而换成SUV或者很多7座以上的车辆却停不进去了。下面来讲讲其中的奥妙。

不管什么车，停车入位的原理都是一样的，停车入位的起始位置是由内后轮的转弯半径决定的，所以尽管原理一样，内后轮的转弯半径不同，起始位置就不一样。若起始位置不合适则很难一把倒车入位。如图27-1所示为小轿车倒车入位的方法。

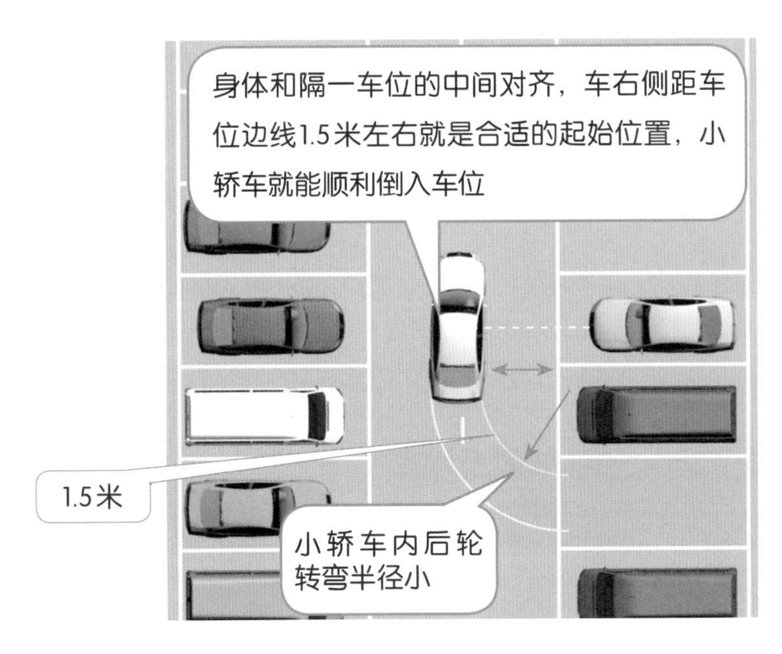

图27-1 小轿车倒车入位的方法

SUV或者很多7座以上的车辆内后轮的转弯半径都比小轿车大许多，因而停车起始位置不同于小轿车。如图27-2所示为SUV倒车入位的方法。

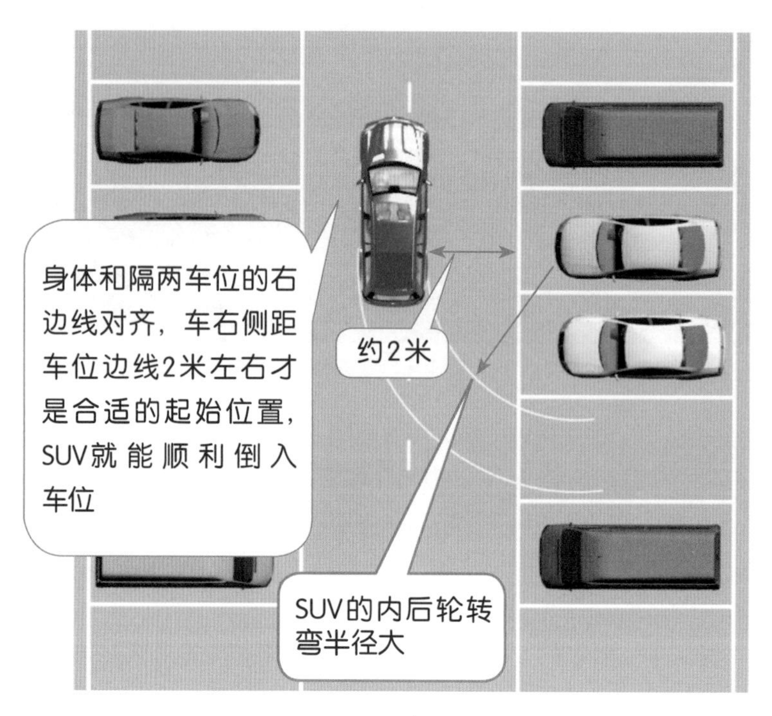

图 27-2　SUV 倒车入位的方法

可以看到，如果按小轿车的起始位置后倒，SUV是无法倒入空位的，只能倒到空位之后。

确定SUV或者很多7座以上车的起始位置可以通过试验方法获得。找个驾驶员高手倒进去或者自己多倒几把倒进去，然后开出来，等身体过了车位横线便打死方向，车身和车位线即将平行时回正方向，这时候会发现你的身体刚好对准了隔两车位的右边线，车身右侧距车位横线2米左右，这就是倒车的合适起始位置。其他转弯半径更大的车也都可以通过这种方法试验得出。

倒车入库的时候要不断反复扫视左、右后视镜，并兼顾看内后视镜（防止撞上后方障碍物）。如果有倒车雷达或可视系统（也有盲区，尤其是车尾的两后角），也要配合看左、右后视镜。

27.2　三厢车和两厢车

扫一扫
看动画
演示视频

三厢小轿车和两厢小轿车停车入位的原理、起始位置都一样，因而倒车入位没有什么区别，唯一不同之处是三厢车后备厢长出来一截，后倒和出位的时候必须更谨慎一些。如图27-3所示。

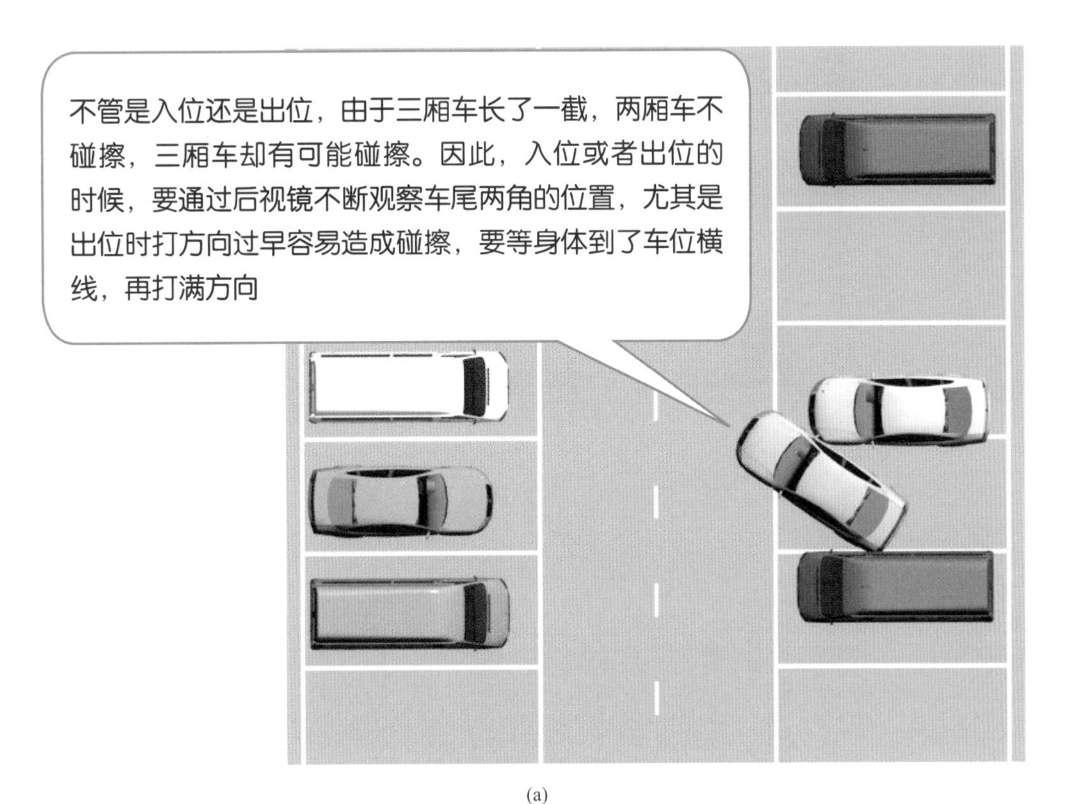

(a)

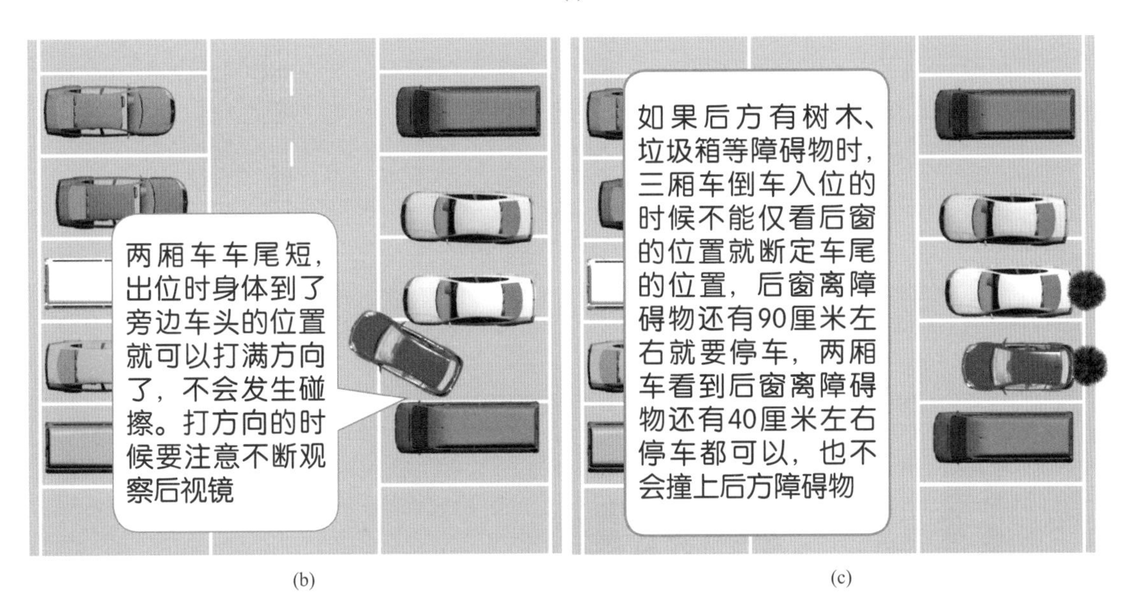

(b) (c)

图 27-3 三厢车和两厢车停车方法对比

工程师宝典APP

1.下载APP

流水号：00112233

刮开涂层
获取邀请码

2. 注册登录

3.使用邀请码

4.在线阅读

✓ **嵌入视频：** 无需扫码，直接观看

✓ **重新排版：** 更适合移动端阅读

✓ **搜索浏览：** 知识点快速定位

✓ **留言咨询：** 与作者及同行交流